JAROSLAV SEIFERT

ALLE SCHÖNHEIT DIESER WELT

GESCHICHTEN UND ERINNERUNGEN

NACHWORT
VON GABRIEL LAUB

GOLDMANN VERLAG

Deutsch von Hans Gaertner
Titel der Originalausgabe:
»Všecky krásy světa. Příběhy a vzpomínky«,
erschienen 1981 im Index Verlag, Köln, und bei
Sixty-Eight Publishers, Corp., Toronto.
Der vorliegende Band umfaßt den ersten und
zweiten Teil des Werks.
Der dritte und vierte Teil ist 1986 unter dem Titel
»Ein Himmel voller Raben« im Albrecht Knaus Verlag,
München, erschienen.

Übertragung der Gedichte von Jean Richepin und John Masefield:
Friedhelm Kemp.

Übertragung des Gedichts von Paul Verlaine
durch Franz von Rexroth,
mit freundlicher Genehmigung des Asmus Verlags, Hamburg.

Made in Germany · 4/87 · 1. Auflage
Genehmigte Taschenbuchausgabe

Umschlaggestaltung: Design Team München
Umschlagfoto: Wolfgang Meier, Bavaria, Gauting
Druck: Elsnerdruck, Berlin
Verlagsnummer: 8659
U.K. · Herstellung: Sebastian Strohmaier
ISBN 3-442-08659-0

Inhalt

Erster Teil: Was der Wind verwehte

Zweiter Teil: Éos, Göttin der Morgenröte

Erster Teil
Was der Wind verwehte ...

Wir haben keine Zeit, wir selbst zu sein,
wir haben nur Zeit, glücklich zu sein.
ALBERT CAMUS

Vorrede

In der Stille der Erinnerung, besonders wenn ich die Augen fest schließe, wann immer mir der Sinn danach steht, sehe ich die Gesichter vieler wunderbarer Menschen vor mir, denen ich in meinem Leben begegnet bin und mit denen ich freundschaftlich verbunden war, und eine Erinnerung nach der andern taucht auf, eine schöner als die andere. Ja, mir ist, als hätte ich gestern erst mit den Leuten gesprochen. Noch spüre ich die Wärme ihrer Hände, die sie mir entgegenstrecken.

Ich höre das glückliche Lachen von F. X. Šalda, die ironische Stimme des Josef Toman und das leise Erzählen Josef Horas, und in diesem Moment will mir scheinen, es wäre doch jammerschade, wenn ich nicht zumindest einige dieser Augenblikke festhielte, und wäre es nur ein flüchtiger Satz oder eine kleine Geschichte, nicht länger als eine Anekdote. Ja, es waren prächtige und interessante Menschen, und ich bin vielleicht einer der letzten, der freundschaftlich mit ihnen verbunden war und sie auch in ihrem literarischen Wirken gut kannte. Wer anders könnte aufschreiben, was für ewig dem Vergessen anheimfiele, wenn auch ich mich dereinst ihrer schweigenden Prozession anschließe, ihrem unsichtbaren Zug ins Reich der Finsternis.

Alle sind sie tot, doch ich will nicht klagen, wennschon die Tränen – wie Juvenal sagt – der schönste Teil unserer Sinne sind. Lacrimae nostri pars optimus sensus – soweit ich mich vom Latein-Unterricht erinnere. Memoiren schreibe ich aber nicht! Ich habe auch nicht ein einziges Blatt mit Notizen und Daten zur Hand. Mir fehlt die Geduld zu solch einem Unterfangen. Und so bleiben mir nur die Erinnerungen. Und ein Lächeln!

Ende Januar des Jahres neunzehnhundertsiebenundzwanzig

brachte mir mein Freund Hora die neue Ausgabe seines Gedichtbandes «Der blühende Baum» (Strom v květu) ins Café Tůmovka mit, wo wir uns oft trafen. Dieses Datum sehe ich unter der Widmung. Ich entsinne mich natürlich nicht, worüber wir uns damals unterhielten. Bestimmt wieder einmal über einen Bekannten, der bereits gestorben war. Vielleicht über den (früh vollendeten) Jiří Wolker; über seine Poesie führten wir damals häufig Streitgespräche. Plötzlich bat Hora mich, ihm das Bändchen noch für einen Moment zu leihen und schrieb dann auf die vorletzte leere Seite folgende Verse für mich:

> Schatten ziehn übers Grab,
> Trommeln des Vakuums.
> Auch die Toten sind neidisch.
> Die schroffe Trauerweide bricht in ihrer
> Stummheit die Stimme der Toten.
> Dort unten reden sie über uns.

Diese Verse, die Hora damals wohl improvisiert hat, kamen mir plötzlich in den Sinn, als ich fast ein halbes Jahrhundert später in dem neuen Pavillon des Prager «Weinberger Hospitals» lag, der sich gegenüber der Südmauer des Weinberger Friedhofs erhebt. Aus dem großen Fenster des Krankenzimmers schweifte mein Blick über eine Legion von Grabsteinen und Kreuzen und auch über die traurigen und seltsamen Konturen des niedrigen Kolumbariums mit seiner eigenartigen Architektur.

Eines Abends fielen ein paar Flocken Schnee, der die Grabsteine und die Mauerkrone bestäubte. Wie ein Fotograf vor eingestelltem Objektiv ein verwittertes Steinrelief mit einer Handvoll Mehl bestreut, damit die im Grau verschwimmenden Umrisse schärfer hervortreten.

Spätabends, das Spitalgebäude war schon in die Stille der Nacht versunken, vernahm ich irgendwo unter mir zwei Stimmen, die, offenbar disharmonierend, fast miteinander verschmolzen. Ein Arzt hatte vermutlich sein Radio eingeschaltet, und einer der Patienten war eingeschlummert, ohne den Drahtfunk abzustellen, der in allen Zimmern installiert war. In dem leichtgebauten, modernen Gebäude klangen die Stimmen sonor, doch ziemlich deutlich, und ich schaute unwillkürlich auf den Friedhof hinaus, der sich hinter dem breiten, gardinenlosen Fenster dehnte. Es schien, als drängen die Stimmen wirklich von unten aus der Erde, als kämen sie aus dem Untergrund des nahen Gottesackers.

Rasch verscheuchte ich die Vision. Die Toten schweigen, schweigen wie ein Grab und bleiben stumm.

So muß wohl *ich* die Toten da unten bereden. Doch ich will es freundlich und liebevoll tun. Und auch mich selbst nicht schonen.

Weihnachtsmarkt auf dem Altstädter Ring

Mehrere Jahre hindurch und zwar immer Anfang Dezember, pflegten ich und der damals bereits schwerkranke Dichter Géza Včelička einander Briefe zu schreiben voll wehmütiger, doch auch erbaulicher Erinnerungen.

In jenen Tagen war auf dem Altstädter Ring zuerst St.-Nikolaus- und gleich darauf Weihnachtsmarkt. Und wir beide, kleine Jungen, die einander damals freilich nicht kannten, drückten uns mit leeren Taschen, aber mit einem Herzen voller Sehnsüchte zwischen den kleinen Läden und Buden umher. Unermüdlich und beinah Tag für Tag.

Buden und Lädchen gab es dort unzählige, auf dem Platz wimmelte es nur so von ihnen. Das Hus-Denkmal stand damals noch nicht dort, und die unglückliche Jungfrau Maria, deren Podest unten auch als Kramladen diente, schaute, von vier Engeln flankiert, von ihrer hohen Säule auf das Treiben.

Heute fällt es schwer, sich die einzigartige Atmosphäre dieses Marktplatzes ins Gedächtnis zu rufen. Die Luft roch nach Orangen, und ihr Duft vermischte sich mit dem Gestank brennender Karbidlampen oder nackter Dochte. Und welch eine Farbenpracht! Es war berauschend, nie konnte ich mich sattsehen an diesem wunderhübschen Bild. Bis in die späten Abendstunden irrte ich so umher. Die Matthias-Kirmes, Ende Februar oder Anfang März, war lustig und kreuzfidel. Der Frühling stand schon vor der Tür. Der Weihnachtsmarkt war feierlicher und leiser. Sogar eine gewisse Heiligkeit, etwas Weihevolles, lag über seinem regen Treiben. Auch wenn sich viele Marktschreier mit hallenden Stimmbändern bemühten, den Flanierern das Geld aus der Tasche zu ziehen, um es in die eigene zu stecken.

Der St.-Nikolaus-Markt stand im Zeichen Tausender vergoldeter Ruten mit roten Papierschleifen und -rosen. Zuweilen wirbelte schon der Schnee vom Himmel, und die Flocken schwebten zur Erde, mischten sich mit dem Goldstaub, der von den Nikolausruten abgefallen war, blieben im Haar und in den Pelzen hängen, und die Mütter mit Gold im Haar strahlten und lächelten vor Glück.

Nach dem St.-Nikolaus-Tag verschwanden die Ruten wie auch die papierenen Kläuse samt den Papierteufeln, und in den Läden schimmerten unzählige kleine, gabenbringende Christkindl auf, die in die Weihnachtskrippen wanderten. Ich betrachtete sie stundenlang ganz aufgeregt mit großen Augen. Auf den obersten Regalen in den Schaufenstern waren sodann Burgen mit Türmen und Mauern postiert, mit Zinnen und Schießscharten und Wachtürmchen, von kleinen Häusern umkränzt. Das «war» das stolze Jerusalem. Arme Teufel aus Příbram und dem Adlergebirge stellten das Zeug in Heimarbeit her. Alles war billiger Tand, kostete nur ein paar Kronen, blieb aber unerschwinglich für einen kleinen Buben, der nur einige Kreuzer in der Faust preßte und oft nicht einmal die.

Doch ihr braucht ihn nicht zu bedauern. Er war glücklich. An den Lädchen voller Holz- und Blechspielzeug schlenderte ich gleichgültig vorbei, doch immer wieder zog es mich zu den Figuren in den Krippen, den Stall von Bethlehem darstellend, die nach Leim und billigen Farben rochen.

Völlig verzaubert betrachtete ich sie in ihrer steifen Haltung, bereit, jederzeit einen Engel oder Stern zu erblicken. Ganze drei Wochen lang, bis zu den Festtagen, lief ich mehrmals in der Woche auf den Markt, sobald ich nur ein Minütchen Zeit fand. Am liebsten gegen Abend, wenn die meisten Kunden umherschlenderten und die Verkäufer keine Zeit hatten, den Sternengucker fortzujagen, der keine Anstalten machte, etwas zu kaufen, vor den Läden Maulaffen feilhielt und im Wege stand. Andauernd freudig erregt und stets neuer Wunder harrend, irrte ich über den Markt und landete schließlich vor Herrn Hubičkas Kasperltheater. Von diesem berichtet nicht nur mein Freund Géza Včelička, sondern auch Frau Maryna Aleš. Dort gab ich schließlich meine zwei Kreuzer aus – sorglos und ohne lang zu überlegen. War die Vorstellung, die leider nicht allzu lange währte, aus, pflegte ich noch hinter dem Theater zu verweilen und von neuem den lärmenden Dialogen und dem Klappern der hölzernen Arme und Beine von Hubičkas Schauspielensemble hinter der dünnen Plane zu lauschen.

Auf das kleine Blechtablett, das – von Frau Hubička strengstens bewacht – vor dem Eingang stand, ließ der berühmte Maler Mikuláš Aleš, der mit seinen Kindern gelegentlich das Theater besuchte, zuweilen großmütig und generös einen Silbergulden klirren.

Stellt euch auch einen Dezembersturm vor, wie er manchmal blies, sich den Leuten entgegenstemmte und die «Segel» der Läden blähte. Und bog sich die Leinwand der Ladendächer schon unter der Last des Schnees, fegten die Verkäufer ihn ungeniert auf die Köpfe der vorübergehenden Passanten hinunter.

Doch die schien es nicht zu stören. Und warum auch? Man stapfte durch den Schnee, die Menschen lächelten, das schönste Fest des Jahres stand vor der Tür. Haben Sie schon mal eine verschneite Orangen-Pyramide gesehen?

Am Fuße der Thein-Kirche, dort etwa, wohin einer der Krieger auf dem Hus-Denkmal zeigt, hatten die Papierwarenhändler ihre Zelte aufgeschlagen. Dort konnte man Rollen Seiden- und Kreppapier in allen Farben finden, papierene Lampenschirme, Hefte, Farbdrucke von Heiligenbildern zum Einrahmen, Ansichtskarten und Briefpapier.

Nach keinem dieser Artikel stand mir der Sinn, mich interessierten nur die Bögen mit den farbigen Krippenfiguren zum Ausschneiden. Sie waren schlecht gedruckt, zuweilen deckten sich die Farben nicht, doch ich war blind dafür.

Das häßliche Wort «Krippen» oben auf den Bögen verriet ihre Herkunft. Doch sie waren billig, man bot sie für ein paar Kreuzer feil. Es gab auch kleinere Figurenbögen, in feste Pappe geprägt, in allen Farben leuchtend; ihre blanke Oberfläche ließ die Königsgewänder nicht nur blendend erglänzen, sondern verlieh dem Wams der Hirten auch eine pompöse Anmut und Schlichtheit. Diese Figuren brauchte man nicht zu unterkleben. Man mußte sie nur auseinandernehmen, ein unten zugespitztes Hölzchen dranleimen und sie in das weiche Moos stecken. Die Bögen, für die mein Taschengeld reichte, mußte man zuerst auf stärkeres Papier aufkleben und dann mühsam und behutsam ausschneiden. Eine zwar schwierige, aber dankbare Arbeit.

Eine schöne Weihnachtskrippe zu basteln, war der Traum vieler Kinder, wenn sich auch – wie ich mich entsinne – aus diesen Papierkrippen die Frömmigkeit verflüchtigt hatte, die eher von einer Idylle zeugte und Sinnbild einer romantischen Sehnsucht war. Es war die Zeit der Spiele und der nahenden Weihnacht. Ich vergaß das zentrale Motiv der Weihnachtslegende, den Stall mit dem neugeborenen Jesuskind, und widmete der heidnischen Burg und dem Palast des Königs Herodes wie auch den Jerusalemer Palästen weit größere Sorgfalt. Wie herrlich und geheimnisvoll war diese mittelalterliche oder auch frühneuzeitliche Stadt über dem Stall von Bethlehem! Keine Farbe war mir jubelnd, keine Zinne zackig und kein Palast golden und prachtvoll genug. Viele Fenster konnte man ausschneiden, mit rotem Zellophan «verglasen» und dahinter ein Kerzlein anzünden. Geduldig schnitt ich Schäfchen für Schäfchen aus und auch einen Schäfer, inmitten seiner Herde am Boden schlummernd. Eine große Schafherde war von dieser prächtigen Weihnachtskrippe nicht wegzudenken. Am schwierigsten war es, den langen Hirtenstab exakt auszuschneiden, der hoch über den breitkrempigen Hirtenhut emporragte. Wie viele davon habe ich verdorben! Manche schnitt ich durch, andere verzogen sich so, daß sie mit einem Hirtenstab nichts mehr gemein hatten. Bis mir jemand den Rat gab, dem Hirten doch einen langen dünnen Speil in die Hand zu drücken. Schließlich gelang auch dies, und meine Schachtel war nun voll von zwar ärmlichen und primitiven, aber heiligen und zauberhaften Figuren.

Noch heute sehe ich den mächtigen Elefanten mit rotem Baldachin und goldenen Troddeln und Quasten vor mir, das Kamel mit dem bunten Teppich zwischen den Höckern und schließlich einen edlen Schimmel mit hocherhobenem Haupt und einer prächtigen roten Schabracke. Alle drei Majestäten standen vor dem Stall zu Bethlehem. Ein Negerlein mit weißem Turban führte den Elefanten, ein Araber mit Lanze das Kamel, das Pferd sodann ein Knabe mit einem türkischen Fes auf dem Kopf und einem Krummsäbel an der Seite, während ihre königlichen Herren demutsvoll im Moos vor der Krippe knieten. Nur der schwarze König stand irgendwie verlegen etwas abseits «hinten», wie man es in einem alten tschechischen Weihnachtslied besingt.

Die größte Wonne bereitete mir aber, wenn ich die vielköpfige Schafherde mit dem sie umschwänzelnden Schäferhund auf einem Papierfelsen «drapierte».

Manche Hirten schliefen noch, andere tränkten die Schäfchen. Im Hintergrund der Weihnachtskrippe wölbte sich ein blauer Himmel, und daran glitzerten goldene Sterne. Auch die konnte man auf dem Altstädter Ring vor der Thein-Kirche in kleinen Bögen erstehen, von denen man sie dann leicht einen vom anderen abriß. Zum Schluß mußte man den Kometen von Bethlehem an einen festen Draht binden, damit er, tippte man ihn mit dem Finger an, zu schwingen begann und wie «lebendig» wirkte. Die Weihnachtskrippe war fertig. Nur eins blieb noch zu tun: alles mit künstlichem Schnee zu bestäuben, ohne Rücksicht darauf, daß die Hirten barfuß gingen und an manchen Palmen riesige Datteltrauben hingen, während andere von glühend roten Blüten strotzten.

Karel Čapek sagte einmal, die Menschen liebten Weihnachtskrippen, weil sie die Welt vermenschlichten und idyllischer machten. Ich aber liebte sie, weil sie untrennbar mit dem herrlichen Weihnachtsfest verbunden waren, da alles duftete und die Menschen anders waren: Papa, Mama und auch die anderen. Sie waren irgendwie glücklicher, lächelten und schienen alle freundlich. Unser ganzes Heim war erfüllt vom Glanz der Harmonie. Ich wünschte mir sehnlich, diese wundervolle Zeit möge nur langsam vorübergehen und sich so lange wie möglich hinziehen. Ich möchte mich dessen nicht rühmen, aber wir waren wirklich arm. Was unsere Mama zur Weihnachtszeit aus dem wenigen, was wir hatten, hervorzuzaubern verstand, war wirklich ein Wunder. Wir schwelgten ständig in weihnachtlicher Familienharmonie.

Und in der Weihnachtszeit wirkten auch die tristesten Gassen und Winkel irgendwie feierlich. Alles war anders, schöner, herrlicher.

So ist das, wenn jemand das Fest im Herzen fühlt und nicht auf die roten Ziffern im Kalender schaut.

Ein Strauß künstlicher Veilchen

Ich bin ein alter Mann, und meine Beine wollen nicht mehr so recht. Doch bis vor kurzem pflegte ich noch häufig auf dem Prager Laurenziberg – tschechisch Petřín genannt – spazieren zu gehen. Auch im Winter. Ich durchwanderte den ganzen Park mit seinen vielen Obstbäumen und ließ auch die stillen, wenig begangenen Seitenpfade oberhalb des Sokol-Hauses auf der Kleinseite nicht aus. An einer Wegbiegung kannte ich einen Platz, der im Frühling blau war von Veilchen. Man mußte aber über große Steine klettern, die dort den Weg säumen und das Erdreich auf dem Hang festhalten. Vom Weg aus waren die Veilchen nicht zu sehen. Nur ihr süßer Duft wehte zuweilen dem Vorübergehenden in die Nase.

Vor einiger Zeit hat mir ein Kritiker vorgeworfen, ich kehrte in meinen Versen immer wieder zum Motiv des Fächers zurück. Sein Vorwurf ist berechtigt. Nur hat er die Veilchen vergessen. Von denen wimmelt es nur so in meinen Versen. Man verzeih' mir! Fächer und Veilchen waren für mich seit meiner Kindheit von schicksalhafter Bedeutung: Ich liebte sie!

In meiner Kindheit und Knabenzeit galt Veilchenduft als besonders fein. Auch meine Mutter, obwohl keine Modepuppe, hatte unter ihrer Wäsche im Schrank ein kleines Fläschchen von diesem Parfüm verborgen. Ihre beiden eleganten und reichen Schwestern schwebten stets in einer Wolke von Veilchenduft dahin. Damals war die Mode noch nicht so wetterwendisch und kurzlebig wie heute, wandelte sich nicht so oft und so rasch. Parfüm war etwas Rares, und die meisten Parfüms dufteten nach Blumen, aber Veilchenduft war der beliebteste von allen. Es war der Duft der Sezession, die damals den Stil der Zeit prägte. Aus der Tiefe der Vergangenheit steigt mir noch heute dies Odeur in die Nase.

Den Fenstern der bekannten «Villa Theresia» vis-à-vis, gleich an der Ecke neben dem «Paradies-Garten», lag damals der Sportplatz des Klubs SK Čechie. Das verkündete eine große Inschrift über dem Bretterzaun. Schon längst erheben sich Mietshäuser an seiner Stelle, und um diese irrt mein Schritt voll Trauer. Was sich auf diesem Platz im Sommer tat, weiß ich nicht.

Vermutlich wurde dort Tennis gespielt. Im Winter aber war das weite Gelände ein vielbesuchter Eislaufplatz. Er lag an der Grenze zwischen den Stadtteilen Žižkov und Königliche Weinberge, tschechisch Královské Vinohrady oder schlicht Vinohrady genannt. Manchmal kletterte ich auf das Geländer und blickte mit Vergnügen auf das kreischende, juchzende, ständig sich wandelnde und doch immer gleiche Menschengewühl hinab, auf die Leutchen, die wie sinnlos oder von Sinnen, doch voller Lust die Eisbahn umkreisten und ihre Spuren ineinander verwoben, um für ein paar Sekunden ihre Freude und die Sorglosigkeit des Augenblicks in das Eis zu zeichnen. Das Bild gefiel mir, doch verspürte ich nie das Verlangen, in den Trubel dieses lärmenden Menschenknäuels einzutauchen.

Aber dann packte es mich plötzlich doch. Im Tor zur Eisbahn erspähte ich nämlich ein Mädchen aus dem Nachbarhaus, auf das ich schon längst ein Auge geworfen hatte und nach dem ich mich auf der Straße immer umsah. Das Mädchen wohnte eine Etage unter uns, und oft stand ich auf unserer Pawlatsche, tschechisch pavlač, – wie man die offenen Umgänge billiger Zinshäuser in Prag nannte – und wartete, daß ihre rote Schleife auftauchte. Wenn sie erschien, lächelte ich der Kleinen zu – das war alles.

Nun war sie mir in dem verschneiten Gewühl hinter dem Tor der Eisbahn entschwunden. Auf dem Geländer sitzend hielt ich Ausschau nach ihr, bis ich sie wieder erspähte, wie sie elegante Kurven aufs Eis legte. Da faßte ich im Nu einen Entschluß. Ich bat meine Mutter, mir Schlittschuhe zu besorgen, und sie ging auch, ohne etwas einzuwenden in eine nahe Eisenhandlung und erstand für ein paar Kreuzer ein Paar, das man mit einer kleinen Kurbel an den Stiefeln festschrauben mußte. Die Schlittschuhe waren billig und schäbig.

Meine Mama meinte wohl, zum Lernen seien sie gut genug. Sie waren sogar ein bißchen angerostet, doch ich brachte sie mit Schmirgelpapier auf Hochglanz und rieb sie mit Petroleum ein. Erst viel später konnte ich mir neue, glänzend vernickelte Schlittschuhe mit anmutig gerundeter Spitze leisten. Man nannte sie damals Schlittschuhe «mit Nasen». Doch auch die mußte man mit einer Kurbel festmachen. Die Schlittschuhe hängte ich an den Riemen meines Schulranzens, warf sie über die Schulter und machte mich spornstreichs auf den Weg zur Eisbahn. Doch ich ging nicht auf den Čechie-Platz, wo alle meine Schulkameraden waren. Vor denen hätte ich mich nicht geschämt, aber ich fürchtete, dem Mädchen aus dem Nebenhaus zu begegnen. Ich war ja mein Lebtag noch nie Schlittschuh gelaufen. Da hätte ich vor ihr eine traurige Figur gemacht!

Auf die eisige Rutschbahn hatte ich mich auch schon früher gewagt und zwar recht oft, obwohl ich kurze, nicht zu steile Rutschbahnen lieber hatte. In dem hügeligen Gelände des Žižkov waren manche nämlich atemberaubend steil. Die Straßen fielen jäh ab, und es kam vor, daß die Buben «am Ziel» fast unter die Straßenbahn sausten, deren Geleise die Straße durchfurchten. Diese Rutschbahnen waren oft zig Meter lang, und es war nicht leicht, rechtzeitig anzuhalten. Von Zeit zu Zeit klingelten die Polizisten die Hausmeister heraus und zwangen sie, die Rutschbahnen mit Asche zu bestreuen. Doch die Jungen fegten mit ihren Mützen die vereiste Fläche rasch wieder blank oder machten sich gleich nebenan eine neue.

Im Hof des heutigen Café «Savarin» – am Graben, tschechisch Příkopy oder Na příkopech – war früher ein Gartenlokal. Kastanien wuchsen hier inmitten der Häuser rings um einen freundlichen Platz. Im Winter gab es eine bei weitem nicht so gut besuchte Eisbahn wie auf dem Čechie-Stadion. Sie war auch viel kleiner. Von meinen Bekannten kam dort gewiß keiner hin. Darum hatte ich sie mir ausgesucht.

Mein Debut auf dem Eis war buchstäblich umwerfend. Kaum hatte ich mich mit den Schlittschuhen aufs Glatteis gewagt, bums, lag ich schon auf der Nase. Ich versuchte es auf jede mögliche Art, wollte mich sogar am Geländer festhalten, doch die Beine rutschten unter mir weg, und ich purzelte wieder hin. Nach etwa zwei Stunden kläglicher Versuche hatte ich kaum gelernt, ein paar kleine Schritte zu machen, und sie endeten stets mit einem peinlichen Sturz. Hätte ich nicht immer ein Mädchenantlitz, von braunen Locken mit roter Schleife umrahmt, vor Augen gehabt, ich hätte die verdammten Schlittschuhe wieder über die Achsel geworfen und wäre enttäuscht heimgeschlichen. Aber die strahlenden Mädchenaugen spornten mich an und stärkten meinen schwankenden Willen.

Eine nette, charmante Dame – am Rande des Platzes gegen das Geländer gelehnt – bemerkte meine Verlegenheit und meine Ohnmacht. Anscheinend war sie die Mutter eines Eisläufers, und ihr Söhnchen, wohl so alt wie ich, tummelte sich auf dem Eis. Er war noch kein Eislauf-As, konnte auch nicht allzu viel, doch er hielt sich ganz passabel auf den Beinen und umrundete ein wenig zögernd den Platz. Dann kam er zu seiner Mama geschlittert, und die schöne Dame kramte in ihrem abgrundtiefen, mit einem riesigen Veilchenstrauß bestickten Muff und steckte dem Jungen ein Pralinee in den Mund. Vermutlich vor lauter Begeisterung darüber, daß er beim Eislaufen Fortschritte machte.

Schüchtern scharwenzelte ich um sie herum, fegte, mit dem Hinterteil fast vor ihr landend, das Eis blank und rutschte schließlich vor ihre Füße. Es war wirklich eine Schande. Nachdem mir dasselbe Mißgeschick schon zum fünften Mal widerfahren war, tat ich ihr wohl leid. Sie half mir auf die Beine. Dann begab sie sich aufs Eis, faßte mich mit fester Hand am Arm und führte mich. Ich schämte mich zwar, doch sie war so freundlich und plauderte so nett mit mir, daß ich mich ihrer hilfreichen Hand bereitwillig anvertraute. Noch ein paar Mal glitten mir die Beine unter dem Leib weg. Doch sie hielt mich fest, und wenn ich stürzte, fiel ich mit dem Gesicht nur in den riesigen Veilchenstrauß auf ihrem Muff; Stutzel nannte man damals diesen unentbehrlichen Bestandteil der Wintergarderobe einer Dame. Nach einer halben Stunde gab sie mich frei, ich solle es nun allein versuchen. Doch sie blieb in meiner Nähe. Nun fiel ich schon viel seltener hin und umkreiste den großen Eisplatz bald ganz passabel. Mir schien es ein wahres Wunder. Ich glitt zwar ganz behutsam und fast schleichend dahin, doch gelang es mir, ein paar Runden zu drehen und mich mit Müh und Not auf den Beinen zu halten. Als ich wieder vor dem veilchengeschmückten Stutzel landete, schoben mir zwei zarte Damenfinger ein Bonbon in den Mund. Sie schenkte mir dann noch ein paar. Und mit dem letzten Pralinee drückte sie mir sanft ihre süße warme Hand auf die Lippen. Zum Abschied! Sie ging mit ihrem Buben heim, und ich schaute ihnen voll Wehmut nach.

Am nächsten Tag war ich wieder auf dem Eisplatz. Den Stutzel mit den Veilchen traf ich zwar nicht, doch vervollkommnete ich meine Eislaufkünste ganz beträchtlich und wagte mich tags darauf schon auf den Čechie-Platz.

Vor der sanften Hand mit dem Veilchenstrauß verblaßte allmählich die rote Schleife im Haar, bis ich sie ganz vergessen hatte.

Herr Oldřich Nový, hören Sie mich? Diese Erinnerung ist Ihnen gewidmet.

Sie wissen wohl warum!

Wie ich mit Lenin Schlittschuh lief

Wenn Lenins alter Gefährte A. P. Onufrijew recht hat, und wenn wir dem Zeugnis einiger unserer Landsleute glauben wollen, an deren Glaubwürdigkeit nicht zu zweifeln ist, wohnte Lenin 1912 nicht nur im Hotel «Myška», oberhalb des damaligen Staats-Bahnhofs, in Žižkov, sondern auch in einem Mietshaus in der Karlova ulice, deutsch Karlsgasse, an dem das Wappen des Gasthofs «Zum goldenen Rad» prangte. Von dort genoß er freilich keine besonders schöne Aussicht. Aus dem Fenster seines Gastzimmers blickte er auf die scheußlichen Ungetümen gleichenden Gasbehälter des Žižkover Gaswerks, an die ich mich noch gut erinnere. Heute dehnt sich an ihrer Stelle der Fußballplatz der einst hochberühmten Mannschaft SK Viktoria Žižkov. Wir wohnten nämlich ganz in der Nähe, am anderen Ende des Zinshäuserblocks, und die Inhaber des Gasthofs «Zum goldenen Rad» waren gute Bekannte, vielleicht sogar entfernte Verwandte von uns. Oft mußte ich mit dem Krug in der Hand Bier bei ihnen holen, und sie zapften mir stets ein volles Maß.

Onufrijew erinnert sich sogar daran, daß Lenin im Winter regelmäßig abends auf der nahen Eisbahn Schlittschuh lief. In der Nähe seines Quartiers gab es damals nur einen solchen Platz. Oberhalb des heutigen Hauptbahnhofs, gegenüber der Villa «Theresia», auf dem Feld des SK Čechie.

Auf dieser Eisbahn pflegten auch wir Jungen aus den nahen Žižkover Gassen uns zu tummeln. Meist ebenfalls gegen Abend. Nachmittags saßen wir entweder in der Schule oder hockten daheim über den Hausaufgaben. Erst wenn ein paar bescheidene, sparsam flackernde Glühlampen über dem Platz aufleuchteten, schnallten wir die Schlittschuhe an unsere Stiefel.

Sogar Musik gab es dort, aus einem heiseren Grammophon oder von einer Drehorgel. In der Garderobe wurde Tee gebrüht. Am Abend war der Anblick der Eisbahn am schönsten und auch besonders spannend. Mit Vorliebe sausten wir in einer langen Schlange übers Eis. Wir packten einer den andern von hinten an den Hüften, und dann schlängelten wir uns, der erste in leichter Kniebeuge, die anderen hinter ihm in der Hocke, in Wellenlinien durch das Gewühl; dabei wurden die Mädchen, die dort – immer zwei und zwei, zierlich die Beine hebend – elegant und sittsam ihre Kreise zogen, meist ziemlich rüpelhaft angerempelt.

Die Mädchen kreischten dann und suchten sich auf die Kuppen der beiseitegefegten Schneeberge am Rande der Eisbahn zu retten. Und das war auch der «Sinn der Übung».

Im Winter 1912 zog dort also ein kleinerer Mann mit einer Astrachan-Pelzmütze seine Kreise. Wie konnte er ahnen, daß dereinst in einem Parterre-Zimmer der gegenüberliegenden Villa seine Büste stehen und über diese Eisbahn hinweg auf Prag hinausschauen würde, auf das meist vom rußigen Qualm des Bahnhofs verhüllte Prag. So trat Dr. Alexander oder Dr. Majer, wie Lenin sich damals nannte, schon in jenen Jahren, unbekannt und unerkannt, in unser Leben.

Zehn Jahre später, oder noch ein, zwei Jahre danach, kamen wir in der Villa Theresia oft vor seiner Büste zusammen, wo unser lieber Antonow-Owsejenko uns in der Uniform eines Offiziers der Roten Armee begrüßte.

Bestätigt mir doch heute, ihr Jungen aus der Karlsgasse, aus der Krása-Gasse und der Husinec-Gasse, auch ihr Kameraden, Freunde und Mitschüler vom Konstanzer Platz, daß wir zur Winterszeit fast täglich auf der Eisbahn des SK Čechie zu finden waren!

Meldet euch! Wo ihr auch seid! Warum schweigt ihr, Freunde?

Ach ja, ich hab' es ganz vergessen. Es ist ja schon über sechzig Jahre her, liegt allzulange zurück. Wer weiß, ob die Freunde noch leben?

Was der Harpunier Ned Land zu Kapitän Nemo sagte

Als Primaner – deutsch würde man sagen Sextaner – betrat ich zum ersten Mal das neue Gebäude des eben erst eröffneten Žižkover Gymnasiums in der Libušina ulice, der Libussa-Gasse, schon fast an der Markscheide zwischen den Quartieren Žižkov und Königliche Weinberge. Obschon diese Stadtviertel heute längst miteinander verschmolzen sind, gab es Zeiten, da die Grenze zwischen ihnen evident war. Die Libussa-Gasse hat man schon längst in Kubelík-Gasse umgetauft, und das humanistische Gymnasium, wo ich die Schulbank drückte, wurde aufgelöst. Bei Gott, ich würde sagen – schade!

Ein guter Schüler war ich nicht, doch an die Jahre dort denke ich oft voller Wehmut, ja fast mit Tränen in den Augen zurück. Dieser Schule verdanke ich viel.

Das Schulgebäude, von außen eher unscheinbar, zwischen graue Mietskasernen eingezwängt, blitzte innen vor Neuheit. Durch die damals ungewohnt großen Fenster strömte viel Licht in die Klassenräume und Korridore und erfüllte sie mit freundlicher Harmonie. Am meisten imponierte mir das blanke und sicher auch hochwertige Linoleum. Es war so rot wie eine dunkle «hundertblättrige» Rose und erfüllte das Gebäude mit ungewohntem, doch angenehmem Duft. Weh ihm! dachte ich. Wie wird es dem Ansturm der oft mit kleinen Hufeisen oder sogar mit «Kasernenhof»-Nägeln beschlagenen Žižkover Schülerstiefel standhalten. Doch das Linoleum hielt aus. Ich nicht! Ich schloß mein Studium in diesen hehren Hallen voller Sonnenschein und lateinischer Hexameter nicht ab. In den unteren Klassen war ich ein guter Schüler. Später nicht mehr. Ich liebte Latein und brillierte in Religion.

In der Quinta – bei uns Sekunda genannt – rief mich eines Tages der Katechet S. auf und sagte zu mir – er sprach uns stets mit Er an:

«Komm Er morgen zu mir ins Lehrerzimmer!»

So wurde ich Ministrant – ein kleiner, braver Ministrant. Unsere Schul-Kapelle war im Turnsaal untergebracht. Anfangs war es mir fast unerträglich, doch dann gewöhnte ich mich daran. Bei den Sonntagsmessen roch es in der Kapelle immer nach frischem Leder und bei der Turnstunde am Montag in der Turnhalle nach Weihrauch. Besonders an der Saaldecke, wo wir an den Klettergerüsten Klimmzüge übten.

Oh, wie süß duftete der Weihrauch!

Ich ministrierte mit Begeisterung, wiewohl ich nur wochentags gebraucht wurde und wir – ich und der Katechet – in der leeren Turnhalle dann meist unter uns waren. Am Sonntag ministrierten ältere Mitschüler, die dieser Ehre würdiger waren als ich und die während ihrer Schulzeit am Gymnasium zuweilen verlauten ließen, sie wollten nach dem Abitur aufs Priesterseminar gehen. Doch kein einziger tat es wirklich.

Bei der Messe pflegte der kleine, ein wenig füllige, doch recht sympathische Studienrat – Gymnasialprofessor, wie man in Prag sagte – Otakar Zich auf dem Harmonium, das hinten in der Turnhalle stand, zu präludieren. Wer hätte ihn nicht gekannt? Zu meiner Verwunderung unterrichtete er bei uns Mathematik.

In aller Herrgottsfrüh, schon eine Stunde bevor der Unterricht begann, läuteten wir den Schuldiener aus den Federn; wir mußten in der Sakristei das Meßgewand vorbereiten, dessen Farbe uns der Schuldiener für jeden Tag der Woche angegeben hatte, und entzündeten die Kerzen auf dem kleinen Altar, der – wochentags von einem eisernen Rolleau bedeckt – in einer Nische stand.

Die Eingangsgebete murmelten wir noch zu zweit, doch kaum war der Priester zum Altar getreten, verließ einer von uns Knaben die Stufen und trabte in die Wohnung des ehrwürdigen Herrn Religionslehrers, um ihm das Frühstück zu holen. Ich und mein Kamerad wechselten uns dabei ab. Der Lehrer wohnte nicht weit von der Schule, nahe dem geheimnisumwitterten jüdischen Friedhof, am Ende von Žižkov. Bevor der eine oder der andere von uns wieder zurückkam, war die Messe aus, und der Herr Lehrer saß, schon «in Zivil», da und wartete ungeduldig auf seinen Milchkaffee. Im Winter hüllten wir die Kanne in einen zottigen Schal, damit der Kaffee nicht kalt wurde.

Im Frühling und zur Sommerszeit waren mir diese Botengänge recht willkommen. Ich lief am Friedhof vorbei und am Sportplatz der Schule, wo wir sonst immer Fußball spielten. Fußball! Was für ein wunderbares Spiel! Leider gab es für alle Klassen des Gymnasiums zusammen nur einen einzigen Ball, um den wir uns ständig balgten. Der Friedhof war fast das ganze Jahr über geschlossen, und wenn sich – recht selten – das Tor einmal auftat, jagte der Friedhofswärter uns gleich davon. Nicht nur, weil wir «Gojim» waren. So lag der jüdische Friedhof inmitten der Žižkover Mietshäuser da als ein Ort, wo die Katzen sich ihre Höhlen bauten und das vielstimmige Zwitschern der Vögel in den Wipfeln der Bäume einem fast schrill in den Ohren klang.

Im Herbst sah ich dort sogar manchmal einen Buntspecht und zum ersten und letzten Mal in meinem Leben eine Eule, die, lautlos durch die Luft säuselnd, dicht über meinem Kopf dahinstrich.

Mein Freund, mit dem ich gemeinsam die Schulbank drückte, wohnte in einem alten Zinshaus am anderen Ende des Friedhofs. Er prahlte, er könne sich ohne Mühe über die Friedhofsmauer schwingen und versprach, mir zu zeigen, wie er das mache. Auf der anderen Seite der Mauer könne man fast «die Stufen hinabsteigen». Dort ließe sich nämlich ein lockerer Backstein aus der Mauer «brechen», und man könne sich an den Masten der Stromleitung anlehnen.

Eines Abends im Frühling, es dämmerte schon, erfüllte er sein Versprechen. Aber unser Unternehmen nahm einen überraschenden Verlauf. Mühelos kletterten wir über die Mauer, doch dann erschraken wir so, daß wir fast wieder heruntergepurzelt wären! Jedenfalls ich. Hinter der Mauer stand, an einen Baum gelehnt, ein Liebespaar, das sich leidenschaftlich küßte; wahrscheinlich waren die beiden auf die gleiche Weise hinübergekommen wie wir. Ich hatte ein Gefühl, als wäre ich mit der

Stirn jäh gegen das Glas eines Schaufensters geprallt, das ich zuvor nicht bemerkt hatte. Auch die Liebenden waren erschrocken, und das Mädchen starrte uns mit vor Entsetzen geweiteten Augen an. Rasch sprangen wir wieder von der Mauer, und mein Herz pochte so wild, daß ich kaum noch atmen konnte.

Nie werde ich diesen Augenblick vergessen. Zum ersten Mal hatte ich die Umarmung von Liebesleuten gesehen, zum ersten Mal der Liebe ins Auge geschaut. Obwohl mich schon früher allerlei Visionen bedrängt hatten, war ich von dem Anblick dieser wirklichen Liebesszene schier überwältigt. So nahm ich dieses fest in meine Seele geprägte Bild menschlicher Leidenschaft ins Leben mit – ein Bild, das zärtlich, ja sogar keusch, aber durch seine Unmittelbarkeit und Lebensechtheit doch überwältigend, fast erdrückend war. Kaum konnte ich die Gemeinschaftsbeichte erwarten, die man uns an den nahen Osterfeiertagen im Schulgottesdienst abnehmen würde, um mich von den sündigen Gedanken zu reinigen, die mich nun ständig verfolgten. Endlich konnte ich, auf die Knie gesunken, dem Beichtvater hinter dem schmiedeeisernen Gitter mit einer gewissen Erleichterung meine Sünde entgegensprudeln, an der ich eigentlich keine Schuld trug: Ich hatte ja nur eine unsittliche Szene beobachtet!

Ein solches Ende nimmt's mit dem, der sich allzu eitel im Beichtspiegel betrachtet.

Anfangs war ich überzeugt, ich hätte mich von aller Schuld, die ich auf mich geladen hatte, als ich auf die verfluchte Mauer kroch, reingewaschen. Das Bild eines von Leidenschaft gezeichneten Mädchenantlitzes und die zarte Nacktheit der weiblichen Haut wollten mir noch immer nicht aus dem Sinn. Vor allem, wenn ich in aller Herrgottsfrüh, das Kännchen Kaffee für den Herrn Katecheten in der Hand, an der Friedhofsmauer vorbeihuschte. Vergeblich wandte ich meinen Blick ab von den Grabsteinen voll seltsamer Schriftzeichen. Immer wieder sah ich die liebeshungrigen Augen des Mädchens vor mir. Die Beichte hatte mich nicht erlöst.

Seit diesem Erlebnis begann mich das «Stereotype», die Eintönigkeit meines Lebens zu deprimieren. Zumindest mein Dienst am HERRN und für den Herrn Katecheten ging mir zunehmend auf die Nerven. Damals kannte man das Wort »stereotyp« noch nicht in seiner weiteren oder eigentlichen Bedeutung. Diesen Sinn hat das Wort erst später bekommen. Doch es war schon damals geeignet, das Gefühl zu beschreiben, das mich allmählich beschlich.

Mir gefielen die glatte Gewandtheit und das Getue nicht mehr, mit denen Hochwürden sich Tag für Tag um das Geheimnis des Gottesdienstes herummogelte, obwohl wir das Thema im Religionsunterricht mit hochtrabenden und salbungsvollen Phrasen abzuhandeln pflegten. Ich kannte bereits jede Geste und jeden seiner Schritte bis ins kleinste Detail. Vor seiner Invitation zum Gottesdienst grauste mir. Alles an ihm war kühl, wenig überzeugend und routiniert: Vor dem Altar knieend und auf sein Gebet respondierend, bemerkte ich, daß der Priester, dem ich Antwort gab, nicht glaubte, was er sprach. Ich schlug mich demütig an die Brust, und meine zarte Ministrantenseele sträubte sich gegen die Heuchelei, die ich an dem Mann neben mir bemerkt hatte. So geschah es, daß auch meine Frömmigkeit und Inbrunst nach und nach unwillkürlich verflogen. Es gab niemanden, der sie mir hätte bewahren können.

In solchen eher traurigen Momenten dachte ich gerne daran, wie schön es früher war, wenn ich an einem frostigen Dezembermorgen in aller Herrgottsfrüh mit meiner Mutter durch die verschneiten Žižkover Gassen zur St.-Prokops-Kirche pilgerte. Ich führte meine Mama am Arm und schmiegte mich fest an sie. Vor den Leuten hätte ich mich dieser Manifestation meiner kindlichen Anhänglichkeit und Liebe geschämt, doch die Straßen waren noch menschenleer. Ach, wie herrlich waren diese flüchtigen Augenblicke. Die Weihnachtsbäume an den Straßenecken, mit Draht zusammengeschnürt, dufteten, und vor uns leuchteten matt die Fenster des Gotteshauses. Meine Mama kniete in der Bank, und ich zündete einen

Wachsstock an. Ich sang liebend gern die von echter Frömmigkeit erfüllten Eingangspsalmen zu Rorate, Verse von betörender Schönheit.

Die ersten wurden dreimal hintereinander psalmodiert, jeweils um einen Ton höher. Es berührte und verzauberte mich, obgleich ich mir nicht recht zu erklären wußte, wie der Gerechte hatte vom Firmament steigen können und wie der Erlöser der Erde entsprossen war. Doch wie aufrichtig und zärtlich war all dies, ebenso wie das Busserl, das ich meiner Mutter stets gab, bevor ich zur Schule ging.

Auch die «Karwoche» werde ich nie vergessen, die ich zumeist bei den Eltern meiner Mama in Kralupy verbrachte. Ich war dabei, wenn der Herr Pfarrer am Gründonnerstag geweihtes Öl verbrannte, sang am Karfreitag auf dem Chor der Kraluper Kirche die Passionen mit, kniete am Grabe Jesu nieder und schritt schließlich unter dem Dröhnen der Glocken und dem kosend sanften Schellen der Meßglöckchen mit der Prozession zur Auferstehung. Die Glocken «verstopften» geradezu die Straßen, und Pfarrer Záruba, ganz in Gold und cremefarbener Seide, schritt gemessen und mit würdevollem Ernst über den armseligen Marktplatz des Städtchens. Doch der Himmel war schon blau, das verrauchte Kralupy rings von Lärchen umkränzt, und die Hausfrauen hatten ihre Fenster blitzblank gewienert. Wie weh war mir ums Herz, denn bald würde es schon aus sein mit all der Pracht und Herrlichkeit, wenn der Zug vor der Werkstatt des Klempners Kratina um die Ecke bog und – während die Menschen immer noch sangen – in die Kirche zurückkehrte.

Ich steh' vor dem Altar und bete das Confiteor, fromm, aber ein wenig bedächtiger als sonst, da wendet sich der neben mir stehende Katechet an mich:

«Schlaf Er nur nicht ein!»

Nein, das war nicht in Ordnung, wirklich nicht. Aus meinem Herzen, das unter dem halboffenen Hemd pochte – an dem mir übrigens wie üblich ein Knopf fehlte, da meine Mutter mit dem Annähen kaum nachkam – begann sich die naive, kindliche Frömmigkeit, die mich bisher erfüllt hatte, davonzustehlen. Und mit ihr auch mein kindlicher Glaube. Statt seiner schlichen sich Zweifel und Ärgernis ein. Ich war bitter enttäuscht. Dann passierte mir noch dies:

Eines schönen Frühlingsmorgens stand ich ein wenig herumtrödelnd in dem Haus, wo der Katechet wohnte, am offenen Fenster und schaute in den kleinen Hof hinab. Eine Katze war gerade dabei, einen kleinen Spatz, den sie gefangen hatte, zu Tode zu quälen. Ein unerfreulicher Anblick, doch ich war neugierig, zugleich auch machtlos. Der Hof war abgeschlossen. Nicht ohne innere Anteilnahme verfolgte ich das raffinierte, grausame Katz-und-Spatz-Spiel. So kam ich mit dem Frühstückskaffee ein wenig verspätet zurück. Ich stellte das Kännchen auf den länglichen Spind, wo wir die Meßgewänder aufbewahrten – der Kaffee war nur noch lau!

«Er braucht morgen nicht mehr zu kommen!» zischte der Katechet.

Der Schreck fuhr mir in die Glieder. Vor dem Religionsprofessor, der zu den Schülern zwar nie sehr freundlich war, dafür aber Vertrauter und Ratgeber des Herrn Direktors unserer Schule, hatte ich eine Heidenangst. Ich war auch beleidigt. Sollte das der Lohn sein für meine monatelangen treuen und ergebenen Dienste! Das war doch schnöder Undank. Allmählich überkam mich aber ein fast freudiges Gefühl der Erleichterung. Nun brauchte ich nicht mehr mit dem Kaffeekännchen herumzulaufen, mußte nicht so früh aufstehen. Und als ich daran dachte, daß ich von meinen Fesseln befreit sein würde, kam mir auch die Liebesszene an der Friedhofsmauer wieder in den Sinn. Ein wonniger Schauer lief mir über den Rücken, als ich mich an das Mädchen in den Armen des Jünglings erinnerte. Das war etwas! Nun suchte ich nicht mehr ihr Bild zu verscheuchen, das mir vor Augen stand – im Gegenteil. Ich pfeif' auf den Beichtspiegel! Warum soll ich mich vor dem Katecheten fürchten!

Dafür schloß ich unseren neuen Tschechisch-Lehrer innig

ins Herz. Er hieß Kašík und war ein sympathischer, eleganter junger Mann, wie wir hörten ein Ungläubiger, ein Atheist; ja, er haßte den Religionslehrer. Vor der Tür des Lehrerzimmers horchend, vernahmen wir ein paar Mal empörte Auseinandersetzungen zwischen ihm und dem Katecheten. Wenn Herr Kašík morgens als erste Stunde Tschechisch gab und die Klasse vorschriftsmäßig laut und im Chor das Ave Maria beten mußte, trat er ans Fenster und murmelte: «Na, denn man zu!» und schaute gelangweilt auf die Fassade des gegenüberliegenden Zinshauses. Einmal verspottete er mich zwar, doch tat dies meiner Liebe zu ihm keinen Abbruch. Wir schrieben einen Schulaufsatz, in dem der Name Jesu vorkam. Ich schrieb Jesus in der Mitte mit «ss». Er blieb vor mir stehen, lächelte süffisant und bemerkte:

«Sie sollten sich was schämen. Sie wissen ja nicht einmal, wie Ihr Herrgott heißt.»

Mein Idol fiel in den ersten Wochen des Ersten Weltkriegs an der Front.

Zu jener Zeit las ich ein Buch von Jules Verne und schloß an Bord des berühmten «Nautilus» auch Freundschaft mit der Besatzung. So kam es, daß ich auch Zeuge eines heftigen Wortwechsels zwischen Kapitän Nemo und dem Harpunier Ned Land war. Der kühne Harpunenwerfer beschuldigte den Kapitän nämlich, man halte ihn zu Unrecht an Bord des Schiffes fest. Nemo erwiderte, alle auf dem Schiff seien doch frei und nähmen an einer ganz einmaligen Reise teil, an der einzigartigen Jagd nach den Wundern der Tiefsee! Darauf entgegnete ihm der Harpunier mit folgenden berühmt gewordenen Worten:

«Wo Zwang herrscht, herrscht wenig Freude, Herr Kapitän.»

Jawohl, und so klappte ich den Katechismus zu und erstand für zwei Kronen eine bei Lorenz in Třebíč herausgegebene Miniaturausgabe von Máchas «Máj» (Mai).

Seit jenen Tagen blieb ich so manches Mal vor dem Eisengitter des alten Jüdischen Friedhofs zwischen Žižkov und den

Weinbergen stehen und betrachtete, gedankenverloren meinen Erinnerungen nachhängend, den dunklen Sandstein der Grabmonumente und Stelen. Die Vorübergehenden meinten vielleicht, ich versuchte die mir unverständlichen Inschriften auf den Gräbern zu entziffern.

Doch ich dachte mir das meine und verstand es wohl.

Es gibt süßere Düfte auf der Welt, als den «schmorenden» Weihrauchs.

Mit der «Fliege» unterm Kinn

In unserem Žižkover Gymnasium befand sich – wie ich schon erwähnte – die Kapelle in der Turnhalle. An Wochentagen turnten wir dort, sonntags schob man zwei Kirchenbänke an die Sprossenwände, und das Blechrolleau in der Nische, wo der schlichte kleine Altar stand, wurde hochgezogen. Jeden Sonntag mußten wir dem Schulgottesdienst beiwohnen. Von den Professoren saßen jene in den Bänken, die zu dieser sonntäglichen Pflichtübung «abkommandiert» waren. An besonderen Tagen, etwa zu Beginn des Schuljahres – man sang «Veni Sancte Spiritus», am Jahresende – wenn ein «Te Deum» gefeiert wurde – oder an Kaisers Geburtstag, waren alle Professoren, sogar in Beamten-Uniform, präsent.

Dann trugen sie einen mit Pfauenfedern und Goldborten geschmückten Zweispitz und einen Degen mit goldenem Knauf an der Seite. Manchmal wirkte das komisch. Vor allem wenn ein Lehrer zu dünn war oder zu dick.

Doch ich denke jetzt nicht an die Uniformen.

Wenn vor der «Wandlung» die Glocken ertönten, mußten alle «Studenten» – in Prag nannte man auch die Gymnasiasten so – auf die Knie fallen. Nur ich kniete häufig nicht, sondern hockte mich nur hin, obwohl diese Art des Kniefalls verboten war. Dabei taten mir die Füße viel weher, und es war weit schwerer, wieder aufzustehen. Ich hatte oft Löcher in den

Schuhsohlen und schämte mich dessen. Ich war einfach dumm, und der Junge, der hinter mir kniete, keinen Deut klüger. Wäre ihm mein «Makel» ins Auge gefallen, er hätte nicht nur die Nase gerümpft über mich, sondern es auch mit Hohnlachen allen in der Klasse erzählt. Und da sagt man, die Jugend sei sorglos und glücklich!

Meine Torheit stellte ich aber auch bei anderen Gelegenheiten und in anderer Weise unter Beweis.

Fiel in unserer Vorstadt Schnee, verwandelte sich der schäbige Žižkov in einen schneeweißen Baldachin, der wohl fünf Stockwerke hatte. Hab' ich richtig gezählt? Waren es nicht mehr? Fünf Querstraßen waren für mich ein paar Stunden lang mit blütenweißer Flockenpracht besät. Ja, es waren fünf, die Gasse nicht mitgezählt, die am Fuße des Hanges am tiefsten im Tal liegt, und in der wir damals wohnten.

Unten, wo die erste Straße, von Karolinenthal, tschechisch Karlín, in die Hus-Gasse mündet, stand an der Ecke die schwarze «Hrabovka». Sie heißt bis heute so. Es war ein Bahnhofsdepot, wo ständig Kohle aus den Waggons geschaufelt und wieder aufgeladen wurde. Und in diesem häßlichen schwarzen Loch, das kein Schnee zuzudecken vermochte, wurde die Kohle auch verkauft.

Während des Ersten Weltkriegs war die Lage in den Städten miserabel, die Versorgung funktionierte nicht. Für Brot, Mehl und alle anderen Lebensmittel mußte man ständig anstehen, Tag und Nacht. Bei diesem kläglichen Warten in der Schlange wechselten wir einander ab. Abends und nachts standen mein Vater und meine Mutter an, ich und meine Schwester am Tag, sofern wir nicht zur Schule mußten.

Auf die Kohle, die zuweilen in der Hrabovka zu haben war, pflegte meine Mutter zu warten. Im Sommer wie im Winter. Vor allem natürlich zur kalten Jahreszeit. In Schnee und Regen, stundenlang. Mein Vater arbeitete, und meine Schwester war noch klein. Oft bat mich meine Mutter, ihr zu helfen, den schweren, primitiven Karren heimzuschieben. Wir hatten ihn aus einem alten Kinderwagen gebastelt; schließlich fiel er dann auseinander. Ich hatte immer allerlei Ausflüchte parat. Ich mußte Aufgaben machen, hatte Gesangs- oder Turnstunde, nur damit ich nicht mit meiner Mama gehen und mich nicht vor den häßlichen Karren spannen lassen mußte. Ich ging schon ins Gymnasium, trug eine «Fliege» oder eine andere Krawatte unterm Kinn und schämte mich.

Fragt nur einmal die törichten «vierzehn oder fünfzehn Jahre», warum sie sich eigentlich schämen mußten. Ich hatte Angst, jeder würde mich anstarren und mich verspotten.

Diese dummen, gefühllosen Ausflüchte sind aber nicht das einzige, was mir bis auf den heutigen Tag auf der Seele liegt und mich beschämt.

Eines Nachmittags eilte ich «in die Stadt», da erblickte ich von ferne meine Mutter, die ganz gebeugt von der Habrovka kam und auf dem Rücken einen schweren Sack Kohle schleppte. Einen Moment blieb ich ratlos stehen, doch dann huschte ich ins nächste Haus und versteckte mich im Hausflur, bis sie vorüber war. Ich war feige und grausam. Doch die Jugend ist eben so.

Zuweilen komme ich an diesem Ort vorbei. Die Hrabovka steht immer noch da. Aus dem Kino gegenüber, in dem ich einst die zarte Henny Porten mit den Augen liebkoste, hat man eine Werkstatt gemacht. Und wenn ich die Hrabovka anschaue, streckt sie mir ihre schwarze Zunge heraus.

Thank you, so blue

Meist in der Nacht war's, da begann das Eis auf der Moldau zu brechen. Schon ein paar Tage vorher glänzten Lachen auf dem zugefrorenen Strom. Das Betreten des Eises war dann verboten. Sodann «brandeten» trübe Wasser heran, und unter ihrem Ansturm fing das Eis mit lautem Krachen zu bersten an. Anderntags gischteten bereits «Hals über Kopf» Eisschollen aus der oberen Moldau, der Sázava und der Berounka heran, stießen dröhnend gegen die Brückenpfeiler und zerschellten am Eisen der Eisbrecher vor der Karlsbrücke. Seitdem die Moldau in Prag durch Wasserbauten reguliert wurde, pflegt der Fluß hier kaum mehr zuzufrieren. Die Menschen von heute werden wohl nie mehr die Wonne verspüren, die wir erlebten, wenn wir, die Brücken verschmähend, über das Eis ans andere Ufer setzten oder uns auf dem Spiegel des Flusses tummelten und nur den vermummten Anglern auszuweichen hatten, die still und zumeist vergebens bei ihren Angeln vor den ins Eis gehauenen Löchern saßen und vor sich hinstarrten.

Eines Frühlings hatte ein plötzliches und unerwartetes Hochwasser das Eis der Berounka früher gebrochen als das anderer Flüsse; auf der Höhe von Modřany, einem Vorort von Prag, türmte sich eine gewaltige Eisbarriere auf, eine Überschwemmung drohte. Das Militär mußte kommen und die Barriere mit Granaten auseinanderkartätschen. Die Detonationen waren bis nach Prag zu hören, und die Brücken waren voller Leute.

Auch ich stand neugierig auf einer Brücke und schaute über den verlassenen Eislaufplatz hinweg, wo ich in jenem Winter fast täglich zu finden war. Hin und wieder sogar in Begleitung eines anmutigen Mägdeleins mit einer netten, aber ein bißchen altmodischen Frisur: zwei nußgroßen Knoten über den süßen Öhrchen. Sie vertraute meiner recht zweifelhaften Eislaufkunst, und Hand in Hand glitten wir über die ausgedehnte Eisfläche. Die war von beitseite gefegten «Schneewehen» umsäumt, und in den Ecken des Platzes hatte man frische, mit farbigen Papierschleifen dekorierte Weihnachtsfichten in den Schnee «gepflanzt».

Auf der Bank, auf der wir immer unsere Schlittschuhe anschraubten oder die Stiefel anzogen, prangte damals auch ein altes Grammophon mit einem gewaltigen himmelblauen Trichter. Neben dem Eingang stand eine Bude, wo man das minimale Entrée kassierte und wo Tee gekocht wurde.

All das hatte man schon vor vier Tagen abgebaut, und nur die vier verlassenen Fichten ragten noch aus dem schmuddeligen Schnee.

Kaum waren die Explosionen verhallt, brandeten die ersten Wogen heran, und gleich darauf zerbrach mit Dröhnen und Getöse die Eisplatte über dem Strom. Es war ein einmaliger Anblick. Die Fichten stürzten in den Strudel, und die Eisschollen, die um die Wette schwammen und sich zuweilen im Gedränge auf die Kante stellten, trugen sie rasch davon. Doch sie rissen auch alles andere mit sich fort – die Freude der flüchtigen Augenblicke, da ich heiß die Nähe des hübschen Mädchens spürte und die Wonne, mit ihr über das Eis zu kreisen und dabei – zumindest nach meinem Dafürhalten – elegant ein Bein über das andere zu schwingen. Die Eislaufkunst steckte damals noch in den Kinderschuhen. Der ungerufene und trübe Strom trug auch die betörenden Töne und Worte des schönen englischen Tangos «Thank you, so blue!» mit sich fort. All das war mir auf Nimmerwiedersehen entschwunden. Und weil es so schön gewesen war, schaute ich ihm traurig nach. Mit dem treibenden Eis schwamm mir auch das Fräulein davon, und zwar just in dem Augenblick, da ich mich anschickte, mich in sie zu verlieben. Nach längerem Zögern hatte sie mir ihren Namen verraten und vertraute mir an, daß sie am Fuße des Hradschin wohne, doch sie sagte nicht, wo. Sie deutete auch an, daß sie die Oberschule besuche, doch welche, wollte sie mir nicht verraten. Ich durfte sie auf den Klárov begleiten. Dort sprang sie in eine Tram, lächelte mir zu, und ich sah sie erst nach ein paar Tagen wieder; da entdeckte ich sie glücklich in dem Menschenknäuel auf dem zugefrorenen Fluß. Sie hatte Angst vor ihrer strengen Mutter, die sie wie ihren Augapfel hütete und die ihr gewiß den Besuch der Eisbahn verboten hätte, und ihr schauderte vor meinem kühnen Einfall, vor ihrem Haus auf sie zu warten. Ich war mir schon sicher, daß ich sie «erobern» würde. Meiner Ansicht nach war dazu nur ein bißchen Geduld nötig – und die hatte ich. Gewiß hätte ich es verstanden, die altmodischen Knötchen über den Ohren aufzulösen und die mütterliche Erziehung ein wenig zu «zerzausen». Doch das Eis hielt nicht so lang, und der Lenz stand schon vor der Tür. Ich war zwar als Eislaufkünstler eine Niete, dafür verstand ich es aber, geistreich zu plaudern. Und so zweifelte ich nicht daran, es werde mir mit der Zeit gelingen, das Mädchen zu überreden. Doch wie ich schon sagte: Der Frühling kam mir zuvor.

Die schöne Maid war mir mit den rauschenden Frühlingswassern entschwunden. Schade! Und so konnte ich nur noch davon träumen, wie ich zu ihren Füßen knie, ungeschickt die Schnürsenkel in ihre Stiefel fädle und bei dieser Arbeit nur bedaure, daß die Schnürschühchen nicht noch höher sind.

Hin und wieder hatte ich das Glück, unter ihrem Plisseerock kniend, wo der Strumpf endete, ein Stückchen ihrer Blöße zu erspähen, das der hinuntergerutschte Saum ihres Strumpfes unwillkürlich meinem Auge preisgab. Das war der einzige bescheidene Lohn für meine Dienste und für die schönen Worte, die ich in die «Öhrchen» unter den zwei Schnecken flüsterte.

Wenn ich das Mädchen dann in der Abendstunde wieder zu der Bank führte, erschien mir in der Dunkelheit ein leuchtender Ring, der mich am Himmel des Mädchenkörpers an den Mond erinnerte, wie er in seine erste Phase tritt.

Die Mondsichel!

Es war noch nicht lange her, da hatte ich den Roman Jules Vernes «Die Reise auf den Mond» gelesen. Doch was konnte ich über die kühne Reise ins Weltall zu einem Mondvulkan wissen!

Es war nur das schüchterne Sehnen eines Schülers. Das Weib war für mich ein noch größeres Geheimnis als Frau Luna am Himmelszelt. Ich schaute dem in schmutzigen Wellen davontreibenden Eis nach, und just in dem Moment begann in den Prager Gassen der Frühling.

Thank you, so blue!

Ich hab' eine kleine Enkelin und hab' sie – natürlich – sehr lieb. Anfangs genügte ihr ein einfacher Kugelschreiber. Als ihre Mama die «Liebe zur Kunst» bei der Kleinen entdeckte, säumte sie nicht und erstand ihr farbige Kreide und Buntstifte. Und nicht nur eine Schachtel von jedem! Die «Malutensilien» schleppt sie ziemlich ramponiert in einer Schuhschachtel mit sich herum, und ich versuche gelegentlich, meist vergeblich, ihr all die Buntstifte zu spitzen. Es gelingt mir aber nicht, denn es sind zuviele.

«Opa, mal mir eine Prinzessin!»

Eher unwillig angle ich mir einen gelben Pastellstift und zeichne zuerst die goldene Krone. Eine Art Zacken in einer Ellipse, die an ein offenes Haifisch-Maul erinnert. Doch meine Enkelin nimmt mir den Stift rasch aus der Hand.

«So nicht! Zuerst mußt du den Kopf zeichnen und dann erst die Krone.»

Dann huscht sie mit ihren kleinen Fingerchen übers Papier, und nach einer Weile schaut uns eine wie aus den Wolken gefallene Prinzessin an, in einem mit bunten Spitzen besetzten rosa Kleidchen.

«Na, dann zeichne mir wenigstens einen Elefanten.»

Ungeschickt versuche ich, ein unförmiges Ungetüm auf vier Säulen zu skizzieren, vorn mit einer Art Feuerwehrschlauch bewehrt und hinten mit einem lustig geringelten Schweineschwänzchen. Auch diesmal ist sie nicht zufrieden, und nach einer Weile prangt ein Elefant von reizender und unnachahmlicher Naivität auf dem Papier. Ich lobe ihre Zeichnung und schäme mich heimlich. Soviele Jahre hatte ich fleißig den Zeichenunterricht besucht und dabei wahrlich nichts gelernt.

Jemand aus unserer Familie hat schon die Befürchtung geäußert, das Kind würde doch, Gott behüte, nicht etwa auf die Idee kommen, Malerin zu werden. Wahrhaftig, das wär ein rechtes Unglück. Doch ich bin sicher, so weit wird es nicht kommen. Sie wird ihre heutige Passion gewiß bald gegen eine ganz andere vertauschen. Als Junge habe ich auch jedes Blatt Papier bemalt, das mir in die Hände fiel. Als ich damals von meinen Eltern eine kleine Blechpalette mit einem Pinsel bekam, war meine Freude so groß, daß ich mich an diese Begebenheit mein Lebtag erinnere. Die Nacht, in der ich mit der Palette unter dem Kopfkissen einschlief, war die schönste Nacht meiner Kindheit. Ich entsinne mich keines schöneren Geschenks. Manchmal braucht der Mensch nicht viel zu seinem Glück! Und findet doch zu wenig Glück im Leben.

Stundenlang saß ich über den weißen Blättern, zeichnete und malte. Dann vergaß ich diese Leidenschaft – für lange Zeit.

In der ersten Gymnasialklasse besuchte ich die Schule in dem neuen Gebäude in der Žižkover Libuša-Gasse. Als wir zum ersten Mal in den Zeichensaal traten, verschlug es mir den Atem. Er duftete noch ganz neu. Es war ein schöner Saal, voll flutenden Lichts; die modernen Zeichentische hatten verschiebbare Klappen. Der Raum erinnerte mich an ein Maleratelier, wie ich es schon gesehen hatte. Ich war bezaubert, und mit einem Mal kehrte mein früheres Verlangen zu malen zurück. So beschloß ich erneut, Maler zu werden.

Zeichenunterricht bekamen wir anfangs von einem Verwandten des Malers Kremlička und später von R. Marek. Dieser «Professor» war ein flinker Mann von kleinerer Statur, der mich deshalb und vielleicht auch wegen seines Gesichts an den französischen Schriftsteller André Maurois erinnerte. Er war ein netter Kerl, nicht ohne persönlichen Charme, ein ausgezeichneter Fachmann und mit der tschechischen wie der ausländischen Malerei wohl vertraut. Oft erzählte er uns allerlei Interessantes. Er schrieb Kunstkritiken für die «Národní listy» (Nationale Blätter) und zeichnete Umschläge und Titelblätter für die Žižkover Verlegerin Kamila Neumann.

So schwelgte ich wieder in bildender Kunst und versuchte zu zeichnen. Professor Marek hatte einen Wahlspruch zu unserer Ermunterung. Er pflegte nämlich zu sagen, annehmbar zeichnen, das könne schließlich jeder Trottel lernen. Ich tröstete mich damit, daß es mir auch einmal gelingen würde, zumal ich mich nicht für ganz dumm hielt. Keineswegs. Wenn ich erst mal zeichnen kann, ist alles gewonnen! Mit Farben geht's dann schon leichter. Ja, ich werde malen.

Maler wurde ich aber doch nicht. Und das kam so: Etwa in der Quinta oder Quarta bat uns Professor Marek, Gegenstände von zu Hause mitzubringen, aus denen wir uns in der Schule ein eigenes Stilleben arrangieren könnten. Meine Schulkameraden schleppten Äpfel, Orangen, Zitronen, Vasen mit Rosen, allerlei Dosen und Kerzenleuchter an.

Ich aber brachte Vorlagen für ein Žižkover Proletarier-Stilleben mit: eine Bierflasche, ein Glas, einen Kanten Brot und eine Knackwurst. Ich nehme dies Wort wirklich ungern in den Mund, denn es war bei uns leider auch in schlimmerer Bedeutung im Gebrauch. Das feinere Wort Brühwurst sagte einem damals einfach nichts. So brachte ich einen Knacker auf einem fettigen Papier in die Schule. Auf dem Zeichentisch arrangierte ich ein Stilleben daraus und wartete wie die übrigen, daß der Professor es «genehmigen» würde.

Als er endlich zu mir kam, schaute er mich an und stieß heftig hervor:

«Um Gottes willen, Seifert, den Knacker stecken Sie schleunigst weg. Auf keinen Fall erlaub' ich Ihnen, den zu malen!»

Ich brauchte nur zwei Sekunden, um seine Befürchtungen zu verstehen. Es war ein Schock!

Und in jenem denkwürdigen Augenblick beschloß ich, doch lieber Dichter zu werden.

Am Fenster des Café «Slavia»

Ich entsinne mich nicht mehr, was uns zuweilen bewog, dem freundlichen und gastfreien Café «National», tschechisch «Národní kavárna», untreu zu werden und seine verrauchte

Atmosphäre gegen den Qualm und Mief im alten Café «Slavia» an der Ecke gegenüber dem Nationaltheater einzutauschen, in dem vor allem Schauspieler verkehrten. Wir pflegten dort an einem Fenster zu sitzen, das auf den Kai hinausging, und Absinth zu trinken. Dabei kokettierten wir ein bißchen mit Paris.

Einmal suchte uns dort Frau Wolker auf und hielt uns zum Andenken an ihren Jiři mit diesem grünen Gift frei. Wir wollten ihr die armselige Freude nicht verderben. Doch Wolker war nie mit uns im Café «Slavia» und hat auch nie Absinth getrunken.

Unter den Bäumen längs der Moldau, deren Ufer ein Eisengeländer säumte, gab es damals einen Korso. Gegen Abend und vor allem am Sonntagvormittag pflegte man dort zu flanieren. Früher ergingen sich auch Schauspieler aus dem Nationaltheater auf der Uferpromenade. Wir aber trafen nur noch den alten Herrn Krössinger in seinem achtunggebietenden hohen und glatten Zylinder. Niemand sonst trug in Prag noch solch einen sonderbaren Hut.

Im Winter verlor der Korso zwar auffallend an Anziehungskraft, doch die Brüder Čapek, Josef und Karel, der bekannte Romancier, promenierten dort auch, wenn es schneite. Sie trugen beide die gleiche «Melone», den gleichen grellbunten Schal um den Hals, gelbe Handschuhe und ein Baumbusstöckchen. Sie fielen auf, und das war wohl auch ihre Absicht. Sie spazierten dahin und schwiegen. Manchmal gesellte sich ein kleines, quicklebendiges Männchen mit einer Nickelbrille und lebhafter Gestik zu ihnen. Es blieb fortwährend stehen und schien auf die beiden Brüder loszugehen. Das war seine temperamentvolle Art zu reden. Das Männchen war der Maler Václav Špála. Auch die Čapeks mußten dann ihre stummen Schritte anhalten. Gelegentlich schloß sich ihnen der Maler Jan Zrzavý an, ein andermal, die Hände auf dem Rücken verschränkt, der ernste und vierschrötige Architekt Hofman. Außerdem sahen wir hier neben dem eleganten, hochgewachsenen Maler Rudolf Kremlička die ganze Gruppe der «Tvrdošijní» (Hartnäckigen).

Auch Otakar Marvánek war manchmal zu sehen, doch der befand sich für uns schon ganz an der Peripherie ihrer Maler-Welt.

Von unserer Gruppe war nur Karel Teige persönlich mit den «Hartnäckigen» bekannt. Schon seit einigen Jahren war er für die Sparte Kunstkritik in den Zeitungen «Čas» (Zeit) und «Tribuna» (Tribüne) zuständig und lernte die Maler nach und nach bei diversen Vernissagen kennen. Wir übrigen waren noch zu jung und zu wenig bekannt, als daß wir daran zu denken wagten, mit solchen «Koryphäen» «per Du» zu sein.

Durch seine Kunst und die Welt seiner Bilder stand uns damals Jan Zrzavý am nächsten. Von den beiden Brüdern Čapek mochten wir Josef lieber. Nach unserer Überzeugung war Karel der größere Schriftsteller, aber Josef ein bedeutenderer Künstler und Dichter. Und auch Maler!

Später schlossen wir Freundschaft mit allen, wobei wir anfangs ziemlich laut auf unser Recht pochten, die kritische Einstellung der neuen Generation gegenüber den Älteren geltend zu machen. Die politischen Ereignisse und die Gefahr des Faschismus brachten uns alle einander näher, und in den Jahren vor dem Zweiten Weltkrieg standen unsere Namen solidarisch «in Reih und Glied» unter verschiedenen patriotischen Aufrufen und Proklamationen.

Dann kamen schlimme Zeiten. Für Karel Čapek ging die Welt unter. Karel war zerbrechlicher und sensibler als Josef. Vergebens drängten seine Freunde ihn, nach England abzureisen. Gewiß hatten sie recht, wenn sie ihm versicherten, er könne seiner Heimat in London besser dienen als in Prag. Doch er lehnte es ab, außer Landes zu gehen; den Kampf um sein Leben gab er anscheinend auf. Er starb kurz vor dem Einmarsch der Nazis. Später nahm die Gestapo seinen Bruder fest.

Ein Jahr nach der Befreiung, in einem Mai voller Blumen und Blüten, die er so gern gemalt hatte, ging auch Václav Špála von uns. Ich freundete mich auch mit Kremlička an, und als seine Ehe zerbrach, spazierte ich so manche nächtliche Stunde mit ihm über die Letná. Er starb jung im Jahre 1932.

Nach dem Krieg traf ich Jan Zrzavý bei einer posthumen Ausstellung der Bilder Špálas wieder. Wir gingen von einem Bild zum andern, und Zrzavý verbarg seine Ergriffenheit nicht.

«Wissen Sie, mein Lieber», wandte er sich plötzlich an mich, «Špála ist doch der Beste von uns. Und er ist ein wahrhaft tschechischer Künstler!»

Auch ich bin schon ein alter Mann und liebe Winter und Kälte nicht. Den Schnee mag ich auch nicht mehr. Wenn es stöbert, wenn es vor den Fenstern dunkel wird von «weißer Finsternis», stelle ich mir im Geiste lieber die hellen klaren Farben von Špálas «Blumensträußen» vor. Was für eine Pracht! Und gleich ist mir wohler – und ich freue mich auf den Frühling.

Špála war weder ein «verschlüsselter» Künstler noch ein komplizierter Mensch. Er war ganz und gar verständlich, ebenso wie seine Bilder. In seiner freundlichen Schlichtheit, die weder vorgespiegelt noch gespielt war, konnte er einen so manches Mal in Erstaunen versetzen.

Bei einem Besuch zur Zeit des Protektorats traf ich den Maler in seinem Atelier zwischen fünf frisch gemalten und noch feuchten Bildern. Es waren fünf fast gleiche Blumensträuße. Die halb verwelkte Vorlage stand noch in einer Vase auf einer Kiste vor der Staffelei. Ganz treuherzig erklärte mir der Meister damals:

«Für die Blumen hab ich auf dem Kohlmarkt dreißig Kronen bezahlt! So mußte ich sie doch maximal nutzen.»

Josef Kopta liebte eines der «Riesengebirgs-Gedichte» («Krkonošské básně») von Viktor Dyk ganz besonders und rezitierte daraus gern die Strophe über den blühenden Enzian.

> Es blaut der Enzian auf kahlem Bergeshange
> Die Quelle flüstert dir ins Ohr – nur süßen Trug.
> Dein Schmerz sei noch so groß
> Ein Lächeln blieb dir . . .

Ich bin überzeugt, die letzten zwei Zeilen könnte man vor jedem der glücklichen und optimistischen Blumensträuße Špálas aufsagen.

Schlüssel im Schnee

Es ist mir nie in den Sinn gekommen, daß ich dieses seltsame und fast unglaubliche Erlebnis einmal literarisch verarbeiten könnte. Doch man hat mich dazu gezwungen. Meine Frau gab mir seinerzeit den guten Rat, auch gegenüber meinen besten Freunden über mein nächtliches Abenteuer zu schweigen. Ich vertraute es nur einigen guten Bekannten an. Diese erzählten es dann, gewiß nicht in böser Absicht, weiter, und nach einiger Zeit kam meine Geschichte so entstellt und verunstaltet und mitunter sogar als Gerücht oder als Witz zurück, daß ich um der Wahrheit willen beschloß aufzuschreiben, wie es damals wirklich war.

Kurz vor dem Zweiten Weltkrieg wohnten wir für einige Zeit auf der Prager Burg. Bitte erschreckt nicht, wir hatten weder eine amtliche Aufgabe dort, noch waren wir so feine Leute. Wir lebten nur im Ostteil des Burgareals beim Schwarzen Turm (Černá věž) unter dem Goldenen Gässchen (zlata ulička). Wir bewohnten ein kleines, ebenerdiges Häuschen, das an der Mauer der alten Burggrafschaft klebte. Beide Gebäude wie auch noch zwei weitere Häuschen auf dem Platz vor der «Daliborka», dem Dalibor-Turm, gehörten damals dem «Zemský výbor», dem «Landesausschuß», bei dem meine Frau beschäftigt war. Das Haus lag aber hinter dem Burgtor, und die Leute dort, meist Bedienstete und Burgpersonal, sagten von sich ohne allen Stolz, sie wohnten auf der Burg. Ein paar Schritte hinter unserem Häuschen erhob sich der Dalibor-Turm, der bekannte historische Kerker, als Teil der alten Burgbefestigung. Aus dem Fenster sahen wir den düsteren Schwarzen Turm, an dessen Fuß ein anderes, etwas «monumentaleres»

Haus mit einem Umgang stand. Es steht noch immer da. Schließlich erhob sich neben dem Eingang zum kleinen Burghof ein drittes, ebenfalls nur ebenerdiges Haus; an seiner Stelle findet man heute den breiten Eingang zum «Haus des Kindes», wie die alte «Burggrafschaft» umbenannt wurde, als man die Säle, in denen jahrhundertelang böhmische Menschen abgeurteilt wurden, in einen Ort umwandelte, wo Kinder spielen. Ich glaube nicht, daß diese Umwidmung die allerbeste Idee war – doch darum geht's hier nicht.

Unser einstöckiges Häuschen war recht geräumig. Man betrat es über einige steinerne Stufen unter einem alten Birnbaum. Zwischen den eher winzigen kleinen Fenstern der Stuben prangten an der Außenwand drei Wappen einstiger Burggrafen, darunter auch das der Herren Jaroslaus Bořita von Martinitz und des Vilém (Wilhelm) Slavata, der hohen Herren also, die Anno 1618 beim zweiten «Prager Fenstersturz» so glücklich auf einem Misthaufen im Burggraben gelandet waren. Nach diesem Ereignis nahm bekanntlich der Dreißigjährige Krieg seinen Anfang. Ihre großen prunkvollen Wappen verliehen unserem Haus eine gewisse Vornehmheit, und die Besucher des Dalibor-Turms schauten uns oft ins Fenster. Auf dem ausgedehnten Dachboden des Hauses stand ein riesiger, doch schon vermoderter Wassertrog, einst ein Feuerlösch-Gerät. Der Dachboden ragte nur wenig über das Pflaster des Goldenen Gäßchens empor, so daß die Passanten uns hätten gegen das Dach treten können. Doch warum sollten sie das?

Heute dehnt sich auf dem Platz, wo unser Häuschen stand, ein weites Plateau mit Gartenbänken und riesigen Blumenkübeln. Das Haus wurde bei der Umgestaltung des Ostteils der Burg abgerissen und die Wappen neben denen der anderen Burggrafen in das Mauerwerk des Grafschaftsgebäudes eingelassen. Von Zeit zu Zeit gehe ich hin und seufze. In dem Haus lebte man zwar nicht sehr bequem, doch es war dort sehr schön.

Ich war nicht der einzige Schriftsteller, der in jenen Regionen wohnte. Über uns im Goldenen Gäßchen hat einige Zeit auch Franz Kafka gelebt. Später wurde sein vergessenes Stübchen von Štorch-Marien entdeckt. Und unmittelbar über uns bewohnte Jiří Mařánek zwei winzige Kammern. Heute führt durch dieses Etagenhaus ein Ausgang unmittelbar zum Dalibor-Turm.

Schließlich hatte hier eine Zeitlang auch der römisch-deutsche Kaiser und König von Böhmen, Karl IV., sein bescheidenes Domizil, und er war ja auch ein Schriftsteller.

Als er nämlich aus Frankreich heimkehrte, um den Thron seines Vaters zu besteigen, fand er die Burg in so desolatem Zustand vor, daß er beschloß, sie umzubauen und in Ordnung zu bringen; in der Zwischenzeit residierte er im Haus des Burggrafen. In eben diesem Haus verbrachte der Kaiser jene denkwürdige Nacht und hatte das seltsame Erlebnis, das er in seiner Autobiographie erwähnt. Die Geschichte ist ja bekannt, doch es erscheint mir angebracht, bei dieser Gelegenheit daran zu erinnern.

Es handelt sich um kein Märchen und auch nicht um eine Sage, also eine frei erfundene Geschichte. Der Kaiser war, wie wir alle wissen, ein zutiefst gläubiger Mensch und nicht fähig zu lügen. Im übrigen hat er einen besonders vertrauens- und glaubwürdigen Zeugen: Herrn Bušek von Welhartitz.

In einer unfreundlichen Winternacht kehrten die beiden von Burg Pürglitz nach Prag zurück, und müde von dem Ritt legten sie sich in der Halle des Palais' – also just neben unserem Häuschen – auf ihren mit Pelzen ausgelegten Lagerstätten zur Ruhe. Draußen fror es Stein und Bein, und ein gemütliches Feuer knisterte im Kamin. Einige Kerzen brannten auf dem Tisch, und auf einer Bank an der Wand standen ein paar volle Weinkrüge. Man weiß ja – unter anderem aus der berühmten Romanze von Jan Neruda – daß Kaiser Karl und Bušek gern zusammensaßen und dem Weine zusprachen. Bald schlummerten die Herren vor Müdigkeit ein.

Doch ihre Nachtruhe währte nicht lang. Plötzlich weckte sie das Geräusch von Schritten in der Halle. Der Kaiser bat Herrn Bušek, der neben ihm ruhte, einmal nachzuschauen, wer da durch die Halle tappe. Doch Herr Bušek sah niemanden. So zündete er noch ein paar Kerzen an, die auf dem Tisch standen, nahm einen Schluck Wein aus einem der Pokale und warf ein paar Holzscheite in den Kamin. Dann legten sie sich wieder zur Ruhe und wollen gerade einschlafen, da sehen sie im Schein der Kerzen und des Feuers, wie einer der Pokale auf dem Tisch umstürzt, ohne daß ihn eine menschliche Hand berührt hätte. In dem Moment gewahrten sie auch, wie der von unsichtbarer Hand heftig geschleuderte Pokal über das Lager des Herrn Bušek in die andere Ecke der Kemenate flog und wieder in den Vorraum zurückrollte. Und nirgends auch nur eine Spur von einem Eindringling. Nur seine Schritte dröhnten, als der unbekannte und unsichtbare Besucher sich wieder davonmachte. Da sie auch jetzt keine Menschenseele erblickten, bekreuzigten sie sich und schliefen wieder ein. Als sie erwachten, fanden sie inmitten des Saals – den umgestürzten Becher.

Heute, da mein lieber Freund Jiři Mařánek aus dieser Welt gegangen ist, kann ich es verraten: Auch in seiner Wohnung im Goldenen Gäßchen, wo wir ihn hin und wieder besuchten, haben sich viele ähnliche Szenen abgespielt. Doch sie alle ließen sich leicht erklären, und kein Becher stürzte um oder flog in die Ecke, ohne daß die Hand, die ihn berührt hatte, deutlich sichtbar gewesen wäre. Im übrigen mochte Mařánek, sonst zu allerlei Schabernack aufgelegt, solche Szenen nicht. Er hatte schöne alte Möbel von seiner Mutter geerbt. Nein, bei ihm war nichts geheimnisvoll und nebulös. Im Gegenteil. Die Frau Hausmeisterin paßte besser auf als Herr Bušek.

Aus dem Fenster unserer dritten Stube bot sich uns ein wunderbarer Ausblick. Ganz aus der Nähe dräuten das runde Dach und die dunkle Mauer des Dalibor-Turms, doch der war zum größten Teil vom dichten Gestrüpp der im Hirschgraben stehenden Bäume und wild wuchernden Sträucher verdeckt. Hoch über den Wipfeln der Bäume schimmerte grün das Dach des Lustschlosses der Königin Anna, auch Belvedere genannt. Es war ein lieblicher Anblick, voller Ruhe und stillem Frieden. Im Mai, wenn wir das einzige Fenster dieser Stube aufrissen, quollen die Heckenrosen herein, die unbändig vor dem Fenster wuchsen und blühten. Ein unvergeßliches Erlebnis.

Das Wohnen in dem Häuschen war nicht besonders angenehm. Im Winter brannte der Ofen schlecht. Es gab dort noch Durchzugsessen, die für moderne Öfen aber völlig ungeeignet waren. Ansonsten war das ganze Haus ein verläßliches Barometer. Sollte es regnen oder sogar ein Gewitter aufziehn, liefen die mehr als zwei Meter dicken Mauern feucht an. Auch die Federbetten waren feucht, und wenn es fror, bedeckten sie sich mit Rauhreif. Im Fußboden hatte sich Schimmel eingenistet. Im Sommer lebte sich's dort aber recht angenehm. Für meinen ein wenig romantischen Geschmack war diese Bleibe wie geschaffen.

Aus den anderen Fenstern sahen wir zwar nur die Mauer des kleinen Burghofes und das Dach des Lobkovicz-Palais', doch vor unseren Fenstern grünte ein alter, breit ausladender Nußbaum, und auf den Steinen in dem gepflasterten Gehsteig davor war die Stelle markiert, wo einst der Richtblock stand und wo auch der rebellische Kopf des legendären Ritters Dalibor, den «die Not das Geigen gelehrt hatte», in den Sand rollte. Was will man mehr? Im Laufe der Jahrhunderte mußten wohl viele arme Sünder und auch viele wirkliche Missetäter, vor dem Richtblock knieend, ihr Leben lassen.

Das Häuschen neben dem Tor zum Burghof war zwar etwas kleiner und dunkler als das unsere, doch es war trocken und von einem Gärtchen umgeben, in dem einige kümmerliche Rosen welkten, aber auch üppig langstielige Sommer-Rudbekien blühten. In dem Haus wohnten drei einsame Frauen: Eine schon ziemlich alte Omama mit ihrer verwitweten Tochter, Frau T., die der Landesausschuß mit der Betreuung der Besucher des Dalibor-Turms beauftragt hatte, und schließlich die Enkelin der Alten, ein junges, elegantes Mädchen, das, wie meine Frau, beim Landesausschuß beschäftigt war.

Die Mutter und die alte Frau führten abwechselnd die Besucher durch den einst als Kerker dienenden «Hungerturm», wo in den schwarzen und dunklen, vermutlich tausendfach verfluchten und verwünschten Kerkermauern, nichts zu sehen war als mit dem Blut der Gefangenen gemalte Spielkarten. Besucher gab's genug, besonders sonntags, und sie pflegten uns die «Beete» in unserem Gärtchen zu zertreten. Außer Gras und ein paar armseligen Pfingstrosen wuchs dort eine einzige gelbe Rose. Die rankte sich im Sommer um das Wappen, so weit die Sonne sie küßte, und blühte prächtig auf.

Mit dem Schlüssel zu dem gewaltigen Holztor in der St. Georgsgasse (Jířská ulice) hatten wir unser Kreuz. Er war riesengroß und fast ein Kilo schwer, dabei sehr unhandlich, und ich trug ihn, wenn unbedingt nötig, in der Aktentasche, doch das tat ich nur furchtbar ungern. Oft hatte ich, wenn ich mich länger in der Stadt aufhielt und spät heimkam, den Schlüssel nicht bei mir. An dem Tor hing zwar eine Klingel, doch keine der drei Frauen war verpflichtet, mir das Tor zu öffnen. Besonders wenn es schon sehr spät war. Die Glocke war auch recht altertümlich: Man mußte den an einem Draht hängenden Handgriff ziehn, dann schepperte vor dem Fenster, hinter dem die Oma schlief, eine blecherne Schelle, die gut und gern bis zum Matthias-Tor zu hören war.

Vor diesem Moment hatte ich Angst. Stets war es die Großmutter, die mir öffnete. Sie hatte den leichtesten Schlaf. Obwohl ich tagsüber gut mit ihr auskam, kann ich kaum sagen, sie wäre des nachts besonders freundlich zu mir gewesen. Warum ich denn den Schlüssel nicht mitnähme, warum ich so lange beim Wein säße und so weiter. Ich will nicht behaupten, sie hätte nicht recht gehabt. Sie war schon alt und konnte es sich leisten, ein wenig barsch zu sein. Besonders im Winter, wenn sie durch den Schnee stapfen mußte. Anderntags pflegte ich sie zwar höflich zu grüßen, doch die Oma machte ein finsteres Gesicht.

Als sich all dies wiederholte, kam meiner Frau eine glückliche Idee. Frauen haben oft fabelhafte Einfälle, doch wir Männer sind ihnen meist nicht so recht dankbar dafür. War ich bei Torschluß abends noch nicht zu Hause und hing der monströse Schlüssel noch neben der Wohnungstür, lief sie ans Tor und schob den Schlüssel darunter; an einer Stelle, wo eine Lücke zwischen der unteren Torkante und dem Boden klaffte. Von der Straße aus war der Schlüssel freilich nicht zu sehen. Ich brauchte nur die Hand unter das Tor zu schieben – und alles war «geritzt»!

Die Prozedur bewährte sich ausgezeichnet. Doch eines Abends im Winter, leichte Schneeflocken wirbelten vom Himmel, die mich freilich kaum beunruhigten, brauste kurz vor Mitternacht unverhofft ein heftiger Schneesturm heran. Da die Georgsgasse bergab zum Tor des Schwarzen Turmes führt, das Tor aber nachts verschlossen wird und nur eine Seitenpforte offen bleibt, wo früher die Schildwache stand, hatte der Wind den Schnee von der Gasse und von den Dächern an unsere Mauer und unser Tor geweht. Als ich gegen Mitternacht heimkehrte, lag eine meterhohe Schneewehe vor dem Tor und der unselige Schlüssel darunter.

Eine Weile versuchte ich, mich durch den Schnee zum Gehsteig durchzugraben. Mit den Händen ging das aber nicht. Der Schnee war trocken und rieselte gleich wieder zurück. Auch mit der Aktentasche vermochte ich den Schnee nicht «wegzuschaufeln». Sie war zu weich. Vom St.-Veits-Turm schlug es Mitternacht. Die dumpfen Schläge der Uhr hallten durch die schneeweiße Stille, wie wenn am Ostersonntag in Madrid die Mönche in schwarzen Kapuzen einherschreiten: Unerbittlich und unheilvoll. Als die «Prozession der Mönche» endlich vorübergezogen war, trat ich in die Schneewehe und zog mit angehaltenem Atem an dem Griff der Glocke. Sie schrillte fürchterlich. Ein paar peinliche Minuten folgten. Ich atmete kaum. Nach etwa zwei oder drei Minuten läutete ich zum zweiten Mal. Nun knarrte nach einer Weile die Tür; der Schlüssel klirrte in dem vereisten Schloß.

«Sie sollten sich was schämen, Herr Redakteur», hieß mich die Oma ‹willkommen›. «Ich hab so fest geschlafen und konnte gar nicht wach werden.»

Dann flogen noch ein paar Schimpfworte hinter mir her, ein paar unangenehme Invektiven, doch ich eilte schon durch den

Schnee auf unsere Haustür zu, damit ich die Worte nicht hören mußte. Die alte Frau hörte auch in ihrem Häuschen, wohin sie entschwand, nicht auf, Flüche zu murmeln. Ich versuchte vergeblich, mich zu entschuldigen. Sie war unerbittlich und schenkte meinen Worten keine Beachtung. Sie hörte mir gar nicht zu.

Meine Frau schlief schon. Sie hatte die Glocke gar nicht gehört. Um ihre Vorwürfe ein wenig zu «zerreden» und meine späte Heimkehr zu entschuldigen, begann ich, mich empört zu beklagen, wie unschön mich die alte Frau gescholten hätte, wie wütend sie gewesen sei. Meine Frau hörte mir eine Weile mit weit aufgerissenen Augen zu, dann nahm sie sich einen Stuhl, setzte sich und brach in verzweifeltes Schluchzen aus:

«Was faselst du da, um Gottes willen! Die alte Frau ist doch gestern abend gestorben; sie liegt tot auf der Bahre in der Diele. Sieh doch, wie die Kerzen drüben brennen.»

Wahrhaftig. Durch die Luke über der Tür flackerte zuckend ein schwacher gelblicher Schein. Und überall Grabesstille.

Was konnte ich tun. Ich kleidete mich aus und ging zu Bett. Beim Einschlafen dachte ich noch: Hab mich doch gleich gewundert, warum die Alte an einem Werktag ihren Sonntagsstaat trägt, ein an den Ärmeln und am Kragen mit glänzenden schwarzen Pailletten besticktes Jäckchen. Sie pflegte ihn nur sonntags anzulegen, wenn sie zur Messe in den St.-Veits-Dom eilte. Und warum hatte sie so eingefallene Augen? Und statt der Laterne eine brennende Kerze in der Hand?!

«Marolds Monumentalgemälde ‹Die Schlacht bei Lipany› endlich vernichtet»

Im Februar 1929 war's, da brach eines Nachts über Prag ein gewaltiger Schneesturm herein. In dichten Flocken fiel nasser und schwerer Schnee auf die Stadt. Die Äste der Bäume barsten, und unter der Last des Schnees brach auch das Dach des

«Kunstpavillons der Ingenieure und Architekten» auf dem damaligen Messegelände ein, wo schon seit Jahren das lebensechte Panorama-Bild der Hussiten-Schlacht bei Lipany, oder wie die deutschen Historiker sagen, bei Böhmisch Brod (1434), aufgestellt war. Damals wurde das monumentale Rundbild von Marold durch das eingestürzte Dach und den Schnee stark beschädigt.

Doch ich muß anders anfangen:

Mein bester und von mir sehr bewunderter Freund, Karel Teige, war ein aufopfernder und braver Mann. Als Kamerad umgänglich, doch als Künstler streng und orthodox, verstand er es stets, autoritär seinen Willen durchzusetzen. In der Künstlergruppe «Devětsil» (Neunkraft), die er und ich mitbegründet hatten, stimmten wir zwar über verschiedene Dinge demokratisch ab, beschlossen aber in der Regel, was Teige wollte. Er verfocht seine Meinung stets ausdauernd und unerbittlich und sah keinem etwas nach. Der «selige» Karel Vanêk, Maler und Dichter, meinte einmal zu einer Pariser Zeichnung Marolds, die er gerade in einer Zeitschrift betrachtete, dieser Maler habe nicht nur zu zeichnen verstanden, sondern auch viel Sinn für Farben gehabt.

Damit hatte er aber bei Teige ins Fettnäpfchen getreten. Der las ihm gehörig die Leviten. Das ganze trug sich im Kreise mehrerer Künstler zu, und Vaněk stieg die Schamröte ins Gesicht, doch er schwieg.

Ich erinner' mich auch an den Schauspieler und Dramatiker Jiří Voskovec. Dieser hübsche junge Mann hatte – gewiß nur des Honorars wegen – in dem zuckersüßen tschechischen Kitsch-Film «Pohádka máje» (Maienmärchen) den Richard gespielt und mußte deshalb den «Devětsil» verlassen. So strenge Sitten herrschten damals dort. Ich hatte freilich nicht den Eindruck, als wäre Voskovec darüber allzu traurig gewesen.

Als der sowjetische Maler Malewitsch seinen legendären schwarzen Kreis im Quadrat zeichnete und dies Bild zum Ende der Malerei und der gesamten bildenden Kunst erklärte, drückte er nur präzise aus, was Teige damals behauptete und unser damaliger Freund Ilja Ehrenburg in einem treffenden Satz zusammenfaßte: Die neue Kunst hört auf, Kunst zu sein.

Wir liebten das Lächeln Chaplins, seinen Schnurrbart, seine Melone und seine zerlatschten Stiefel, doch alles Streben der Maler, so berühmt sie auch sein mochten, hielten wir für vergebliche Liebesmüh. Zumindest in den Tagen, bevor Vitězslav Nezval und Teige Bretons Surrealismus akzeptierten, der dann in Prag rasch Wurzeln schlug.

Als ich mit Teige später in Paris weilte, ließen wir den Eingang zum Louvre tagtäglich mit lässiger Selbstverständlichkeit «links liegen». Schade um die Zeit! Ich schaute dann eines Tages einmal heimlich hinein, Teige war bei dem Architekten Perret eingeladen.

Als Marinetti dann der italienischen Regierung vorschlug, alle berühmten Gemälde aus ihren Galerien an reiche Amerikaner zu verhökern und dafür futuristische Bilder einzukaufen, stimmte Teige in seinen Ruf nicht ein. Er verstand zuviel von bildender Kunst, als daß er sich diese künstlerische Demagogie zu eigen gemacht hätte. Jahrelang schrieb er Kunstkritiken für ein Prager Tagblatt und zwar vortreffliche. Nichtsdestoweniger galt sein Interesse ausschließlich der modernsten Kunst, die, so behauptete er, in der Zirkus-Manege und auf der Kinoleinwand entstehe und nicht in den Maler-Ateliers. Sie wurde überall geboren, wo etwas Neues erschien. Etwa in einer von Neonreklamen glänzenden Straße. Denn was gab es Schöneres als einen Boulevard, den ein Feuerwerk sprühender Worte und elektrisch zuckender Bilder unter den Dächern erleuchtet! Natürlich unter den Dächern von Paris. Prag war damals allzu arm an solchen optischen Sensationen. So suchten wir die neue moderne Kunst in Tanzbars, bei den Klängen der ersten Jazz-Bands, in Cafés und Music-Halls. In den Folies Bergères machte ich große Augen, als die mattglänzenden Leiber einiger Dutzend schöner Mädchen aus der Dunkelheit auftauchten und einen Nackttanz zelebrierten.

Von der modernen Kunst war ich damals hell begeistert, obwohl sie aufgehört hatte, Kunst zu sein!

Und in diese Atmosphäre platzte die Nachricht, Marolds «Schlacht bei Lipany» im Stadtpark sei zerstört. Das bilderstürmende Eingreifen der Elemente begrüßte ich in einer Prager Zeitung mit begeistertem Beifallsgeschwätz. Das Blatt will ich lieber nicht nennen. Der Artikel war plump geschrieben, eher mit dem Knüppel als mit der Feder. Es war mehr ein Stein, in das Schaufenster der Bourgeois geworfen, als ein ernstzunehmender Aufsatz über bildende Kunst.

Zuerst rechnete ich mit Herrn Marold ab. Ihm tat es nicht mehr weh, denn er war längst tot, sein Name fast vergessen. Nur wenige kannten damals noch den Prager Zeichner, der durch seine farbigen Zeichnungen mit mondänem Flair einst das Pariser Publikum «impressionierte». Seine Beliebtheit verflog mit der Mode jener Jahre, denn die Mode wandelt sich, wie man weiß, sehr rasch. In seinen Zeichnungen bannte er den Zauber der Damenwelt seiner Zeit auf die Leinwand, ihre Spitzen, Hüte und Fächer und verstand es, das erotische Milieu der Boudoirs suggestiv und treffend darzustellen. Zeichnen konnte er meisterhaft, wenngleich wir uns, noch im Banne des Kubismus, recht verächtlich über diese Kunst äußerten.

Diesem vom Pariser Geschmack geprägten Maler vertraute man seinerzeit die Komposition der «Schlacht bei Lipany» an und auch die Ausführung des größten Teils des gewaltigen Gemäldes. In dem Artikel, den ich nach dem Schneeinbruch schrieb, fragte ich, woher Marold den Mut genommen habe, sich – Maler der Pariser Damen und der «demi-monde» – an solch ein monumentales Bild dieser tragischen nationalen Bruderschlacht zu wagen.

Nach dieser Einleitung hieb ich wie ein Berserker auch auf die übrigen Maler und Mitautoren ein. Der Maler Vacátko, der heute schon fast vergessen ist – fast alle seine Bilder zeigen Pferde – malte die Rosse unter den dahinstürmenden Kriegern. Jansa stellte die nicht allzu markante Landschaft um Lipany dar. Was Hilšer, «ein Kolorist mit dekorativem Stil», zu dem Bild beitrug, hab ich schon vergessen. Rašek half beim Entwurf der Zeichnung mit, und schließlich baute der Maler Štapfer das lebensechte Gelände vor dem Bild, das mit der vertikalen Fläche des Bildes illusionistisch verschmelzen sollte. So lagen auf der echten, von Wagenspuren zerfurchten Erde richtige Streitäxte und Schwerter verstreut.

In dem Aufsatz putzte ich alle Beteiligten mit entsprechender Verachtung herunter. Dabei war ich schon achtundzwanzig – ich hätte mehr Verstand haben können.

Nicht nur die Tragödie des berühmten Bildes selbst war es, die mich und meine jugendfrische, dafür aber unerfahrene Journalisten-Feder reizte. Die Katastrophe hatte besonders die patriotische bürgerliche Presse alarmiert. Vor allem die Journale der Agrarier-Partei und die Boulevard-Blätter des Herrn Stříbrný. Doch diese Zeitungen schwiegen hartnäckig, als die Sammlungen der «Krasoumná jednota» (der Union für die schönen Künste), der Grundstock der Nationalgalerie, aus dem Rudolfinum ausgelagert werden sollten, weil man ihre Räume für das Parlaments-Restaurant und die Couloirs brauchte. Nach der Schnee-Kalamität wandten sich diese Blätter nun mit fürchterlichem Wehklagen und Gejammer an das Volk. Das war ein weiterer Grund, warum ich mich so entrüstete.

Das größte Werk der tschechischen Kunst ist bedroht! schrien ihre Schlagzeilen über die ganze Seite und riefen zu einer nationalen Spendenaktion zur Erneuerung des Pavillons und Restaurierung des teilweise zerstörten Bildes auf. Die Klagelieder nahmen kein Ende, und die neugierigen Massen von Prag pilgerten zu Tausenden durch die nassen Schneewehen in den Königlichen Stadtwald (die Královská obora). Ein Fräulein L. Mašková war die erste, die von ihrem kleinen Angestelltensalär einen Zehnkronenschein spendete. Die Journalisten schöpften dann in ihren Artikeln aus den Tiefen der patriotischen Demagogie, wobei sie den Anlaß freilich auch geschickt zu politischer Propaganda für ihre Parteien nutzten.

Das Bild Marolds wurde damals gerettet. Es ist noch nicht allzu lange her, da schaute ich mir mit meiner Enkelin das Panorama der «Schlacht bei Lipany» an. Als wir über die

Holztreppe auf den Umgang stiegen und unsere Blicke über die künstlich erleuchtete Fläche schweifen ließen, erinnerte ich mich an meine jugendlich-törichte Empörung. Es war schon fast ein halbes Jahrhundert her. Bei dieser Erinnerung mußte ich heimlich lachen.

«Worüber lachst du?» fragte mich die Kleine ein wenig überrascht.

Ich strich ihr über die Wangen und sagte freundlich:

«Nur so.»

Als wär das eine Antwort!

«Genug von Wolker!»

Wir saßen im Hause Wolker auf dem Marktplatz von Proßnitz (Prostějov) an einer langen Tafel. Mir gegenüber hatte man ein junges Mädchen plaziert, das von Frau Wolker zum Zeichen tiefer Trauer in schwarzen Crêpe und schwarze Spitzen eingekleidet worden war. Jiřís Bruder hatte sie hinter dem Sarg am Arm geführt, ihr Antlitz war von einem dichten Schleier verhüllt gewesen, so konnten wir erst bei Tisch der letzten Liebe Jiří Wolkers in die verweinten Augen schauen.

Es war nach Wolkers Begräbnis. Die Trauerreden waren verklungen, und die Schriftstellerin Marie Majerová hatte einen frischen Lorbeerzweig auf den Sarg geworfen, den man sanft in die Erde gleiten ließ. Durchfroren und schweigsam machten wir uns auf den Rückweg. Die Winternacht dämmerte rasch herauf. Schnee lag auf den Feldern und Ebenen der Haná.

Wir kehrten von einem Grab zurück, und vor uns lag ein ganzes langes Leben. An der Friedhofspforte wollten wir uns verabschieden und zum Abendzug eilen. Frau Wolker, Jiřís Mutter, ließ uns aber nicht fort und lud uns in ihr Haus, von dem vor einer Stunde der Trauerzug ausgegangen war.

Wolker – das war nicht das erste tragische Dichterschicksal in der neueren tschechischen Literatur. Vor hundert Jahren war der junge Karel Hynek Mácha, der Dichter des «Máj», in der Blüte seiner Jugend gestorben; nach ihm Bohdan Jelínek. Fast jede Generation hat ihren Toten, der sein kaum begonnenes Werk verlassen mußte. Dann folgte Karel Hlaváček und schließlich Jiří Wolker, den wir soeben auf dem Proßnitzer Friedhof verlassen hatten. Jiří Orten war damals – 1924 – erst fünf. Die Natur, die ihnen nur eine so kurze Zeitspanne auf Erden gewährte, hatte sie dafür mit doppelter Schöpferkraft begabt.

In der kurzen Zeit ihres Lebens sagten sie uns mehr als andere in Jahrzehnten. Vielleicht scheint es auch nur so, ich weiß nicht, doch gönnen wir's ihnen. Desto inniger wurden sie nach ihrem Tod geliebt. Wolker ist von seinen Lesern schon zu Lebzeiten vergöttert worden.

Wieviele Trauergäste wir bei Wolkers waren, daran erinnere ich mich nicht – vielleicht zwölf oder fünfzehn.

Neben dem schluchzenden Fräulein saß der Dichter Konstantin Biebl, ein hübscher und netter junger Mann mit zärtlichen Augen; er glich ein wenig einem Epheben. Er und A. M. Píša waren Wolkers engste Freunde gewesen, nun widmete er sich galant der blutjungen Braut in Schwarz.

Es war ein offenes Geheimnis, daß viele der jungen Damen, die sich in jenen Jahren in unserer Gesellschaft gefielen, Biebls knabenhaftes Antlitz mit Wohlgefallen betrachteten. Und es war auch kein Geheimnis, daß Biebl diese Blicke bereitwillig auf sich zog und sie freundlich vergalt.

Jiří Wolker hatte das Mädchen vermutlich in der Proßnitzer «Tanzstunde» kennengelernt, doch sie waren sich erst bei einem akademischen «Raut» oder «Kränzchen» im Januar 1923 vertraulicher nähergekommen, also ein Jahr vor Wolkers Tod. Von dieser Liebe zeugt sein Gedicht «Štastnému děvčeti» (An ein glückliches Mädchen), das er zwei Monate später schrieb.

Noch vor dem Abendessen lud Herr Wolker Hora und mich in sein Zimmer und zeigte uns ein Rechnungsbuch, wie man es damals in Banken und Sparkassen auf den Pulten liegen sah. Es war ein längliches Heft, in grünliches Leinen mit dunklen

Streifen gebunden. Auf dem Etikett, das das Deckblatt zierte, stand in kaufmännischer Schönschrift geschrieben: «Jiřís Krankheit». Herr Wolker war Direktor der Proßnitzer Sparkasse. Er schlug das Buch auf, legte es vor uns hin und rechnete uns die darin eingetragenen Beträge vor, die er für die Krankheit seines schwindsüchtigen Sohnes hatte aufwenden müssen: für die Ärzte, das Sanatorium in Tatranská Polianka und schließlich für das Bestattungsinstitut zu Proßnitz. Wir waren froh, als Frau Wolker uns zum Abendbrot rief und wir den traurigen Zahlen entfliehen konnten.

Mit uns saßen auch Gäste aus Brünn am Tisch: Lev Blatný und Dalibor Chalupa. Der arme Blatný litt an der gleichen Krankheit wie Wolker und starb einige Jahre danach. Auch Wolkers Professoren Kamenář und Dokoupil waren da und ein paar seiner Mitschüler vom Proßnitzer Gymnasium.

Der Name von Professor Dokoupil wird häufig in Zusammenhang mit Wolkers Eintritt in die Kommunistische Partei genannt und sein Einfluß auf den jungen Dichter betont. Doch das stimmt nicht ganz. Vielmehr wirkte die Freundschaft zu Zdeňek Kalista, mit dem er während des gemeinsamen Jurastudiums in der Straße Na Celné im Prager Stadtteil Smíchov ein bescheidenes Stübchen teilte, auf Wolker weit stärker ein. Frau Wolker hat diesen Einfluß Kalistas geleugnet, doch sie irrte sich. Es war Kalista, der den temperamentvollen, aber doch ernsten Studenten, der bisher der jungen «Garde» der (eher rechts gerichteten) Nationaldemokratischen Partei angehört hatte, bei der auch sein Vater Mitglied war, zur politischen Linken hinüberzog und ihn auch mit dem Milieu der Studenten bekannt machte, die sich im Kaulich-Haus auf dem Karlsplatz um den (kommunistischen) Hochschulprofessor Zdeněk Nejedlý scharten.

Ebenso hat Kalista gewiß auch den jungenhaften Ton des ersten Gedichtbands von Wolker beeinflußt. Erst später, als Wolker Josef Hora kennenlernte und jene, die mit Hora verkehrten, klang in seiner Poesie eine revolutionäre Note auf, die für ihn typisch werden sollte.

Ich war dabei, als Hora Wolker riet, den prätentiösen Umgang mit dem «Herrgott» aufzugeben. Das galt übrigens genauso für mich, denn auch ich vermochte mich lange nicht von der biblischen und religiösen Terminologie zu lösen und versuchte Lenin und die schwielige Arbeiterfaust mit Engelsflügeln zu verbinden.

Während des Nachtmahls bat uns Frau Wolker plötzlich um unsere Aufmerksamkeit, erhob sich und begann ergreifend über ihren Sohn zu sprechen. Über die Anhänglichkeit, die er ihr schon von Kindheit an entgegenbrachte und die auch in den Jahren, als Jiří heranwuchs, nichts von ihrer Zärtlichkeit verlor. Er habe ihr seine ersten literarischen Versuche vorgelesen und sie später auch in seine ersten Liebesregungen und seine Erfolge bei den Proßnitzer Mädchen eingeweiht. Alles was Jiří betraf, habe sie mit ihrem liebevollen Interesse begleitet. Dann erwähnte sie nur noch seufzend, Jiří habe in Prag ein stürmisches Bohemien-Leben geführt und sich so das Leiden zugezogen, das ihn früh ins Grab brachte. Und sie schaute mich an.

Nun muß ich aber, obwohl dies nach so vielen Jahren fast sinnlos erscheint, bemerken: Wenn ich etwas von Herzen verabscheue, so ist es das sogenannte «Bohemien-Leben». Nie habe ich versucht, solch ein Leben zu führen. Doch weil Frau Wolker bei diesen Worten ihren Blick auf mir ruhen ließ, möchte ich dazu, eigentlich wohl ziemlich überflüssig, noch folgendes sagen:

Mit Wolker zusammen war ich nur ein einziges Mal in einer armseligen und traurigen Bar am Rande von Smíchov gewesen. Die Bar hieß passend «Finale», und Wolker schrieb eines seiner schwächeren Gedichte über das Etablissement. Wolker traf ich, sofern wir nicht bei Teiges zusammenkamen, wo er später wohnte, zumeist nur in einem Café, und auch diese Zusammenkünfte waren nicht sehr häufig. Bald nach dem Tode Jiřís wurden wir übrigens von jedem Verdacht befreit. Jiřís Bruder starb an dem gleichen Leiden wie er, und in dem mährischen Wallfahrtsort «Svatý Kopeček» (Heiligenhügel), wo Jiřís Großeltern lebten, erzählte mir einmal jemand, auch seine

Großmutter und sein Großvater, die Jiří Wolker oft besuchte, seien an Schwindsucht gestorben. Die «alten Eltern», wie man in Mähren sagt, betrieben dort hinter der Kirche eine Destille, wo sie mährische Schnäpse brannten.

Die Schwindsucht war wohl bei den Wolkers eine Familienkrankheit, deren Ausbruch und Verlauf Wolker durch seine asketische Lebensweise wahrscheinlich beschleunigt hat. Geld hatte er wenig, und er gab es meist für Bücher aus – sein Vater war streng.

Schließlich wandte sich Frau Wolker auch an das trauernde Mädchen. Sie betrachtete sein trauriges Gesichtchen und bat es mit ein wenig erhobener Stimme, zum Gedenken an Jiří und seine Liebe dem weltlichen Leben zu entsagen und als Nonne in ein Kloster zu gehen.

Da bemerkte ich, wie ein leichtes Lächeln Biebls Lippen umspielte. Was die schwarze Braut sich gedacht haben mag, weiß ich nicht. Heute hat sie schon erwachsene Kinder und führt, wie ich hörte, ein glückliches Leben.

Als wir wieder zum Bahnhof gingen, vertraute mir Biebl an, just in dem Augenblick, da Frau Wolker dem Mädchen das Klosterleben nahelegte, habe seine impertinente Hand unter dem tief hinunterhängenden Tischtuch versucht, das Knie des Mädchens zu streicheln.

Im selben Jahr wie Jiří Wolker starb in Paris auch Anatole France.

Nicht nur Paris, ganz Frankreich war von ihm «erfüllt». Frankreich, dessen Namen er als nom de plume gewählt hatte, richtete seinem großen Dichter ein Begräbnis aus, wie er es nach Ansicht der Obrigkeit verdiente; ein Staatsbegräbnis mit allem Pomp. Es war ein Trauerzug von glänzenden Zylindern und Uniformen. Frankreich versteht sich auf so etwas! Die Pariser Surrealisten aber druckten zu diesem Anlaß ein Pamphlet mit der Parole «Il faut tuer le cadavre».

Und diese Flugblätter verteilten sie mit todernsten Gesichtern an die glänzenden Zylinder.

Zum einen rächten sie sich an France, weil er ihrer Bewegung unfreundlich gegenübergestanden und zudem – das war wohl des Pudels Kern – lehnten sie es prinzipiell ab, sich vor der amtlich «petrifizierten» Größe und dem offiziell besiegelten Ruhm eines Dichters zu verneigen und vor ihm den Hut zu ziehen.

Doch warum erzähl' ich das?

Als Jiří Wolker gestorben war, nahm die Popularität seiner Poesie rasch zu. Nicht nur die jungen Kommunisten nahmen aus seinen Dichterhänden sein revolutionäres Vermächtnis entgegen, Hinz und Kunz bekannten sich zu ihm. Ja sogar Kreise, die politisch seine Antipoden und ihm feindlich gesonnen waren. Seine Verse erklangen an Orten, wo wir es am wenigsten erwartet hätten. Diese seine Popularität wurde nicht nur durch die Poesie Wolkers selbst gefördert, deren Gedanken dem Zeitgeist entsprachen und die sich in ihrer glücklichen Verständlichkeit allen mitteilte, sondern auch durch das vorzeitige tragische Lebensende dieses jungen und so vielversprechenden Genies. Wiewohl die Toten uns in ihren Traueranzeigen ständig versicherten, durch ihren Tod werde sich nichts ändern auf dieser Welt, nur ein paar Herzen würden erbeben.

Wolkers Verleger gab seine Bücher immer wieder neu heraus, ja er bereitete «Gesammelte Werke» vor. Alles, was Wolker je verfaßte, erschien. Auch seine ersten poetischen Versuche aus der Schüler- und Studentenzeit, seine frühen Gedichtchen, ein Tagebuch und was es noch so gab.

In der Reihe kleiner bibliophiler Drucke wie seiner «Básně v próze» (Gedichte in Prosa) aus der Studentenzeit, «Klytia» und «Děti» (Kinder), Gedichte, die einen Zwischenhalt des Dichters auf dem Weg zur «Těžká hodina» (Schweren Stunde) darstellen, gab der Verleger Petr auch «Zápisky z nemoci» (Notizen über meine Krankheit) und «Dopisy slečně K.» (Briefe an Fräulein K.) heraus, die Jiří Wolker an seine letzte Liebe schrieb. Der Verleger ließ die Briefe kalligraphisch abschreiben, Cyril Bouda zeichnete des Dichters Porträt, und Frau Wolker schrieb ein Vorwort dazu. Das Buch erschien in einem einzigen Exemplar. Nach einiger Zeit lieh sich Frau

Wolker das Unikat vom Verleger und riß ihr Vorwort aus dem Buch heraus. Zwar hatte sie sich zuvor mit ihrem Verleger überworfen, doch es war, so will mir scheinen, gewiß nicht der einzige Grund für diese bedeutsame Tat.

Kurzum, die ganze (tschechische) Öffentlichkeit wurde von dem Kult der Wolkerschen Poesie fast «erdrückt», und deren Konjunktur dauerte an.

Wir hätten unserem unglücklichen Freund ja den Ruhm von Herzen gegönnt, hätte dieser Kult nicht etwas Retardierendes an sich gehabt, das uns empören mußte und uns, die wir am Beginn unseres eigenen Schaffens standen, das nach unserem Wunsch natürlich nicht im Schatten von Wolkers Poesie bleiben sollte, schlicht gesagt hinderlich war.

Wir hatten uns der europäischen Strömung in der Dichtung angeschlossen, die von Apollinaire geprägt wurde, und bekannten uns dazu. Viele unserer einheimischen Kritiker wiesen darauf hin, Wolker habe sich von Apollinaire abgewandt und an die Tradition Erbens angeknüpft.

Die Poesie Erbens sagte uns zu jener Zeit nur wenig, Apollinaire aber liebten wir und waren – ich und Nezval, doch vor allem Teige – gerade dabei, den «Poetismus» zu kreieren und aus der Taufe zu heben, eine Poesie der Lebensfreude und des wonnevollen Augenblicks.

Doch nicht nur wir Jüngsten dachten so, auch Josef Hora, dieser magnus parens (große Vater) der tschechischen Nachkriegsdichtung, suchte von der proletarischen und revolutionären Poesie herkommend in den Gefilden der Seele Zuflucht und schuf so seine zwei oder drei schönsten Bücher.

Nach leidenschaftlichen Debatten kamen wir schließlich überein, eine «Anti-Wolker-Kampagne» zu starten, und dachten uns dafür die kämpferisch prägnante Parole *«Genug von Wolker!»* aus.

Ich kann nicht umhin, zu gestehen, daß Nezval von dieser Aktion nicht begeistert war; doch schließlich protestierte auch er nicht. Da wir zu jener Zeit keine eigene Zeitschrift hatten, informierten wir Artuš Černík, der in Brünn die Zeitschrift des

Brünner «Devětsil» unter dem Namen «Pásmo» (Zone) herausgab. Gleich in ihrer nächsten Nummer wurde unter diesem Motto ein nicht sehr langer und nicht besonders gelungener Kommentar veröffentlicht – und schon war der Teufel los. Danach erschien, ich glaube in der Zeitschrift «Listy pro umění a kritiku» (Blätter für Kunst und Kritik), ein Aufruf mehrerer außerhalb der Gruppe «Devětsil» stehender Autoren, darunter war auch Vilém Závada. Soweit ich mich entsinne, konzentrierte sich die Kontra-Attacke der Parteigänger Wolkers dann auf Závada, man verdächtigte ihn, der Erfinder der erwähnten drei bösen Schlagworte zu sein. Zu Unrecht. *Ich* habe sie erfunden. Lang, lang ist's her!

Der Wolker-Kult ging dann freilich weiter. Doch das störte uns nicht mehr, denn wir hatten uns, zumindest in unserer Vorstellung, Bahn gebrochen. Und die «Avantgarde»-Generation, die für manche jungen Leute heute schon fast Legende ist, kam bald in allen Sparten zum Erfolg: in der Poesie, der bildenden Kunst, der Musik, der Architektur. Vor allem in dieser – aber auch in der Dichtkunst.

Sofern man es für nötig hält, diese Generation für die Kunstgeschichte irgendwie zu «benennen», so war's – glaubt es mir! – die Generation Teiges.

Und solltet ihr in diesem Moment einen leisen Seufzer vernommen haben, achtet nicht darauf. Da habe nur ich geseufzt über die Schönheit dieser längst vergangenen Jahre, da wir glücklich waren und es nicht wußten.

Heute wissen wir es.

Ein Blumenstrauß von Karel Hynek Mácha

Von der «Ladronka» in Bräunau, wie der Stadtteil Břevnov deutsch heißt, zum «Rosengarten» auf den Laurenziberg oder Petřín führt ein alter Feldweg. Oft ging ich hier mit Josef

Toman, der nicht weit entfernt wohnte, spazieren, sofern sein krankes Herz ihm einen solchen Ausflug erlaubte. Der Weg war hie und da von Heckenrosensträuchern umsäumt, die Toman so liebte. Wenn sie Ende Mai aufblühten, war das ein wunderschöner Anblick. Auch ließ er seine Blicke gern über die Smíchover Rauchschleier hinweg in die ferne Landschaft schweifen, bis nach Königssaal (Zbraslav) und Ládví am fernen Horizont.

Eines Winterabends, in der Nacht vor dem Weihnachtsfest, fegte ein Schneesturm über Prag hinweg. Nach einer Weile hörte der Sturm auf, und dichter Schnee fiel. Die Leute verschliefen alles, und als sie in der Früh die Haustür aufmachten, standen sie vor einer meterhohen Schneewand.

Neben unserer Pforte wächst ein breit ausladender Hagedornbaum. Doch wenige kennen ihn hier unter seinem botanischen Namen, man nennt ihn einfach «Olivenbaum». Er blüht gegen Ende des Frühlings, und der Geruch der kleinen gelben Blüten gehört zu den schönsten Düften unserer Lenze. Einmal besuchte ich den Neurologen Professor Henner. In seinem Arbeitszimmer stand eine Vase mit blühenden Hagedornzweigen. Der Duft in dem Raum war so «dicht» und berauschend, das er einen Moment lang alle Fenster öffnen mußte.

Seine trockenen Blätter wirft dieser Baum erst im Winter ab, und so fangen die belaubten Zweige oft eine Menge Schnee auf. Nach diesem Wintersturm brach einer der beiden Hauptäste des Baumes unter der Last des feuchten Schnees. Die Hälfte des Baumes war zerstört, und er bot nun einen kläglichen Anblick.

Die Autos, die in jener Nacht auf der Straße parkten, wurden bis zur halben Höhe ihrer Fenster verschüttet, und die Schollen schweren halbgefrorenen Schnees glitten von den Dächern und zerrissen die Traufen, die wie Lumpenfetzen von den Dächern hingen.

Nachdem wir den Schnee vormittags zum größten Teil weggeräumt hatten, damit man wenigstens auf dem Gehsteig passieren konnte, und eine kalte und trübe Sonne zwischen den Wolken des traurigen Dezemberhimmels hervorlugte, konnte ich nicht widerstehen und begab mich auf einen Winterspaziergang. Zum Laurenziberg hab' ich's nicht weit. Ich zog meine klobigen Winterstiefel an, die mit ihrem weichen, warmen Futter zum Wandern einladen, und trat in den Schnee hinaus. Diesen Anblick laß' ich mir doch nicht entgehn! So stapfte ich ruhig von der Ladronka auf den Laurenziberg hinauf. Der Weg war durch eine schwere Limousine, das beim Stadion nach Smíchov abgebogen war, nur leicht durchfurcht. So gelangte ich bis zu der weißen, unberührten Schneedecke hinter dem Stadion. Eine Weile zögerte ich. Ich wollte die Pracht nicht durch meine Spuren zerstören. Doch das Verlangen, die Stadt noch von Frau Holles weißem Daunenbett zugedeckt zu überraschen, trieb mich in die unberührte weiße Landschaft hinaus.

Ich hatte Lust, Prag zu liebkosen, so wie wir eine Frau verliebt vom Scheitel bis zur Sohle mit Blicken umfangen: Vom Hradschin bis zum Turm der Žižkover St.-Prokops-Kirche, die sich in weißen Nebeln verlor. Und so stapfte ich ein wenig barbarisch in den Schnee hinaus.

Hin und wieder konnte ich nicht widerstehen und schaute mich um. Keine Menschenseele weit und breit, nur zwei tiefe Striche von meinen französischen Stöcken rahmten meine Fußspuren ein. Ich war mutterseelenallein in dem Park. Es war ein Wochentag.

So prächtig verschneit hatte ich Prag schon lang nicht gesehen. Auf allen Dächern lag Schnee, doch die grünen Kuppeln hoben sich markant davon ab, und die Pastell-Farben des Mauerwerks traten in dem Schneeglast noch plastischer hervor.

Ich erlebte hier wahrhaft bewegende Augenblicke. Eines Abends hatte ich dem Läuten der Kirchenglocken gelauscht. Damals schien mir, als versuchten das Dröhnen der großen und der helle Klang der kleinen Glocken die Last der Stadt aus ihren uralten Gruben zu heben.

Der Augenblick wirkte auf mich unsäglich feierlich. Vielleicht läuteten auch die Glocken. Doch die Klöppel, die an das alte Glockenherz schlugen, glichen heute sanften Wattebäuschen. Es war erhaben, berauschend und erregend.

So humpelte ich durch den Schnee bis zum Denkmal des Dichters Mácha. Es war ganz verweht. Überrascht blieb mein Blick an Máchas Blumenstrauß hängen, den der Dichter, wie ihr sicherlich wißt, so begeistert betrachtet. Heute war es ein Strauß weißer Rosen; er schien zudem von einem weißen Schleier bedeckt.

Ein unwirklicher Strauß für eine nicht verwirklichte Hochzeit. Ja, genau solch ein Bukett wollte Mácha damals seiner Braut Lori zur Trauung in die St.-Stephans-Kirche mitbringen. Doch am Tag der geplanten Hochzeit trug man den toten Dichter auf dem Leitmeritzer Friedhof zu Grabe.

Das Bildnis des Dichters, wie Myslbek es für dieses Denkmal schuf, wurde schon häufig kritisiert und als unähnlich abgelehnt.

Max Brod erklärte aber einmal, die Moldau fließe in G-Dur, weil Smetana es so wollte. Warum sollten wir dann nicht auch das liebliche Antlitz des Dichters auf seinem Petříner Monument akzeptieren – Myslbek wollte es so.

Der schöne junge Dichter am Eingang zu diesem wunderbaren Prager Park heißt auch jene willkommen, die sich ihm, das Herz voller Liebe, nähern. Der Laurenziberg, der Petřín, gehört Mácha und den Liebenden. Schon seit jeher!

Wenn der Lenz im April und im Mai die bunten Blüten auf die Beete weht und der Wind den Duft des Jasmins bis zum ehemaligen Ursulinen-Kloster auf der Nationalstraße trägt, tschechisch heißt sie Národní, warten die Liebespaare nur darauf, bis der Abend dämmert und den Himmel mit altertümlichen Gardinen aus Dunkelheit und Sternenglanz verdeckt. Dann suchen sie sich ein Bänklein, wo sie sich – eng umschlungen – niederlassen. Wer wollte ihnen die glücklichen Stunden des Miteinander-Alleinseins mißgönnen!

Alle Bänke sind freilich nicht gleich bequem. Manche stehen an dem recht abschüssigen Weg, und man sitzt dort nicht sehr kommod. Fast alle sind den neugierigen Blicken der Vorübergehenden preisgegeben. Dafür singt hier die Nachtigall, wenn die Liebenden sich küssen. Neruda hat es jedenfalls behauptet. Aber ich habe sie nie gehört.

Die Petříner Bänke! Ich sollte sie dankbar streicheln. Wie oft hab' ich darauf gesessen, und mir schien, ich sei zwischen den Rosen verborgen und niemand sähe mein Glück. Hier flüsterte ich auch meine ersten Verse.

Heute ist alles ganz anders. Die Liebenden sind längst nicht mehr so scheu und furchtsam.

Die Liebe ist weniger spröde und auch weniger geduldig. Damit muß man sich abfinden. Es wäre mir nicht recht, wenn jemand dächte, ich wollte ein Loblied auf die alten Zeiten singen, aber ich muß sagen, zu «unserer Zeit» war die Liebe doch ein bißchen schöner als heute.

Behaupten will ich es aber nicht, und auch nicht dafür die Hand ins Feuer legen.

Heute ist es hier still und leer. Nicht ein Vogel singt. Und von den Liebenden keine Spur. Doch – plötzlich fiel mir ein Häuflein Schnee vor die Füße und gleich darauf erklang in den Zweigen ein ganz stilles schüchternes Piepsen. Auch einem Liebespaar bin ich begegnet. Die beiden gingen aneinandergeschmiegt dahin und schwiegen, in den Schleier ihres Atems gehüllt. Nach einer Weile verschwanden sie in der endlosen weißen Stille.

Ich sah sie wieder in der dunstigen Atmosphäre eines Cafés auf dem Kleinstädter Ring, wo sich Kaffeeduft mit dem Qualm von Zigaretten und dem Geruch feuchter Wintermäntel mischt. Bestimmt waren sie es, die zwei vom Laurenziberg. Ich erkannte sie wohl. Sie kamen klamm vor Frost und hauchten sich in die Hände. Der Frost hatte sie in die Finger gezwickt.

Kann man sich mit Handschuhen umarmen?

Ein alter Brief an meine Freundin Helena Malířová

Meine liebste Helenka!

Es ist galanter Brauch, in Anwesenheit von Damen über Erlebnisse zu schweigen, die sie in aufdringlicher Weise an ihr Alter erinnern könnten. Die Zeit ist meist nicht nett zu den Frauen, und viele altern nur ungern. Du bist eine moderne Frau, liebe Helenka, ich weiß es, und wirst nicht von dummen Vorurteilen geplagt. Doch Erinnerungen nachhängen wollen wir nicht, nein, das wollen wir nicht!

Wenn ich daran denke, es sind schon zwanzig Jahre her, daß ich Deine Bekanntschaft machte, wird auch mir ein wenig schwindlig. Doch ich verspreche Dir, wir «erinnern» uns nicht.

An einen schönen Nachmittag bei Dir in Krč muß ich Dich aber doch erinnern. Es ist übrigens so lange her, daß man von diesem Nachmittag kaum sagen könnte, es sei erst «kürzlich» gewesen.

Wir saßen im Garten, und ein alter Herr – der Schriftsteller Antal Stašek – erzählte uns von seiner Jugend im Riesengebirge, an dessen Hängen er aufgewachsen war. Er liebte diese Landschaft – damals gab's dort noch keine bequemen Wanderwege und Landstraßen! An moderne Bergbauden – wie dort die Herbergen heißen – mit allem Komfort war gar nicht zu denken. Es gab keine Busse und keine Einrichtungen für Touristen. Man mußte die Berge mit den Füßen abtasten und wanderte mit dem Ranzen auf dem Rücken – oder auch ohne ihn, doch mit einem Stab in der Hand – über Stock und Stein, über Berg und Tal.

Stašeks Greisenaugen hinter den Gläsern seines altväterlichen Zwickers leuchteten, und er liebkoste mit seinen Blicken die niedrige, an Knieholz erinnernde Föhre vor dem Haus. Er legte seine schmale Hand auf den Tisch; einst hatte sie noch die Hand seines Freundes Jan Neruda gedrückt.

Die Nana, Gott geb' auch ihr ewige Ruh', braute einen vorzüglichen Mocca und kredenzte uns dick mit Zucker bestäubte Kolatschen mit Himbeerkonfitüre, die Du selbst gebacken hattest. Die Kolatschen waren «gebunden», eben so, wie man sie am Fuße des Riesengebirges bäckt – und die Himbeeren hattest Du an seinen Hängen gepflückt.

Ich entsinne mich alles dessen, um mir das anheimelnde, ein wenig altmodische Milieu Deines Heimes wieder in Erinnerung zu rufen. In jenen Jahren kam auch Staatspräsident Masaryk oft zu Euch in die Villa. Die alten Herren hatten einander viel zu erzählen.

Stašek arbeitete noch. Er revidierte seine älteren Werke. Hoch erhobenen Hauptes saß er an dem alten Schreibtisch und diktierte Dir in die Maschine.

Drei Schriftsteller unter einem Dach! Und Eure Nana, die von allen verehrte Nana, schon längst so etwas wie ein Familienmitglied und auch eine lebende Erinnerung an die Vergangenheit, glich selbst einem schönen alten Gedicht. Auf leisen Sohlen und liebevoll führte sie bei Euch im Hause das Regiment, und alle gehorchten ihr gern.

Als ich Dich damals besuchte, saß auch Ivan Olbracht bei Euch, ihm lagen zwei Dobermann-Hunde zu Füßen, und er erzählte amüsant über Beobachtungen, die er in den nahen Masaryk-Heimen gemacht hatte, wo viele alte Leute ihren Lebensabend verbrachten. Man denke bloß nicht, die Liebe würde sich mit den Jahren davonstehlen! Keine Spur! Die alten Leute trafen sich zum «Rendez-vous», zankten sich und waren eifersüchtig aufeinander wie in der Jugendzeit.

An diesen schönen Nachmittag erinnerst Du Dich gewiß; doch sicherlich hast Du einen Abend vergessen, der *mir* für immer unvergeßlich ist.

Es war ein paar Jahre nach der Befreiung von 1918. Josef Hora redigierte damals in der Zeitung «Právo lidu» (Volksrecht) die literarische Beilage «Sobota» (Samstag). Ich und meine Dichterkollegen Ivan Suk und František Němec veröffentlichten hier unsere ersten Verse. Ivan Olbracht und Josef Hora hielten gemeinsam ihre schützende Hand über uns. Wir waren alle drei von Žižkov.

Einmal lud Olbracht uns alle in die «Lobkowiczer Weinstube» auf der Kleinseite ein. Auch Du warst dabei und Marie Majerová, ihr beide anmutig, jung und schön. Und Josef Hora war mit uns.

Was wußten wir damals von Weinstuben und Wein? Rein gar nichts. Die Aushängeschilder mit dem Namen des jugoslawischen Weinhändlers Roko Bradenović, die in jedem Stadtviertel prangten, waren für uns von exotischem Geheimnis umwoben.

Voller Neugier machten wir uns zur Kleinseite auf, um uns dort das Souper und ein volles Glas munden zu lassen. Ich erinnere mich, wie zärtlich und mit welch nachsichtigem Verständnis Du uns drei Burschen hänseltest, als wir über den Durst getrunken hatten und dummes Zeug lallten. Nein, daran erinnerst Du Dich gewiß nicht mehr – ich vergess' es mein Lebtag nicht. Doch nicht nur der Wein, auch die Nähe Deiner bezaubernden Weiblichkeit zerzauste meine naiven Knabenträume.

Und dann noch – das Glück, mit vier Dichtern gemeinsam an *einem* Tisch zu sitzen!

Auch unsere Toten weilten unter uns. Marie Majerová erzählte von dem Dichter František Gellner, und Du erinnertest Dich an Otakar Theer, der in Dich verliebt gewesen war. Theer stand uns etwas fern, doch Gellner verehrten und liebten wir. Er hatte uns das bittere und harte Antlitz der Liebe enthüllt, und das gefiel uns damals. Uns imponierte auch ungemein, daß Ihr die beiden Dichter so gut gekannt hattet. Nun ja, wir waren noch junge Toren! Heute empfinde ich meine Bewunderung und mein Staunen als simpel und naiv, doch ich lache nicht darüber. Es war wunderschön.

Na siehst Du, ich sollte Dir ein paar Freundesworte und Sätze zu Deinem neuen Buch schreiben, und wohin hat mich das geführt! Mir kommen fast die Tränen. Tränen sind nicht so schlimm. Ovid sagte einmal, die Tränen hätten die Kraft menschlicher Worte. Trotzdem gehören Tränen und Trauer nicht in unsere Gegenwart. Wir leben nicht mehr in der stillen Zeit der Biedermeier-Schnörkel und -Röschen.

Doch Erinnerungen nachhängen wollen wir nicht, nein, das wollen wir nicht!

16. X. 37

Der schönste Brief

Helenchen Branald, Redakteurin des Kinderbuch-Verlags «Albatros» schrieb mir einen reizenden Brief. Es handelte sich um eine Umfrage; sie hatte sich eine neuartige und recht interessante Enquete ausgedacht. Sie bat mich, ihr den schönsten Brief, den ich je im Leben bekommen hätte, abzuschreiben oder im Original zu leihen.

Wie kann man einer anmutigen jungen Frau etwas abschlagen, noch dazu der Tochter eines guten Freundes?

Bei Gott, man kann es nicht!

Doch trotzdem konnte ich ihren Wunsch kaum erfüllen. Ich war ein bißchen unglücklich darüber. So schrieb ich ihr als Antwort wenigstens einen Brief. Hier ist er.

«Liebes Fräulein Helene!

Von Herzen gern würde ich aus dem Bündel meiner Korrespondenz den schönsten Brief für Sie hervorholen, wüßte ich, daß ich ihn fände. Ja, daß ich ihn in diesem Leben überhaupt noch einmal entdeckte. Doch vorab muß ich Ihnen erklären, wie es um meine Korrespondenz steht.

Briefe, Blätter, Notizen und auch Zettel sowie schlichte Anzeigen pflege ich schon seit meinem zwanzigsten Lebensjahr aufzubewahren. Immer wenn ich meinen Freund Píša besuchte, betrachtete ich neidvoll die Regale, in denen mit genauer Beschriftung nach dem Alphabet versehen, eine Reihe

Schachteln standen, in die Frau Píša die empfangenen und erledigten Briefe einordnete. Ich aber schmiß während all der Jahre meine Korrespondenz in Margarinekartons, die ich von unserem Krämer für fünfzig Heller das Stück erstand. War eine Schachtel voll, band ich sie fest mit Bindfaden zu und bugsierte sie auf den Dachboden. Und so stapelten wir die Schachteln ein halbes Jahrhundert lang unter dem Dach, bis der Boden fast voll davon war. Als man sich dort kaum mehr rühren konnte, kaufte mein Sohn mir zehn Vulkanfiber-Koffer, in die wir einen Teil der Korrespondenz umpackten, nachdem wir ihren Inhalt grobmaschig gesiebt hatten. Wir verbrannten allerlei Drucksachen, uninteressante Anzeigen und diverse amtliche und halbamtliche Korrespondenz. Doch einer meiner Bekannten meinte, es sei doch schade, auch Dokumente wie Einladungen zu Kunstausstellungen und Theaterpremieren zu vernichten. Nach zwanzig oder dreißig Jahren seien auch sie es wert, daß man sie aufhebe. Und so hörten wir auf, das Zeug zu verbrennen und sind immer noch dabei, neue Schachteln aufzutreiben. Ständig sage ich mir: einmal, wenn ich alt bin! Doch das *einmal* ist schon längst gewesen, und ich glaube, ich bin nun alt genug; doch noch immer will mir scheinen, als hätt' ich noch etwas Zeit dazu.

Der Dichter Lešehrad, ein fleißiger Sammler, bat mich vor einiger Zeit, ihm für sein «Lešehradeum» ein paar alte Briefe zu schenken. Ich wußte, was ihm vorschwebte. Er wollte vor allem Briefe von Wolker. Ich habe ein paar, aber ich wußte nicht, wo. Und so gab ich ihm ein kleines Bündel Briefe von Karel Teige, Artuš Černík und J. B. Svrček. Es war im ganzen der Inhalt einer Schachtel, die ich zufällig herausfischte. Lešehrad war offenbar enttäuscht.

Als Teige gestorben war, erkundigte ich mich nach diesen Briefen. Sie sind noch immer im Lešehradeum. Ich glaube aber – nur sie. Die übrigen hat Lešehrad wohl ausgemustert. Schade um die andern. Unlängst hat J. B. Svrček nach ihnen gefahndet. Er brauchte sie für sein neues Buch!

Daß ich nicht vergesse! Bei einem meiner späteren Besuche

im Lešehradeum offerierte mir der alte Dichter aus seinen kuriosen Sammlungen einen eisernen Rosenkreuzer-Ring und ein Fläschchen mit dem Indianergift Curare. Den Ring verlor ich nach Jahren, und das Curare goß ich gleich aus. Fragt nicht, wohin.

Ich erinnere mich noch einer Sache, die mit der alten Korrespondenz zusammenhängt.

Mein Freund Josef Palivec, ein Kenner und wählerischer Sammler alter Bücher und Briefe, besuchte einmal seinen Schwager Karel Čapek und traf ihn in einem Augenblick an, als dieser gerade dabei war, seine Korrespondenz aus den letzten Wochen zu vernichten. Palivec brach in Wehklagen aus. Unter den Blättern waren Briefe von Thomas Mann, Bernard Shaw und anderen Berühmtheiten. Seit jenem Tag überließ Čapek ihm stets die an ihn gerichtete Korrespondenz, er sollte davon auswählen, was ihn interessiere. Daß die Brüder Čapek die an sie gerichteten Briefe systematisch verbrannten, kann man auch an dem Band mit dem Briefwechsel zwischen dem Dichter S. K. Neumann und den Čapeks ablesen. Alle Briefe der beiden Čapeks – und das sind eine ganze Menge – sind erhalten, doch von denen Neumanns kein einziger.

Auch der Schriftsteller Vladimír Vančura pflegte seine Korrespondenz zu vernichten.

Vom literarischen Wert einer solchen Korrespondenz konnte ich mich aber während des Zweiten Weltkriegs überzeugen, als mein Freund N. mich mit damals in Prag lebenden Slowaken bekannt machte, mit denen ich einen Tauschhandel – Literatenbriefe gegen Zigaretten – anfing.

Für eine einfache Postkarte, mit der Wolker bei mir ein Honorar anmahnte, bekam ich hundert Zigaretten. So habe ich während des Krieges ein paar Briefe in blauen Dunst aufgelöst. Heute tut's mir leid. Doch damals waren Zigaretten Gold wert!

Nun endlich komme ich zu dem schönsten Brief, um den es Ihnen, liebe Helenka, ja geht.

Zu Anfang des Krieges, nach dem tragischen Tod Jiří Mahens, bat mich der Dichter František Halas, die Briefe Mahens herauszusuchen. In Brünn wolle ein Freund Mahens dessen Korrespondenz gern zusammentragen und dann herausgeben. Nach einiger Zeit brachte ich etwa zehn Briefe Mahens mit und übergab sie Halas zu treuen Händen. Schade, daß ich sie mir nicht vorher kopiert habe. Bald vergaß ich die Briefe. Und so geschah es. Als mich vor einiger Zeit Š. Vlašín, der Mahens Briefwechsel dann wirklich herausgab, um diese Briefe bat, blieb mir nichts anderes übrig, als ihn an den Mann in Brünn zu verweisen, den nur Halas gekannt hatte. Doch Halas war tot. Frau Mahen, an die Vlašín sich ebenfalls wandte, teilte ihm mit, jener Mann sei gestorben und in seinem Nachlaß wären meine Briefe nicht gefunden worden.

Und darunter war wohl der schönste Brief, um den Sie, liebe Helene, mich bitten. Es war ein längerer Brief über mehrere Seiten und eine Art Plädoyer für die Poesie, sofern die Poesie überhaupt verteidigt zu werden braucht. Zu jener Zeit hatte nämlich ein gewisser Trottel einen Artikel veröffentlicht, in dem er zu beweisen suchte, die Poesie sei in unserem Jahrhundert ein romantisches Überbleibsel, ein elendes Vermächtnis der Vergangenheit, das in unseren Tagen und in der modernen Welt überflüssig und nutzlos sei. Und er proklamierte, ich weiß nicht mit welchem Recht, das Ende der Poesie in der Welt!

Mahen war darüber empört. Er setzte sich hin und schrieb mir einen Brief. Einen seiner böse ironischen, gescheiten und temperamentvollen Aufsätze, wahrlich wert, gedruckt zu werden.

Wie schade, daß ich Ihnen den Brief nicht schicken kann, meine Liebe!

Wiener Schnitzel

Anfang der zwanziger Jahre, als ich dem Gedanken für immer Valet gesagt hatte, als externer Schüler doch noch das Gymnasium abzuschließen und das Abitur zu machen – mitunter träume ich nachts immer noch, daß mich die furchtbare Prüfung noch erwartet –, fragte mich S. K. Neumann freundschaftlich, aber doch ein wenig schroff, wie ich mir meine weitere Existenz vorstelle. Diese Frage aus dem Munde Neumanns zu hören, überraschte mich zwar ein wenig, doch sie brachte mich nicht in Verlegenheit.

Ich will Dichter werden!

Neumann lächelte, legte mir die Hand auf die Schulter, und wir gingen ein Bier trinken. Binnen einer Woche besorgte er mir eine Anstellung in dem Prager Verlag der Kommunistischen Partei. Es war eine Redakteursstelle, man suchte gerade jemand. Arbeit gab's dort nicht allzuviel, und sie war nicht schwer. Ich mußte Manuskripte für die Druckerei vorbereiten und die Korrekturen für demnächst erscheinende Bücher und Publikationen besorgen lassen oder selber lesen. Das Gehalt war recht bescheiden, doch in jenen Tagen war das in keinem kommunistischen Unternehmen anders. Mit dem ersten Gehalt wußte ich aber nichts anzufangen. Soviel Geld hatte ich noch nie in Händen gehabt. Meine Eltern daheim freuten sich.

Der kommunistische Verlag, zu dem eine Buchhandlung gehörte, befand sich in der Gasse Auf dem Perstein (Na Perštýně) in einem ehemaligen Kaufhaus. In dem Gebäude, über dessen Hof man zum Kohlmarkt durchgehen konnte, befand sich auch das populäre Kino «America Bio», wo meist Abenteuerfilme gegeben wurden. František Tichý malte oft die großen bunten Plakate, die den Eingang zum Kino flankierten. Der Verlag hatte einen einzigen langen Raum mit großen Fenstern auf einen häßlichen Hof hinaus. Der Saal war durch Holztrennwände in drei Abteilungen aufgeteilt. In der ersten befand sich die rührige Expedition, in der zweiten ein Büro mit sechs Tischen und in der dritten das Magazin für Buchhandel und Verlag; auch der Tisch des Chefs stand dort. Also kein großer Luxus, nichts «Repräsentatives», wie man heute sagt. Kamen ein paar Leute auf einmal zu mir, und das geschah recht oft, konnten die andern nicht arbeiten. Meine Freunde vom «Devětsil» besuchten mich häufig, um unsere Angelegenheiten zu besprechen. Wenn Nezval auftauchte, unterhielt er den ganzen Saal mit seinen temperamentvollen Aperçus. Manchmal schaute auch Hora herein; Neumann besuchte mich oft.

Zum Verlag gehörte noch ein dunkler Raum, sein Fenster ging in einen finsteren Lichtschacht hinaus; dort befand sich ein Magazin und darin ein Haufen verstaubter Schachteln, voll mit fast unverkäuflichen Ansichtskarten. Mitarbeiter, die schon von Anfang an im Betrieb beschäftigt waren, behaupteten, dort läge fast eine Million dieser Dinger.

Der frühere Mieter dieser Räume war seinerzeit nur unter der Bedingung bereit gewesen auszuziehen, daß der Verlag ihm den Rest seines Lagers abkaufte. Was blieb da übrig. In jenen Jahren waren Räumlichkeiten im Prager Zentrum rar.

Als ich meinen Posten antrat, zerbrach sich mein Chef gerade den Kopf darüber, was er mit den Karten anfangen sollte. Es war fast alles Kitsch und Schund, und man hätte das Zeug als Makulatur einstampfen sollen. Doch weil der Chef jede Krone, eh er sie ausgab, erst zwei- oder dreimal umdrehte, wollte er die Ansichtskarten nicht so schnell in den Schornstein schreiben. Geld war damals knapp, und mit den Kronen der Arbeiter mußte man sorgsam umgehen. So wies er uns an, zu versuchen, wenigstens einen Teil des Zeugs zu verkaufen: Die Karten seien auch nicht schlechter als das, was man laufend in Andenkenläden und auf Dorfjahrmärkten feilbot.

Nein, eine Million waren es nicht, doch ein paar Hunderttausend sicher. In dem Lagerraum stand eine Schachtel neben der andern, und es waren unzählige.

Da ich als Redakteur wirklich nicht viel zu tun hatte, betraute man mich nebst meinem Ressort noch mit der Werbung. Man gab mir auf, jeden Tag eine entsprechende Anzeige und ein paar Notizen an die Administration des Parteiblatts «Rudé právo» zu senden. Und so mußte ich auch die Werbung für die unseligen Ansichtskarten übernehmen.

Ich betrieb sie freilich ohne große Begeisterung, vor allem in den Wochenschriften für das Bauernvolk. Im «Rudé právo» (Rotes Recht) konnte ich mich nicht so recht entfalten.

Zwar besaß ich nicht für einen roten Heller Geschäftssinn, doch an Phantasie fehlte es mir nicht, und so begann ich, immer neue Slogans zu erfinden, die die Leser von der Schönheit der Kitschpostkarten überzeugen sollten.

Zuerst sahen wir die Bestände wenigstens teilweise durch und sortierten gleich alle Motive mit Zechern aus, die beschwipst aus dem Wirtshaus heimkehrten. Sie waren widerlich. Ebenso die Bilder von Ehefrauen, die mit dem Nudelholz in der Faust ihre Männer erwarteten. Karten mit diesen und ähnlichen Sujets gab es dort gleich schachtelweise.

Noch ein paar Jahre zuvor waren solche Ansichtskarten sehr beliebt gewesen. In der Hibernergasse, unweit des Hauses «Zum Bulgaren» (U Bulhara), gab es früher einen Schreibwarenladen, und eines seiner Schaufenster war voll mit ähnlichen Erzeugnissen. Als kleiner Junge pflegte ich dort oft zu verweilen und die sinnigen Verse unter den Bildern zu buchstabieren.

Dann machte ich mich über die weiblichen Akte her. Sie waren aufreizend und geschmacklos mit ihren grellbunten Farben. Mein Chef rettete sie vor dem Untergang; er erklärte, auch die Genossen hätten Spaß am Anblick einer schönen Frau. Das war ein schlagendes Argument. Als ich aber ein Inserat mit dem Titel «Der Anblick schöner Akte erfreut unser Auge und Herz» textete, mauerte die Redaktion des «Rudé právo» und musterte die Anzeige aus.

Doch die meisten Karten zeigten Landschaften: mit Gletschern und ohne Gletscher, mit Hirschen und ohne, mit Hirten samt Schafen in unbestimmbarer Umgebung. Es war eine mehr als triviale Kunst, doch was mich noch trauriger machte, die Reproduktionen waren miserabel, und auch die Farben stimmten nicht. Im Büro wurden die Karten dann auch für die Abonnenten-Kartei verwendet.

Die überwiegende Mehrzahl der Ansichtskarten hatte mit der Liebe zu tun. Traurige, verlassene Maiden, vergeblich ihres Geliebten harrend, und Liebespaare in süßer Umarmung; viele waren mit Versen aus dem Band «Večerní písně» (Abendlieder) von Vítězslav Hálek «garniert». Ein gar nicht kleiner Teil der

Bilder zeigte Liebespaare in antiken Gewändern, am Fuße ionischer Säulen sitzend oder lehnend. Sie erwiesen sich als am besten verkäuflich.

In einigen Schachteln schlummerte ein Liebes-Abc: Große Lettern mit einer Handvoll Blumen und Amoretten verziert, die an dem jeweiligen Buchstaben herumturnten. Solche Karten schickten junge Leute einander, nachdem sie die Initialen zuvor durch den Taufnamen des Spenders ergänzt hatten.

Zuweilen erstanden auch Jahrmarkthändler einen Stapel Karten; sie bestellten zwar viel, doch wählten sie sorgfältig aus. Sie kriegten das Zeug halb geschenkt. Die Karten wurden aber kaum weniger, obwohl ich feststellen konnte, daß meine dilettantische Werbeaktion doch ein wenig Erfolg hatte.

Einmal kam ein recht hübsches Mädel in den Verlag und bat uns, ihr ein paar Karten mit dem Buchstaben «B» zu überlassen. Sie hieß vermutlich Boženka, und dieser Buchstabe fehlte ihr zu ihrem Namen. Boshaft schickte man sie zu mir. Ich, der ich mein Lebtag bemüht bin, einer Frau nichts abzuschlagen, kramte eine Stunde lang in den verstaubten Schachteln herum, bis ich ihren Buchstaben fand. Als sie nach dem Preis fragte, verlangte ich ein Busserl von ihr. Doch sie gab mir keins, und so bekam sie die Karte umsonst. Als sie gegangen war, ging ich daran, eine Notiz über das Buch von Karel Gorovský «Volná láska a komunismus» (Freie Liebe und Kommunismus) zu verfassen.

Schließlich verramschten wir die Schachteln mit dem kurioskitschigen Inhalt doch an einen Altpapierhändler. Heute tut es mir leid, daß ich nicht ein paar von den Bildern als Andenken aufbewahrt hab'; jetzt sind sie gewiß rar und kostbar. Einige davon sandte ich damals meinem Schriftstellerkollegen Jaromír John, darunter Landschaftsbilder, deren Motive ins Papier eingeprägt und die mit Glassand bestreut waren, sie sahen einmalig aus. John jubelte, er besaß eine Sammlung von Kuriositäten, Kitsch und geschmacklosen Nippes.

Nach dieser im großen und ganzen mißlungenen Aktion widmete ich meine ganze Zeit der sinnvolleren Arbeit an Büchern, deren Zahl immer größer wurde. Wir gaben damals ziemlich viele gute Autoren mit wohlklingenden Namen heraus, darunter Anatole France, Andersen Nexö, Victor Hugo, Ilja Ehrenburg, Jack London und andere. Die Romane erschienen zuerst in Fortsetzungen in billigen Wochenheften und fanden reges Interesse.

Es gelang mir auch, eine hübsche Auswahl aus Gedichten Heinrich Heines, von Zdeněk Kalista übersetzt, zur Herausgabe zu empfehlen sowie die ersten Erzählungen von Jaroslav Hůlka, dessen Lebensweg dem Jiří Wolkers glich; sein postumes Schicksal war aber bei weitem nicht so glanzvoll. Auch von meinem Freund A. M. Píša gaben wir einen Gedichtband «Pozdravy» (Grüße) heraus. Als man eine Anthologie zur Rezitation geeigneter revolutionärer Gedichte benötigte, stellte ich mit St. K. Neumann einen Gedichtband «Komunistické večery» (Kommunistische Abende) zusammen. Neumann brachte mir unter anderem ein Gedicht des Franzosen Richepin, das er liebte und dessen energischer Rhythmus mir seitdem bis heute im Ohr klingt.

Lied der Taufglocken

Ihr Spießer, ihr Krämer,
Wenn ihr nachts im Ehebett,
    Eure Weiber
    eure Weiber

Fest im Arm, an die Kinder
Dachtet, die ihr ihnen
    Machen würdet,
    Machen würdet,

Sagtet ihr: Sie werden,
Glattes Kinn, runder Bauch,
    Notare
    Notare.

Eines schönen Tages aber
Seht ihr, euch zur Strafe,
    Unerwünscht,
    Unerwünscht

Kindlein euch geboren werden,
Die das Haar einst wallen lassen:
    Poeten,
    Poeten.

Immer wieder nämlich werden
Dichter uns erblühen
    Wie aus Scheiße
    Wie aus Scheiße
    Rosen.

Die Sammlung solcher und ähnlicher Verse hatte Erfolg. Als ich den Band neulich im Schaufenster eines Antiquariats sah, wunderte ich mich über seine armselige Ausstattung.

Neumann kam oft in unseren Verlag. Manchmal bat er meinen Chef, mir freizugeben, und wir gingen einen Schoppen trinken. Vor einem Glas Wein sitzend schmiedeten wir neue Pläne oder redigierten die Illustrierte «Reflektor» (Scheinwerfer), deren ganze «Redaktion» Neumann in seiner Aktentasche mitschleppte. Bei einer dieser Zusammenkünfte fragte er mich, wieviele Gedichte ich schon geschrieben hätte, ich solle sie doch mal durchsehen. Wieder daheim, ordnete ich noch am selben Abend alle meine Manuskripte und brachte sie ihm anderntags.

Neumann ordnete meine handgeschriebenen Opera anders an, billigte den von mir vorgeschlagenen Titel und empfahl mir, die Verse abtippen zu lassen. Die Reinschrift sollte ich dem Verlag bringen und Teige eine Durchschrift geben; gewiß werde er mir gern Umschlag und Frontispiz zeichnen. Innerhalb von ein paar Tagen fertigte Teige für beides Linolschnitte, und Vančura schrieb ein kurzes, aber berühmt gewordenes

Vorwort: «Ein Gedicht ist keine Vision, sondern ein schweres und zugleich bescheidenes Werk, ebenso wie das, was der Arbeiter mit seinen Händen schafft. Die Revolution durchdringt die Welt, die Ordnung des neuen Schaffens geht auf ...» usw.

Noch heute wird dieses Vorwort, wenn man Vančuras Namen nennt, was leider nicht allzu häufig geschieht, oft zitiert. Einen Monat später lagen die Korrekturfahnen vor mir. In die Korrektur fügte ich noch eine Widmung an Neumann ein, und nach einem weiteren Monat war das Buch fertig.

Die frischgedruckten Exemplare lieferte man in einer großen Kiste an, und als der Redaktionsbote sich mit einem starken Brecheisen daran machte, den Deckel abzuheben, war ich ganz aufgeregt.

Das erste Exemplar widmete ich meiner zukünftigen Frau – ach welche Süße –, das zweite Neumann und das dritte steckte ich in die Tasche. Neumann sah ich am nächsten Vormittag wieder. Er blätterte flüchtig in meinem Buch; als er die Widmung entdeckte, schaute er mich zu meiner Überraschung ein wenig vorwurfsvoll an. Dann verstaute er die «milde» Gabe in seiner Aktenmappe und brummte:

«Merk Er sich, ein Gedichtlein ist noch kein Ereignis und das erste Bändchen – wie die erste Schwalbe – macht noch keinen Dichter.»

Dann lud er mich zum Essen ein.

Wir gingen ins Restaurant «Choděra» auf der Nationalgasse. Wie verlockend es dort duftete! Neumann bestellte Wiener Schnitzel und weißen Mělniker «Ludmila». Als man uns die Schnitzel, golden und glänzend, auf einem silbernen Tablett servierte, bemerkte er:

«So ist's richtig! Wenn man sie auf den Tisch bringt, muß die Butter darauf noch «schäumen».

Bohumil Novák war schon dabei, das Manuskript für eine Anthologie zum neunzigsten Geburtstag von Josef Palivec vorzubereiten, in dem wir dem ältesten lebenden tschechischen Dichter gratulieren und die Hand reichen wollten, da wurden wir durch die plötzliche Kunde von seinem tragischen Ableben erschüttert.

Am Donnerstag, dem 30. Januar 1975, überquerte Josef Palivec, aus dem Restaurant «Savarin» am Graben vom Mittagessen kommend, die Fahrbahn zum gegenüberliegenden «Kaufhaus des Kindes». Er war etwas schwerhörig und vermutlich in Gedanken verloren. So hörte er das Rattern der herannahenden Straßenbahn nicht und ging über die Schienen. Der Triebwagen schleuderte ihn auf das Pflaster. Ein Rettungswagen, das gerade vorbeifuhr, brachte den Verletzten zwar gleich ins Spital, doch er erwachte nicht mehr aus dem Koma und starb – nach etwa drei Stunden – noch am selben Nachmittag.

Ich möchte nicht versäumen, zu diesem Anlaß ein paar Worte aus dem kurzen, aber treffenden Nachruf zu zitieren, den sein Freund Josef Heyduk in der katholischen Tageszeitung «Lidová demokracie» (Volksdemokratie) veröffentlichte:

«Dieser Sohn eines herrschaftlichen Kutschers hatte etwas Aristokratisches an sich, falls wir darunter Vornehmheit verstehen, verbunden mit der Liebe zu den einfachsten Menschen und mit Verständnis für jeden, der in der Stunde der Trauer zu ihm kam; er hatte Mitleid mit allem, was da lebt, leidet und stirbt.»

Ja, so ein Mensch war Josef Palivec, wie wir ihn im Laufe von vierzig Jahren kannten, in der Tat.

Es ist schon lang, lang her, es war vor dem Weihnachtsfest vor vielen Jahren, da tauchten zwei Männer an der Tür unserer Wohnung in Prag-Bubeneč auf und überreichten uns einen riesigen Präsentkorb. Er war wirklich imposant und hatte dazu einen enorm üppigen Inhalt. Ein Mann allein konnte ihn nicht tragen. Die Boten stellten ihn in die Diele und ließen sich die Sendung quittieren, doch auf meine Frage, wer uns den Korb schicke, sagten sie, sie hätten keine Ahnung. Wir waren überzeugt, es könne sich nur um einen Irrtum handeln. Der milden Gabe lag keine Visitenkarte bei. Wer sollte uns denn solch einen opulenten Korb schenken? So rührten wir das Präsent gar nicht an. Scheu und verlegen gingen wir daran, seinen unerschöpflichen Inhalt in Augenschein zu nehmen. Oben neben den Henkeln thronte ein Schinken mit goldglänzender Schwarte, nur zum Teil von einem silbernen Staniol-Harnisch verhüllt und mit einem Fichtenzweig geschmückt. Dem Schinken reckten einige Flaschen Rheinwein und französischen Weins ihre schlanken Hälse entgegen, darunter zwei Flaschen Champagner. Ein Fäßchen Kaviar diente zugleich als Podest für eine Mortadella-Kugel, die sich «mit der Hüfte» an eine silberfunkelnde Blechdose mit französischen Poularden in Aspik anlehnte. Bei uns in Böhmen wurde dergleichen gar nicht hergestellt. Am Rand des Korbes waren diverse Käsesorten drapiert und darüber, in Zellophanpapier gewickelt, eine riesige Scheibe Emmentaler, dessen fette «Augen» uns aufmunternd ansahen. Früher einmal hatte mir jemand ein englisches Drops aus einem Glas offeriert. Seinen Geschmack konnte ich lange nicht vergessen. Hier aber lachte mich eine Kiloschachtel voll englischer Bonbons an, Tafeln feinster Schweizer Schokolade lagen da aufgefächert wie Spielkarten in der Hand, und alle «Nischen» dazwischen waren mit Ölsardinen, Apfelsinen und Tiroler Äpfeln ausgefüllt. Und die gesamte Pracht aus Formen, Düften und Geschmack wurde wie mit einem Silberschwert von der langen Stange ungarischer Salami durchbohrt, mit den «Brüsseler Spitzen» des edlen Schimmels und einer winzigen Plombe geziert . Gewiß habe ich noch andere gute Dinge vergessen, es ist schon zu lange her. Für unseren bescheidenen Haushalt war dies ein geradezu königliches Geschenk.

Ich vertraute mich Halas an, und der beruhigte mich. Es sei kein Versehen. Der Korb käme bestimmt von Josef Palivec, der kürzlich aus Paris heimgekehrt sei und die seltsame, jedoch seltene Neigung habe, Leute zu beschenken. Vermutlich fehle es ihm auch nicht am nötigen Kleingeld dafür, und es bereite ihm Vergnügen. «Er hat eine Auswahl tschechischer Gedichte – darunter auch deine – ins Französische übersetzt und schickt dir den Korb als Honorar.»

Nach dieser Erklärung packten wir den Korb aus. Unter den Weinflaschen entdeckte ich eine Flasche Sauternes «Château Mont Bazilac». Ich kostete von dem edlen Tropfen und fand, dies sei der köstlichste aller köstlichen Weine. Eigentlich hätte ich sagen müssen, der köstlichste Wein, den ich in meinem Leben getrunken habe.

Ihr dürft mir glauben, der Wein war wirklich gut!

Nun dauerte es nicht mehr lange, da wurde ich im Hause meines Freundes Halas mit dem Dichter Palivec auch persönlich bekannt. Die arme Frau Halas, sie hatte nichts als einen Haufen Arbeit und Mühe mit den Gästen, doch sie war sehr nett und hübsch. Halas pflegte ihr zuzuraunen: «Sei lieb und schweig!» Nein, nein, auf die Gäste schimpfte sie nie.

Palivec war ein ziemlich hochgewachsener und höchst attraktiver Mann. Im Diplomaten-Cape und Zylinder sah er gewiß toll aus. Er war gut gekleidet und «ganz durchglüht von französischer Kultur». In seiner Jugend war er eine Zeitlang Privatsekretär des berühmten Dichters Jaroslav Vrchlický gewesen. Von der Poesie verstand er soviel wie kaum ein anderer. Er war fast zwanzig Jahre älter als wir.

Palivec hatte zwei große Passionen: die Liebe zur Muttersprache und zur Poesie. Wir verkehrten mit ihm in den Jahren, als er Valéry übersetzte. F. X. Šalda, der die Übertragung von «Le serpent» (Die Schlange) kannte, sagte, diese Nachdichtungen seien perfekt und in jeder Hinsicht dem Original adäquat. Nezval hat über Palivec einmal sehr hübsch gesagt: «Er dichtete ebensogut tschechisch, wenn er Valéry übersetzte, wie französisch, wenn er tschechische Dichter übertrug.»

In den Tagen, da wir ihn kennenlernten, redete er nie über seine Gedichte. Er war aber derart eingeweiht in die Geheimnisse der Poesie, kannte und verstand sie so gut, daß ihm schließlich nichts anderes übrig blieb, als sich selbst als Dichter zu versuchen. Ich weiß nicht, ob er schon ein paar Verse gemacht hatte, ehe wir in ihn drangen zu schreiben, oder ob er unserem begeisterten Drängen nachgab, doch eines Tages zeigte er uns einige seiner Manuskripte, die er dann in die Sammlung «Pečetní prsten» (Mein Siegelring) aufnahm. Darunter war, wenn ich mich recht entsinne, auch der kosmische Zyklus «Hvězdy» (Sterne). Wir waren von den Versen hingerissen. In seiner Poesie war er auf etwas gestoßen, das auch Halas recht nahe war. Er knetete die Worte und schuf so neue – auf den ersten Blick verblüffend und aufreizend ungestüm. Es war höchst anregend, sich mit ihm über die Sprache des Dichters zu unterhalten.

Ende der sechziger Jahre gab der Jugend-Verlag »Mladá fronta» (Junge Front) eine Anthologie seiner Verse heraus und bat mich um ein paar einführende Worte dazu.

Ich dachte über Palivecs Poesie nach, und kaum hatte ich meine Füllfeder aufgeschraubt, klangen mir ungerufen zwei Verse im Ohr aus einem Gedicht, mit dem Jaroslav Hilbert eines seiner Bücher Jaroslav Vrchlický widmet:

Wir Dichter verstehen einander wohl!
Für andere schreib ich's nicht.

Ohne die snobistische Geste des letzten Verses und unter ganz anderem Aspekt lassen sie sich auch auf die Poesie von Palivec anwenden. Nichts war mir so fremd im Leben wie dichterische «Exklusivität». Im übrigen dürfte auch Hilbert zufrieden gewesen sein, wenn das Theater bei seinen Vorstellungen ausverkauft war. Bei Palivec handelt es sich aber um etwas Besonderes. Ich will die Selbstverständlichkeit gar nicht betonen, daß jeder Dichter sich selbst seine Leser sucht. Von ihrem herzerwärmenden oder ablehnenden Interesse klingt und lebt seine Dichtung. Palivecs Poesie verlangt freilich nicht nach riesigen Auflagen. Sie ist kostbar, wenn wir dies Wort gebrauchen wollen, durch ihre hohe Qualität.

Ein Dichter hat, meistens jedenfalls, doch eine ausgeprägtere Fähigkeit als andere Leute, eine solche Poesie zu erkennen und zu würdigen. Die Dichter sehen – wie man so sagt – einander besser in die Karten. Palivec spielt gewiß meisterhaft und läßt sich kaum hineinsehen. Und doch! Die anderen Dichter erkannten seine große Erfahrung als Poet, die mit handwerklicher Fertigkeit und Virtuosität nur wenig gemein hat.

Ich las seine Verse immer wieder und erkannte zu meinem Erstaunen, daß ihre raffinierte Schönheit auch auf das schlichte Röslein des Volkslieds aufgepropft ist und somit aus seiner Heimaterde sprießt. Und ich wunderte mich stets, warum seine Poesie so innig, taufrisch und so echt tschechisch ist.

Die Anfänge seiner Poesie liegen dort, wo das Geheimnis des Lebens und der Bewegung der menschlichen Worte verborgen ist, ihr assoziativer Magnetismus, ihre Melodie und ihr Glanz.

Ich erinnere mich noch, wie Palivec vor nicht langer Zeit in unseren Kreis kam und vor Freude strahlte. Er war zufrieden! Er hatte seine Auswahl aus den Arbeiten Paul Valérys noch um ein weiteres, von ihm übertragenes Gedicht ergänzt und lange mit einem einzigen Vers gerungen, ehe es ihm gelang, zwei Worte zu finden, treffend, doch auch melodisch und wie Samt, die nicht nur in ihrer Bedeutung, sondern auch im Klang nahtlos zueinanderpaßten. Valéry spricht von einer nackten Frau, und der Dichter übersetzt «vábivost záhybů» («Das Verlockende ihrer Falten»). Das ist perfekt. Wie schön ist doch die tschechische Sprache! Und wie lieblich.

Palivec wies die Behauptung mancher zurück, er suche nach Worten und erfinde die Wortfolge frei. Die Worte leben und fliegen ihm von selbst zu, von den Schwingen ihres Wohlklangs getragen, ihrem eigenen Rhythmus folgend. In der Tat, es war für keinen von uns verlorene Zeit, mit ihm über Poesie und die Sprache des Dichters zu fachsimpeln. Er wußte viel, mehr als er in seinen eigenen Versen unterbringen konnte.

Im kommenden Jahr wäre er neunzig geworden! Welchem unserer Dichter war das vergönnt! Und wem wird es vergönnt sein? Hier drängt sich mir die Erinnerung an einen anderen

Dichter auf, der in die Entwicklung der tschechischen Dichtung so bahnbrechend eingriff und der leider so jung starb. Jahreszahlen sagen wenig oder fast nichts. Doch es gibt auch tiefere Zusammenhänge, die von Palivecs Poesie bis zur Poesie des Dichters des «Máj» zurückführen. Die Verknüpfungen und Verbindungen sieht man freilich auf den ersten Blick kaum. Als brächen die feinen Fasern der Wurzeln von Máchas «Máj» unter dem Humus hervor und streckten ihre «Arme» der Poesie von Palivec entgegen. Doch die Wurzeln sind fest und zeugen von einer gesetzmäßig verlaufenden Entwicklung.

Die erste dieser «Wurzeln» brachte die tschechische Dichter-Sprache um einige Jahrzehnte voran und die zweite reicht mehr als hundert Jahre zurück zu ihrer alten Herrlichkeit.

In der zweiten Hälfte seines Lebens schenkte Palivec einigen viel jüngeren Dichtern seine Gunst. Er hatte Hora gern, bewunderte Holan, doch menschlich und künstlerisch stand ihm František Halas am nächsten, der überdies ganz in seiner Nähe wohnte, so daß sie oft zusammenkamen.

Als Palivec im Zweiten Weltkrieg von der Gestapo verhaftet wurde und man ihm bei einem Verhör Verse gegen Hitler vorlegte, damit er bestätige, daß Halas ihr Verfasser sei, wie die Gestapo vermutete, verneinte er Halas' Urheberschaft. Auf die Frage, wer sie denn dann verfaßt habe, erwiderte er, er selbst. So bewahrte er Halas vor der Verhaftung. Die Verse waren übrigens nicht die besten. Palivec sagte später einmal lächelnd, das sei das einzige gewesen, was ihn an der Sache gewurmt habe. Damals rettete er durch seinen kühlen Mut und seine treue Freundschaft das Leben des schon kränkelnden Freundes.

Als Halas seinen berühmten Gedichtband «Staré ženy» (Alte Frauen) herausgab, über den Šalda schrieb, diese Gedichte wären ein «teuflisches Stückchen Paganinischer Virtuosität..., hätten sie nicht diesen Sinn für das Schicksal, Mensch zu sein und seine Tragik», erzählte uns Palivec, quasi als Randbemerkung zu diesem Gedicht, von einem Abenteuer mit jungen Weibern, das er in Genf erlebt hatte.

Nach dem Umsturz Anno 1918 und der Errichtung der

Tschechoslowakischen Republik wurde er zum Direktor (der Zweigstelle) des Tschechoslowakischen Pressebüros «ČTK» beim Völkerbund in Genf ernannt. Vom alten Österreich hatte die junge Republik in Genf ein ausgedehntes Gebäude geerbt, in dem sich unter anderem auch die Räume der Presseagentur und Palivecs geräumige Wohnung befanden.

Die guten Jahre der ersten Nachkriegskonjunktur flossen dahin, und nach den vier schweren Jahren des Krieges genoß die Welt fröhlich und sorglos den jungen Frieden.

Es war quasi ein «freundschaftlicher Überfall»: Eines Tages sprach ein Beamter der Botschaft einer westlichen Großmacht bei Palivec vor und ersuchte ihn ohne Umschweife, ihm für einen Nachmittag seine Wohnung zu überlassen. Er war ein guter Bekannter, und er bat nicht nur in seinem eigenen Namen. Palivec konnte nicht anders, als ihm gefällig sein.

Einige Tage später sieht Palivec, wie Auto um Auto vor seinem Haus vorfährt, denen – zu seinem Erstaunen – eine Schar hübscher Mädchen entsteigt, die jener Beamte vorher in den Nachtlokalen und Amüsieretablissements der schönen – von Schokoladepackungen so gut bekannten – Stadt am blauen Lac Léman sorgfältig ausgewählt hat. Die «Damen» machen es sich quietschvergnügt und einladend lächelnd in Palivecs Kemenaten gemütlich. Es bereitete den Gastgebern dann keine besondere Mühe mehr, die Dämchen zu animieren, sich vorläufig in Palivecs seidene Pyjamas zu hüllen, von denen sie ein ganzes Dutzend vorfanden. Sicherlich waren die Mädchen ein eher grotesker Anblick, als sie in einem Aufzug antanzten, der ihnen natürlich überhaupt nicht paßte. Zum Glück boten sie nicht lange diese lasziv erheiternde Augenweide. Nach einer Weile rollten auch Herren von diversen Gesandtschaften an, die der Tagung des Völkerbundes beiwohnten. Und als die ersten Champagnerpropfen knallten, war alles sonnenklar.

Es ging um eine Schönheitskonkurrenz! Die Herren beschlossen, bedächtig und nach eingehender und strenger Prüfung, Königin und Prinzessinnen zu küren. Sie begutachteten nicht nur die Anmut der Gesichter, sondern auch die Schönheit von Busen, Händen, Beinen und des Schoßes. Sie beurteilten «alles an den jungen Frauen», so wie sich der Dichter von jedem einzelnen Teile eines Mädchenkörpers ein schwärmerisches Bild macht.

Palivec war über das Unternehmen nicht gerade entzückt. Sein Chef, der Außenminister, hätte ihm, ungeachtet aller politischen Rücksichten, diese Party gewiß nicht genehmigt. Genf, die Stadt Calvins, war protestantisch prüde. Darum wollten wohl Palivecs Gäste selbst nichts riskieren. Doch so eine kleine junge «Schinken»-Republik in Mitteleuropa, die man in der Welt noch wenig kannte, stand da weniger im Rampenlicht. Zum Glück nahm alles ein gutes Ende. Der Herr, der alles organisiert hatte, sammelte für «seine» Damen schließlich einen überraschend dicken Stoß Banknoten in seinem hohen Zylinder. Die Mädchen waren mit dem Erfolg und ihrem Lohn zufrieden, verabschiedeten sich und schwiegen.

Halas lauschte aufmerksam der launigen Geschichte, dann setzte er sich hin und schrieb vom Fleck weg ein Pendant zu seinen «Alten Frauen». Seine «Mladé ženy» (Junge Frauen) wurden zwar nach Halas' Tod nicht unter seine gesammelten Gedichte aufgenommen, aber im Druck erschienen sie doch. In Prag und in Frenštát am Radhošt, wo Halas oft weilte.

Oh brausende Nächte, oh brausende Tage
die Luft von nackten
Mädchen erfüllt,
zwischen den Säulen tanzend
unserer Begierden.

Die Verse schrieb er dann sorgfältig ab und František Bidlo skizzierte und kolorierte ein paar Zeichnungen dazu, die ein bißchen irreal, aber doch witzig und lebensecht waren. Das Gedicht widmeten sie dann dem Freund Palivec, der ein unermüdlicher und begeisterter Sammler von Büchern, Manuskripten, Zeichnungen, kostbaren Einbänden und Briefen war.

Als Geschenk zu seinem 50. Geburtstag nahm er das Manuskript hocherfreut entgegen.

In der Zeit vor dem Zweiten Weltkrieg fühlte man sich wohl bei uns, mit uns und unter uns. Das machte die Jugend. Man erinnert sich gern daran. Nur schade, daß sich in unsere glücklichen Erinnerungen das Heulen der Warnsirene des Rettungswagens mischt, der den schwerverletzten Dichter davonträgt; einen, der viele dieser schönen Stunden mit uns verbracht hatte und dann so plötzlich und tragisch aus seinem langen, bemerkenswerten und erlebnisreichen Leben schied.

Goldis Gästebuch

In der Křemencová ulice (Kremenz-Gasse) in der Prager Neustadt, ein paar Schritte vom Gebäude der Oberschule entfernt, wo man die Anfänge des «Devětsil» suchen muß, und neben dem historischen Gebäude der Altbierbrauerei «U Fleků» (Zum Fleck), über dessen Eingangstor eine große, über dem Gehsteig hängende Uhr leuchtet, öffnet sich eine schmale, kleine Pforte. Ihr fehlte damals nur die rasselnde Glocke, wie man sie früher in Krämerläden fand. Hinter der Pforte stand aber wirklich eine Theke. Doch durch das Lädchen gelangte man zumeist nur in einen zweiten Raum, eine Art Büro, wo außer einem altmodischen Schreibtisch auch ein Tisch für die Gäste stand, von einigen Stühlen umgeben.

Wer wollte, konnte in dieser «Kanzlei» jederzeit Jan Goldhammer antreffen, den wir alle aber nicht anders als «Goldi» nannten. Im beiläufigen Gespräch wie auch im persönlichen Umgang mit ihm wurde er von niemandem anders «tituliert».

Der so Genannte war ein junger Mann, der heute schon fast legendäre einstige Besitzer der Weinkellereien in diesem Haus.

«Devětsil»! Damit ich dies magische und mir so liebe Wort noch einmal flüstern darf, verrate ich noch, daß das Mietshaus, in dem sich die erwähnten Räume befanden, später Vladimír Štulc, einer der ersten Mitglieder des «Devětsil», erbte.

Von früh bis spät schauten die Leute einzeln oder in kleinen Gruppen bei Goldi herein. Man plauderte, besprach etwas, trank ein Glasl Wein und ging wieder seinen Geschäften nach. Fast jeden Abend traf sich dort eine kleine Gesellschaft; es waren nicht immer dieselben, doch stets kamen dort Leute zusammen, die sich kannten, sich nahestanden und die einander etwas zu sagen hatten. So war seinerzeit auch der bekannte Schriftsteller Eduard Bass mit seinem Begleiter Ladislav Khás oft mit von der Partie. Bass schaute durch die Gläser seiner kleinen Brille, die im Vergleich mit seinem pausbäckigen Gesicht recht zierlich schien, in die Welt. Doch sein Weisheit verratender lächelnder Blick versprach uns stets gute Laune. Ziemlich oft verirrte sich auch V. V. Štech hierher.

Da ich einige der Teilnehmer dieser abendlichen Runde erwähnt habe, kann ich nicht umhin, auch die übrigen zu nennen, die hier unter uns weilten. Als ersten den treuen Stammgast Josef Cibulka und auch den Dirigenten Václav Talich. Das waren schon vier berühmte Namen des tschechischen Kulturlebens, und ihnen folgten bereitwillig und gern auch andere hierher.

Ladislav Khás lernte hier auch seine spätere Frau, die Autorennfahrerin Eliška Junková kennen. Nezval und Holan tauchten seltener auf, doch der Schriftsteller Jan Drda war häufiger Gast. Von den Malern sah man recht oft den verbindlich eleganten Weltmann Muzika, den gesprächigen Bauch und den launigen František Tichý. Aus Bildhauerkreisen kamen der unvergeßliche Karel Dvořák und zuweilen auch der nette Freund Josef Wagner, der mehr Dichter als Bildhauer war. Selten nur schneite auch die anmutige Schauspielerin Eliška Poznerová herein, die man damals zur Schönheitskönigin gewählt hatte.

Goldi war ein Mensch mit goldenem Herzen und einer offenen Hand. Seine Gäste mochte er alle gern und grübelte in einem fort darüber nach, womit er ihnen zu gegebener Zeit eine Freude bereiten könnte. Traf sich eine besonders nette Gesellschaft bei ihm, war er selig, wenn den Gästen der Wein mundete. Und er sparte nicht damit. Es waren die ersten Jahre nach dem Krieg, und es gab nicht allzu viel von dem edlen Naß.

Nach dem Umsturz im Jahre 1945 luden wir auch einige Offiziere der Roten Armee zu uns ein, darunter den Dichter E. Registan, Autor der sowjetischen Nationalhymne. Ich weiß nicht wie und woher, doch Goldi zauberte stets flüssige Juwelen von Rhein und Mosel auf den Tisch oder köstliche alte Schaumweine aus der Champagne.

Die beiden Professoren, Štech und Cibulka, waren berühmte Feinschmecker. Štech kannte sich auf den Speisekarten ganz Europas aus. Cibulka war nicht nur Experte für erlesene Speisen, sondern auch für kostbare Tropfen aus dem Weinkeller.

Wenn Štech von Italien erzählte, war es eine wahre Wonne, ihm zu lauschen. Er kannte dort jede Kirche und jede Kapelle, und mit den römischen «Santi» und heiligen Frauen war er besser vertraut als ein päpstlicher Prälat aus dem Vatikan. Er kannte ihre Gesichter und Gestalten, ob sie nun in Öl auf Leinwand gemalt, in einem Mosaik dargestellt oder in Stein gehauen waren. Und zwar von Venedig bis Neapel und hinunter nach Palermo und von dort auf ganz anderen Wegen wieder zurück. Doch er vergaß nie zu erwähnen, wo man eine gute Pizza buk. Wie die Mosaiken über einem Domportal kannte er auch die benachbarte Trattoria, in der man den besten «agnello al forno», sprich Lammbraten, servierte. Das beste Eis gab es, so schwärmte er, in Mailand, ein paar Schritte vom Dom. All das hab' ich von Štech erfahren und würde so gern im Sommer einmal vorbeischauen. Das Gedächtnis des Herrn Professors war phantastisch. Bis ins hohe Alter erinnerte er sich an alles, merkte sich alles.

Professor Cibulka kannte sich als Eingeweihter in allen Weinen aus, die auf unserem Kontinent gekeltert werden. In seinem Keller in der Prager Valentinsgasse (Valentinská) hütete er einen kleinen Vorrat von Spitzenweinen und ließ für Gäste, die er mochte, während des ganzen Krieges dann und wann ein paar ausgewählte Flaschen kredenzen. Er vergaß auch die Küche nie. Als er einmal im Auto durch Frankreich reiste, machte er in einem unbekannten provençalischen Nest vor einem kleinen Gasthof halt. Es gab dort wunderbare weiße Leberwürste und dazu Wein aus dem eigenen bescheidenen Weinberg, der sich mit dem besten Chablis messen konnte.

Von den kulinarischen Neigungen des Herrn Professors konnte sich jeder überzeugen, der das Glück hatte, von ihm einmal zum Essen eingeladen zu werden.

Am Ende des Krieges wurden einige Gäste des Professors in seinem gastlichen Speisezimmer vom Prager Mai-Aufstand überrascht. Das Mittagessen war zwar schon stark von der Kriegswirtschaft «geprägt», aber der Wein war immer noch ausgezeichnet. Doch Hunger mußten die Gäste nicht leiden, obwohl sie hier einige Tage festsaßen. Jan Drda fand damals einen alten tschechoslowakischen Stahlhelm im Haus, setzte ihn auf und meldete sich bei einem Militärposten der Widerstandskämpfer. Er wurde als «Nachtwache» vor der Stadtbibliothek postiert, und als er zum Dienst ging, steckte er eine Flasche Pommard aus des Professors Keller in die Tasche, damit ihm die Nacht nicht zu lang wurde. Der Kommandeur der Patrouille hatte aber wenig Verständnis für Drdas großen Durst; er nahm ihm die Flasche weg und goß den edlen Inhalt in die Gosse. Drda brach es fast das Herz, und lange trauerte er dem entgangenen Genuß nach.

Noch heute habe ich den Duft der feinen Speisen bei den Diners, an denen ich teilnehmen durfte, in der Nase. Leider ist das Feuer in der Küche des Herrn Professors schon längst erloschen, und Fräulein Marie, seine Köchin und Haushälterin, hat weinend den erkalteten Herd verlassen. Sie war dreißig Jahre bei ihm, obwohl sie schon nach drei Tagen im Dienst merkte, daß sie einen Fehler begangen hatte. Der Professor war nämlich ein großer Pedant. Doch das Fräulein konnte wirklich wunderbar kochen: Sie kochte duftende «Gedichte».

Der Ausspruch eines illustren Gastes ist überliefert, der die Wohnung des Professors einmal zum französischen Hoheitsgebiet erklärte; man koche dort wie in Frankreich – in besseren Tagen, meinte er.

Josef Cibulka, Professor für christliche Archäologie und Geschichte der sakralen Kunst an der Prager Karlsuniversität, einstiger Sänger an der Sixtinischen Kapelle, Domherr der Allerheiligen-Kathedrale (d. h. des St.-Veits-Doms) auf der Prager Burg, Wissenschaftler, Autor vieler bedeutender wissenschaftlicher Werke, ein Historiker, der die tschechische und böhmische Geschichte um ein Jahrhundert in die Vergangenheit zurück-«datiert» hatte, war gewiß kein Kostverächter und Trübsalbläser. Im Gegenteil! Er verstand es, von Herzen zu lachen und liebte allerlei Scherze und Streiche.

Sein Freund Karel Kopřiva, übrigens auch ein häufiger Gast bei Goldi, war oft Opfer der lustigen, aber gutmütigen Einfälle des Professors. Kopřiva hatte früher die Vertretung einer englischen Firma, die Whisky in die Tschechoslowakei lieferte, doch sein wahrer Beruf war die selbstlose Liebe zur Musik. Er besaß eine Plattensammlung von europäischem Rang, und oft trafen wir uns bei ihm zu raren Nachmittagskonzerten mit duftendem Tee mit Orangenblüten.

Als sein Freund, der Dirigent Rafael Kubelík, im «Smetana-Saal» Janáčeks Oper «Aus einem Totenhause...» konzertant aufführte, besuchte Kopřiva die Proben. In der Oper hatte Janáček, um die Musik entsprechend zu untermalen, auch das Rasseln der Ketten (der Verbannten) vorgesehen, doch bei den Proben wollte Kubelík dieser Effekt nicht gelingen. So schrieb Kopřiva scherzhaft an Kubelík, er sei ein Virtuose im «Kettenrasseln» und biete ihm seine Dienste an.

Doch mit diesem Brief hätte Kopřiva bei Goldi nicht prahlen sollen.

Der Professor organisierte sogleich eine umfangreiche Sammlung diverser Ketten, die gemeinsame Bekannte dann dem lieben Kopřiva brachten oder schickten. Es waren schwere Ketten dabei, mit denen man Leute fesselt oder Vieh zur Schlachtbank führt, daneben aber auch Uhrketten und filigrane Kettchen, an denen Kinder niedliche Anhänger tragen. Auch die bekannten Ketten polizeilicher Handschellen sowie Papier- und «Busserl»-Ketten für den Weihnachtsbaum konnte man in dieser kuriosen Sammlung finden. Der Professor ruhte und rastete nicht, bevor er alle Möglichkeiten ausgeschöpft hatte; er bedauerte nur, daß man im Tschechischen «ein Kranz Knackwürste» und nicht «eine Kette Knackwürste» sagt, das wäre einerseits viel treffender und zum anderen hätte dann eine «Würstel-Kette» das triumphale Glanzlicht dieser Sammlung sein können.

Was Kopřiva mit den Ketten anfing, weiß ich nicht. Wie ich ihn kannte, war er kein Spaßverderber. Wohin sind sie nur entschwunden, die sorglosen, heiteren Tage, als wir Zeit und Muße hatten für solche Scherze und Schelmenstückchen? Ein Lächeln stand Cibulka gut zu Gesicht!

Eines Freitags besuchte Professor Cibulka in Aussig an der Adler (Ústi nad Orlící), wo er geboren war und oft weilte, seinen teuren Freund, den Architekten S. Beide waren katholisch. Die katholische Kirche achtet bekanntlich streng darauf, daß die Fastentage eingehalten werden, doch sie gestattet auch gewisse Erleichterungen. So brauchen zum Beispiel Pilger auf Reisen, Kranke oder Schwerarbeiter die Fastenvorschriften nicht einzuhalten. Cibulka nahm seinen Freund beim Arm und lotste ihn zum Bahnhof, wo sie den nächsten Zug bestiegen. Sie fuhren nicht weiter als bis Böhmisch Trübau (Česká Třebová), und Cibulka führte seinen Freund in das Bahnhofsrestaurant. Er bestellte Grill-Koteletts und verkündete vor seinem Teller sitzend: Peregrinus sumus – wir sind ja Pilger.

Doch, bitte, urteilt über den Herrn Professor, den Erfinder dieser und anderer naiver Stückchen, nicht allzu streng. Er war ein reizender Mensch, in jeder Hinsicht. Jeden Sonntag eilten seine Freunde und Bekannten, ob gläubig oder nicht, zur gesungenen Vormittagsmesse in die Kreuzherren-Kirche, wo seine herrliche Stimme durch die Wölkchen des Weihrauchs drang, und wo er, der den Gregorianischen Choral mit der feinen Eleganz römischer Kirchenfürsten so vollendet sang, sein heiliges Amt versah.

Dann hielt er die ganze Woche Vorlesungen und arbeitete an seinen Büchern über die St.-Georgs-Basilika auf dem Hradschin, die Kronjuwelen des Königreichs Böhmen und über Kyril und Methodius, die Slawenapostel aus Saloniki, und ihre lange Reise ins Böhmerland.

Bei einem meiner Besuche in der Valentinsgasse, ich war gerade dabei, mich in der Diele wieder anzuziehen, bemerkte ich, daß meine Aktentasche auffallend schwer geworden war. Ich dachte, es handle sich wohl wieder um einen kleinen Scherz und wollte dem Professor die Freude nicht verderben.

Der Scherz war ihm wirklich gelungen. Er hatte mir heimlich eine Flasche wunderbaren «Clos-Vougeot» in die Tasche geschmuggelt, den wir beim Mittagessen getrunken und den ich in den Himmel gelobt hatte. Und wenn ich schon verraten muß, was wir zu dem Wein aßen, ich will's gestehen. Wir speisten Rehrücken mit Preiselbeerkörbchen. Burgunder trank der Professor besonders gern, und mein Freund Goldi erwies ihm die höchsten Ehren. Vor allem dem Wein von der «Côte d'or», den auch der Dichter Joris-Karl Huysman pries. Doch dieser Herr interessiert uns heute nicht mehr besonders.

Zu Hause angekommen, hob ich mir die Flasche auf. Es tat mir zu leid, sie aufzumachen. Bald danach verschlimmerte sich das Leiden des Professors, das er lange zu verheimlichen suchte, und er mußte das Bett hüten. Aus war es nun mit den reizenden Diners und Soupers an seiner gastfreien Tafel. Bald darauf starb unser unermüdlicher und so freundlicher Gastgeber. Auch nach seinem Tod konnte mich die Flasche nicht verführen. Fiel mein Blick auf sie, streichelte ich sie zärtlich, gedachte des trefflichen Mannes und wartete geduldig auf einen geeigneten festlichen Anlaß.

Er ergab sich bald. Der Kunsthistoriker Jan Tomeš, Cibulkas Schüler und junger Freund, besuchte mich. Er wußte viel über seinen Lehrer und verstand es, witzig und amüsant zu erzählen.

Die Professoren V. V. Štech und Josef Cibulka unternahmen mit ihren Studenten gerne Studienreisen. Der eine durch Italien und der andere durch Frankreich und Westeuropa. Jan Tomeš war mit Cibulka auch auf dem alten Weingut Château Clos de

Vougeot gewesen, ja sogar an dem Tag, als man den Professor dort zum Ritter schlug. Die Zeremonie spielte sich in dem alten Schloß-Weinkeller aus dem XII. Jahrhundert ab, wo ihm der Titel «Chevalier du tastevin» verliehen wurde.

Statt mit dem traditionellen Schwert wurde er mit einer alten Rebwurzel zum Ritter «promoviert» und nahm als Symbol seiner Würde eine Silberschale mit, aus der man Wein kostet. Bei dieser Gelegenheit hielt er eine brillante Rede über die Geschichte seiner böhmischen Heimat und ihr Verhältnis zu Frankreich.

Eine entzückende Geschichte wußte Tomeš über einen Ausflug nach Znaim zu erzählen.

In der dortigen St.-Niklaus-Kirche wird auf dem Altar im rechten Seitenschiff eine Marien-Statue aufbewahrt. Von dieser Statue wußte Professor Cibulka zwar, doch hatte er sie noch nie in den Händen gehalten. Als er und seine «Jünger» zu dem Altar kamen, schlug er die Decke von der Mensa zurück, damit er auf den Altar-Tisch steigen konnte. Zu dieser Zeremonie ließ er niemand zu. Er öffnete das gläserne Tabernakel, in dem die Statue steht, hob sie heraus und trug sie zu seinen Schülern hinunter. Wie das «Prager Jesuskind» (Pražské jezulátko) war auch die «Jungfrau Maria» in ein prächtiges Gewand gehüllt. Doch der Herr Professor schob seine Hand unter das Röckchen Unserer Lieben Frau und erklärte siegesbewußt lächelnd: «Sie ist gotisch!»

Als er sie dann entkleidete, zeigte sich, daß er recht hatte.

Ich schenkte den roten Burgunder aus des Professors Keller ein, und wir stießen auf sein Andenken an.

Wenn V. V. Štech auch die moderne Kunst ablehnte und sie nicht mochte – er erkannte nicht einmal seine Zeitgenossen Zrzavý und Karel Čapek an –, so konnte man ihm kaum nachsagen, er hätte sich auch in der alten Kunst nicht ausgekannt. Seine Skepsis begann bei den Impressionisten, von denen er behauptete, sie hätten die Gesetze der Kunst ins Wanken gebracht. Eine umfassende Monographie aus seiner Feder über Rembrandt ist aber ausgezeichnet. Sie erschien noch vor seinem Tod. Die modernen Künstler liebten ihn nicht. Als Otto Gutfreund sein Bildnis Štechs ausstellte, bemerkte der selige Pacovský, Redakteur des «Veraikon», vor der Statue: «Štech wie er leibt und lebt! Es fehlt nur, daß er eine Dummheit sagt.» Doch die Gespräche mit ihm waren – trotz oft unterschiedlicher Meinungen – stets interessant. Er liebte Prag aufrichtig und von Herzen. Das brachte mich ihm näher. Er verstand es, mit Inbrunst stundenlang von Prag zu erzählen.

Bei diesen Abenden wurde so manche Flasche Wein geleert. Mir schien, je mehr wir tranken, desto diensteifriger zauberte Goldi neue Flaschen herbei und desto zufriedener wurde er. Noch nach dreißig Jahren sagte er mir, er hätte sein Geld nicht besser anlegen können. So hoch hält er diese Erinnerung.

Den Professor Cibulka mochte ich wirklich gern und verehrte ihn. Talich aber liebte ich. Es war faszinierend, wenn er über Musik sprach. Er verstand es, die Menschen hinzureißen. Als er, damals Opernchef des Nationaltheaters, «Pelléas und Mélisande» einstudierte, begleitete ich ihn oft zum Korrepetieren. Schade, daß diese herrliche Oper dann nicht mehr auf die Prager Bühne kam. Talich mußte das Nationaltheater plötzlich verlassen. Zu jener Zeit feierte auch Talichs «Tschechisches Kammer-Orchester», das durchwegs aus jungen Leuten bestand, seine ersten Erfolge. Einmal, wir saßen gerade bei Goldi, nahm mich Talich beiseite und überredete mich, für das junge Orchester ein paar Strophen zu schreiben, die man zu Mozarts Bläserserenade in D-Dur rezitieren könnte. Diese Serenade ist nämlich für die heutigen Künstler äußerst schwierig. Zu Mozarts Zeiten wurde sie bei Gastmählern gespielt und zwar mit den Pausen, wie sie zwischen den einzelnen Gängen des Diners oder Soupers erforderlich waren. Heute muß man sie in einem «Durchgang» spielen, und das ist für die Blasmusiker sehr schwer – es geht ihnen die «Puste» aus. Die Verse sollten also die notwendigen Pausen füllen. Ich sagte zu und dichtete dann einen Zyklus von 13 Rondeaux «Mozart in Prag». Als Talich die Verse gelesen hatte, war er zufrieden. Es war just das, was er brauchte. Dann schaute er mich fragend an:

«Hör mal, mir scheint, bei diesem Mozart war nicht alles so idyllisch, wie du's in deinen Versen schilderst. Der geniale Bursche muß wohl von Leidenschaften besessen gewesen sein, von denen wir heute nichts mehr ahnen und die Hand in Hand mit seiner schöpferischen Eruption sein frühes Ende beschleunigten!»

Talich erzählte gern eine Anekdote über den Komponisten Josef Suk: Suk sitzt in der Weinstube und plaudert über Mozart. «Wenn jetzt die Tür aufginge und Beethoven einträte, würde ich ihm ‹schönen guten Tag› sagen und ihn an meinen Tisch bitten, und wir würden über Musik plaudern. Käme aber Mozart herein, ich fiele unter den Tisch.»

Mozarts «Serenade in D-Dur» hat Talich nicht mehr dirigiert. Auch kein anderer. Er begann zu kränkeln, und ohne seinen Chef fiel das Orchester schnell auseinander. Bald darauf zog sich Talich in seine Villa in Brdotky bei Beraun (Beroun) zurück, und in Prag sah man ihn nur noch selten. Sein Platz bei Goldi blieb leer, nur von Zeit zu Zeit hörten wir aus Beraun beunruhigende Neuigkeiten. Mit Freunden besuchte ich ihn dort einige Male. Doch er war ein ganz anderer geworden. Einmal erzählte er uns, er wäre im Garten einem Bären begegnet. Allmählich schritt Talich seinem düsteren Ende entgegen. Die Musik war für ihn gestorben. Es war unsäglich trostlos.

An Talichs Worte über Mozarts Tod mußte ich denken, als in den «Hudební rozhledy» (Musikalische Rundschau) ein längerer Aufsatz über Mozarts Ende erschien. Es waren weder die Frauen noch der Alkohol, die Mozarts Leben und seinen zarten Leib verbrannten. Dieser geniale junge Mensch war ein unverbesserlicher Glücksspieler. Er spielte Billard um Geld und war beim Kartenspiel ein Hasardeur. Beides spielte er schlecht. In einem Artikel voll überzeugender Indizien schildert der Autor Uwe Kraemer Mozarts heimliche Leidenschaft. Mozart hinterließ gewaltige Schulden. Der Autor schätzt sie nach heutigem Geld auf 80 000 Deutsche Mark. Auf dem Schwarzmarkt soll die Mark bei uns in Prag für 15 Kronen gehandelt werden. Nein, die Weiber waren es nicht. Vladislav

Vančura sagte immer: Es gibt größere Leidenschaften in der Welt als die Liebe!

Die großen Fässer aus Goldhammers Keller hat man schon längst auseinandergenommen und weggeschafft und die Kellergewölbe in Magazine umgewandelt. Vermutlich rochen die Mauern dort noch lange nach Wein. Wie wenn man aus einer alten Kirche ein Lagerhaus macht. Seine Mauern sind von Weihrauch und Gebeten durchtränkt.

Unlängst kam Goldi zu mir und brachte mir das «Poesiealbum», das Gästebuch aus der Kremenz-Gasse. Natürlich war es stellenweise mit Wein befleckt. Neben erotischen Strophen Vitězslav Nezvals las man dort polemische Verse von Jan Drda und ein paar Seiten weiter Holans Ausruf:

«Poesiealben! Hol sie der Teufel!
Doch er holt sie nicht!»

Und dann: jeder Name – Grab und Erinnerung, und bei jedem dieser Namen klingt leise das Glas: Bass, Talich, Cibulka, Nezval, Štech, Muzika, Konrád und viele andere. Freunde, die die Woge der überstürzt und unaufhaltsam flutenden Zeit davontrug. Ein Glück, daß die Namen hier stehenbleiben und nicht schweigen.

Unlängst fuhr ich abends vom Künstlerhaus «Mánes» heim und warf einen Blick in die leere Kremenz-Gasse. Abends war's. Die große Uhr «U Fleků» leuchtete matt und triefend durch die fallenden Schneeflocken und glich dem Mond, der in der alten, denkwürdigen Straße abgestürzt war.

Zeit der Lieder

Ich glaube oder, ehrlicher gesagt, vermute es eigentlich nur: Was man allgemein Poesie nennt, ist ein einziges großes Geheimnis, von dessen Schleier nur der Dichter – und zwar ein jeder – einen größeren oder kleineren Zipfel zu lüften vermag. Dann legt er die Feder aus der Hand oder deckt seine Schreibmaschine zu, sinniert und stirbt zur Abendstunde. So wie Nezval.

Ich war erst elf, da kam meine Mutter ganz aufgelöst vom Begräbnis des berühmten Dichters Jaroslav Vrchlický heim. Sie war in heller Aufregung, und ihr Kleid war arg zerrissen. Sie hatte sich zwar durch die Pforte am Eingang der Wyschehrader Kathedrale auf den Friedhof zwängen können und dann versucht, bis zur Freitreppe des «Slavín» zu gelangen, um «den Sarg zu sehen und den Redner zu hören». Die Leute, die sich mit ihr auf den Kirchhof gedrängt hatten, füllten aber bald die schon von Menschen wimmelnden Wege und Pfade zwischen den Gräbern und stießen meine Mutter zu Boden. Sie fiel mit dem Gesicht auf ein Grab, das neben dem des Dichters Václav Bolemír Nebeský stand.

Wehe, es war das künftige Grab Vítězslav Nezvals.

Auch für mich, der ich daheim auf meine Mutter wartete, war dies ein ungewöhnliches Ereignis und ein erschütterndes Erlebnis zugleich. Der Name Jaroslav Vrchlický ging mir nicht aus dem Sinn. In der Erregung meiner Mutter und ihrem Unfall lag etwas dunkel Wundersames.

Vrchlický! Seine Lieder waren wahrlich etwas ganz andres als jene, die ich mir anhören mußte, wenn die Nachbarinnen auf der Pawlatsche Wäsche wuschen und dabei aus voller Kehle sangen.

Zu jener Zeit fragte man mich einmal, was ich denn werden wolle. Ich entgegnete: ein Dichter. Meine Mutter, die das mitangehört hatte, seufzte nur: «Um Gottes willen!»

Meine Bekannten versicherten mir dann eifrig: «Das ist doch zu nichts nütze, mein Junge. Heute liest man keine Gedichte mehr. Denk lieber an etwas Praktisches.» Aber ich wollte an nichts Praktisches denken.

Was habe ich aus jenen Jahren mitgenommen ins Leben, aus den Tagen der Kindheit und meiner frühen Jugend, die ich auf der Pawlatsche unseres Hauses und in dunklen Winkeln auf der

Gasse verbrachte, in die der silberne Strahl des Sprengwagens nicht mehr reichte?

Nur Heimweh, Sehnsucht und das Verlangen nach Einsamkeit, aber auch die Freude, unter Menschen zu sein, Wißbegier, Geselligkeit, auch einen gewissen Leichtsinn, der weiterhilft, wenn's einem dreckig geht. Und eine kleine, alte geborstene Flöte, ein Erbstück vom Vater meines Papas, den ich nur einmal im Leben gesehen hatte. Den Riß in ihrem Korpus verklebte ich mit zerkneteten Brotkrumen. Ja, ja, damals wurden Flöten noch aus Holz geschnitzt.

«Na, behalt' sie nur», lächelte meine Mutter, «und wenn's eine Zauberflöte ist?» Es war keine Zauberflöte. Ich lernte nie, sie zu spielen und bemühte mich auch nicht darum.

Von meinem Großvater väterlicherseits wurde bei uns nur selten gesprochen. «Dein Großpapa war ein braver und lustiger Mann. Manchmal war er zu fidel«, pflegte meine Mutter zu sagen.

Kaum hatte ich begonnen, die Schulbank zu drücken, da fragte man mich schon, was ich denn einmal werden wolle. «Dichter», sagte ich fest, und jemand fing an, schallend zu lachen. In der Schule lasen wir Gaius Julius Caesar und später Vergil, doch die Zeit der Lieder war noch fern.

Ich muß aber gestehen: Die Jahreszeiger auf dem Turm des Observatoriums am Klementinum drehten sich recht hurtig.

Doch eines Tages! Mir schien, als wär' die Zeit stehengeblieben. Plötzlich war alles um mich her von Musik, Liedern, Freude erfüllt. Es war herrlich und berauschend. Ich erinnere mich gern daran.

Wenn František Halas die Worte seiner Verse «zusammenschnürte» und «preßte», um ihnen gleichsam den Hals umzudrehen, damit sie mehr hergaben, als auf den ersten Blick und auf das erste Zuhören hin in ihnen verborgen war, so war's bei mir gerade umgekehrt. Die Worte, die mir zuflogen, vom Wind durchs offene Fenster geweht, trug ich behutsam in meinen beiden Händen, um den jungfräulichen Blütenstaub des Frühlings von ihnen nicht abzustreifen.

Wahrlich, es war eine wunderschöne Zeit!

Doch ihr seid gewiß neugierig zu erfahren, wer damals der beste Dichter unter uns war. Ich verrate es gleich: Vladimír Holan, der schwarze Engel.

Wäre Vladimír Holan – dies sei hinzugefügt – ein Seeoffizier in schmucker weißer Paradeuniform auf einem weißen Adriaschiff mit Kurs auf Split gewesen, so hätten die schönen Damen, die am Kai promenierten, mit ihren Ferngläsern schon von weitem nach ihm Ausschau gehalten.

Kaum aber hatte Halas einige seiner herrlichen Gedichte geschrieben, von denen wir zu Recht annehmen, daß sie unser Land damals bewegten, brach der größte Krieg der Weltgeschichte aus. Die Dichter konnten dazu nicht schweigen.

Die Zeit ist keine gute Seele. Die Jahre schleppten sich dahin. Wenn's schlimm steht, eilt die Zeit nicht, mögen wir nur all ihr Grauen bis zur Neige auskosten. Sie läßt uns nur langsam vergessen, und noch langsamer heilt sie unsere Wunden – die Narben verschwinden nie.

In der zweiten Hälfte des Krieges gab ich ein schmales Bändchen mit meinen Gedichten heraus und nannte es «Kamenný most» (Die Steinerne Brücke*).

Halas las das Buch und sagte düster zu mir:

«Es ist hübsch, es gefällt mir, doch ich denke, heute sollten Verse nicht so süß und lockend klingen. In der heutigen Zeit muß die Poesie brausen wie der Herbststurm, kläffen wie eine von der Kette gelassene Hundemeute und kreischen wie ein Raubvogel.»

Er hatte wohl recht.

Doch ich konnte das nicht!

Ich liebe Mozart und wollte glauben, das Lied der Zauberflöte könne die Tore der Weisheit öffnen.

Was ist wohl aus meinem alten Flötlein geworden!

Die Tore zum Tempel der Weisheit waren bei uns in Böhmen nicht nur geschlossen: Sie lagen in Trümmern, und wohin man

---

* Anm. d. Übers.: alte Bezeichnung für die Prager «Karlsbrücke»

auch blickte, überall wehten die Fahnen mit dem Hexerkreuz. Wer hört deine Kantilene, oh Königin der Nacht?

Doch die Zeit kam wieder, da zählten die Jahre – die wir sorglos genossen – sich selbst, denn wir zählten die Tage nicht mehr und waren glücklich.

Bald nach dem Krieg schied der kranke Halas aus dieser Welt. Schon als er im Krankenhaus lag, hörte man die Meinung, er wehre sich nicht gegen den Tod, er wolle lieber sterben. Ich weiß – es stimmt nicht! Er wollte nicht sterben. Er klammerte sich ans Leben wie eine Biene an einen abgebrochenen Blütenzweig, mit dem sie ins Wasser gestürzt ist. Er hatte sein Kreuz mit dem Leben, doch er war einer von denen, die dem Tod die Stirn bieten und die – im Gegenteil – wenn sie älter werden, all ihre menschlichen Energien mobilisieren, den Leib aus der Ermattung und die Seele aus der Ohnmacht aufzurütteln. Halas war nicht alt – er war nur müde. Kurz vor seinem Tod erwähnte er mir gegenüber, er wolle sich einen neuen Anzug nähen lassen und bat seine Frau, sie solle seinen Wintermantel zur Reinigung geben. Wahrlich, Halas hat nicht ans Sterben gedacht. Wir alle trauerten um ihn. Leb wohl, mein alter Freund!

Ein paar Jahre nach Halas schied auch seine ephebenhaft anmutige und elegante Frau aus dem Leben. Wir mochten es kaum glauben! Heute liegen beide Seite an Seite und halten sich an den Händen.

Als ich dann eines schönen Frühlingstages die Flagge unserer Republik aus dem Dachfenster hängte, warf ich unwillkürlich eine verstaubte Hutschachtel zu Boden, die auf einem Balken unter den Dachziegeln geschlummert hatte. Sie war voll! Ich war neugierig, der schmale Riemen über ihrem Deckel war locker geschnürt, so machte ich die Schachtel auf. Mein Gott, was war nicht alles drin!

Schleifen und Schleifchen, mit verblichenem goldenem Flitter besetzt, diverse Kunstblumen, eine rosa Maske mit fein geklöppelter Spitze. Beim Anblick des vom Alter brüchig gewordenen, wertlosen Tands erinnerte ich mich an ein paar

Stunden närrischen Glücks, und mein Herz erbebte. Dann fand ich noch «Tanzordnungen», eine gebrochene Straußenfeder, ein Bündel Briefe und Fotos mit einem Flittergoldband verschnürt sowie ein paar Flakons von bizarrer Form, die noch immer nicht all ihre Düfte verströmt hatten.

Vom Grund der Schachtel angelte ich schließlich auch mein altes Flötlein hervor, das so lange stumm gewesen war. Es war schon so ausgedörrt, daß es nicht mehr wog als ein Händchen voll Vogeldaunen. Zwölf Federlein oder ein paar mehr!

Am Boden der Schachtel kullerten, aufgescheuchten Küken gleichend, rote Korallen umher, deren Kette offenbar gerissen war, und unter ihnen lag auch ein kleines vergilbtes Foto. Eilig griff ich danach. Es zeigte František Halas als Abc-Schützen, wie er gerade anfing, zur Schule zu gehen.

Der wunderbare «Plawajs»

Eines Tages, die ersten Vorbereitungen für eine monumentale Monographie über sein Werk waren schon im Gange, besuchten ich und Vítězslav Nezval den Maler Ludvík Kuba in seinem Atelier. Nezval sollte ein Vorwort zu der Kuba-Monographie schreiben, und ich versprach, meine Verse beizusteuern. Ludvík Kuba war damals schon ein hochbetagter Herr, doch immer noch bewundernswert vif und agil – vergessen wir nicht hinzuzufügen – auch sehr charmant. Ein Vergnügen mit ihm zu plaudern. Er war witzig, geistreich, ein heiterer Optimist. In seinem Atelier erwarteten uns viele Überraschungen. Zu allererst waren da freilich seine neuen Bilder, in strahlenden Farben und von unbezwingbarem und nie versiegendem malerischem Schwung. Er malte immer besser, je älter er wurde! Nie «schmutzige Wäsche», wie man damals die uninteressanten und faden Bilder fader und uninteressanter Maler nannte. Kubas Bilder attackierten den Betrachter heftig und voller

Leidenschaft. Seine Art der Malerei war zu jener Zeit zwar nicht mehr modern. Dank ihrem Schöpfer jedoch hat Kubas Kunst glücklich seine Zeit überdauert. Sie wirkte und bestach durch die Frische ihrer Farben, wie die hervorragendsten Werke der Impressionisten, und durch die Qualität seiner Arbeit. Kuba war auch ein Kunstsammler von großer Kennerschaft. In seinem Atelier gab es Sammlungen kostbarer und seltener Kunstgegenstände vor allem aus China sowie mehrere Kopien antiker Statuen. In einer Ecke am Fenster stand eine überlebensgroße Venus-Büste. Als Nezval sie damals betrachtete, zupfte ihn der alte Kuba am Ärmel und raunte ihm laut ins Ohr:

«Sie brauchen's nicht weiterzuerzählen, wie Sie sehen, bin ich der erste Sterbliche, der die Venus in die Ecke gestellt hat.»

Schließlich ließen wir uns an einem an die Wand geschobenen Tisch nieder, über dem ein neues Selbstbildnis Kubas hing. Lange standen Nezval und ich fasziniert vor dem Bild; schließlich riß der Meister uns lächelnd aus unseren Gedanken.

«Sie betrachten mein neues Porträt, da muß ich Ihnen eine kleine Geschichte erzählen, die unlängst vor diesem Bild passierte. Ein mit meiner Frau befreundetes Mädchen besuchte uns. Sie ist übrigens recht hübsch. Lange schaute sie auf das Bild, dann fragte sie mich arglos, doch voll unverhüllter Neugier, warum ich denn eigentlich – und schon zum wievielten Male – mich selber porträtiere. Vermutlich dachte sie, was ist an dem «Jubelgreis» denn schon so Schönes dran! Ich gestand ihr, daß ich mich aus Bosheit gegen mich selber male, aus Schadenfreude. Doch ich merkte gleich, sie verstand keinen Spaß, und so fuhr ich fort und meinte, ich wolle ihr die Wahrheit beichten. Schaun Sie, mein Fräulein, das ist so: Manchmal kommt das bestellte Modell nicht, und ich hab weder Zeit noch Lust, mir ein anderes zu suchen. So spazier ich am Spiegel vorbei, schau hinein und sage mir, da schau her, ein Modell! Und, oh Wunder, genau so eines wie ich es gerade brauche. Ich postiere es vor die Staffelei, klappe den Malkasten auf und bitte das Modell zu lächeln. Es folgt mir aufs Wort und tut alles, was ich von ihm verlange. Ein paar Mal stell ich es um, bis ich die passende Pose gefunden hab. Das Modell ist geduldig und willig. Ich sag zu ihm: Bist du so nett und nimmst für eine Weile deine Pfeife aus dem Maul... Gleich legt's die Pfeife folgsam auf den Tisch und harrt meiner weiteren Befehle. Dann geb ich ihm noch den Rat, es soll nicht so dumm aus der Wäsche gucken! Es ist kein bißchen beleidigt und schaut auf der Stelle so weise drein wie der Buddha da drüben. Ich lobe es und mach mich mit Lust und Wonne an die Arbeit. Und das Modell hält das Modellstehen so lange aus, bis ich selber müde bin.»

Darauf kramte der Maler in seiner Hosentasche und holte eine ganz gewöhnliche, eines Malers gar nicht würdige Schlemmkreide hervor, im Volksmund «Plawajs» geheißen, und eh wir uns versahen, zeichnete er auf eine Papierserviette vor unseren Augen sein Selbstporträt. Er skizzierte es mit wenigen Strichen, doch das Bild war nicht nur witzig, sondern ihm auch frappierend ähnlich. – Ja, es war eine genaue Darstellung seiner selbst, seines Charakterkopfes mit der Mütze auf dem Scheitel, der Pfeife zwischen den Zähnen und einem Lächeln auf den Lippen. Schade, daß der Maler die Serviette gleich zerknüllte und in den Papierkorb warf.

«Ja», fuhr er fort, «daß ich nicht vergesse, euch zu erzählen, wie mein Gespräch mit dem schönen Fräulein endete. Zum Schluß verriet ich ihr noch, die Arbeit am Selbstbildnis sei auch sehr wohlfeil. Das Modell verlange kein Honorar. Es stehe mir ohne Entgelt. Das sei zu einer Zeit, da sich Bilder schlecht verkaufen, auch nicht zu verachten. Einen Nachteil habe es aber doch. Ein Gesicht zu malen ist nicht gerade leicht. Doch dazu sind die Maler ja da. Ich spuck einfach in die Hände und mach mich ans Werk.

Zu diesem geistreichen Exkurs fügte ich für das Fräulein noch ein kleines Erlebnis hinzu, das übrigens mein Selbstbildnis auch ein wenig erläutert.

Neulich klopfte eine Nachbarin bei uns an, um sich eine Prise Safran für die Rinderbrühe zu borgen. Zufällig stand die

Tür zu meinem Atelier halb offen, und die Dame erblickte mein Stilleben mit einer Schüssel Buchteln – in Bayern nennt man sie Rohrnudeln – auf der Staffelei. Überrascht wandte sie sich an meine Frau: Ihr Ofen backt wirklich wunderbar, Frau Kuba! Oh, nein – erwiderte meine Frau, mein «alter Ofen» malt nur so schön!»*

Es waren noch nicht halb so viele Tage vergangen, wie der Frühling alljährlich braucht, um den Mai erblühen zu lassen, da läutete bei mir in der Redaktion das verstaubte Telefon. Die Sonne schien mir gerade auf den Tisch, und der Staub flirrte in ihren Strahlen. Der Rundfunk rief an, die literarische Redaktion. Man habe eine «halbe Stunde» meiner Frühlingsgedichte aufs Programm gesetzt. Eduard Kohout und Vlasta Fabiánová würden sie vortragen. Dann bat man mich, ich möge so gut sein und für diese Sendung ein paar Zeilen über mich schreiben – so etwas wie ein mit wenigen Strichen skizziertes Selbstbildnis. Die Einführung solle nicht länger dauern als fünf Minuten. Oder besser noch: vier. Eduard Kohout war mein Freund und Vlasta Fabiánová eine Erscheinung von verführerischer Schönheit. Beide Namen waren mir sehr angenehm, so sagte ich ohne langes Zögern zu.

Das hätte ich nicht tun sollen, es war wirklich unüberlegt von mir. Ich empfand es immer als äußerst peinlich, über mich selbst zu sprechen. Jeder Satz, ja auch jedes Wort, das mir einfiel, klang entweder banal – oder war falsch. Oder unwahr – oder angeberisch. Ging's die Zuhörer etwas an, was ich von mir dachte. Dafür sind ja die Kritiker da und die Leser selbst, die sollen sich ein Urteil über den Autor bilden. So versuchte ich, den Leuten vom Rundfunk die Sache auszureden. Doch es war zu spät, das Programm war schon im Druck.

Da kam mir der Maler Kuba und sein Wunder-«Plawajs» in den Sinn. Seine Art, die Dinge zu sehen und seine wunderbare

---

* Anm. d. Übers.: Kaum übersetzbares Wortspiel. Trouba heißt nämlich tschechisch sowohl «Backofen» als auch «Trottel, Tölpel, Schafskopf».

Zeichenkunst. Wie ihm ein paar Striche genügten – und jeder ihn erkennen mußte. So hatte ich noch nie über mein «Bildnis» nachgedacht. Ich ging im Zimmer auf und ab, paffte eine Zigarette nach der andern, doch etwas Gescheites oder Geeignetes wollte mir nicht einfallen. Hin und wieder schielte ich in den Spiegel und starrte mich selber düster an. Wenn ich zur Feder griff, sank meine Hand «unter ihrer Last» gleich wieder auf den Tisch. Nein, ich brachte nichts hervor. Rein gar nichts.

Ich trat schließlich im Rundfunk auf, doch in meinem Vortrag versuchte ich alles zu umgehen, was an ein «Eigenbild» hätte erinnern können. Ich war überzeugt, ich täte es aus Bescheidenheit. Doch es war so, weil ich den «Wunder-Plawajs» eben nicht im Kopf hatte, den der Maler Kuba in seiner Westentasche trug.

Etwa ein halbes Jahr später, an einem wolkenverhangenen, schneeschwangeren Morgen: Nach einer durchwachten Nacht mit Freunden, die uns in heißen Debatten über Dichtkunst und Dichter wie verflogen war, kam ich heim. Ich war schon recht müde. Auf der Haustreppe glitt ich aus auf dem vereisten, an meinen Stiefeln klebenden Schnee, fiel mit dem Gesicht gegen das schmiedeeiserne Geländer und verletzte mich an einer vergoldeten Rosette im Gesicht. Meine Frau, das Kind auf dem Arm, machte mir auf. Bedauernswert stand ich an der Schwelle meines Heimes und hielt mir den Hut unters Kinn, in den das mir aus dem Gesicht rinnende Blut troff. Erlaubt mir, hier nicht zu wiederholen, was für eine Standpauke ich mir anhören mußte. Mein Weib hatte freilich recht. An jenem Tag war zufällig auch meine Mama bei uns; sie hatte die ganze Nacht auf mich gewartet.

Nun regte sich aber ihr Mutterherz:

«Marieli, Sie gönnt ihm auch gar nichts!»

Wegen dieser rührenden Stimme des Mutterherzens, ebenso lieb wie unbegreiflich, schreib ich dies aber nicht. Als ich mich hingelegt hatte, kam meine Mutter herein, setzte sich zu mir auf die Bettkante, und ich mußte ihr alles erzählen, ein Geständnis ablegen und beichten und sogar meine Freunde «denunzieren», mit denen ich gebummelt hatte. Es war nicht schwer zu erraten, wer sie waren. Den Halas kannte sie ja. Damals sagte meine Mama in ihrem glockenreinen Pragerisch zu mir:

«Wein und Gedichtchen, das ist dein ein und alles. Jeder kann dich um den Finger wickeln und dich wie an einer «gekochten Nudel» hinter sich herziehn. Das sieht dir ähnlich, das bist «ganz *du*!»

Ich spitzte die Ohren.

Na also! Da schau her!

Ein Stoßgebet im Louvre

Schon seit grauer Vorzeit, als unbekannte Künstler die Höhle von Altamira und andere berühmte Höhlen Frankreichs mit ihren «Gemälden» schmückten, sind die Menschen bestrebt, die kahlen Wände ihrer Behausungen durch anmutige Bilder zu verschönern. Zwischen kahlen Wänden lebt es sich offensichtlich nicht sehr angenehm. Wie die Höhlenbewohner einst die rauhen Felsen mit Bildern bemalten, so hängten später die römischen Patrizier und reichen Adligen, aber auch die Wohlhabenden des Mittelalters und die Herren der Schlösser an der Loire sich in ihren Residenzen Bilder an die Wand, ganz nach dem Stil und der Mode, die jeweils vorherrschten und den guten Geschmack bestimmten. Auch unsere Dorfkaten hingen voll mit Hinterglasmalereien, und die Salons der Bürger sind ohne alle möglichen «Schinken» nicht denkbar, wiewohl auch manches Meisterwerk darunter ist.

Dann erschien Karel Teige und erklärte zuerst, Bilder seien überhaupt Unsinn. Später milderte er seine «puristische» Attitüde und räumte ein, man könne Bilder ja in den Galerien ausstellen, doch es genüge, wenn man sie als Farbdrucke in Kunstbüchern im Haus habe. Er selbst hatte nicht einmal Gardinen in seiner Wohnung, die «verwarf» er ebenfalls, die kahlen Wände seiner Behausung schmückte nur das Rohr eines Ventilators, dessen notwendige Selbstverständlichkeit er durch eine andere Farbe als die der Wand betonte. Er hatte es *rot* gestrichen! Ich muß aber gestehen, daß es mir in seiner derart dekorierten Wohnung nicht mehr so gefiel wie früher, als dort noch eine wunderbare Kohlezeichnung von Jan Zrzavý und Teiges Bildnis, ein Werk des Malers Šíma, an der Wand hing.

Doch mir scheint, ich muß die Geschichte «vom anderen Ende» her beginnen!

Der Erste Weltkrieg wütete schon im dritten Jahr, und die Zeiten ließen sich kaum ertragen. Das Brot war kein Brot mehr und die Hoffnung keine Hoffnung. Schnitten wir daheim einen kleinen Laib an, rieselte ein Häuflein bitterer Maiskrumen auf den Tisch. Und wie stand es um die Hoffnung? Man sagt, sie sei von Gott. Dann gebt sie ihm doch einfach zurück!

Ich weiß nicht, was aus der Hoffnung geworden ist. Vermutlich war nur noch Verzweiflung von ihr übrig. Auf den endlosen Transporten froren die schlecht versorgten Wunden der Invaliden wie die vergebens ausgestreckten Hände der Bettler. Wir alle waren ja Bettler in den langen Schlangen vor herzlos geschlossenen Läden. Alle aus unserer Familie lösten einander ab in den Schlangen, und immer stand jemand von uns an und wartete auf Brot, auf Mehl, auf Fleisch oder auf Zigaretten. Noch im März fror es, und vor den kleinen Kohlenläden warteten gebeugt und fest in ihre Mäntel gehüllt frierende Menschen auf die lange versprochene Kohle. Doch sie warteten vergebens. Nach längerer Zeit merkten sie – die Läden würden noch lange leer bleiben. Wäre es möglich gewesen, diese Räume von innen nach außen zu kehren, nur schwarze Finsternis wäre herausgepoltert. Sogar der Kohlenstaub war schon längst fortgeweht. Und in dieser Finsternis wäre eine lustige Elster krächzend umhergehüpft.

Oft konnten wir uns nicht einmal die Suppe von gestern aufwärmen, die eine Eisschicht bedeckte.

Damals faßte mein Vater energisch einen raschen Entschluß. Er ergriff eine Axt, und ich und die Mama machten uns daran, alte Bilder vom Dachboden zu holen. Es waren die Reste von Vaters früherem Handel, bei dem er fürchterlich draufgezahlt hatte. In der Žižkover Karlsgasse hatte er vor Zeiten einmal ein Bilder-Geschäft betrieben. Wieselflink huschten die flüchtenden Spinnen über das Antlitz verstaubter Madonnen, in deren Gewänder schon längst kleine Mäuse Löcher genagt hatten. Als wir den Staub vieler Jahre von den Bildern geschüttelt, lächelten uns die anmutigen Gesichter der Madonnen traurig an, und auf stillen Stilleben erröteten bräunliche Äpfel und eine aufgeschnittene Melone. Schwäne mit halb erhobenen Flügeln schwammen wer weiß wohin über den See, und ein Jäger saß nach seinem Meisterschuß noch auf einem Baumstumpf, den erlegten Hirsch zu seinen Füßen, und Hunde mit aus dem Halse hängender Zunge beschnupperten die frische Wunde des Tiers. Doch für uns war all das längst verflossene und nicht gerade glückliche Vergangenheit.

Schon sauste die unerbittliche Axt nieder, und aus den ausgetrockneten «Blindrahmen» prasselten die nun überflüssigen Spannpflöcke. Schließlich schleppten ich und meine Mutter einen «Schutzengel» in einem schweren, aber beschädigten Rahmen herbei. Der graziöse Engel mit mächtigen Schwingen geleitete ein kleines Mädchen mit einem Korb voll Erdbeeren in der Hand sicher über einen schmalen Steg, unter dem ein Abgrund dräute. Krach, krach! «stöhnte» die Schlucht, und die zwei mächtigen weißen Schwingen des Engels brachen von seinen Schultern. Dann trennte mein Vater mit einem einzigen Hieb den legendären Herzog Oldřich von seiner an einem Bach stehenden Božena, deren anmutig mollige Gestalt der Fürst verliebt und voller Wohlgefallen betrachtet hatte. Aus war's mit der Brautwerbung. Eine Weile später loderten sie beide schon im Küchenherd. Als mein Vater dann eine blutjunge Madonna verbrannte, die inmitten einer ganzen Wolke kleiner Engel auf einer Mondsichel schwebte, vergaß er nicht, fachmännisch zu bemerken, es handle sich um ein berühmtes Werk Murillos. So verbrannten wir die liebliche «Immaculata» und mit ihr die noch berühmtere «Madonna» Raffaels. Beide waren durch den Staub und das durchs Dach sickernde Wasser ohnedies schon in desolatem Zustand.

Die Axt in meines Vaters Hand schwebte leicht dahin, sauste aber gnadenlos auf die alten Rahmen nieder, die schon ausgetrocknet waren und gleich zerbarsten. Es war nicht nur der furchtbare Mangel an Heizmaterial, der seine Hand führte, wenn er kräftige Hiebe austeilte, sondern gewiß beflügelte ihn auch der Zorn! In diesen Leinwänden hatte er ja auch ein hübsches Häuflein österreichischer Goldstücke «verbrannt».

Nie hatte bei uns solch eine Not und solch ein Hunger geherrscht wie in den letzten Jahren des Krieges. Noch dazu hatte mein Vater seine Arbeit verloren, und die paar gesparten Kronen rollten rasch davon.

Die ganze Woche lang freuten wir uns auf ein Stückchen «Sonntagsfleisch». Wir hatten einen entfernten Verwandten, einen Metzger, der auf dem Holešovicer Schlachthof arbeitete.

Hin und wieder brachte er uns ein Schweins- oder Kalbsbeuschel mit. Er schmuggelte die Innereien in seiner langen, über den Knöcheln fest zugebundenen Unterhose durchs Tor. Wir hörten davon. Er kaufte es spottbillig ein und verkaufte es ziemlich teuer, doch es war für ihn riskant. Ich wunderte mich damals, warum meine Mama das Beuschel immer so hartnäckig in mehrmals erneuertem Wasser wusch.

Wenn in dem kleinen Küchenherd ein Feuerchen loderte, das Holz knisterte und die bemalte Leinwand zischend verbrannte, setzten wir uns um den Born kostbarer Wärme zusammen. Der Küchenherd glühte bald auf, wurde aber auch schnell wieder kalt. In jenen Augenblicken, die einen zu trautem Gespräch animierten, drangen wir immer in meinen Vater, etwas von sich zu erzählen, von damals, «als er klein war». Doch er erzählte uns nie etwas. Meine Mama erzählte gern, aber ihr Leben war schlicht und ohne Überraschungen verlaufen. Mein Vater schwieg. Sein Dasein war eine Kette unterschiedlichster und trostloser Enttäuschungen. Und so habe ich, was ich über ihn weiß, von anderen erfahren.

Er hatte in einer Metallmöbel-Fabrik Schlosser gelernt.

Doch das Handwerk war es nicht, das seine nie ermattenden Hoffnungen auf die Zukunft nährte. Er träumte davon, Kaufmann zu werden. Für diesen Beruf hatte er – wie sich im Laufe der Zeit zeigen sollte – wirklich kein Talent. Und wenn, dann nur ganz wenig. Kurze Zeit war er bei der Sparkasse «Společná záložna úvěrní» (Gemeinsame Kredit-Sparkasse) in der Langen Gasse angestellt. Noch heute steht in dieser belebten Straße das alte Haus mit den ionischen Säulen am Portal, wo sich ihre Geschäftsräume befanden. Nach dem «Krach» der großen St.-Wenzels-Sparkasse (Svatováclavská záložna) zu Beginn unseres Jahrhunderts, machten auch mehrere kleine Sparkassen, darunter «natürlich» die Gemeinsame Sparkasse pleite. Mein Vater verlor dabei auch sein kleines Guthaben, das er bei der Sparkasse unterhielt, und lud sich eine große Schuld auf, die er lange abzahlte und die uns an den Bettelstab brachte.

Ach, wein doch nicht, Mama!

In dieser verzweifelten Lage beschloß mein Vater, in Žižkov eine Bilder-Galerie zu eröffnen. Eine phantastische Idee, fast eines Don Quichote würdig. Er lieh sich eine weitere Summe, und wir mieteten eine ziemlich geräumige Wohnung in einem neueren Zinshaus neben der «Sklenářka» auf der Karls-Straße. Die zwei Zimmer im Zwischengeschoß waren für die Bilder reserviert. Er wollte aber nicht mit Farbdrucken handeln, wie man sie auf den Volksfesten oder bei Löbl in der Hus-Gasse für ein paar Sechser feilbot. Zum Glück wurde er mit einem Maler bekannt, der geschickt und schnell malte, was man sich nur wünschte. Das war seiner Meinung nach auch die wirksamste Reklame für Vaters Geschäft. Er bot auf Leinwand handgemalte Bilder an. Der Maler hieß Barnáš und wohnte in dem Vorort Hostivař.

Damals murmelte ich vor mich hin: Barnáš, «Barnahsch», der Name klang mir wie Trommelwirbel im Ohr und erinnerte mich an Barnabas, den Bösewicht aus der Passion. Doch er war ein braver und ehrlicher Mann, der sich durch seine unredliche Kunst redlich nährte.

Zögernd und spärlich begannen die ersten Žižkover Kunden

bei uns «einzutrudeln». Meist schüchterne Brautleute oder schon mutigere Neuvermählte. Sie kamen, um sich aus dem bescheidenen Vorrat an Bildern von Barnáš etwas nach ihrem Geschmack auszusuchen. Auch ein Fotoalbum mit diesen Bildern konnte ihnen mein Vater vorlegen. Nach einiger Zeit nahm der Vorrat an Gemälden, die wir auf Lager hatten, zu, und es gab genug verschiedene Motive, um etwas Passendes zu finden. Am meisten wurden sogenannte «Madonnen» gekauft. Laufend im Angebot und entsprechend banal war eine Jugendstil-Madonna; den Namen des Urhebers habe ich vergessen. Ziemlich oft wurden Madonnen weltberühmter Maler verlangt, etwa die Madonna von Raffael oder die von Murillo, die in einem Reigen kleiner Engelchen dahinschwebt.

Damals waren nämlich Himmelbetten mit Baldachinen beliebt. Allerdings hatten sie nur eine mehr oder weniger symbolische Funktion. Von dem ursprünglichen luftundurchlässigen Baldachin waren nur zwei reich plissierte Bahnen aus weißem Stoff überiggeblieben, unter der Decke durch eine Messing-Krone zusammengehalten. Und dazwischen an der Wand hing eine der Madonnen. Vermutlich sollte sie die eheliche Liebe beschirmen.

Doch es sprachen auch Kunden vor, die ein Stilleben fürs Speisezimmer wünschten. Einen Auerhahn mit Rebhühnern und einer Jagdflinte mit Kamisol oder eine aufgeschnittene Melone mit Trauben und Äpfeln auf einer Silberschale. Es gab unzählige Variationen davon, je nach dem Geschmack des Bestellers. Meister Barnáš erfüllte bereitwillig jeden Wunsch. Für ihre Salons pflegten die Kunden sich Kopien bekannter Bilder der tschechischen Historienmaler Ženíšek und Doubrava auszusuchen. Auch sie verstand Herr Barnáš kunstfertig auszuführen. So belieferten wir die Žižkover Haushalte mit sagenhaften Helden und Heldinnen, etwa Ctirad und die Amazone Šárka oder den Fürsten Oldřich mit seiner geliebten Božena. Es gab auch Patrioten, die sich für Brožíks «Hus vor dem Konzil zu Konstanz» entschieden. Das Bild war freilich teurer. Es machte Barnáš mehr Arbeit, weil viele Figuren darauf waren. Soweit ich mich erinnere, waren auch diese Bilder ziemlich gelungen.

Der Maler Barnáš arbeitete trotz seiner familiären Schwierigkeiten zuverlässig. Und hielt auch Wort. Er erschien immer pünktlich, mit dem breitkrempigen Malerhut und einer langen schwarzen Schleife um den Hals, die mit Öl und Farben bekleckert war. Mein Vater bestellte dann eilig goldene Gipsrahmen. So konnten die Bilder wenigstens ein wenig trocknen. Der Maler brachte sie nämlich noch feucht mit, er konnte nicht warten, weil er stets Geld brauchte.

Barnáš wohnte in Hostivař, wohin man damals zu Fuß marschieren mußte, von der Tram war es noch ein ziemliches Stück über einen Feldweg. Er war von kleiner Statur, doch ein quicklebendiges Männchen und trug einen kleinen Vollbart wie sein Vorbild, «Meister» František Ženíšek, ein Beau der Prager Gassen. Barnáš war Witwer, und seine Frau hatte ihm sieben Sprößlinge hinterlassen. So mußte er dafür sorgen, daß sie etwas zu beißen hatten. Sonst konnte er sich kaum etwas leisten. In Hostivař bewohnte er eine kleine dunkle Küche und eine etwas geräumigere helle Stube. Sie war für ihn eigentlich alles in einem: Atelier, Schlafzimmer und Speisesaal. Wenn er arbeitete, tummelten sich alle sieben Kinder zu seinen Füßen und waren ihm im Weg. Zum Glück störte ihn das nicht bei der Arbeit. Die Kleinen spielten mit Farben und Pinseln und machten sich aus dem ärmlichen Malkasten ein Wägelchen, das sie durch das Zimmer schleppten. Das machte dem Maler nichts aus. Brauchte er eine Farbe, die er nicht mehr auf der Palette hatte, suchte er sie in allen Ecken und Enden der Stube, bis er sie endlich in der kleinen Faust seiner Jüngsten fand. Ebenso pflegte er auch nach den Pinseln zu fahnden. Er blieb aber stets seelenruhig dabei. Gewiß hatte er es in seiner Jugend mit der Kunst ganz ernst gemeint, doch das Leben hatte ihn in diese groteske Gestalt gemodelt. Vermutlich konnte er wirklich etwas, doch er mußte so malen, daß seine sieben Kinder davon satt wurden.

Nach Vaters Tod fand ich in einem Schrank ein verkramtes

zusammengerolltes Porträt meines Papas. Der Maler hatte es ihm zum Dank für seine Freigebigkeit gewidmet. Mein Vater feilschte nie. Das Bildnis war, glaube ich, meisterhaft gemalt, die Ähnlichkeit frappierend. Es war ein realistisches Bild. Ja, zu malen verstand Barnáš in der Tat, doch es war eine «gestrauchelte» Kunst. Er hatte auch ein ausgezeichnetes «Maler»-Gedächtnis. Das bekannte Bild von Liška «Christus auf dem Ölberg» malte er aus dem Kopf. Es war übrigens auch eines der bei unseren Kunden beliebten Bilder. Wir verkauften mindestens zwanzig davon. Die Gemälde waren in Zeichnung und Farbgebung getreu kopiert. Wenn mein Vater eine seiner eigenen Landschaften bei dem Maler bestellte, skizzierte der sie mit ein paar flüchtigen Strichen in sein Notizbuch. Diese Zeichnungen im Notizbüchlein imponierten mir. Zuweilen kopierte er aber ganz unverfroren Corot, dessen Landschaften er nur aus einem großen deutschen Museums-Katalog kannte. Auch die Madonnen malte er meist schon «auswendig». Mein Vater pflegte zu sagen, sie seien «wie lebendig». Man könne sogar zu ihnen beten! Doch mein Vater war ein Ungläubiger und hänselte meine Mutter nur.

Die Preise setzte Herr Barnáš je nach dem Sujet des Bildes fest. Murillos «Immaculata» samt Engelein war billiger als Oldřich und Božena mit einer Meute von Jägern und Hunden. Am teuersten war freilich «Hus vor dem Konzil in Konstanz». Er machte ihm aber auch viel Arbeit. Auch das bekannte patriotische Gemälde «Die Schlacht am Veitsberg» war wegen der «Legion» hussitischer Krieger und Kreuzritter eines der teuersten.

Später wurde ich im Žižkover Rathaus in einem Saal getraut, wo dieses Bild von Liebscher im Original hing. Das freute mich und zwang mir ein Lächeln auf die Lippen.

Ich weiß, Ihr schlagt die Hände über dem Kopf zusammen ob dieser «Kunst», doch tut es nicht! Mit der Zeit hab ich erkannt, daß diese mehr als «gesunkene» Kunst auch ihre Funktion hat. Immerhin, die Menschen erfreuen sich an ihr, und man muß sie mit leiser Nachsicht betrachten. Ihr wendet ein, ein guter Farbdruck wäre besser als diese falschen Ölgemälde. Gewiß. Doch sagt mir, wer hätte die sieben hungrigen Kinder ernähren sollen? Der Anblick von Barnáš' Atelier war traurig und grotesk, doch zugleich auch ein Zeugnis des Lebens, das sich nicht zertreten läßt.

Oft pflegte ich mit meinem Vater nach Hostivař zu pilgern, wenn wir neue Bestellungen brachten. Meister Barnáš preßte meinem Vater immer einen größeren Vorschuß ab. Bei diesen Verhandlungen beobachtete ich oft, wie geschickt der Maler taktierte und wie wenig Kaufmannsgeist mein Vater besaß. Zuweilen wollte mir scheinen, als täte mein Vater dem Maler sogar ein bißchen leid. Doch was sollte er tun? Die Kinder waren immer hungrig, und Barnáš klagte oft, ihm bleibe kein Geld für Farbe und Leinwand.

Bis zum Ausbruch des Krieges hatten wir daheim nicht besonders zu klagen. Wir lebten einfach, und mein Vater verdiente mit seinen Geschäften genug für eine bescheidene Lebensführung. Der Maler malte, und die Bilder hatten kaum Zeit zu trocknen. Die meisten Geschäfte schloß mein Vater aber auf geringe Monatsraten ab. Manche Kunden bezahlten, doch andere hatten dazu keine Lust. Fruchteten Mahnungen nichts, mußte mein Vater sie persönlich aufsuchen. Das waren keine erfreulichen Besuche. Mein Papa war verlegen, und die Kunden spürten das rasch und speisten ihn mit Versprechungen ab. So hatte er viel Geld unter den Leuten. Zuweilen begleitete ich meinen Vater bei solchen Bittgängen, und so bot sich mir die Gelegenheit, einen Blick in Proletarier-Haushalte zu werfen, wo der Hochzeitsidylle bald Not und Elend gefolgt waren. Manchmal bot sich mir ein erschütternder Anblick. Statt des weißen Baldachins über den Betten sah man nur die schmutzige Wand und statt der Madonna ein helleres Rechteck. Das Bild, das einst dort hing, war schon längst als Pfand in einem Prager Leihhaus verfallen. Schmuddelige und kranke Kinder spielten in schmuddeligen Federbetten.

Als der Krieg ausbrach, war auch das Ende unseres Handels gekommen – plötzlich und unabwendbar. Die Männer zogen in die Schützengräben, und die Frauen mit den Kindern begannen allmählich zu hungern. Die staatliche Unterstützung für die Familien der Soldaten war klein und reichte nie. Wer hätte da noch Stilleben gekauft mit reich gedeckten Tischen, wenn er die armselige Karte für Brot, Mehl und Fleisch in der Faust preßte. Nur selten einmal erschien eine verweinte Witwe und bestellte ein Porträt ihres gefallenen Mannes. Dabei hatte sie nichts als ein altes Hochzeitsfoto. Auch das brachte Barnáš zuwege. Er malte den Mann zehn Jahre älter und zwar so, daß die Witwe zufrieden war.

Den letzten Schlag versetzte dem Kaufmannsdasein meines Vaters ein steinreicher alter Marktschreier, der bei ihm ein großes Gemälde bestellte. Es sollte 3 × 2 Meter groß sein. Er hatte nämlich einen lebhaften und «mannigfaltigen» Traum gehabt. Ihm hatte von der Heiligen Dreifaltigkeit geträumt, vom Kaiser und der Kaiserin Elisabeth und seiner seligen Frau. Ihnen allen war er in seinem Heimatdorf bei Čáslav (Tschaslau) begegnet. All das sollte er auf dem Bild zu sehen sein, auch sein Dorf mit der Kirche auf dem Hügel. Er gab meinem Vater einen kleinen Vorschuß, aber der hatte keine große Lust, sich auf den Handel einzulassen.

Meister Barnáš, sonst stets gefällig und zu Diensten, wenn es galt, der Mona Lisa einen Heiligenschein anzumalen und ihr ein Christkindl in den Arm zu legen, lehnte die Bestellung zuerst ab. Er meinte resolut, daß ganze sei ein schrecklicher Blödsinn, und er werde so etwas nicht malen. Schade, daß er sich überreden ließ! Ein größerer Vorschuß räumte seine Vorbehalte jedoch aus, er besorgte sich alles Nötige und machte sich ans Werk. Nach drei Wochen brachte er das Bild. Inzwischen hatte mein Vater einen schweren vergoldeten Rahmen machen lassen, der ziemlich viel Geld kostete. Auch dem Maler mußte er noch mehr Vorschuß geben.

Auf dem Bild sah man im Vordergrund den Besteller und «Träumer», daneben das Bildnis seiner seligen Gattin. Über ihnen schwebten der Kaiser und die Kaiserin, die der Maler in weiße Spitzen gehüllt hatte, und schließlich sah man hinter dem Kaiserpaar die Heilige Dreifaltigkeit, so wie sie üblicherweise dargestellt wird. Gottvater mit Zepter und Reichsapfel, daneben sein Sohn mit einem schweren Kreuz in der Hand. Zwischen ihnen flatterte der Heilige Geist als schneeweiße Taube mit eingezogenen Krallen umher.

Mein Vater rahmte das Bild und bestellte den alten Knacker zu sich. Dieser betrachtete das Werk und erklärte dann, er wolle es nicht haben, denn er stehe darauf mit dem Rücken zum Kaiser. Vergebens suchte ihn mein Vater zu überreden. Der Alte setzte seinen Hut auf und ging empört davon. Vergebens versuchte mein Papa, ihn zurückzuhalten. Vater war niedergeschmettert. Vielleicht konnte man den Alten verklagen, doch es war Krieg, auf dem Bild war der Kaiser zu sehen, ein Prozeß dauert lange und ist auch noch teuer dazu. Er bezahlte den Maler, stellte das Bild mit dem Rahmen umgekehrt an die Wand und meldete sein Gewerbe ab. Nach einiger Zeit entdeckte ich einen großen Riß in dem Bild. Vermutlich hatte mein Vater ihm einen Fußtritt versetzt. Papa ging dann wieder in eine Fabrik arbeiten. Die Fabrik wurde aber bald darauf geschlossen, und mein Vater, nicht mehr der Jüngste, suchte vergeblich nach Arbeit. Er wollte sich zu einer paramilitärischen Einheit melden, die hinter der Front nach Blindgängern suchte. In letzter Minute fand er aber eine Stellung in einer orthopädischen Werkstatt, wo Prothesen für die zum Krüppel geschossenen Soldaten angefertigt wurden. Und dort arbeitete er bis an sein Lebensende. Ein Leben voller Bitternis und Enttäuschungen. Meine Mama weinte leise, wenn sie daran dachte.

Die Bilder des Meisters Barnáš nahmen nicht nur viel Platz in unseren zwei Zimmern ein, von denen eines ziemlich groß war, sondern auch in meinem Sinn. Ich wollte Maler werden. Der Duft feuchter Bilder und der Geruch von Firnis, mit dem mein Vater die älteren Bilder einpinselte, damit sie wie neu glänzten, weckten mich aus meinen Kinderträumen. Ich malte sogar im Schlaf. In der Nacht hütete ich eine Schachtel mit einem Dutzend Wasserfarben unter dem Kopfkissen. Als meine ersten

Versuche als Maler nicht zu überzeugen vermochten, versuchte ich, Verse zu schmieden und schwankte so zwischen Malerei und Poesie hin und her. Dichten schien mir leichter. Es gelang mir einfach nicht, eine Figur zu zeichnen. Doch es war nicht nur mein Kunstinteresse, das mir die Bilder in unseren Zimmern so faszinierend erscheinen ließ. Auf den historischen Szenen, die uns Barnáš lieferte, waren die Frauen zwar in der Minderheit, doch meist beherrschten sie das ganze Bild. Die grimmige Šárka war ein besonders hübsches Mädel und nach der damaligen Mode zart gerundet, doch sie trug kein Korsett. Im Gegenteil. Die auf Ctirads Brust gerichtete Lanze interessierte mich nicht. Ich gönnte ihm sogar sein hartes Los. Doch vor der Šárka stand ich stundenlang und konnte mich an ihr nicht sattsehen. Auch die Božena mit der ausgewrungenen Wäsche am Bach in Peruce fesselte mich ungemein, da sie sich nicht bemühte, ihre zarten Reize vor dem Fürsten zu verbergen. Das Roß bäumte sich auf, doch der Fürst hielt es an der Kandare, bis Božena sich zu ihm in den Sattel schwang. Den Fürsten Oldřich beneidete ich von Herzen. In dem Haus, in das wir später umzogen, lernte ich eine junge Frau kennen, die der Fürstin Božena auffallend ähnlich sah.

Auch sie pflegte ziemlich leicht geschürzt auf der Pawlatsche die Wäsche zu rubbeln – und sang dabei. Aufmerksam verfolgte ich ihre mechanischen Armbewegungen auf dem Waschbrett. Ich grüßte sie immer respektvoll, und sie lächelte mir heiter und unschuldig zu.

Eine ganz platonische Liebe von mir war auch die schöne Dame, die Murillo als Jungfrau Maria Immaculata gemalt hatte. Unbefleckt, von einem Wölkchen voller Engel umgeben. Lange schaute ich ihr in das unsäglich zarte und zärtliche Antlitz, und in solchen Momenten war mir wohl zumute.

Die schönen Stunden vor den Bildern gönnte ich mir, wenn mein Vater ausgegangen war. Meine Mama ahnte nichts davon. Sie war überzeugt, ich sei ein braver, naiver, anständiger und unschuldiger Knabe.

Als ich viele Jahre später einmal über die Teppiche des Louvre schlenderte, blieb ich vor einem großen Bild wie angewurzelt stehen. Es war Murillos «Immaculata». Ich war nicht darauf gefaßt, ihr hier zu begegnen, dachte, das Bild hinge im Prado. Zuerst wollte mir scheinen, es sei die gute Bekannte aus meinen Kindertagen. Doch sie war es nicht. Dieser Murillo konnte doch besser malen als unser Meister aus Hostivař. Für einen Moment verschlug es mir den Atem, und ich war nicht fähig, meine Gedanken zu sammeln. Es war ein großer Augenblick in meinem Leben. Ich mußte mich auf dem Samtpolster der Bank niederlassen, die vor dem Bild stand, und lange schaute ich mit großen Augen auf die Madonna, um mich satt zu sehen an ihrer Schönheit.

Und doch – sie war's!

Der gottlose Gauner Barnáš! Systematisch hatte er uns um die barocken Englein betrogen. Auf dem Original sieht man mindestens fünfundzwanzig davon, Barnáš malte kaum sieben. Er malte nur jene, die unter den Füßen der auf einer Mondsichel stehenden Heiligen Jungfrau dahinschweben. Die übrigen hatte er sich einfach «geschenkt».

Von der kleinen Bank aus sandte ich ein kurzes, aber aufrichtiges Stoßgebet zum Himmel.

Jungfrau Maria, du bist aus Sevilla, und ich bin aus dem fernen Böhmen gekommen. Beide sind wir ein wenig verloren in dieser wunderbaren Stadt, der faszinierendsten der Erde, wo man angeblich glücklicher lebt als sonstwo auf der Welt.

Als ich Dich nach Jahren wiedersah, fand ich mich im Bruchteil einer Sekunde, vielleicht mit Lichtgeschwindigkeit fliegend, mit Dir wieder bei mir daheim, an dem rostigen Herd mit den vier dünnen Füßen neben dem wackligen Eisenbett, über dem ein Kruzifix hing und in dem mein Vater schlief. In diesem armseligen Herd verbrannte mein Vater einst die alten Bilder. Auch das Deine! Doch Du erstrahlst hier noch immer in Deiner ewigen spanischen Schönheit.

Vielleicht erinnerst Du Dich, wie ich Dich einst verehrte und andächtig liebte. Lange sah ich Dir in die Augen, die Du zum Himmel hebst. Vermutlich gibt's dort im Paradies, dort oben, mehr Freude und Glück als hinieden auf dieser Welt. Bei diesem langen Blick bebte mein Knabenherz. Damals wußte ich nicht so recht warum. Heute schaue ich Dir ins Antlitz und weiß es.

Darum bitte ich Dich, falls Du nur eine kleine Möglichkeit siehst, sorge dafür, daß ich in meinem Leben einem Mädchen begegne, das Dir gleicht. Möge sie so zärtliche und süße Augen haben wie Du, möge sie schön und gut sein wie Du. Amen.

Und die «Madonna Immaculata» von Bartolomé Estéban Murillo hat mich erhört.

Doch kaum hatte ich meine Schritte wieder aus dem Louvre gelenkt und war der Zaubermacht von Murillos Bild entronnen, stürzte ich mich mit Begeisterung in die Welt Picassos.

Die Namen Braque, Juan Gris, Kandinsky, Matisse, Chagall, Vlaminck und die anderen beteten wir, ich und Teige, damals gleich einer Litanei an alle Heiligen herunter. Paris bot uns immer neue Abenteuer. Ausrufe des Staunens und der Verwunderung wechselten bei uns ab mit Tassen starken Kaffees, die wir voll Wonne mehrmals am Tag unter den Markisen der Cafés auf den «grands boulevards» schlürften und dabei die hübschen Verkäuferinnen beäugten, die zu einem Sträußchen stets ein freundliches, mir unvergeßliches Lächeln draufgaben.

Die brave und eifrige Frau, die uns später, als ich geheiratet hatte, half, unseren Haushalt zu versorgen, vertraute sich in dem Moment, da sie zum ersten Mal bei uns zwei kahle Betten an der Wand erblickt hatte, meiner Frau an:

«Warum haben Sie nicht einen weißen Baldachin-‹Himmel› über dem Bett?»

Ja, ein reich gefältelter weißer «Himmel», von einem Goldkrönchen unter der Decke zusammengehalten, und eine Madonna dazwischen. Eine der schönen Madonnen, die ich in meiner Jugend so liebte.

Ein Moder-Kranz

Ein Jugendfreund und ehemaliger Schulkamerad, den es wie mich nach einem wechselvollen Leben auf verschlungenen Pfaden nach dem Prager Stadtteil Bräunau verschlagen hatte und der nun unweit von uns im gleichen Quartier wohnte, klingelte eines Wintermorgens an unserer Gartentür.

Kommst du morgen mit und schaust dir an, wie man unser altes Haus in der Lupáč-Gasse in die Luft sprengt, wo du mich öfter besucht hast und auf dessen Dachboden wir als Jungen Schießpulver fabrizierten.

Zuerst zögerte ich. Perunit-Detonationen schienen mir nicht gerade ein Wiegenlied für mein altes Herz. Schließlich sagte ich zu. Ich war schon lange nicht mehr «am» Žižkov gewesen und verspürte zuweilen Heimweh nach ihm.

Am nächsten Morgen fuhren wir los. Es war ein freundlicher Wintertag.

Die Straße, in der eine Häuserreihe gesprengt werden sollte, war bereits gesperrt, so konnten wir nur von ferne einen Blick hineinwerfen. Die Häuser starrten uns an mit ihren leeren Augenhöhlen, als hätte man ihnen Augen und Leben mit Gewalt aus dem Leib gerissen wie dem Karpfen am Heiligen Abend die rosigen Kiemen. Die Mauern waren nackt ausgezogen und bereiteten sich auf ihr letztes Stündchen vor. Die Häuser schwiegen düster.

Wir parkten unweit der Markthalle und stiegen über eine Freitreppe auf den Südhang des Žižka-Berges oberhalb eines schwarzen Eisenbahntunnels. Wir waren keineswegs die ersten dort. Auch Mitarbeiter des Fernsehens standen schon bereit. Vor unseren Augen dehnte sich der ganze alte Žižkov, das einstige Prager Proletarierviertel, dessen größerer Teil neuen weißen Häusern und modernen luftigen Alleen weichen muß.

Der Kirchturm von St. Prokop ragte hoch über die schmutzigen und verrußten Dächer in den Himmel, und das anscheinend neu vergoldete Zifferblatt der Turmuhr leuchtete über der Stadt. Die Straßen laufen dort «kopfüber» in dem Dreieck des kleinen St.-Prokop-Platzes zusammen, wo früher Markt gehalten wurde. Ich lief dort gern zwischen den Ständen umher. An einer Ecke des Platzes verkaufte man früh am Morgen halb verwelkte, vermutlich im Hoříner Auen-Hain gepflückte Lerchensporn-Sträuße, die angenehm dufteten. Bald danach tauchten die länglichen Trauben der Lupinen auf, zum Frühlingsende, meist vor dem Fronleichnams-Fest, dann rote Pfingstrosen und Lilien. Meine Mutter brachte immer Lilien vom Markt heim – sie mochte sie. Sie erfüllten die ganze Wohnung mit ihrem Duft und erinnerten sie an die Kirche. Vor den Weihnachtsfeiertagen zur Winterszeit konnte man dort auch feuchtes samtenes Moos für die Weihnachtskrippe erstehen. Auf dem Markt staunte ich auch über die großen schrägen Pulte mit runden Öffnungen, in die man halbe Eierschalen mit dem Goldauge des Dotters setzte. Das Eiweiß sammelten die Verkäufer in hohen Kannen. Die Zuckerbäcker und Konditoren warteten schon darauf und buken daraus knusprige Baisers und appetitliche Schaumschnitten.

Wir hatten noch ein bißchen Zeit, und so gingen wir zu unserem ehemaligen Zinshaus, das nicht weit entfernt stand, um von hinten einen Blick darauf zu werfen. Wie hätte ich unter den fast gleichen Mietskasernen unser Haus nicht gleich erkennen sollen! Es war mit drei Pawlatschen «gegürtet», und auch der Waschtrog stand noch so da, wie ich ihn aus meinen Kindertagen in Erinnerung hatte. Die Reihen der alten krummen schwarzen Akazienbäume waren stark gelichtet. Auch die Ampel stand noch dort und salutierte gehorsam. Nichts hatte sich verändert, nur ich war ein anderer, und wäre ich hierher zurückgekehrt, keiner hätte mich erkannt.

Schon fast ein halbes Jahrhundert ist der Žižkov nicht mehr meine Heimat, und doch, wann immer ich dahinkomme, fühle ich mich in seinen Gassen zu Hause. Ich lasse meinen Blick über das Gewirr von Straßen und Gäßchen schweifen, über die bizarre Silhouette der Dächer, und von überall kehren unabweislich Erinnerungen zurück und drängen sich mir ins Gesicht. Mit so mancher würde ich gerne kosen und mich an ihr erfreuen, doch plötzlich sind es allzu viele, neue wogen heran, und die Zeit wird knapp. Nur noch wenige Tropfen Zeit trennen uns von dem makabren Schauspiel. Nur noch eine Viertelstunde, nur noch zwölf, zehn, neun Minuten.

Meine Tage schweben heute so schnell davon wie Schneeflocken im Wind, und ich finde gar keine Zeit, unglücklich zu sein. Voll Rührung blättre ich in meinen Erinnerungen, betrachte die Sonnen-Dimensionen ihrer Zeit, da ein Jahr fast einem Jahrhundert glich und der Tag kein Ende nahm.

Kaum war ich etwas herangewachsen und begann mich erstaunt in meiner kleinen, begrenzten Welt umzuschauen, sog ich alles, was ich sah, mit meinen Sinnen auf. Ich entdeckte die ersten Schönheiten dieser Welt und vermochte sie kaum alle in mich aufzunehmen. Mein Herz jauchzte in einem fort. Ich wollte mich der ganzen Welt um mich her auf einmal, Hals über Kopf und ohne langes Überlegen bemächtigen. An jedem Tag erlebte ich neue und immer neue Abenteuer, die mir den Schlaf raubten. Heute erinnere ich mich an eine kleine Geschichte aus meiner frühen Kindheit.

Als kleiner Junge verbrachte ich die Ferien einmal im grenznahen Smržovka, von den Deutschen Morchenstern genannt. Hinter der Mauer einer der Fabriken, wo man Preßglas herstellte, entdeckte ich eine Abraumstätte, auf der man die Scherben von Ausschußware und vor allem Bruchstücke bunter Glasstäbe deponierte. Sie glichen zersplitterten Kristallen. Die Fragmente waren von andersfarbigen, kleine bunte Ornamente bildenden Glasfasern und -bändern durchzogen. Am schönsten sahen die Milchglasscherben aus, innen rot und mit goldenen Sternchen an der Oberfläche. In dem Augenblick fühlte ich mich wie die Frau in einem Gedicht von Karel Jaromír Erben, vor der sich ein Fels mit einem Schatz aufgetan hatte. Ich stopfte mir mit den Glasscherben alle Taschen voll, füllte auch meinen Hut damit und hatte Angst, daß meine «Leidenschaft» vorzeitig abklinge oder daß ein Wärter mit einem Stock erschien. Einige dieser Splitter bewahre ich noch heute auf. Ich hob sie mir zum Andenken an dies schwindelnde Gefühl von Glück auf, das mich einst vor dem Häufchen Glasscherben überkam.

Ja, so ähnlich erlebte ich auch die Stunden, da ich zum ersten Mal in die Žižkover Gassen ausschwärmte. Heute geht es mir nicht mehr um das, was ich damals dort fand, sondern um die Freude und das überraschte Staunen, die mir mit zunehmendem Alter im Laufe der Jahre immer rarer und kostbarer wurden.

Der Dichter Robinson Jeffers sagt einmal, alle Dinge auf der Welt sind wunderschön, Sache des Dichters ist es, auszuwählen, was überdauert. Ich würde das etwas anders formulieren: Nicht alle Dinge auf dieser Welt sind schön, doch jene, die der Dichter auserwählt, überdauern die Zeit. Wenigstens solange das Gedicht «lebt», das er schrieb.

Es lebe die Poesie!

Der historische Kern unserer Hauptstadt Prag ist von Vorstadt-Quartieren umkränzt, deren zumeist aus dem vorigen Jahrhundert stammende Häuser sich durch Altersschwäche und Schäbigkeit «auszeichnen». Einst wurden sie als profitbringende Zinshäuser gebaut, fast ohne Rücksicht auf ihre Bewohner. Gerade das «Proletarier-Viertel» Žižkov hat zum größten Teil dies Gepräge. Einen «Moder-Kranz» nennen die Architekten und Stadtplaner diesen Ring von Gebäuden und beginnen, ihn zu liquidieren.

Ein Moder-Kranz! Jahrelang streunte ich zwischen den Gräbern der Wolschaner Friedhöfe umher, und ich weiß, wie ein vermoderter Kranz ausschaut. Das Wort ist erschütternd, aber treffend. Und ich weiß auch, was nach dem Tod von uns bleibt. Ein paar traurige Blumen auf unserem Grab.

In der Vorstadt hatte ich mich schon von früher Jugend auf an das Klagelied des Moderns und an den Geruch der Armut gewöhnt. Denn Armut und Not stinken! Und doch – wie streben und haschen die Menschen in Armut und Not nach einem bißchen Glück. Ich schloß auch die reizlosen «blinden»

Sackgäßchen ins Herz, voll Staub, Ruß und von rachitischen Grashalmen zwischen den Pflastersteinen «verlaust». Schon der frohen Stunden wegen, die wir hier erlebten, wenngleich wir keine Ahnung hatten, was Seligkeit ist. Schon um der Tage willen, da wir so intensiv lebten und nicht wußten, was das Leben ist.

Nun stehe ich also am Hange des Žižka-Bergs, lasse meinen Blick über die Stadtlandschaft schweifen und lächle über mein eigenes Leben und die ersten Erinnerungen und warte, bis Rauch aufwallt, gleich darauf eine dröhnende Detonation erschallt und ein Haus nach dem andern in sich zusammensinkt.

Vor einiger Zeit hörte ich im Fernsehen die Lebensbeichte eines jungen Sportlers. Auf die Frage, ob er heiraten wolle, wurde er gesprächig: Zuerst wolle er sich in seiner Disziplin hervortun und womöglich Rekorde aufstellen. Dann sein Hochschulstudium abschließen, und erst dannach werde er sich nach einer geeigneten Partnerin umsehen. So schön hatte er sich sein Leben wie «mit dem Lineal» vorgezeichnet. Welch ein erfolgreicher Mann wird er sein!

Zum Glück glich ich ihm nicht im geringsten. Kein bißchen.

Ich müßte lügen, wollte ich behaupten, Venus sei allzu freigebig zu mir gewesen und hätte mir viel in die Wiege gelegt, als sie mir die edelste und süßeste Leidenschaft im Leben zuteilte. Doch sie gab mir soviel, daß ich mich – wie Anatole France – höflich und aufrichtig bei ihr bedanken und ihr meine Reverenz erweisen muß. Lebe ewig, schöne Anadyoméné, ich werde Dich bis in den Tod anbeten! Das lebenspendende Sehnen verläßt mich auch in meinen späten Jahren nicht. Es wird erst mit mir sterben.

Wenn ich mich in diesem Moment an den Hängen des Žižka-Berges, wo ich meine Jugend verbrachte, an alles mögliche erinnere, wie sollte ich da nicht all der lieblichen Anmut gedenken, wie den Liebreiz vergessen, der mich durch mein ganzes Leben begleitet hat!

Schon von meinen Kindertagen an wirkte der Duft des Frauenhaars anziehend auf mich. Ich konnte noch nicht einmal in der Fibel buchstabieren, da verspürte ich schon das Verlangen, meinen kleinen Schulfreundinnen übers Haar zu streichen. Nur die Scheu, die verdammte Scheu, die ich lange nicht überwinden konnte, hinderte mich stets im letzten Moment daran.

In der ersten Klasse verliebte ich mich wirr, aber glühend in unser «Fräulein Lehrerin». Ein wenig war sie selber schuld. Ich saß in der ersten Reihe, und sie zeichnete mich aus, indem sie mich damit betraute, in den andern Bänken die Hefte einzusammeln. Zuweilen saß sie auf meiner Bank, und ich spürte den Duft der Seife von ihren Händen. Und wenn ich etwas aus der Fibel vorlas, ohne zu stottern, strich sie mir übers Haar. Mein Herz flatterte, und das Blut schoß mir in die Wangen. Heimlich schlich ich hinter ihr her, wenn sie aus der Schule heimging, strich um ihr Haus herum und schaute in die Fenster. In alle! Ich wußte nicht, welches das ihre war. Abends vergrub ich meinen Mund in die Kissen und tuschelte mit ihr, und bei diesem fiktiven Zwiegespräch duzte ich sie keck. Ja, ich lief wie ein Mondsüchtiger herum, bis meine Eltern es bemerkten und befürchteten, ich sei womöglich krank. Nein, ich war gesund, kerngesund, ich war nur traurig, denn alle großen Lieben enden unglücklich. Das Fräulein Lehrerin hieß Maria Gebauer und stammte glaube ich aus der alten, noblen und hochgebildeten Familie des Professors Gebauer, dessen Name auf unseren Tschechisch-Lehrbüchern prangte, als ich aufs Gymnasium ging. Ich vergoß bittere Tränen, weil sie bald unsere Schule verließ.

Falls sie noch lebt, was ich ihr von Herzen gönnen würde, werde ich ihr im Frühjahr einen Brief schreiben. Ich geb ihn der Schwalbe mit, die sich voriges Jahr unter unserem Dach ein Nest gebaut hat.

Von dieser «Kinderliebe» genas ich freilich bald. In einem Mietshaus, wo es unzählige Wohnungen und darin unzählige Bewohner gab, war dies nicht so schwierig.

Eine Etage tiefer wohnte ein Mädchen, ein Wildfang, nur ein wenig älter als ich. Sie hatte einen schwarzen Schopf – meine Mutter nannte es «Zigeuner»-Haar – und trug eine große rote

Schleife darin. Ich begegnete ihr fast jeden Tag, und sie lächelte mir stets zu. Einmal ging ich an ihrer Tür vorbei, da zerrte sie mich in die Küche, umarmte mich und begann mich leidenschaftlich zu küssen. Doch ehe ich mir dieses unverhofften Glücks recht bewußt wurde, schob sie mich wieder aus der Tür – wie einen zerknautschten Waschlappen. Sie hatte ihre Mama gehört, die mit dem Kohleneimer aus dem Keller zurückkam.

Nach einiger Zeit zog ein junges Ehepaar in eine der Wohnungen auf unserem Flur ein. Diesmal war es wieder die junge Frau, die unwillkürlich an meinem Herzen «rüttelte». Hin und wieder lud sie mich zu sich in die Küche ein und bot mir eine Kolatsche, einen Obstkuchen oder eine warme Buchtel an. Ich verliebte mich gleich bei unserer ersten Begegnung in sie und zerbrach mir vergeblich den Kopf, wie ich ihr näher kommen könnte. Zu Fastnacht rief mich die Dame kosend mit meinem Vornamen und offerierte mir einen Krapfen mit Johannisbeergelee. Nachdem ich ihn verdrückt hatte, bemächtigte ich mich ihrer Hand und küßte sie innig. Sie gab mir noch einen Krapfen und schalt mich halb scherzhaft, halb im Ernst, für einen Krapfen brauche man doch keinem die Hand zu küssen. Sie begriff nicht, daß es keine Dankesbezeugung war, sondern eine Liebeserklärung, mit dem Verlangen gepaart, mich – recht ungeschickt – ihrem verführerischen Leib zu nähern.

Nicht nur über die prächtigen breiten Alleen der Reichen im Zentrum Prags, sondern auch durch den Staub und Matsch der Vorstadtgassen klapperten die Schühchen schöner und leidenschaftlicher Frauen und Mädchen, überall war alles voll Blumen, bunter Schleifen und Lächeln, so daß ich ständig von den Blicken schöner Augen fasziniert war.

Mit einem Freund saß ich oft auf dem Eisengitter, das den kleinen Park auf dem Konstanzer Platz umfriedet. Im Frühling grünten dort nur ein paar Fliederbüsche, die die Rangen abrissen, ehe sie erblüht waren, und eine Amsel zwitscherte laut, doch über unseren Köpfen zogen blütenweiß die Wolken dahin, und es war uns genug, daß wir den duftenden Wind des Frühlings atmen konnten.

Immer liebte ich den starken, sahne-«dicken» Duft der Nachtveilchen. Auf dem Žižka-Berg wuchsen ganze Beete davon. Dort saß ich oft, träumte feurig vor mich hin und kritzelte meine ersten Verse in ein Heft. Von dem Duft der Veilchen tat mir manchmal sogar der Kopf weh. Vergebens kehrte ich nach Jahren an diese Orte zurück. Alles war nun anders. Ich wollte die Lehne des Bänkchens streicheln, das bekritzelt und von Taschenmessern zerkratzt war, und nachschauen, ob nicht wie früher verlorene Haarspangen unter der Bank lagen, doch das Bänkchen war nicht mehr da.

Die Stunde der Sprengung nahte! Ich betrachtete die umliegenden Häuser. Sie sind zwar recht schäbig, doch will mir scheinen, heute sehen sie irgendwie menschlich freundlich aus, als wären sie jahrelang von Menschenhänden gestreichelt worden.

Einige Sekunden später grollte es wie Donner, und eine dichte schwarze Staubwolke hüllte die zusammenbrechenden Häuser ein. Ich schaute meinen Freund an. Er hatte Tränen in den Augen.

«Lach mich nicht aus», wandte er sich an mich, als wir ins Auto stiegen und Wasserströme die Staubwolken niederschlugen. «Ich hab in der Staubwolke meine Mutter gesehn, wie sie mir gerade ein Brot mit Griebenschmalz schmiert!»

Als man einst in Paris einen hohen Eisenturm montierte, fuhr Monsieur Paul Verlaine in einem Fiaker vorbei und zog sich den Hut über die Augen, damit er das Monstrum nicht sehen mußte. Doch wie lange dauerte es, bis die französischen Dichter ihm mit den Fingerspitzen begeistert Küsse zuwarfen und es mit den Versen ihrer Liebesgedichte begleiteten.

Und heute können Fremde und Einheimische sich Paris schwerlich ohne diesen Turm vorstellen.

Sollte ich es noch erleben, daß unsere Gasse am Žižkov von weißen Paneel-Hochhäusern umsäumt wird, würde ich zwar die Augen nicht abwenden, doch durch diese Straße gehen wie ein Fremder durch eine fremde, ihm völlig gleichgültige Stadt.

In die neue Wohnung in Prag-Bräunau zogen wir zu einer Stunde ein, da die Rundfunk-Lautsprecher aus den offenen Fenstern hallten. Hitler brüllte und drohte. Es war im Juni 1938.

Unsere Freude über die neue Umgebung mit frischer Luft und Sonne wurde durch die Drohungen der Nazis getrübt. Schon einmal war das Verhängnis über die Äcker, auf die wir von unsern Fenstern hinausschauten, über unser Volk hereingebrochen. Der Weiße Berg ist nicht fern.

Es währte nicht lange, und vor unseren Fenstern, kaum einen Steinwurf weit, tauchte über Nacht eine Reihe schlanker Flak-Geschütze auf. Sie sahen bedrohlich aus, und ihre Mündungen starrten gen Westen in den Himmel.

Die Vögel sangen noch, und immer wieder watschelten Rebhuhnschwärme aus den Feldern, oder junge Hasen sprangen heraus. Noch war Friede! In Bräunau gab es damals mehr Grünflächen als Dächer, und aus den Pürglitzer Wäldern wehte eine würzige Luft.

Wenn ich einige kurze Aufenthalte in anderen Quartieren überspringe, so hatte ich die Gegend an der östlichen Peripherie Prags, den Schauplatz meiner Jugend, nun mit der westlichen Vorstadt vertauscht, die heute der Ort meines Alters ist.

Während systematische Abbrucharbeiten meine Geburtsstätte benagen, ist Bräunau jetzt ein zum größten Teil moderner Vorort, der weiter wächst.

Ich sage nicht, er sei schön. Noch zu der Zeit, als ich nach Bräunau zog, standen die Häuser meist nur auf der einen Seite der Bělohorská třída (Weißer-Berg-Allee). Auf der anderen Seite sah man Felder und ausgedehnte Gemüsegärten. Bräunau war ein breites Tal, von dem Gelände des Klosters und durch kleine Häuschen, die sich an die Klostermauern schmiegten, abgeschlossen. Das war das alte Bräunau. Eine richtige Idylle. Noch dehnt sich dort der kleine Dorfplatz mit einem alten

Glockentürmchen, von dem bis vor kurzem das Morgen- und Abendläuten erklang. Heute gibt es – wo einst Dill und Kümmel dufteten – moderne Häuser und lange Straßen, von Girlanden bunter Autos umsäumt. Und unter den Autos Öllachen! Nicht immer ein erfreulicher Anblick. Dafür singt hier im Frühling noch die Lerche. Leider werden die Lerchen immer weniger.

Bräunau kannte ich seit meiner frühesten Jugend. Wir spazierten hier von der «Brandstätte», dem Pohořelec, zum Kloster und dann durch die Zeyer-Allee zum Jagdschloß «Stern» (Hvežda), um Veilchen und Maiglöckchen zu pflücken. Maiglöckchen wachsen dort nicht mehr. Unterwegs vergaßen wir nie, vor dem alten Gasthof auf der «Marjánka» Rast zu machen. An der Fassade des legendären Tanzlokals prangte ein naiv beredtes Bild der Schlacht am Weißen Berge. Die Tanzabende auf der Marjánka waren berühmt. Glanz und Gloria verliehen dem bunten Treiben dort die Soldaten aus den beiden nahen Kasernen auf dem Pohořelec. In der einen waren Infanteristen, in der anderen Dragoner stationiert. Ihr abendlicher Zapfenstreich hallte durch ganz Bräunau.

Wir wohnen über der Bělohorská auf der Strahow-Ebene mit ihren zwei Stadien. Im Sommer hören wir das Knallen der Startpistolen. Als wir hierherzogen, sahen wir oft aus dem Fenster bis auf den berühmten Berg Řip. Auch die Milešovka und Kletečná gewahrten wir zuweilen in der Ferne. Nachdem man das Militär-Hospital auf dem Strešovicer Hügel erweitert hatte, war es mit unserer schönen Aussicht vorbei. Jetzt starren wir auf triste Spitalsgebäude und sehen nichts mehr von der Landschaft. Von dem Dach der nahen Polizeifunkstation soll man im September sogar das Riesengebirge sehen können. Alle Jahre nehme ich mir vor, einmal hinzuschauen, um mich davon zu überzeugen, doch meist vergeß' ich es dann.

In der Druckerei bei uns im «Volkshaus» arbeitete ein Maschinensetzer namens Václav Chlumecký. Als er erfuhr, ich sei nach Bräunau umgezogen, sagte er zu mir:

«Ich hab' einen Bruder in Bräunau. Er ist verrückt nach

Gedichten. Wenn er erfährt, daß du in Bräunau bist, ist er im Nu bei dir. Doch keine Angst. Er ist ein braver Bursche. Bis auf die Gedichte!»

Er hatte recht. Nach ein paar Tagen kreuzte der Bruder auf. Spornstreichs! Ja, er war ein braver Bursche. Schon nach kurzer Zeit freundeten wir uns an.

Bohuslav Chlumecký war in die Familie des Hausmeisters einer der neueren Schulen von Bräunau geboren, das damals noch im Grün der Gärten ertrank. Er war zwar ein paar Jahre jünger als ich, doch schon ein Bräunauer «Zeitzeuge».

Später einmal erzählte er mir vom alten Bräunau und von seiner Kindheit. Früher war Bräunau oder Břevnov eine selbständige Gemeinde gewesen, ohne Verbindung zu Prag. Im alten Gasthaus «U kaštanu» (Zur Kastanie) war einst die (tschechische) Sozial-demokratische Partei gegründet worden. In Bräunau wohnten fast nur arme Leute, Arbeiter, Proletariat. Wie auf dem Dorf üblich, kannten die Leute einander aus ihren Vereinen, ihrem Konsum-Laden, ihren Wirtshäusern. Und Prag, das so nah war, lag doch fern. In dieser Atmosphäre einer Arbeitervorstadt wuchs Chlumecký auf. Der Duft von Kümmel und Selleriegrün zog durch die Schulfenster ins Haus.

Ich sage – er wuchs auf. Doch er wuchs nicht recht. Zwar war er mit geradem Rückgrat geboren, doch schon in der Kindheit begann es, sich unheilvoll zu krümmen. Er blieb klein und erinnerte mich – ich schäme mich dessen ein wenig – an die Barockfiguren vor dem Schloßtor in Nové Město nad Metují. Er war zwar größer als diese, ihnen aber auch im Gesicht ähnlich. Ehe ich ihn richtig kennengelernt hatte, empfand ich in seiner Anwesenheit eine gewisse Beklommenheit. Wie sein Bruder mir erzählt hatte: Er liebte Gedichte. Poesie bedeutete für ihn, was der Wind für einen grünen Baum ist. Er war von ihr permanent erregt und ergriffen und lebte ganz in ihren lebenspendenden Schwingungen, in ihrer Musik. Sie ersetzte ihm, was er in seinem Leben sonst vermissen mußte – wenigstens teilweise.

In diesem verkrüppelten Leib loderte ein aufrechter und

«gerader» Geist. Früher hatte er Cello gespielt, doch dann widmete er sich völlig der Poesie. Doch die Liebe zur Musik war ihm geblieben. Als ich ihn kennenlernte, besaß er schon eine reichhaltige Bibliothek, in der Tat eines Dichters würdig. Fast alles im Leben konnte er sich versagen, damit ihm Geld für Bücher blieb. Er ließ sie sich von den besten Buchbindern binden, und die prächtigen Ledereinbände kosteten ihn eine Menge Geld. Ich spreche von unseren besten Buchbindern. Fast alle sind schon tot, und mit ihnen ist auch das «schöne tschechische Buch» gestorben! Chlumecký liebte schöne, prachtvoll ausgestattete Bücher; ein bibliophiler Snob war er nicht.

Ein kleines Bijou neben einem großen Juwel, da gingen einem die Augen über, und das Herz hüpfte einem im Leibe. Er hatte zwei antike Schränke erworben, die standen – in zwei Reihen – voller Bücher. Es gelang ihm, alle heute bereits seltenen und gesuchten «Alt-Reichs-Drucke» zusammenzutragen. Er liebte Barbey d'Aurevilly, und Léon Bloy, diesen genialen und prächtigen Rüpel, dem eine Schatztruhe voller Flüche zu Gebote stand, hatte er in einem rosa Einband aus feinem Samt in seinem Schrank.

Man könnte vielleicht sagen, die Poesie war Chlumeckýs Beruf und Lebensinhalt. Ihr widmete er die meiste Zeit. In den restlichen Stunden tat er auf dem Prager Rathaus Dienst, wo er für die Steuer zuständig war, die die Prager für ihre Hunde zu entrichten hatten.

Ebenso gern wie er Gedichte las, trug er sie auch vor. Wenn schon nicht mit einer hübschen Figur bedacht, versuchte er wenigstens, seine ein wenig heisere Stimme dramatisch zu kultivieren. Dies gelang ihm auch. Der berühmte Schauspieler Zdeněk Stěpánek war sein Vorbild. Dieses sein Idol hatte er gut gewählt.

Bei seinem zweiten Besuch bei uns verblüffte mich Chlumecký ungemein. Er hatte mein Gedicht «Světlem oděná» (Die in Licht Gehüllte) auswendig gelernt und trug es mir vor. Obwohl er kein Trinker war, hatte er mit Lust und Laune auch alle meine Romanzen über den Wein einstudiert und rezitierte sie recht angenehm.

Das Glanzstück im poetischen Repertoire Chlumeckýs aber war ein Gedicht des englischen Autors John Masefield: Captain Stratton's Fancy. Vor dem Krieg erschien in Zlín (jetzt Gottwaldov) eine kleine tschechische Auswahl aus den Arbeiten des Dichters. Hierzulande war er wenig bekannt, und daran hat sich bis heute nichts geändert, obwohl Masefield ein poeta laureatus war. In England pflegt man stets nur einen lebenden Dichter mit diesem Ehrentitel zu bedenken. Englisch kann ich nicht, und das Original kenne ich nicht, doch über die tschechische Übersetzung muß ich sagen: Sie ist schwach, stellenweise sogar sehr schwach und holprig. Trotzdem ist das Gedicht über den Captain Stratton außergewöhnlich gut zum Vortrag geeignet. Das Bändchen war offensichtlich nur eine lokale Zlíner Erscheinung. Ich entsinne mich nicht, daß das Buch je im Prager Buchhandel aufgetaucht wäre. So hab' ich nicht die blasseste Ahnung, wie Chlumecký das Buch entdeckt hatte. Vor allem das erwähnte Gedicht fesselte den Rezitator, obwohl gerade dies sehr unbeholfen übersetzt ist. Für Chlumecký war es ein Kinderspiel, das Gedicht auswendig zu lernen. Ich versprach ihm übrigens, es besser nachzudichten – doch ich hielt mein Versprechen nicht. Heute ist die Übersetzung – zumindest für mich – durch den Tod Chlumeckýs geheiligt. Da kann man nichts mehr machen:

Oh manche lieben roten Wein, und manche lieben weißen,
und manche wollen tanzen im bleichen Mondenschein;
Rum ist allein das Rechte, der Rum erfreut das Herz,
Wenn ihr auf Captain Stratton hört.

Die Verse trug er mit gedämpftem, aber doch glaubwürdigem Pathos vor. Noch heute höre ich sie im Geiste, wenn ich an ihn denke. Aufs Tanzen war er nicht wild, und Rum trank er, soviel ich weiß, nur zu Weihnachten und auch dann höchstens ein paar Tropfen im Tee.

Die einen trinken spanischen, französischen die andern,
Der küßt ein Hafenmensch und schwört, sie sei ein Engel;
Doch ich bin für Jamaika-Rum, das einzig ist der Stoff,
Drauf Captain Stratton schwört.

So singt der Dichter. Dabei bin ich überzeugt, wenn es nach Chlumecký ginge, würde er, statt sich mit einem Glas Rum an den Tisch zu setzen, lieber vor dem Bild einer anmutigen Frau niederknien und die schönsten Worte zu ihrer Huldigung ersinnen. Und wenn's auch vergeblich oder sogar hoffnungslos wäre.

Dem hats die Lilie angetan, und der schlürft Rosenduft,
ich aber bin für Zuckerrohr, das auf Jamaika wächst;
Das gehört in den Trunk, der duftend die kupferrote Nase wärmt,
Die Captain Stratton gehört.

In seiner Jugend lernte Chlumecký Cello spielen, wie ich schon erzählte. Er konnte es schon ganz passabel, vielleicht hätte er es zu einer gewissen Virtuosität bringen können. Er hatte sehr viel Sinn für Musik, aber mit dem Cello ging es nicht. Sein Herz verbot es ihm. So schrieb er Verse. Und keine schlechten. Als er einmal mit seiner Bekannten von einem Konzert heimkam, bei dem man Dvořáks As-Dur-Quartett gespielt hatte, schrieb er ein interessantes Gedicht, das er «Cantabile» nannte. Vom Spiel des Cellos sagt er in diesem Gedicht, es riefe mit seiner Stimme die Engel vom Himmel herab. Wenn er dies Instrument also nicht selber spielen durfte, mußte er mit den Engeln direkt kommunizieren. Er war katholisch.

Und manche mögen Karten, andre das Würfelspiel,
Der hat in rote Lippen und schelmisches Aug sich vergafft;
Weit besser ist Jamaika-Rum in einem Eck, wo niemand
Captain Stratton dabei stört.

Und manche lieben die Fiedel, und manche hohen Gesang,
Der summt und trällert lieber ein Liedchen vor sich hin;
Doch besser behagt der Kehle der tiefe große Becher,
Den Captain Stratton leert.

So mancher wackre Geselle denkt, er versündigt sich,
Läßt er den Becher kreisen und zählt die Taler nicht;
Ich bin für Duldsamkeit und lobe mir die Kneipe,
Wo Captain Stratton einkehrt.

Nein, fürs Kartenspiel hatte der brave Chlumecký auch nichts übrig, und noch weniger versuchte er sich im Tanzen. Wie ein Mönch lebte er aber nicht. Er hatte genügend Manneskraft und schuf sich seine eigene Welt.

Und die war schön genug, als daß sich darin leben ließ, wenn das Schicksal ihm auch so vieles vorenthielt.

So manche sind Gesindel, die stolz in Seide gehn,
Und mancher gilt für achtbar und ist doch nur ein Schuft;
Captain Stratton will als Ehrenmann in seinen Stiefeln sterben,
Wie sichs für ihn gehört.

Am Schluß dieser letzten Strophe stampfte der Rezitator mit einem Anflug von Stolz übermütig mit dem Fuß auf wie der berühmte Mime Vojan bei Cyrano de Bergerac. Trotzdem starb er nicht in seinen Stiefeln. Zu solch einem Ende fehlte ihm etwas: die stürmisch wogende See!

Eine Bekannte Chlumeckýs, die junge Gymnasialprofessorin des Prager Internatslyzeums für Mädchen Marta Hušáková, vermählte sich mit einem Dr. Hodgkiss und zog mit ihm nach Großbritannien. Kaum hatte sie sich in «Engelland» ein wenig umgesehen, schrieb sie an den Dichter John Masefield, im fernen Böhmen lebe ein junger Mann, der sich in seine Poesie verliebt habe. Er trage seine Verse vor und mache die jungen Leute in Böhmen mit seinen Gedichten vertraut. Das

Lied von der seltsamen Liebe des Captain Stratton gehöre zu seinen Lieblingsgedichten. Der Dichter lud Mrs. Hodgkiss zu sich ein und war von ihrer Erzählung über Chlumecký gerührt. So schrieb er Chlumecký einen herzlichen Brief. Seit jener Zeit fand Chlumecký in seiner Weihnachtspost auch stets einen Brief des Dichters. Bei diesem Besuch der Mrs. Hodgkiss ging auch ich nicht leer aus. Ich bekam einen grünen Lorbeerzweig aus des Dichters Garten. Ich bewahrte ihn hinter dem Glas meines Bücherschranks auf. Mit der Zeit verwelkte und vergilbte er. Sooft mein Blick darauf fiel, mußte ich lächeln und erinnerte mich an meinen Freund Sváťa Kadlec. Als wir während des Krieges des öfteren gemeinsam den Schriftsteller Jiří Mařánek besuchten, vergaß Kadlec nie, heimlich ein paar Blätter von den Kränzen zu zupfen, die überall an den Wänden hingen. Er kochte gern und brauchte die Lorbeerblätter für die Sahnesoße zu einem «Svíčková» genannten Rinderbraten. Lorbeerblätter waren damals Mangelware.

Da ich von Mrs. Hodgkiss und Bohumil Chlumecký erzähle, muß ich auch vom Prager Internatslyzeum und der Liebener «Košinka» erzählen. Unter ihrem gastlichen Dach fand Chlumecký nämlich sein Forum und vor dem Podium junge und begeisterte Zuhörerinnen.

«Erst als ich auf die Košinka kam, fing ich an zu leben. Vorher habe ich nur elend dahinvegetiert», sagte Chlumecký einmal.

In dem Stadtteil Libeň – deutsch Lieben – steht noch heute eine große Villa. Villa sage ich! Ein kleines Palais! Es gehörte dem Industriellen Grabe, der vor dem Krieg nach Wien umzog. Die Villa hieß «Košinka» oder Koschinka, und die Mädchen, die hier vorübergehend ein glückliches Heim fanden, nannten sich «Koschinka-Mädchen». Die Direktorin des Prager Internatslyzeums hatte die Villa für ihre Schule gemietet, die sich das Pariser Institut von Sacré Coeur zum Vorbild nahm. Neben der Villa lagen ein französischer Garten und Tennisplätze.

Wie Chlumecký unter diese Mädchen geraten war, habe ich

ihn nie gefragt, doch darum geht es auch nicht. Alle, die ihm dort begegnet sind, erzählen hell begeistert von ihm.

«Chlumecký wurde zum spiritus rector unserer Kulturveranstaltungen, und das war eine zeitraubende und höchst verdienstvolle Tätigkeit. Er war in seinem Element, verhandelte, bereitete vor und organisierte mit nie nachlassender Begeisterung diverse kulturelle Ereignisse.»

Das erzählte mir sein Freund J. V. Viktorin. Dabei verlieh die häufige Anwesenheit junger Künstler der Košinka eine besonders lockere, freundschaftliche Atmosphäre. Absolventen des Konservatoriums waren hier regelmäßige und gern gesehene Gäste. Junge Leute kamen zu jungen Leuten. Debutierende Künstler, Musiker und Mimen, wollten ihr Talent erproben und es vor dem öffentlichen Auftreten testen. E. F. Burian mit Marie Burešová und ihrem Theater-Ensemble gastierten hier. Chlumecký lotste viele bedeutende Gäste in die freundliche und lebhafte Umgebung gescheiter junger Mädchen. Auch die Schriftstellerinnen Marie Majerová und Jarmila Glazarová waren dort daheim. Frau Majerová erzählte mir von der Schule mit aufrichtigem Engagement. Die Dichter František Halas und Vítězslav Nezval lasen dort, Bohumil Mathesius, auch als Übersetzer berühmt, Jan Drda und Albert Vyskočil fanden sich ein. Und auch der eindrucksvolle Max Brod. Es ist gar nicht so leicht, sich an alle zu erinnern.

In dem Roman «Rozmarné léto» (Ein launiger Sommer) von Vančura bemerkt der Schwimmbadbesitzer, Herr Důra: «Es gibt wenig hübsche Mädel auf der Welt, doch es gibt sie!» Ich glaub's ihm zwar nicht, doch hätte er recht, wären in der Košinka alle hübschen Mädchen Prags versammelt gewesen.

Chlumecký trug den jungen Schönheiten Gedichte vor, und die Schönen lauschten ihm begierig. Er schuf eine Atmosphäre seltener Harmonie, und dank ihm war die Poesie an diesem Ort daheim. Er war dort glücklich.

Ein paar Mal im Leben hatte Chlumecký versucht, einer Frau näherzukommen, doch stets wurde er mit Hohn und grausam abgewiesen. Er erkannte, daß er sich mit seiner Einsamkeit abfinden müsse. Kein Weib wollte mit ihm durchs Leben gehen. Vielleicht kann man es den Frauen gar nicht verdenken. Die Pforte in den ersehnten Garten der Liebe blieb ihm mit Ketten und Riegeln verschlossen, und ein bissiger Cerberus bewachte sie.

In der Košinka war er plötzlich von lauter jungen Damen umgeben, die ihn durch ihr Interesse und ihre Freundschaft überraschten. Man kann sagen, er wurde durch ihre Aufmerksamkeit fast verwöhnt.

Ach, berauschender Duft weiblicher Anmut und Jugend! Welcher Dichter hat gesagt, das Weib sei schöner als das blaue Himmelszelt?

Die heutigen Frauen verachten aber, so will mir scheinen, den Mythos, mit dem sie sich, mit Hilfe der Männer, umgeben haben. Die Herren revanchieren sich dafür mit männlicher Rauheit, Grobheit und zuweilen auch mit Zynismus. Schade. Damals war's wohl noch ein bißchen schöner auf der Welt!

Kehren wir aber zu Chlumecký zurück, der die Frauen anbetete. Sicherlich noch weit mehr als ein normaler Mann. So suchte er und fand einen Pfad, auf dem er sich den Frauenherzen nähern konnte und durfte. Ihm mußte nur immer die Grenze bewußt bleiben, die er nicht überschreiten durfte und konnte. Dafür hatten sich die Mädchen vermutlich mit seinem unglücklichen Äußeren abgefunden und versuchten, seine Jammergestalt nicht zu sehen. Die Mädchen waren lieb, es gelang ihnen. Ich will nicht behaupten, er wäre wunschlos glücklich gewesen. Es war für ihn doch unsäglich schwer und bitter. In einem Milieu von soviel weiblicher Anmut mußte er wie ein Barfüßer über Glasscherben schreiten. Ein Raum voll fröhlicher junger Mädchen ist keine stille Kapelle, wo man auf kalten Steinen kniet.

Für Chlumecký war die Košinka aber solch ein Gotteshaus.

Mir scheint, ich verschwende hier viele Worte, um eine einzige simple und selbstverständliche Sache zu umschreiben. Chlumecký verliebte sich in die Mädchen. Zuerst in alle auf einmal, also mehr oder weniger platonisch und somit auch unschuldig und schmerzlos. Es ist keine große Kunst, eine ganze Klasse hübscher Mädchen zu lieben. Schlimmer war, als er anfing, an eine nach der andern sein Herz zu verlieren.

Eines wußte er aber ganz gewiß: Wollte er nicht alles zerstören, was er sich aufgebaut hatte, durfte er seine Gefühle nicht zeigen – mit keinem Sterbenswörtchen, keinem Blick, nicht einmal durch ein Augenzwinkern. Liebe macht aber schon seit jeher erfinderisch. Falls es irgendwo eine Gedankenübertragung gibt, gewiß auf diesem Gebiet, in den Liebesbeziehungen. Jede seiner Angebeteten spürte natürlich gleich seine Leidenschaft und behielt diese Entdeckung – wie das so geht – nicht für sich.

Solch eine heimliche und stumme Liebe ist freilich nicht bequem und macht auch nicht glücklich. Auch Dante konnte nicht schweigen, doch Chlumecký mußte es. So wurden die Flammen dieser Lieben allmählich kleiner und kleiner, bis sie verblaßten. Wenngleich sie nie ganz erloschen und stets bereit waren, von neuem aufzulodern. Doch die Vernunft suchte das Herz ständig zu bezwingen, zähmte es, wenn es aufbegehren wollte, und hielt es an der kurzen Leine, aber den Schmerz konnte der Verstand nicht unterdrücken.

Die Mädchen waren freilich auch nicht schuldlos. Falls man sorglose Jugend und Anmut der jungen Jahre als Schuld bezeichnen kann. Ihr Antlitz konnten und wollten sie nicht verhüllen und auch nicht die hübschen Beine in einen Sack stecken.

Der arme Chlumecký! Sein Herz wollte fast zerspringen. Er gestand mir, zuweilen habe er furchtbares Herzklopfen und spüre, wie ihm das Herz bis an die Kehle schlüge. Doch die Mädchen waren freundlich und verständnisvoll zu ihm. Das machte es vielleicht noch schlimmer!

Ständig im Brennpunkt ihrer Blicke, geriet er manchmal ins Wanken, trotzdem legte er soviel innige Liebe und Zärtlichkeit in seine heisere Stimme, eine so aufrichtige Inbrunst, daß er alle Zuhörerinnen in seinen Bann schlug, ja hinriß.

Einmal besuchte er mich und vertraute mir an, die Mädchen

hätten ihn schon ein paar Mal gebeten, ihnen doch zu erklären, was denn Poesie eigentlich sei. Ich nannte ihm eine Definition, von der ich keinen Moment glaubte, sie sage über die Poesie etwas aus: Poesie sind Worte in Schönheit und ist Schönheit in Worte gekleidet.

Er merkte, daß dieser Satz nichts besagte und war unzufrieden.

Unten in Bräunau, in der Straße Na Petynce, wohnte sein Freund Albert Vyskočil. Der erklärte es ihm viel treffender und verriet ihm das Geheimnis der Poesie:

Wir können die Poesie nie ergründen, uns ihrer in keiner Form bemächtigen, sie nie erlernen. Die Poesie erscheint uns einfach als eine Vision. Die Poesie ist mit einem Wort ein Phänomen. Alles was uns bleibt ist: Staunen!

Diese Worte entsprachen viel eher seiner tiefen Hochachtung vor der Poesie auf dem Weg zu ihr, wenn auch dieser Weg nirgendwo endet.

Vielleicht war diese Erklärung den jungen Seelen einigermaßen unverständlich, doch das macht nichts, sie fanden sich damit ab, lauschten andächtig den vorgetragenen Gedichten und liebten sie. Die Dichter hatten in Chlumecký einen treuen Sendboten zum Geist und zur Seele der jungen Menschen.

Wenn Chlumecký abends heimkam – das hab' ich frei ersonnen –, machte er den antiken Schrank auf und suchte sich die Bücher heraus, die er am meisten liebte. Er streichelte sie, das durfte er, und vertiefte sich in ihre Lektüre. Dann schloß er Buch und Augen. Svatopluk Čech hat einst über seine Einsamkeit einen hübschen Vers gedichtet:

Die Sirenen des Lebens sangen mir reizende Lieder.

Welche Lieder vernahm wohl der arme, tapfere Chlumecký in seiner Einsamkeit?

Ach!

Während des Krieges schlossen die Deutschen die Košinka, jagten Lehrerkollegium und Schülerinnen auseinander. Manche der Mädchen bekamen aber bald Sehnsucht nach dem geselligen Leben in dem Internat. Košinka wurde bald zur Legende, und die Mädchen beschlossen, sich regelmäßig zu treffen. Chlumecký war dabei. Und seit damals treffen sie sich bis auf den heutigen Tag.

Die Jahre sind rasch verflogen. Heute haben die «Mädchen» schon erwachsene Töchter, die sie zu den «Jours» begleiten. Doch auch die Töchter haben schon wieder Töchter, und so ist es wie in dem «Seemannslied» von Paul Fort: «He Tochter, gib mir dein Töchterlein ...»

Noch unlängst pflegte ihnen Chlumecký in Verse gesetzte Einladungen zu senden. Eine Handvoll davon las ich. Sie sind witzig und voll Esprit.

Einmal traf ich Professor V. V. Štech vor einem Schaufenster des Verlags «Melantrich» auf dem Wenzelsplatz. Aufmerksam betrachtete er den dort ausgestellten Kopf einer gotischen Madonna.

«Es ist eine Gipskopie der hölzernen Madonna in Tismice. Die Kopie ist gelungen und farbgetreu polychromiert. Man nennt sie die Nelken-Madonna, weil ihr Mantel mit Nelken verziert ist.»

Ich dankte ihm für die Auskunft, trat gleich in den Laden und erstand den Kopf. Er gefiel mir und war nicht teuer. Am nächsten Tag hatte meine Frau Geburtstag, und so hatte ich ein schönes Geschenk für sie. Sie stellte die Statue auf den Bücherschrank und dort steht sie noch heute.

Zuerst suchte ich Tismice irgendwo auf der Landkarte in Südböhmen, wo so manche herrliche gotische Madonna daheim ist, doch zu meiner Überraschung entdeckte ich, daß Tismice nur ein Stückchen von Prag und ein paar Schritte von Böhmisch Brod entfernt liegt. Chlumecký, der die Madonna kannte, wußte Näheres. Eines schönen Herbsttages machte ich mich nach Tismice auf. Seine kleine romanische Basilika steht auf einem sanften Hügel inmitten ländlicher Hütten. Die Statue ist wirklich wunderschön, gotisch schlank, das anmutige Mädchenantlitz mit kleinen, geschlossenen Lippen. Sie steht auf dem Hauptaltar. Der alte Herr Pfarrer hatte, um ihre Anmut und ihre Heiligkeit zu betonen, einen Baldachin aus blaßblauem Foulard über sie gewölbt, den er zudem noch mit Papierröschen hatte bestecken lassen. Offen gesagt, besonders geschmackvoll war das nicht. Im Gegenteil! Doch ich erinnerte mich an die bekannte Erzählung von Anatole France, in der ein fahrender Gaukler der Jungfrau Maria auf dem Altar seine Verehrung erweist, indem er ihr ein paar Stückchen aus seinem Gauklerrepertoire vorführt. Also was soll's!

Nicht lange nach meinem Besuch in Tismice kam ein junger Redakteur der Wochenschrift «Kulturní tvorba» (Kulturschaffen) zu uns. Er wollte ein Interview! Als wir das Gespräch absolviert hatten, schaute er sich in der Wohnung um und beschloß, das Interview durch eine Darstellung des Milieus, in dem ich lebte, zu ergänzen.

Wohin ich aus dem Fenster schaue? Offensichtlich hatte er sich falsch orientiert und alles ein wenig durcheinandergebracht. Dann beleidigte er unsere Stiege, indem er bemerkte, sie knarre. Ich weiß nicht, was er hörte, doch meines Wissens knarrt eine Betontreppe nie. Dann betrachtete er die Totenmaske von F. X. Salda, die über meinem Schreibtisch hängt, und teilte sie Josef Hora zu. Das hätte ich ihm noch verziehen. Er konnte weder den einen noch den andern kennen und stand beiden fern. In seinem Artikel gab es noch einen weiteren Schnitzer, doch was für ein Irrtum das war, weiß ich nicht mehr. Schlimmer war, daß er der Tismicer Madonna ins Antlitz schaute und sich erkundigte, wie sie hierhergekommen sei. Nichts Böses ahnend, schilderte ich ihm ganz arglos meinen Ausflug nach Tismice. Ich sprach wie ein alter Journalist mit einem Kollegen und ging davon aus, daß er meine Informationen vor dem Druck entsprechend redigieren würde. Ich beschrieb ihm Tismice als kleines Dorf voller Matsch. Man fuhr gerade die Zuckerrüben ein! Sogar vor der Basilika stand eine unübersteigbare schwarze Wasserlache. Dann schilderte ich ihm ziemlich plastisch und drastisch den Geschmack des Herrn Pfarrers, der die Statue in Blaßblau gewandet hatte, was den

Eindruck eines Chambre separée vermittele. Ja, so spottete ich damals, leider. Doch dann passierte es! Er brachte alles genau so, wie ich's ihm erzählt hatte.

Zuerst bekam ich einen empörten Brief von der Tismicer Landwirtschaftlichen Produktionsgenossenschaft. Sie seien eine Muster-LPG, wirtschafteten gut und kümmerten sich um das schöne Aussehen ihrer Gemeinde. Sie waren beleidigt.

Der Herr Pfarrer sandte mir ein trauriges Lamento. Er warf mir vor, er habe mir doch in der Kirche alles gezeigt und erklärt, und ich hätte es ihm mit Undank und Unhöflichkeit vergolten. Und er schilderte mir, wie sorgfältig er die Kirche pflege.

Einen unfreundlichen Brief schrieb mir auch ein Kunsthistoriker aus Böhmisch Brod. Die Madonna heiße überhaupt nicht Nelken-Jungfrau, deshalb sei meine diesbezügliche Behauptung völlig falsch. Diese Rüge lud ich aber auf Prof. Štechs Rücken ab, der sie mit stoischem Gleichmut ertrug.

Ein paar vernünftige Briefe bekam ich von Bürgern aus der Umgebung. Sie meinten, und wohl nicht ganz ohne Grund, es sei nicht nötig, auf solch ein seltenes Kleinod der böhmischen Kunst zu einer Zeit hinzuweisen, da in Kirchen und anderswo soviele Kunstgegenstände gestohlen würden. Die Madonna von Tismice sei nicht genügend gesichert und der Pfarrer schon alt. Das sah ich ein.

Zuerst entschuldigte ich mich bei der entrüsteten LPG. Dann schrieb ich an den Kunsthistoriker nach Böhmisch Brod, und schließlich gab ich jenen recht, die ihre Befürchtungen über das mögliche Schicksal der Madonna geäußert hatten. Nur der Herr Pfarrer blieb noch übrig. Ich war in Verlegenheit. Doch da kreuzte der weise Chlumecký auf und verriet mir, daß er den Pfarrer von Tismice ein wenig kenne; er wolle die Sache mit ihm schon regeln. Er bot es mir selbst an. So bestiegen er und sein Freund ihre Drahtesel und radelten am nächsten Sonntag nach Tismice.

Im staatlichen Ambulatorium in Bräunau hatten wir einen ausgezeichneten Arzt. Seitdem er dort Dienst tat, kümmerte er sich um Chlumeckýs Gesundheit und behandelte sorgsam seine Leiden. Als er ihn einmal traf, wie er auf dem Radl die Bělohorská entlangsauste, ließ er ihn kommen und drohte ihm in aller Freundschaft, er werde ihm ein paar hinter die Ohren geben, wenn er ihn noch einmal auf dem Fahrrad sehe. Er hatte recht.

Auf der Fahrt nach Tismice, schon in der Nähe von Böhmisch Brod, bremste Chlumecký vor einem Bahnübergang scharf, und sein Freund fuhr von hinten auf ihn auf. Chlumecký stürzte vom Rad und brach sich das Fußgelenk. Seit jenem Tag bis zu seinem Tode schleppte er sich an zwei französischen Stöcken durch Bräunau.

Doch auch dieses Unglück zerbrach ihn nicht. Eine Zeitlang humpelte er noch in seine Kanzlei, schrieb seine in Verse gesetzten Einladungen an die Košinka-Mädel und fand sich bei ihren regelmäßigen Kränzchen ein.

> Bald wieder bei dem «Patron»
> am achten, sei's auch im November
> Kommet, ihr seid ja dort daheim...
> usw.

Zuweilen schlurfte er auch noch zu uns auf die Ladronka hinauf. Wenn er kam, nahm er nie Platz. Es verursachte ihm Schmerzen, auf einem Stuhl zu sitzen. Er stand neben dem Tisch und plauderte mit meiner Frau über Poesie, über die Mädchen von der Košinka, und ich weiß nicht worüber noch.

Ich kannte seine bescheidene Wohnung gut und weiß, was er hinterließ, als er im Strahower Krankenhaus gestorben war. Nichts! Nur zwei antike Schränke voll seltener Bücher. Wohl an die zwanzig traurige Košinka-Mädel schluchzten aufrichtig an seinem offenen Grab.

Bald darauf erzählten uns Bekannte Chlumeckýs, sie hätten im Schaufenster eines Antiquariats seine Bücher gesehen. Der Verkäufer in dem Laden verriet aber nicht, von wem er sie hatte. Es sei verboten. Macht nichts. Wir wissen's!

Der Ewige, unser HERR, der mich aus Ägypten herausgeführt und aus dem Hause der Knechtschaft, hat mir eine große Herde anvertraut. Sie weidete auf den grünen Wiesen, doch ich schor sie nicht. Und es kamen die Wölfe, rissen die Lämmlein und verstreuten die Schäflein über das ganze Land.

In der Bibel braucht ihr dieses Zitat nicht zu suchen. Ich hab's mir selber ausgedacht, als ich von dem kläglichen Ende der schönen Bibliothek Chlumeckýs erfuhr.

In den antiken Schränken hat jemand Kleider aufgehängt.

Drei kleine Geschichten über Bücher

Mácha's «Maj»

Einmal weilte ich in Marienbad und war auf der Kolonnade gerade dabei, ein Glas «Rudolphsquelle» zu schlürfen, da gesellte sich ein jüngerer Herr zu mir und stellte sich vor. Er war Mitarbeiter eines Kulturinstituts der Kurverwaltung, lebte schon lange in Marienbad und hatte dort so manches gesehen und erlebt. Unter anderem erzählte er mir, wie die Soldaten, die sich vor etlichen Jahren in dem nahen Kloster Tepl (Teplá) einquartiert hatten, die Bibliothek der vertriebenen Ordensbrüder liquidierten. Sie warfen die Bücher mit Mistgabeln auf eine bereitstehende Rutsche, von der sie auf einem unten wartenden Lastwagen landeten. War der Wagen vollbeladen, «karrten» sie die Bücher Gott weiß wohin. Dabei mußten sie aber durch die Stadtrandsiedlungen des Kurorts fahren, und als der Wagen über das Kopfsteinpflaster rumpelte, rutschten die Bücher durch die Erschütterungen von der Ladefläche und fielen in den Straßenkot. Die Leute sammelten sie auf. Er selbst habe den Roman «Kmotr Rozumec» (Pate Rozumec) von Smilovský aus dem Dreck gefischt, aber einer seiner Bekannten habe sich nach einem Buch gebückt und Máchas «Máj» aus der

Gosse gerettet. Ein Exemplar der Erstausgabe! Er erkannte gleich, welch eine Rarität er in Händen hielt, und wußte, was er damit zu tun hatte.

Habent sua fata libelli, bemerkte Terentius Maurus einst treffend, obwohl es damals noch keine Bibliophilen gab. Auch ich kam wohlfeil an dieses Buch, ohne jedoch zu ahnen, wie wertvoll es war. Ein Bekannter aus Žižkov namens Rameš schenkte es mir. Er war ein braver Mann, doch völlig amusisch und wußte auch nicht, welch kostbares literarisches Kleinod auf seinem Bücherregal verstaubte. Bald verlor ich Rameš aus den Augen. Was mit ihm passiert war, wußte ich nicht. Später erfuhr ich einmal, er habe sich mit der großen Zehe am Abzug mit einem Militärgewehr erschossen. Einmal besuchte ich meinen guten alten Bekannten, den Anarchisten und Verleger Michael Kácha. Als ich ihm das Buch zeigte und mich rühmte, es zu besitzen, gab er mir den Rat, mich doch mal bei einem Antiquar zu erkundigen. Der, zu dem ich ging, warf einen flüchtigen Blick auf das Bändchen und murmelte etwas von 10 Kronen. Doch ich sagte ihm, ich wolle das Buch nicht verkaufen.

Nach längerer Zeit saß ich einmal in der Bibliothek des Prager Nationalmuseums und las in einem Heft der «Moderní revue» (Moderne Revue), da entdeckte ich zufällig eine kleine Anzeige, mit der ein unbekannter Sammler alte und vergriffene Bücher suchte, darunter auch die Erstausgabe von Máchas «Máj». Ich ging heim, steckte das Buch in die Tasche und begab mich in die Redaktion der Modernen Revue. Der Redakteur Arnošt Procházka begrüßte mich ein wenig griesgrämig. Er war damals schon krank. Erst als ich ihm das Büchlein zeigte, wurde er freundlicher. Er hatte wohl Angst gehabt, ich brächte ihm meine Gedichte. Nachdem er das Buch in Augenschein genommen hatte, meinte er, ich könnte das Buch anderswo möglicherweise besser verkaufen, denn er könne mir dafür nicht mehr geben als 200 Kronen. Seine Aufrichtigkeit rührte mich ein wenig – ich überließ ihm das Buch. Ich hatte keine Lust, immer daran zu denken, sollte er's also haben. Er ist ein

Dichter, ihm gebührt es. Doch sein Band «Prostibolo Duše» (Simpel – Schmerz der Seele) gefiel mir nicht.

Nach kurzer Zeit starb Arnošt Procházka, und da er keine Erben hinterließ, kam seine Bibliothek unter den Hammer des ehrenwerten Auktionators Zink. Einige Tage später berichtete mir dann St. K. Neumann, auf der Zinkschen Auktion wäre eine Erstausgabe des «Máj» für 3500 Kronen verkauft worden. Ein Beauftragter hatte sie für den Direktor der großen Živnobank, Preiss, einen bekannten Financier der Ersten Republik, ersteigert. Und er fragte mich, ob ich den «Máj» noch hätte.

Ich schluchzte bitterlich, und mir war sehr, sehr traurig zu Mute. Doch der Frühling kam ins Land, der Flieder blühte, und alles war von Düften erfüllt. Ich spazierte auf den Laurenziberg. Als ich zu Máchas Denkmal kam, klagte ich dem Dichter mein Leid und gestand ihm die Torheit, die ich begangen hatte, weil ich ungeduldig und geldgierig gewesen war.

«Macht nichts», erwiderte Mácha, nachdem er den Blick von seinem Blatt, auf das er gerade Verse schreibt, erhoben. Und ohne die Feder aus der Hand zu legen, fuhr er fort:

«Ich schenke dir dafür diesen ganzen Garten. Er ist dein! Und alle Bänke dazu. Du wirst sie sicherlich noch brauchen.»

«Großmütterchen» von Božena Němcová

Ich hatte eine Menge guter Bekannter im Leben, ziemlich viele Kameraden, doch nur drei lebenslange Freunde. Der letzte und älteste von ihnen war der Dichter Josef Palivec. Er besuchte uns jeden Dienstag, falls er nicht gerade bei seiner Tochter Nisette in Genf weilte. Palivec war ein vermögender Mann. Als er zum zweiten Mal heiratete und sich mit der Schwester der Brüder Čapek – Helena – vermählte, gab ihm sein Bruder Wenzel eine Million Kronen als Hochzeitsgeschenk. Ein schönes Sümmchen damals.

Im «Februar 1948» wurde er alle Sorgen um sein Vermögen los. Das einzige, was er sich nicht nehmen ließ, war sein Stolz, und das einzige, was ihm blieb, seine lebenslange und außergewöhnliche Liebe zu Büchern.

In die neuen Verhältnisse lebte er sich bald ein. Noch vor dem Krieg hatte er einen Band faszinierend schöner Verse geschrieben und die Gedichte Valérys übertragen. Seine Nachdichtungen sind fast so vollkommen wie das Original. Wenn ich «fast» sage, so meine ich, was ihnen fehlt, hat mit dem Unterschied zwischen der französischen und der tschechischen Sprache zu tun. Tschechisch ist eben eine ganz andere «Zunge». Doch bei Übersetzungen macht es nicht allzuviel aus. Unter den neuen Verhältnissen entbehrte er als einziges schmerzlich, daß er sich keine teuren Bücher kaufen und sie auch nicht wie früher bei den besten Buchbindern kostbar binden lassen konnte.

Auch trug er schwer daran, daß er seinen Freunden keine exquisiten Geschenke mehr machen konnte. Das war immer sein besonderes Vergnügen gewesen.

Unserem Freund Halas, bei dessen Hochzeit er Trauzeuge war, wollte er um jeden Preis eine goldene Taschenuhr zur Hochzeit schenken – damals trug man die Uhren noch in der Westentasche –, deren Deckel mit eingravierten Rosen verziert und mit kleinen Brillanten besetzt war. Halas bat ihn aber, ihm lieber einen Kühlschrank zu kaufen.

Palivec schrieb nicht nur Gedichte, er verstand auch unglaublich viel von Poesie. Das brachte ihm einen gewissen Vorteil. Auch einem großen Kritiker kann es passieren, daß er einen Dichter nicht erkennt, doch einem Dichter nicht. Zudem verfügte Palivec auch noch über eine fundierte und umfassende Bildung. Fast schon an der Schwelle des Alters setzte er sich in den Kopf, zum Doktor der Jurisprudenz zu promovieren. Seine Prüfer waren über seine perfekten Rechtskenntnisse verblüfft. Bei den Prüfungen brillierte er.

Bei seiner Tochter Nisette, die einen der drei Söhne Igor Strawinskis geheiratet hatte, sie war übrigens eine sehr charmante und hübsche Person, lernte er einmal die einstige Königin von Italien kennen und korrespondierte dann mit ihr.

Palivec und Polan waren nämlich die letzten tschechischen Autoren, die es verstanden, formal schöne und literarisch wertvolle Briefe zu schreiben. Er las mir einmal einen seiner Briefe vor, in dem er für die Königin das schöne mährische Volkslied «Na tu svatú Katerinu» (Am St. Katharinentag) ins Französische übertragen hatte, und zwar wegen der einen Strophe

> Die Königin höchstselbst,
> sie schrieb ein Zettelein,
> berief den schmucken Burschen,
> zu den Soldaten ein...

Die Königin hatte meinem Freund Palivec freilich schon früher gestanden, sie wäre unsäglich glücklich gewesen, als sie nicht nur ihre königlichen, sondern auch ihre ehelichen Pflichten los war, die sie arg belastet hatten. Die hohe Dame hat interessante Memoiren verfaßt, in denen sie ihr bewegtes Leben schildert. Der Brief von Palivec war ein Meisterstück dieser untergehenden Kunst. Er war entzückend.

Aus Paris, wo er während der Ersten Republik Kulturattaché an der tschechoslowakischen Gesandtschaft gewesen war, hatte er ein paar wertvolle Bekanntschaften mitgebracht und eine Sammlung kostbarer Bücher, die er in Prag ergänzte. Als er freilich sein Vermögen verlor, hatte er kein Geld mehr für Prachtdrucke und war unglücklich. Die Bücher, nach denen er sich sehnte, waren für ihn unerschwinglich.

So kam er eines Dienstags wie gewöhnlich zu uns, doch diesmal ganz besonders deprimiert. Im Schaufenster eines Antiquariats hatte er nämlich ein tadellos erhaltenes Exemplar der Erstausgabe des «Großmütterchen» von Božena Němcová gesehen. Das Herz hüpfte ihm im Leibe. Als er jedoch den Preis erfuhr, erlosch seine Freude. Er jammerte, bevor er die Summe auftreiben könne, werde ihm das Buch jemand vor der Nase wegschnappen. Er war bereit, dafür notfalls einen ganzen Monat lang auf sein Mittagessen zu verzichten. Doch das hätte noch bei weitem nicht gereicht. Und es war ein Buch, nach dem er sich schon lange, lange sehnte.

Gleich am nächsten Morgen machte ich mich auf die Socken und erstand das «Großmütterchen» für ihn. Als er nach ein paar Tagen wieder erschien, legte ich es vor ihn auf den Tisch und bat ihn, das Büchlein zu behalten. Zuerst war er ganz überrascht. Denn er wollte mir gerade berichten, das Buch sei aus der Auslage verschwunden. Dann zierte er sich, wollte das Buch nicht annehmen, und ich mußte ihn lange überreden. Er war stolz. Doch als er den Band zur Hand nahm und ihn aufschlug, zweifelte ich nicht daran, daß er es gerne annehmen werde. Schließlich nahm er die «Babička» mit und war glücklich.

Er strich zärtlich über den Buchdeckel, betrachtete Seite um Seite.

«Vielleicht hat Božena Němcová es noch selbst in der Hand gehabt und ihre schönen, langen, von der Not schmalen Finger darauf ruhenlassen. Vielleicht auch in seine Seiten geweint. Was wissen wir schon?»

Er betrachtete das Werk von neuem, verweilte hin und wieder bei einer Seite und las darin, als bete er aus einem Gebetbuch. Dann wickelte er das Buch sorgfältig wieder ein und schob es mit den Worten:

«Ich werde erst heut' abend mit ihr kosen», in seine Aktentasche.

Als er uns verließ, stieg er ganz behutsam die Treppe hinunter, Stufe um Stufe. Er war schon weit über achtzig. Als er mir zwischen Tür und Angel entschwand, sagte ich zu mir:

«Welch ein glücklicher Mensch!»

Neruda's «Prosté motivy»*

Der Verein der tschechischen Bücherfreunde «Spolek českých biliophilů» – einer der wenigen Vereine, der die Auflösung fast aller Verbände und Vereinigungen in unserem sozialistischen Staat überlebt hat – zählt mich zu seinen Mitgliedern. Ich

* deutsch «Schlichte Motive»

bin ganz froh. Hin und wieder besucht mich der eine oder andere unserer Bücherfreunde, meist, damit ich ihm ein Buch signiere. Einige Male klopfte auch Jaroslav Knytl, ein altes Vereinsmitglied, bei uns an. Das Gehen fiel ihm schwer. Wir wohnen auf einem Berg, und es tat mir leid, daß er sich solche Mühe machte. Doch wir plauderten immer recht angeregt über Bücher. Oft klagte er, was wohl aus seiner Bibliothek würde, wenn er sterbe. Ein Wort gab das andere, und Knytl fragte mich recht schüchtern, ob ich ihm nicht Jan Nerudas «Poetické besedy» (Poetische Gespräche) abkaufen würde. Er habe sie komplett, nur der fünfte Band fehle: Nerudas «Prosté motivy». Er versprach aber, sie mir noch zu besorgen. Die «Poetické besedy» kaufte ich ihm bereitwillig ab. Er war froh darüber. Mit Büchern ist es wie mit Hunden. Wer sie ungern weggibt, ist glücklich, wenn sie in gute Hände kommen.

Die «Prosté motivy» trieb er nicht mehr auf. Er starb. Ich bin kein Sammler, hab' nie im Leben etwas gesammelt, doch die unvollständige Reihe wurmte mich. Viele Gedichtbändchen in meiner Bibliothek werde ich wohl nie mehr lesen. Trotzdem mag ich sie. Ich sage mir, es steckt etwas von Nerudas Welt darin. Sie sind auf ihre Weise auch schön. Und über hundert Jahre alt!

Vergeblich fahndete ich nach den Prosté motivy. Unter Nerudas Gedichten sind sie mir besonders lieb. Es gibt darin viele wunderschöne Gedichte, doch am liebsten ist mir das für Neruda so bezeichnende und leidvolle:

So mählich – so traurig – so immer allein.

Mit den unvollständigen «Gesprächen» wollte ich mich nicht abfinden.

Einmal, am frühen Sonntagmorgen, rief mich jemand an. Eine angenehme Mädchenstimme flötete: «Ich bin achtzehn und schreibe Gedichte.» Sie wollte wissen, was ich davon hielte. Ich möge ihr raten: Soll sie schreiben oder nicht.

Das hatte ich schon unzählige Male gehört, dieses Liedchen kenn' ich gut. Doch einem netten Mädchen einen bescheidenen

Wunsch abzuschlagen, das ist nicht meine Art. Sie solle vorbeikommen. Sie kam.

Ein Mägdelein wie eine Maienblume, schüchtern, ja verschämt. Sie preßte ein zu einem Röllchen gedrehtes Heft in der Hand. Ich versprach ihr, die Verse zu lesen, und als ich ihr tief in die Augen geschaut hatte, fügte ich hinzu, ich wollte es wirklich mit Vergnügen noch heute tun. Das war kaum gelogen, so schön war das Mädel. Dann bat ich sie, in einer Woche wiederzukommen.

Nach einer Woche war sie wieder da wie auf «Pegasus-Schwingen». Es bereitete mir ziemliche Mühe, ihr zu erklären: Was sie schreibe, seien keine Gedichte, und ich suchte mühsam nach Worten, mit denen ich ihr raten konnte, das Dichten besser seinzulassen. Ich nahm an, sie würde mir böse sein oder traurig. Doch nichts dergleichen. Sie gestand mir treuherzig, das Dichten bereite ihr mehr Qualen als Freude, sie wolle nie mehr schreiben. Doch bat sie mich, ihr einen Rat geben, was sie sonst tun solle.

Da einige ihrer Verse nach «Liebesgedicht» klangen, riet ich ihr, sich einen hübschen Burschen zu suchen und sich bis über beide Ohren in ihn zu verlieben. Dadurch werde sie so in Anspruch genommen, daß sie das Dichten vergäße.

Leise schwebte sie davon.

Das Mädchen und ihren Namen hatte ich fast vergessen, da bekam ich eine Heiratsanzeige. Sie hatte sich meinen Rat zu Herzen genommen und auf mich gehört. Ich sandte ihr einen aufrichtigen Glückwunsch und fügte ein paar quasi «Hochzeits-Verse» hinzu. Dabei dachte ich an ihr anmutiges Gesichtchen.

Am Tag nach der Hochzeit war sie wieder bei uns. Glücklich und strahlend. Sie brachte mir ein Rosen-Bouquet, eine Schachtel mit Hochzeitsküchlein und ein kleines, in Zellophan gewickeltes Päckchen mit einer goldenen Schleife.

Die Rosen stellte ich in die Vase und kostete von dem Hochzeitsgebäck. Dann bat sie mich, ein wenig ungeduldig, auch in das Päckchen reinzuschauen. Sie fürchtete, ich könnte vielleicht beleidigt sein. Ich mache das Päckchen auf – drei alte Bücher fallen heraus. Als ihre Oma gestorben sei, hätte man sie in der Zuckerschachtel gefunden, die in ihrem Wäscheschrank stand. Der angenehm vertraute «Duft» alter, ungelesener Bücher stieg mir in die Nase. Es waren die «unselige» Leitomischler Ausgabe der «Babička» des Verlegers Augusta, Máchas «Máj», 1862 von I. L. Kobr ediert und der fünfte Band der «Poetischen Gespräche», Nerudas «Prosté motivy».

Ich versicherte ihr ganz aufrichtig, sie habe mir eine Riesenfreude gemacht und fragte sie scheu, ob ich ihr für all das einen freundschaftlichen Kuß geben dürfe. Bereitwillig bot sie mir ihre blutjungen Lippen dar.

Sie ahnte nicht, daß es ihr erster «Seitensprung» war.

Eine Zeugenaussage

Mit den Jahren des Krieges kamen schlimme Zeiten über unser Land. Uns schien, als wären die Quellen bitter geworden und hätten ihren wunderbaren Wohlgeschmack klaren Wassers verloren. Auch der Gesang der Vögel klang irgendwie beklommen. Vielleicht hörten wir ihn auch gar nicht, und hinter dunklen Fenstern kauerte das Leben. Die Liebenden küßten sich quasi verschämt, als gehöre die zärtliche Annäherung Mund an Mund, dieses zarte Symbol des Verlangens nach einem Gefährten, nicht mehr zum Leben und zum Lieben und sei zuweilen nur ein Abschiednehmen für alle Zeit. Das Leben war kleinmütig geworden, verbittert, wurde schwerer und schwerer.

Das Attentat auf Heydrich, unweit des Prager Bulovka-Spitals, am Mittwoch, dem 27. Mai 1942, schien die Zeit der Okkupation unserer Heimat in zwei Teile zu reißen. Der zweite Teil war noch schrecklicher als der erste.

Eines Nachts, ein paar Tage nach dem erwähnten Ereignis,

befand ich mich auf dem Heimweg durch das verdunkelte Prag, da begegnete ich einem Trauer-Kondukt, der sich langsam, doch rhythmisch von Vysočany auf die Burg zu bewegte. Die schwarz verhangenen Trommeln dröhnten in den Hall der gemessenen Schritte, und Fackeln bestrahlten böse, fremde Gesichter. Es war eine schwarze Maske auf den Augen der Rache. Das Grauen war auf dem Schweigemarsch.

Auf dem ersten Burghof wuchs eilig ein düsterer Katafalk aus dem Boden, schwere Trauerfanfaren fielen wie Steine in die Prager Gassen unter dem Hradschin, und die Straßen verstummten in unseliger Vorahnung.

Angeblich hatte man nicht einmal Zeit gefunden, dem Toten alle Fetzen und Roßhaarreste von dem zerschossenen Autositz aus dem Leib zu ziehen.

Eine Hölle gibt's nicht! Schade! Es sollte sie geben!

Am vierten Tag nach dem Attentat, Anfang Juni, besuchte uns Sváťa Kadlec mit seiner Frau. Nur zu gut erinnere ich mich noch dieses Abends. Vladislav Vančura saß schon mehrere Wochen in Haft und wurde von der Gestapo gefoltert. Zitternd saßen wir vor dem Radio, um die Berichte über die neuen Maßnahmen der Nazis zu hören und von den Morden, die sie ankündigten. Als dann beim Verlesen der Namen aller Hingerichteten der Name «Vančura» fiel, erhoben wir uns wie von Grauen gejagt von unseren Stühlen und blieben atemlos und wie erstarrt stehen.

Vladislav Vančura!

Mit der Nennung seines Namens war unsere ganze Generation ins Herz getroffen, unser aller Schicksal lag in ihm. Mit seinem Tod hatte man dem ganzen Land eine blutige Wunde geschlagen.

Leider gibt es den lieblichen Ort »Paradies« nicht, und doch sollte es ihn geben! Zumindest für jene, die *so* sterben. Schade, nach dem Tod ist *nichts* mehr.

Wenn es schon kein Paradies gibt, warum sollte nicht dort unten ein trauriger Ort sein, wo die Schatten der Toten am anderen Ufer des Hades wie Irrlichter zwischen bleichen

Lilien umherflirren, deren Duft den Lebenden nicht mehr gehört.

Warum sollten wir nicht heute noch an die traurige Unterwelt glauben, da nicht nur die edlen Verse der antiken Dichter bis auf den heutigen Tag erklingen und uns anrühren, da wir ihren herrlichen Liebesliedern so gern und hingerissen lauschen und die Heroen ihrer glorreichen Tragödien noch immer über unsere Bühnen stampfen.

Jeder von uns trägt ein Stück jener Welt der Toten in seinem Herzen, in seinem Sinn und im Gedächtnis und die Schatten derer, die er liebte und denen er im Leben nahestand; zuweilen kehren sie nicht nur in unseren Träumen, sondern auch im Wachen zu uns zurück.

Wie oft wollte ich so schon meinen Vater umarmen, wie oft sprach ich mit meiner Mama. Ja, sie waren es! Sie sprachen wie Lebende und lauschten auch meinen Worten. Ach, hätte ich ihnen die Hand reichen können, ich hätte nur in bunte Schatten gegriffen. Oft wachte ich nur ungern auf, weil ich sie verlassen mußte. Mir war wohl bei ihnen. Doch sie entschwanden wieder in eine unbekannte Welt, wohin ich ihnen, Gott sei's geklagt, nicht folgen konnte.

So erschien mir auch Vančura von Zeit zu Zeit. Vor allem, als meine Erinnerungen noch ganz frisch und lebendig waren. Doch bei diesen nächtlichen Begegnungen spürte ich von dem Grauen nichts. Ich sah auch die mir so vertrauten Gebärden seiner Hände, als ich ihn aber leise ansprechen wollte, verschwand er noch lautloser in seiner Finsternis. Mir schlug das Herz bis zum Hals, und ich wachte schweißgebadet auf. Nun war ich wach, doch im Dunkel der Nacht gewahrte ich noch sein Antlitz und sah ihm erfreut in die Augen.

Ich weiß, vielleicht sind nicht alle schuldig, doch niemand und nichts, auch ein Umschwung der politischen Verhältnisse, wird mich dazu bringen – zu vergessen! Zu vergessen und zu vergeben. Sie waren allzu grausam, und es waren viele!

Ich verschweige aber einen Umstand, wenn ich sage, die Toten kehrten zuweilen zu uns zurück. Nein, das stimmt nicht. Es ist nur Schall und Rauch, nur Schein und Trug, wir sind es, die zu ihnen kommen. Von einem Tag zum andern sind wir ihnen näher.

Eines Tages schließen wir uns ihnen an und werden mit ihnen warten, bis wir, wer weiß, dann selbst jenen im Traum erscheinen, die wir verlassen haben.

In unserem Leben lassen wir allzu bald die seligen Gefilde der Jugend hinter uns, und bis an unser Lebensende wird uns scheinen, unsere Jugend sei nicht nur kurz gewesen, sondern auch atemberaubend rasch verflogen. Und wir hätten nicht hinreichend gekostet von ihrer Süße, den Düften und Blüten. Den Geschmack dieser Dinge werden wir noch lange auf der Zunge spüren, doch nur als vorwurfsvolle Erinnerung. Das Leben trägt uns ständig in die Weite, und wir winken den entschwindenden Ufern Adieu.

Es war wirklich eine wunderschöne Zeit damals. In den zwanziger Jahren, als Vančura noch in Prag wohnte, sahen wir uns oft. Wir besuchten ihn in seiner Wohnung in der Příčná. Häufiger aber gesellte er sich in unseren Stammcafés zu uns. Als er heiratete, zog er mit seiner anmutigen Frau, einer blutjungen Ärztin, nach Königssaal, tschechisch Zbraslav. An manchem Sonntag besuchten wir ihn dort, Vančura war damals Vorsitzender des »Devětsil«, und obwohl er hin und wieder in Prag auftauchte, fehlte er uns sehr. Das war in jenen unwiederbringlichen Tagen, als wir unsere ersten Werke veröffentlichten. Vančura seine Erzählungen »Amazonský proud« (Der Amazonas-Strom) und »Dlouhý, Široký a Bystrozraký« (Der Lange, der Breite und der Scharfäugige), zwei schmale Bändchen, in denen der künftige Dichter sich schon ankündigte, in seinem »Charakter«, in seiner Art des Erzählens, seinem Stil, und die in der gelösten und heiteren Atmosphäre des Devětsil erschienen; für seine ersten literarischen Versuche hatte er freilich schon viel früher die Feder »geschliffen«.

Vančura konnte auch gut zeichnen. Ja, es gab Zeiten, da wollte er auf die Kunstakademie gehen. Im Verzeichnis der Werke von Mikuláš Aleš ist auch ein Bild des Heiligen Wenzel notiert, das Vančura frei nach einer Vorlage von Aleš zeichnete. Wie es in das Werkverzeichnis kam, wußten weder Vančura noch Aleš' Tochter Maryna. Obwohl sie sich im Werk ihres Vaters gut auskannte, bemerkte auch sie nicht die fremde Hand.

Von den Freunden aus jener Zeit war ich es wohl, der ihn am längsten regelmäßig in Königssaal besuchte. Eine Zeitlang fast jeden Sonntag. Nach Königssaal machten wir uns gern auf den Weg. Ich fuhr meist mit meiner zukünftigen Frau hinaus.

Seinen Beruf als Arzt mochte Vančura nicht besonders. Er wollte schreiben, und die Medizin kostete ihn viel Zeit. Damit hielt er auch nicht hinter dem Berg, und seine Frau Lída, eine gute und gewissenhafte Ärztin, wußte dies wohl.

Eines Sonntags ereignete sich auf der von Báně kommenden Chaussee ein schrecklicher Unfall. Ein Motorrad, auf dem ein Mann mit seiner Freundin saß, stieß in rasender Fahrt gegen einen Baum. Der junge Mann flog im Bogen ins Gras und blieb unversehrt. Das Mädchen hingegen wurde schwer verletzt. Sie hatte sich beide Beine gebrochen – sie war Tänzerin. Während die beiden Vančuras die Verletzte versorgten, baten sie mich, die Petroleumlampe an die Wunde zu halten. Damals gab's in Königssaal noch keinen elektrischen Strom. Als ich Blut fließen sah, bebte meine Hand mit der Lampe. Frau Lída schickte mich fort, und Vančura übernahm die Funzel. Auch er war ein wenig zittrig. Später gestand er mir, er sei nicht so sehr über die Wunde erschrocken, vielmehr hätte ihn der Gedanke an das künftige Los des verletzten Mädchens beunruhigt. Schließlich mußte Frau Lída sich selber helfen. Sie war ruhig und resolut, versorgte die Patientin und ließ sie ins Krankenhaus bringen.

Vančura war kein schlechter Arzt, doch sein Beruf machte ihm keinen Spaß. Seine Frau verriet mir zwar einmal, gewisse ärztliche Eingriffe habe er meisterhaft ausgeführt, doch er selbst war überzeugt, für die Medizin ungeeignet zu sein.

Er hatte recht. Er sehnte sich danach, etwas ganz andres zu tun.

Zu meinem ersten Gedichtband schrieb Vančura ein kurzes,

doch wahrhaft dichterisches und dabei lakonisches Vorwort, in dem er den Leser direkt ansprach. Das Vorwort wird bis heute oft zitiert. Als ich es las, war ich ganz aus dem Häuschen. Ich las es immer wieder, bis ich es auswendig konnte. Dann ging ich im Zimmer auf und ab und rezitierte seine herrlichen Worte vor dem offenen Fenster, so als ständen unten Zuhörer.

»Ein Gedicht ist keine Vision, sondern ein schweres und zugleich bescheidenes Werk wie das, was der Arbeiter mit seinen Händen schafft. Die Revolution durchdringt die Welt, die Ordnung des neuen Schaffens geht auf. Die Zeit dröhnt unter dem Donner des Krieges ...«

Ich schaute ein wenig eitel zum Fenster hinaus, als erwartete ich von dort den Applaus des Publikums. Ich war damals jung und ein bißchen lächerlich. Nein, besser gesagt, ein bißchen jung und ziemlich lächerlich. Nach mehr als fünfzig Jahren möge man mir verzeihen. Schließlich werden ganz andere Dinge verziehen.

Königssaal oder Zbraslav glich damals einem leuchtend grünen Strauß voll Licht und Harmonie. Schon von Smíchov aus erspäht man sein Kirchlein auf dem Hügel, Wahrzeichen einer stillen Dorfidylle. Vančura mochte Zbraslav, besser gesagt, er liebte es. Die Moldau lag vor ihm wie eine Silberspange, und seinem Glück stand wahrlich nichts im Weg. Für ihn war es das Glück der Heimat. Zuweilen erinnerte er lächelnd an einen Ausspruch des Fürsten Wenzel aus dem Geschlecht der Przemysliden, der einmal sagte, Zbraslav gebe er keinem – außer der Jungfrau Maria, und die müsse ihn auf Knien darum bitten.

Von seinem Geburtsort in Schlesien sprach Vančura nie. Offensichtlich war er ihm bei dem Nomadenleben seiner Eltern nicht sehr ans Herz gewachsen. Dafür erzählte er oft vom nahen Davle. Dort hatte er ein paar schöne Knabenjahre verbracht. Doch Zbraslav war sein ein und alles!

Ich rede hier von dem, was Vančura »liebte«, und da muß ich freilich zuallererst sagen: Er liebte seine schöne Frau über alles. Mit stoischer Hingabe nahm sie den größten Teil aller Sorgen auf sich und gab, mit genügend praktischem Sinn für die zum Leben unerläßlichen Dinge begabt, ihrem gemeinsamen Leben eine bestimmte Ordnung, die ihr Mann bereitwillig akzeptierte und die er brauchte. Vančura wußte dies wohl und betete sie um so inniger an.

Daß ich's nicht vergesse – auch die Moldau liebte er. Ihren Glanz und ihr rauschendes Strömen, das er seit seinen Kindertagen im Ohr hatte. Auch Hunde hatte er gern; er brauchte sie, um zufrieden zu sein.

An einem Wochentag fuhr ich in der Früh mit der Korrektur von Vančuras Roman »Pekař Jan Marhoul« (Der Bäcker Jan Marhoul) nach Zbraslav. Frau Lída hatte das Wartezimmer voller Patienten und bat mich, ihrem Mann entgegenzugehen. Er war bei einem Patienten in der Nähe von Báně. Unterwegs sah ich ihn, wie er auf dem Rad von Báně nach Zbraslav hinunterradelte. Sein Hund »Rek« lief hinterher. Als wir uns trafen, sprang er vom Rad und fragte mich nur so en passant, ob ich radfahren könne. Ich konnte es nicht. Er meinte, ich müsse es unbedingt lernen. Und zwar auf der Stelle! In seine Ordination zurückzukommen, hatte er's nicht eilig. Die Patienten ließen sich ohnehin lieber von seiner Frau behandeln. Manche gestanden ihm das auch ganz freimütig. Doch er war nicht beleidigt! Im Gegenteil. Er lachte oft herzlich darüber.

Nun befahl er mir, mich aufs Rad zu schwingen. Es gelang mir auch, obwohl ich mich ziemlich ungeschickt anstellte. Rek machte ein fürchterliches Spektakel. Solange Vančura mich, den Sattel fassend, stützte, konnte ich mich einigermaßen oben halten. Doch kaum ließ er los, begann der Lenker unter meinen Händen zu schlingern, und ich fiel samt dem Rad auf die Landstraße. Ich saß wieder auf, und Rek brach von neuem in wütendes Gekläff aus. Vančura hielt mich geduldig, doch sobald er mich fahren ließ, lag ich wieder am Boden. Ich versuchte es etliche Male, und nach etwa einer Stunde fuhr ich ein paar Schritte, mußte dann aber abspringen. Alle drei waren wir müde. Rek vom Bellen. So gaben wir weitere Versuche auf und machten uns per pedes gen Zbraslav auf, wo uns Frau Lída einen starken Mocca kredenzte. Rek lief ruhig hinter uns her und scheuchte nur hin und wieder Gänse aus dem Weg.

Das Radfahren habe ich bei Vančura nicht gelernt!

Der Dichter Jiří Mahen und Vladislav Vančura waren verwandt, wie, ist mir entfallen. Ich glaube, sie waren Vettern. Ihr Geschlecht stammte aus Tschaslau (Čáslav). Jiří Mahen hieß jedenfalls Vančura, ehe er sich sein Pseudonym zulegte, und er klingelte eines Tages im Herbst an Vančuras Tür.

Nachdem sie über ihre Ahnen geplaudert hatten – das stelle ich mir nur so vor – machten sie gemeinsam einen Ausflug den Strom entlang nach Vrané. Auf dem Rückweg entschuldigte sich Mahen für einen Moment, und Vančura spazierte gemächlich weiter. Es war ein kühler Oktobertag, und der Wind pfiff schon ganz schön durch das Moldautal. Vančura hatte noch keine zwanzig Schritte getan, da hörte er, wie irgend etwas laut ins Wasser plumpste; Rek begann zu bellen. Vančura schaut sich nach Mahen um, und was sieht er: der schwimmt mitten im Fluß. Mahen schwamm mit dem Strom, prustete selig wie ein zufriedener Nereus, und das Wasser rann ihm aus dem schwarzen Bart. Rek, ein wenig überrascht, starrte verdattert auf den Schwimmer und stand, alle vier Beine gespreizt, ganz ratlos da.

Amüsiert erzählte mir Vančura einmal diese Begebenheit und wandte sich dann mit der Frage an mich, ob ich eigentlich schwimmen könne. Natürlich konnte ich's nicht. Durch Žižkov fließt kein Fluß, und nach »Prag« hatte ich's als Junge weit. So versuchte ich mich zumindest zu entschuldigen. Vančura versprach gleich, mir das Schwimmen beizubringen. Ich hoffte fest, er werde sein Versprechen vergessen, denn der Sommer war noch fern.

Er vergaß sein Versprechen nicht! Kaum schien die Sonne ein wenig wärmer, gingen wir zusammen ins Zbraslaver Schwimmbad. An einem frühen Nachmittag, es waren noch nicht viele Leute da.

Das Zbraslaver Schwimmbad lag unweit der Moldau-Brükke, derselben, die später Schauplatz der Gespräche der drei

Hauptfiguren in Vančuras Roman »Rozmarné léto« (Ein launiger Sommer) wurde. In diesem Schwimmbad hockten an heißen Tagen der Major, der Domherr und der Schwimmmeister Důra und tranken Bier, das Důra in einer Blechkanne holte.

Vorbild dieser Romanfigur war der wirkliche Bademeister Šůra.

Wir kamen hin, der Bademeister saß auf einem grünen Stuhl und schlürfte sein Bier. Die Badeanstalt war noch leer.

Ich mußte gleich ins Bassin, und Vančura führte mir anschaulich die Tempi vor: eins, zwei, drei; eins, zwei, drei. Dann befahl er mir, mich auf den Wasserspiegel zu legen, nahm mich um die Hüften, und ich zappelte ein wenig krampfhaft und unkontrolliert mit Armen und Beinen. Dabei schluckte ich viel Wasser. Damals war die Moldau noch rein. Doch kaum hatte er mich losgelassen, sank ich rasch auf den hölzernen Boden des Beckens.

Eins, zwei, drei! Er packte mich von neuem, und ich tat, als wollte ich schwimmen, doch sobald er mich losließ, durchlebte ich sekundenlang die Todesängste eines Ertrinkenden. Vančura war ein guter Schwimmer, nötigte mich immer wieder zu neuen Versuchen und konnte nicht verstehen, daß ich nicht imstande war, »es zu packen« und wenigstens ein paar anständige Tempi hinzulegen. Eins, zwei, drei! Alles vergebens. Immer wieder sank ich auf den Grund.

Šůra verfolgte von oben Vančuras gutgemeintes, doch vergebliches Bemühen und war Zeuge meiner unfreiwilligen »Ohnmacht«. Der »Schwimmunterricht« dauerte schon eine geraume Weile, und da Šůra sich langweilte, rief er uns nach oben, wir sollten's bleiben lassen und mit ihm einen trinken.

Vančura sprang noch in den Fluß, vermutlich um sich nach dem vergeblichen Freundschaftsdienst ein bißchen zu erfrischen. Ich schüttelte mir das Wasser aus den Ohren, in denen mir noch immer sein drohendes »Eins, zwei, drei!« klang und kleidete mich rasch an. Seit jenem Tag habe ich nie mehr versucht, schwimmen zu lernen.

Das Schwimmen hatte ich bei Vančura also auch nicht gelernt!

Ich und meine Frau lernten alle drei Wohnungen der Vančuras in Königssaal kennen.

Die erste war nicht besonders gemütlich und die einfachste von ihnen – sie wohnten dort zur Untermiete. Wir waren nur einmal da. Die zweite lag auf der Königssaaler Hauptstraße und war viel komfortabler. Dort weilten wir am häufigsten. Schließlich die dritte, an einem Hang unter der Dorfkirche, in einer Villa, die Jaromír Krejcar, ein Freund vom »Devětsil«, für sie entworfen hatte. Die Wohnung war schön und luxuriös. Sie lag auch auf einem herrlichen Platz. Von der Terrasse und aus dem Arbeitszimmer genoß man einen wunderbaren Ausblick.

Auch alle Hunde Vančuras kannte ich. Wenn ich nicht irre, hatten sie den schnauzbärtigen und zerzausten Rek, den Vančura am meisten liebte, am längsten.

Wir kamen herein, und Vančura saß auf dem Sofa und balgte mit Rek.

»Er hat doch Flöhe«, rief Vladimír Štulc, der mich begleitete, überrascht.

»Na und, warum denn nicht?« entgegnete Vančura. »Ich hab auch welche.«

Offensichtlich konnte er ohne Hund nicht leben. Einmal bat er seine Frau, ihm, wenn er im Sterben läge, ein junges Hündchen in die Hand zu drücken. Damals dachte Frau Lída wohl, sein Tod sei noch zu fern.

In Vančuras Arbeitszimmer in seiner Villa gelangte man über eine bequeme Treppe. Es lag oben neben der Terrasse. Zu jener Zeit hatte Vančura seine ärztliche Praxis schon längst aufgegeben, den weißen Kittel, der ihn so eingeengt hatte, mit Vergnügen an den Nagel gehängt und sein »Gewerbe« abgemeldet. Er widmete sich nun gänzlich seiner literarischen Arbeit, und ein Buch nach dem andern von ihm erschien.

Die Stiege zu seinem Arbeitskabinett erwähne ich nur, weil dort einmal etwas Unerklärliches passierte. Eines Nachts zerriß ein lauter Knall die Stille. In der Nische auf der Treppe stand eine kleine Bibliothek. Als die Vančuras in der Früh aufstanden, sahen sie eine offene Bibel mit dem Buchrücken nach unten in der Diele liegen. Das schwere, schön gebundene Buch, ein »dicker Wälzer«, war auf unerklärliche Weise von dem Bücherbord gestürzt. Als ich am folgenden Sonntag mit Nezval nach Königssaal kam, griff sich Nezval an den Kopf, weil es keinem in den Sinn gekommen war, den Text auf den beiden offenen Seiten zu lesen. Bestimmt war dort ein »Zeichen« oder ein Menetekel! Vielleicht ein gutes Omen, vielleicht ein böses?

Es war ein böses!

Der Garten oberhalb der Villa lag an einem steilen Hang. Die Blumenbeete mußten durch Terrassen gestützt werden. Auf der obersten hatte Vančura einen kleinen, improvisierten Schießstand eingerichtet. Bei einem meiner Besuche traf ich ihn dabei, wie er mit seinem Luftgewehr ausdauernd eine Zielscheibe durchlöcherte. Wir begrüßten uns, und schon drückte er mir ein elegantes leichtes Gewehr in die Hand. Beim Militär hatte ich nicht gedient und noch nie ein Gewehr – auch ein so harmloses nicht – in der Hand gehabt. Er zeigte mir, wie man ladet und anlegt.

Ich versuchte zu zielen, doch der Schuß ging weit daneben. Meine Hand zitterte, und wieder zielte ich schlecht. Vančura zeigte mir von neuem, wie man richtig zielen müsse. Das Gewehr trug ein wenig zu hoch. Nach einer Weile legte ich – zu Vančuras Leidwesen – die Flinte mißgelaunt aus der Hand.

Leider hat er mir also an jenem schönen Sommernachmittag auch das Schießen nicht beibringen können!

Die Bahnstation Königssaal liegt am anderen Moldauufer hinter der Brücke. Oft eilten wir erst zum Zug, wenn man ihn schon in Vrané pfeifen hörte.

Vrané habe ich jedoch in unguter Erinnerung.

Während seines Aufenthalts in Paris lernte Karel Teige den modernen japanischen Maler Foujita kennen. Der Japaner schenkte ihm dann eine größere Zeichnung, einen mit »japanischem Strich« gezeichneten Akt, schon im Geist der modernen Pariser Schule. Die Zeichnung war wunderschön und die darauf dargestellte Japanerin ebenfalls. Bei ihrem Anblick gingen einem die Augen über, und das Herz hüpfte im Leibe. Nachdem ich bei ihrem Anblick in helle Begeisterung geraten war, schenkte mir Teige das Bild nach kurzer Bedenkzeit. Er war ein gutmütiger Kerl. Zu Hause hatte ich aber keinen Platz für die Japanerin und verwahrte sie zusammengerollt auf meinem Kleiderschrank. Da Vančura gerade seine Wohnung einrichtete und noch leere Wände hatte, beschloß ich, ihm das Bild zu schenken. Als wir dann einmal nach Königssaal fuhren, vergaßen wir es im Zug. Die Zeichnung lag auf dem schrägen Gepäckbord. Frau Lída sprang gleich ins Auto und sauste nach Vrané, wo die Endstation war. Der Zug stand noch da, doch die Zeichnung war verschwunden.

Manchmal verpaßten wir den Zug zur Heimfahrt und mußten auf Schusters Rappen zur Endstation der Straßenbahn in Smíchov marschieren oder auf den Mitternachtszug warten, der voller »Nachtschwärmer« war. Nichts gegen die »Nachtschwärmer«, doch die Waggons dröhnten unter ihren Liedern, und das war offen gesagt kein Ohrenschmaus.

Einmal fuhr mir so ein Abendzug vor der Nase davon, und Vančura, der mich auf den Bahnhof begleitet hatte, lud mich ein, mit ihm in der gegenüberliegenden Gaststätte »Na Závisti« einzukehren, wo er sich mit Hugo Marek treffen wollte, der in Königssaal wohnte und den ich schon aus Prag gut kannte. Marek war höherer Beamter bei der Eisenbahndirektion und ein altgedienter Soldat. Er verfügte über einen unerschöpflichen Vorrat an Histörchen, die er beim Militär und anderswo erlebt hatte und denen Vančura gelegentlich amüsiert lauschte. Auch Marek erzählte gern.

Nachdem wir uns an einen Tisch gesetzt hatten, tauchte auch der Bademeister Šůra auf, der gerade sein Schwimmbad am anderen Ufer geschlossen hatte. Vančura begrüßte ihn »feierlich«.

«Kommt Meister, setzet Euch zu uns. Doch zuerst verratet

uns, was Euch die zwar ein wenig morschen und ewig nassen Bretter sind, wenn die Bretter eines wandernden Schmierentheaters in jedem Wirtshaus die Welt bedeuten? Und saget mir auch, warum nicht auch Ihr Eure Gäste mit den Klängen eines edlen Saiteninstruments, will sagen einer Laute oder Gitarre, willkommen heißet, sondern uns bloß ein Bierfaß mit einem Bauch wie eine Baßgeige kredenzt?«

Der »Launige Sommer« war damals noch nicht geschrieben, doch zwei seiner Helden saßen mit uns am Tisch. Den »Meister« Šůra begabte Vančura kraft Dichterwort mit einer philosophisch angehauchten und ein wenig skeptischen Einstellung zu den Dingen des Lebens, doch der Major in dem Roman ist ein genaues Abbild Hugo Mareks, einschließlich der Fett-»Warze« im Gesicht. Die beiden Helden geben ein beredtes Zeugnis des beschaulichen, harmonischen Lebens, das der Autor unter dem Zbraslaver Himmel führte. Die Geschichte von Ernstel und seinem anmutigen Weib Anna – auch Figuren des erwähnten Romans – ist aber eine freie Erfindung Vančuras. Der dritte des Helden-Kleeblatts, der Kanonikus, kam Gott weiß woher. Von Königssaal stammte er, glaube ich, nicht. Lange saßen wir so unter den Bäumen, und durch die Ritzen in ihrem Gewölbe schien das Mondlicht und tauchte die Ritterabenteuer Mareks, die er bereitwillig aus dem tiefen Born seiner Erinnerung ans Licht hob, in grünliches Licht. Es lohnte sich auch mitanzuhören, welche – zwar nicht weltbewegenden – Erfahrungen Šůra in seinem Schwimmbad gesammelt hatte. Šůra war ein guter Menschenkenner und kannte sich auch mit Fischen aus. Vančura sagte oft von ihm, er sei mit allen Fischen zwischen Zbraslav und Vrané per Du; bittest du ihn in der Früh, dir einen Hecht zu angeln, so bruzzelt der abends schon in deiner Pfanne.

Vančura erzählte selber gern. Doch nicht sehr oft. Im nahen Davle hatte er eine glückliche Kindheit verbracht. An eine seiner Geschichten, die er an diesem Abend zum besten gab, erinnere ich mich gut.

Es war zur Erntezeit, und die Sonne brannte so heiß sie nur

konnte. In der schweißtreibenden Hitze kam ein mit Getreide hoch beladener Leiterwagen angerumpelt. Oben saßen der Knecht und die Magd und brachten den Erntekranz für den Bauern. Sie fuhren in den Hof ein und luden das Korn in die Scheuer ab, während die Leute vor der Fuhre standen und des feierlichen Augenblicks harrten. Doch als die Magd mit der Gabel eine Garbe hinunterwarf, blieb sie an ihrem Rocksaum hängen. Es war heiß und sie hatte nicht viel an. Das »animierte« den Knecht, die Gabel wegzuwerfen und vor den Augen der Leute das Mädchen zu umarmen, das sich nicht allzu heftig wehrte; unter dem Hallo der Dorfleute warf er sie ins Stroh und liebte sie mit jugendlichem Feuer bis er sein »Mütchen gekühlt« hatte. Nun erst wurde die Fuhre entladen, und der Bauer bekam seinen Kranz.

Für Liebesaffären hatte Vančura das Verständnis des Landarztes, doch auch den tieferen Sinn eines Dichters. Er selbst war aber ein höchst moralischer, edler und ehrbarer Mann. Ein bis in die letzte Falte seiner Seele – wie auch seines Rocks – »geschliffener« Mensch, begabt mit einem nicht sehr betonten, doch ganz natürlichem Sinn für unaufdringliche männliche Eleganz.

Einmal komplimentierte er ein Fräulein, das sich in seinem Sprechzimmer in unangemessener Weise entblätterte, energisch aus der Praxis heraus. Er sagte von sich, er könnte zur vollen Zufriedenheit seines Herrn Lakai in einem Harem sein.

Dieser Abend im »Závist« war nur einer in der Kette der leider so schnell verrinnenden Augenblicke, an denen unser Leben nicht allzu reich ist. Doch es waren ein paar Stunden, um derentwillen wir das Leben lieben. Am Ufer des Březaner Baches, nahe dem Denkmal des Dichters Hálek, nistete eine Nachtigall. Der Mond schien so hell, daß man sogar eine Stecknadel im Gras hätte wiederfinden können. Der Strom flüsterte leise und war schön wie eine Frau, in die wir uns soeben verliebt haben.

In Vrané pfiff der Zug. Ich hatte nur noch ein bißchen Zeit. Bald darauf wurde den Vančuras ein Töchterlein geboren.

Anfangs bereitete es ihnen manchmal Sorgen, als kleines Kind war es ernstlich krank, doch später wuchs es zu einem reizenden Mädchen heran und verbreitete viel Freude und Frohsinn um sich.

Bei den Vančuras stand – mitten im Zimmer – ein großer Empire-Tisch, dessen Platte auf vergoldeten Karyatiden ruhten. Das Wort »Karyatiden« sprach die Kleine mit überraschender kindlicher Anmut aus, ihre Sprache glich überhaupt dem Brabbeln kleiner Engelein, die die Röcke von Renaissance-Madonnen umschwirren, so lohnte sich allein schon dieses jüngsten Familienmitglieds wegen die Fahrt zum Smíchover Bahnhof und nach Königssaal. Auch Rek liebte die Kleine auf seine Art, wenn sie auch zuweilen versuchte, ihm ihre kleinen Fingerchen in die wilden Augen zu bohren.

Kurz und gut, die Vančuras lebten, wie es die Feldmäuse in dem Refrain eines Liedchens singen, das Mr. Kenneth Grahame für sein Kinderbuch dichtete:

In Freuden verflog ihnen der Tag.

Vančura, seiner ärztlichen Pflichten nun völlig ledig, hatte sich eifrig ans Schreiben gemacht und war ungewöhnlich fleißig. Alle seine früheren Aufgaben als Kassenarzt und auch die Betreuung der Privatpatienten hatte Frau Lída übernommen, und wir konnten bezeugen, daß sie ihren Alltag nicht nur tapfer, sondern auch mit Humor meisterte.

Vančura wurmte es freilich manchmal, und wenn er sah, wie voll das Wartezimmer war, machte er sich Vorwürfe; doch ich glaube, sie waren völlig überflüssig; Frau Lída hatte keinen anderen Wunsch, als ihm zu der für seine Arbeit nötigen Ruhe zu verhelfen.

Sprach Vančura von seiner Frau, verheimlichte er nie, wie sehr er sie bewunderte, weil sie mit den Leuten so gut umgehen konnte. Lächelnd erzählte er, welche wahren Wunder sie dabei vollbringe.

Einmal sei ein alter, stocktauber Opa zu ihr in die Praxis gekommen. Schon eine flüchtige Untersuchung zeigte, daß sein Gehörgang völlig verstopft war von Ohrenschmalz. Frau Lída behandelte ihn und bemerkte, wie er plötzlich übers ganze Gesicht strahlte. Der Alte stieß begeistert hervor: »Frau Doktor, ich hör eine Geige singen!« Dann lief er in Königssaal herum und erzählte jedem, was für »Goldhände« die Frau Doktor habe.

Zu der Zeit, da dies geschah, begann der »Devětsil«, sich allmählich aufzulösen. Seine Mitglieder, Künstler der verschiedensten Sparten, brauchten keinen Schutz und Schirm mehr an der Künstler-Front, und die im Laufe der Jahre ohnehin gelokkerte Disziplin wurde ihnen allmählich lästig. So verabschiedeten sich lautlos Architekten, Film- und Theater-Macher, Musiker und schließlich auch die Gründungsmitglieder. Karel Teige widmete all seine Zeit und sein Interesse fortan der Architektur und Kunsttheorie.

Das Ende dieser Vereinigung kam ganz gesetzmäßig und natürlich. Der »Devětsil« hatte seine Mission erfüllt. In seinem freundschaftlichen und fruchtbaren künstlerischen Geist waren die meisten Angehörigen der Zwischenkriegsgeneration groß geworden und hatten der Kultur-Welt bedeutende Werke geschenkt. Auch die älteren Künstler, wie etwa Josef Hora, waren – wenn auch nur für kurze Zeit – vom »Poetismus« geprägt. Der Verein löste sich also auf, doch sein Einfluß machte sich auch später noch bemerkbar, und wir können ihn sogar noch heute beobachten.

Kurz vor dem Zweiten Weltkrieg pflegten ich und Vančura uns wieder in Prag zu treffen.

Mit einander schneller und schneller jagenden Donnerschlägen zog drohend das Unwetter eines neuen Krieges herauf. Immer häufiger mußten die Schriftsteller nun zusammenkommen und ihren leidenschaftlichen und entschiedenen Widerstand gegen den Hitler-Faschismus und ihre Treue zur Demokratie bezeugen, die nach dem Einmarsch der Nazis in Österreich gefährlich bedroht war. Vančura nahm an all diesen Veranstaltungen teil und war einer ihrer Initiatoren.

Die schönen Tage der Königssaaler Harmonie waren zu

Ende, und bald kam jener nasse, schneeverhangene Tag, an dem die feldgrauen Nazi-Heere Prag und die ganze Republik überschwemmten.

Für Vančura und für viele andere war dieser Tag kein Tag schmerzlicher Demütigung, sondern auch Aufruf zur Hoffnung und vor allem ein Befehl zum Kampf. Der Kampf war schwer, grausam und lang, und Vančura erlebte sein Ende nicht.

Wir trafen uns unter dem freundlichen Dach der »Družstevní práce« (Genossenschaftsarbeit) bei den Sitzungen ihres Redaktionsrats. Dieses Unternehmen gehörte seinerzeit zu den größten Verlagshäusern der Tschechoslowakei, und als Ergebnis seiner Bestrebungen zur Modernität fanden seine Publikationen die meiste Verbreitung im Lande. Die Genossenschaft zählte damals 50 000 Mitglieder. So hoch waren auch die Auflagen der meisten ihrer Bücher. Bei den Sitzungen ging es aber nicht nur um Bücher. Dort wurden auch Fragen der Wirtschaft diskutiert.

Dem Redaktionsrat gehörten auch Mitglieder an, die sich um den gutgehenden Kunstgewerbeladen »Krásná jizba« (Schöne Stube) kümmerten, der im Erdgeschoß des Verlagshauses in der Nationalstraße untergebracht war. Jaromír John verspottete sie mit gewisser Verachtung als »Gardinenklöppler«. Er hatte aber nicht ganz recht. Wenn über ökonomische Fragen gesprochen wurde, langweilten wir uns freilich ein wenig. Ich pflegte neben Vančura zu sitzen und beobachtete, wie er einmal kleine »Schnitzel« zerknüllten Papiers mit der Bleistiftspitze in eine Ritze der Tischplatte zu stopfen versuchte. Ich fragte ihn ganz ernsthaft, was er da treibe. Er schaute mich an und erwiderte ebenfalls mit ernster Miene, er versuche, Zähne zu plombieren.

Ich denke gern an diese Séancen zurück. Es war keine vergeudete Zeit. Sie waren auch nicht langweilig. Im Gegenteil. Ein freudiges Ereignis war es stets, wenn uns Direktor Cerman ein neues – noch nach Druckerschwärze duftendes – Buch des Verlags auf den Tisch legte.

Zwei bedeutende Werke entstanden zu jener Zeit in der Redaktion. Plickas »Český rok« (Das böhmische Jahr) mit Zeichnungen von Karel Svolinský und Vančuras »Obrazy z dějin národa českého« (Bilder aus der Geschichte des tschechischen Volkes), diese großartigen »lebensechten Erzählungen von Leben und Taten und dem Geist der Bildung«.

Bei einem Redaktionsgespräch über Plickas Buch, dessen vier Bände nicht nur bei den Genossenschaftsmitgliedern, sondern auch bei den übrigen Lesern auf Anhieb Erfolg hatten, ließ sich Vančura hören, er sei mit der Anordnung des Textes von Plicka nicht ganz einverstanden. Er vermisse in dem Buch eine mehr wissenschaftliche Bearbeitung der darin enthaltenen Volkslieder, die aus einem, wie wir wissen, fast unerschöpflichen Born fließen.

Mit dem Werk fand er sich dann ab, denn der Text bot Svolinský Gelegenheit, sein außergewöhnliches und herausragendes Zeichentalent zu beweisen. Das Buch ist voll von so faszinierend echt tschechischen Zeichnungen, daß man gar nicht anders kann, als sich in sie zu verlieben, so wie in die Zeichnungen von Mánes und Aleš.

Die deutsche Okkupation stellte die »Družstevní práce«, wie übrigens auch andere tschechische Verlage, vor viele kaum überwindbare Schwierigkeiten. Bei der Lösung eines solchen Problems wurden uns die moralische Einstellung und die menschlichen Qualitäten Vančuras deutlich vor Augen geführt.

Durch ein perfides und rechtswidriges Vorgehen hatte uns ein gewisser Prager Verlag die Rechte an einem bemerkenswerten amerikanischen Roman weggeschnappt, der nicht nur finanziellen Ertrag, sondern auch Erfolg bei den Lesern versprach. Es war eines der letzten amerikanischen Bücher, das damals bei uns in Böhmen noch erscheinen konnte. Wir hatten uns die Veröffentlichung durch eine Option schon fast gesichert. Die Sache war reif für einen Rechtsstreit, den die »Družstevni práce« wohl gewonnen hätte. Doch Vančura sträubte sich dagegen. Er hielt es eines tschechischen Verlegers für unwürdig, die Hilfe der Protektorats-Gerichte in Anspruch zu nehmen. Trotz gewisser Zweifel der übrigen setzte er sich damals mit seiner Meinung durch. Schließlich erschien das Buch in beiden Verlagen. Ich will auch verraten, um welches Buch es ging. Es war »Früchte des Zorns« von John Steinbeck.

In der »Družstevni práce« war es üblich, sich von Zeit zu Zeit an die Leser zu wenden und sie nach ihrer Meinung, ihren Wünschen und Vorlieben zu befragen. Die Mitglieder machten von dieser Möglichkeit gern Gebrauch, und stets flatterte dem Direktor ein Haufen Briefe auf den Tisch. Während der Nazi-Besetzung verlangten die Leser patriotische Bücher, die die Liebe zur Heimat und zum eigenen Volk wach hielten, den Widerstand gegen die Nazigewaltherrschaft stärkten und Licht in die Finsternis brachten, die über uns gekommen war. Manche riefen nach einer Neuauflage der »Dějiny národa českého« (Geschichte des tschechischen Volkes) von František Palacký, andere verlangten nach Jirásek und Třebížský, der damals bei den Lesern schon ziemlich vergessen war.

Eine Antwort auf diese verständlichen Wünsche waren bald danach Vančuras »Obrazy z dějin národa českého« (Bilder aus der Geschichte des tschechischen Volkes).

Anfangs war es nicht so einfach. Nach einigen Sitzungen, bei denen es eher turbulent als ruhig zuging, beschlossen wir, die DP solle tatsächlich die Geschichte unseres Volkes herausgeben, aber in belletristischer Form, die sich freilich im Rahmen einer wissenschaftlichen Darstellung der historischen Realität bewegen müsse. Der Plan war also klar.

Kaum hatten wir uns auf dieses Unternehmen geeinigt, ruhten alle Augen auf Vančura. Obwohl wir anfangs nicht an ein mehrbändiges Werk dachten, sondern nur einen Band planten, lehnte Vančura ab. Er wetzte bereits die Feder zu einem Roman, dessen Idee er schon lange im Kopf trug, und auf seinem Schreibtisch lagen schon die weißen Bögen bereit. So schlug er vor, mehrere Autoren auszuwählen. Er selbst erklärte sich bereit, die Einleitung zu schreiben und die Redaktion des ganzen Werks zu übernehmen.

Ich erinnere mich nicht mehr genau, wer was schreiben sollte. Ich weiß nur, daß Karel Nový sich die Hussiten-Zeit aussuchte und die Zeit Wenzels des Vierten. Mir schanzte der Redakteur ausgerechnet das Zeitalter der Luxemburger zu. Ziemlich unverfroren sagte ich zu, das Thema zu bearbeiten. Ich konnte Vančura nichts abschlagen, doch in tiefster Seele war ich überzeugt, irgend jemand würde mich von dieser Bürde schon befreien und ich käme nicht in die Zwangslage, die von Verzweiflung geprägte, reiche und auch herrliche Zeit Kaiser Karls IV. schildern zu müssen. Ich war sicher, es würde sich jemand finden, der berufener war als ich. Karl IV. interessierte mich ungemein, ein paar Mal hatte ich seinen vier Frauen in die Augen geschaut, trotzdem war dies königliche Thema für mich nicht machbar. Ich war und bin kein Romancier. Mein Talent würde dazu nicht ausreichen, davon war ich überzeugt, doch ich wollte Vančura nicht gleich am Anfang Schwierigkeiten bereiten. Er hatte schon genug davon. Weil er selbst das dringende Bedürfnis nach solch einem Werk verspürte, übernahm er die schwierige Arbeit.

Zum Glück hegte er seit jeher eine Vorliebe für Geschichte. Er war ein fleißiger Leser alter Chroniken, wovon eine, die Chronik Petr Žitavskýs, im Zeichen »seines« Königssaals stand, und verfügte über eine brillante Kenntnis der böhmischen Geschichte. Als ich und Hora einmal bei den Čapeks waren, vertraute uns Karel Čapek an, bei einem seiner Freitags-Cercles habe Vančura zwei Stunden lang mit Professor T. G. Masaryk, dem Präsidenten der Republik, über den Sinn der tschechischen Geschichte debattiert. Masaryk war jede sachliche Polemik höchst willkommen, und auch Vančura empfand diese Art des Gesprächs nicht als unangenehm. Es war ein wahres Konzert, fügte Čapek hinzu.

Ich erwähne das, weil Vančura zwar für die tschechische Geschichte fachlich kompetent war, aber trotzdem für das von der »Družstevní práce« geplante Werk drei der DP nahestehende junge Historiker einlud, an dem Projekt mitzuwirken. Sie sollten die Arbeit überwachen, die nötigen historischen Daten liefern und auch bei der Gliederung des ausgedehnten Stoffes mithelfen. Bei der Wahl dieser Mitarbeiter ging es Vančura offensichtlich darum, die moderne Weltanschauung, die er vertrat, und ohne die er sich eine moderne historische Arbeit gar nicht vorstellen konnte, in dem Buch zur Geltung zu bringen.

Die Form »historischer Bilder«, die Vančura wählte, erwies sich als überaus glücklich für das Werk.

Es währte nicht lange, nur etwa vierzehn Tage, da rief mich Vančura an, um mir die ersten Seiten seiner Vorrede vorzulesen.

Ich eilte zu ihm, und wir trafen uns in dem Restaurant »U Ježíška« (Zum Christkindl) in der Brenntegasse (Spálená ulice), wo wir nach den Sitzungen in der DP zuweilen einkehrten. Er wollte mich hören lassen, was er geschrieben hatte, bevor er das Manuskript den Historikern anvertraute. Wir setzten uns in eine Ecke, wo einst Neruda zu sitzen pflegte, und Vančura begann.

Die Stimme derer, die von uns gegangen sind, ist meist das erste, was man vergißt, doch Vančuras sanft rauhe und ein wenig verschleierte, doch melodische Stimme höre ich bis heute, wann immer ich mich an sie erinnern will. So lauschte ich wohl als Zweiter – denn Vančura las seine Manuskripte immer zuerst seiner Frau vor – den schönen und edlen Worten der Einleitung:

»In grauer Vorzeit bedeckte Wald die Nordgrenze aller bekannten Regionen und dehnte sich in die Weite und in die Breite über den Erdkreis ...«

Obgleich ich von Anfang an wußte, daß Vančura das Buch vorzüglich schreiben würde, war ich doch ganz bezaubert. Je länger ich seinen Sätzen lauschte, desto fester war ich überzeugt, daß Vančura *allein* das Buch schreiben müsse. Da er mit einer gewissen Leidenschaft und aufrichtiger Begeisterung las, zweifelte ich nicht, daß er auf meinen Vorschlag eingehen und sich bereit erklären werde, den ganzen Band zu liefern. Fast ein bißchen hinterhältig gab ich ihm den Rat, die schon geschriebenen Seiten auf einer Sitzung der DP noch einmal vorzulesen. Dazu luden wir auch Karel Nový ein. Vančura ließ sich überreden. Auf der nächsten Sitzung las er sein Vorwort noch einmal vor.

Wir hörten es uns an, und es geschah, wie ich vorausgesehen hatte. Als erster erhob sich Karel Nový, Vančuras alter und treuer Freund, und erklärte, von der Gediegenheit der Arbeit ganz überrascht, nach dieser Vorrede könne kein anderer das Werk fortsetzen, Vančura müsse in dieser so großartig begonnenen Arbeit allein fortfahren und sie auch vollenden. Durch Novýs Worte ermuntert, unterstützte ich den Vorschlag, und da ich wußte, daß Vančura von der Aufgabe wirklich angetan war, schloß ich mich der Anregung an, Vančura solle allein Autor des Buches sein. So geschah es auch. Obwohl Vančura vor der wichtigen und umfangreichen Arbeit grauste, wehrte er sich nicht. Die Arbeit nahm ihn ganz gefangen. Schließlich stimmte er zu, und das Schreiben ging ihm flott von der Hand.

Rasch sagte ich dem geliebten Karl IV. und seinen vier Gemahlinnen Adieu, und als ich tags darauf über die Karlsbrücke spazierte, schien mir, als lächele mich der Kaiser von der Fassade des Brückenturms verstehend und verzeihend an und winke mir mit dem Zepter zu.

Wie rasch und angestrengt der Autor arbeitete, davon zeugt der Zeitpunkt, zu dem das Werk erschien: der erste Band schon 1939, der zweite ein Jahr später. Der dritte Band, kaum begonnen, wurde von der Salve des brutalen Exekutionskommandos auf dem Schießplatz in Prag-Kobylisy für immer unterbrochen, und die herrliche Stimme eines der größten tschechischen Dichter war plötzlich für ewig verstummt.

Seit dem Tag, da die Idee für dieses Werk formuliert wurde, sind vierzig Jahre vergangen. Sie waren voll mit Ereignissen – bei uns daheim und in ganz Europa.

Doch der großartige Torso Vančuras ragt in den böhmischen Himmel, und wir gehen mit Respekt und Liebe daran vorbei. Da wir nicht wissen, wo Vančuras Grab liegt, sollten wir vor diesem Buch den Hut ziehen.

Die »Družstevní práce« gibt es nicht mehr. Die Mitglieder haben sich verlaufen oder sind gestorben. Ich möchte sie aber, sozusagen zum ehrenden Andenken, noch einmal erwähnen. Es war ein für seine Zeit treffliches, modernes und fortschrittliches Unternehmen. Ich muß auch betonen, daß es mit seinen Autoren freundlich umging, und ich erinnere mich nicht, daß es während der langen Jahre seiner Existenz zu einem Rechtsstreit mit einem der Autoren gekommen wäre. Dies war übrigens schon in der Satzung programmiert.

Für Vančura selbst spielten Honorar-Fragen kaum eine Rolle. Soviel ich weiß, interessierte er sich nie besonders dafür. Als es freilich um das Honorar für die mitarbeitenden Historiker ging, trat er, als dies auf einer Sitzung besprochen wurde, vehement dafür ein, ihnen ein möglichst hohes Honorar zu bezahlen. Das weiß ich, ich hab es mit eigenen Ohren gehört. So geschah es auch. Von Vančura erfuhr ich, sie wären zufrieden gewesen.

Die »Bilder ...« erschienen kürzlich schon in der 10. Auflage, da meldeten sich nach 40 Jahren plötzlich die seinerzeit daran beteiligten Historiker. Nicht alle drei; einer von ihnen, ich glaube, der Hauptmitarbeiter, war schon gestorben. Ihre Zusammenarbeit mit Vančura sei damals nicht hinreichend honoriert worden. Sie sei viel intensiver gewesen als man allgemein annehme. Es handle sich dabei eigentlich nicht um eine Mitarbeit, sondern um eine Miturheberschaft. So erhoben sie gegen den heutigen Verleger eine Zivilklage und forderten, ihnen den entgangenen Gewinnanteil an allen Ausgaben nachzuzahlen.

Im Juni 1976 wurde ich als Zeuge vor das Kreisgericht Prag 1 geladen.

Nun, wie sah die Zusammenarbeit der jungen, nun schon ergrauten Historiker, mit Vladislav Vančura damals aus?

Meiner Ansicht nach, sagte ich dem Gericht, wie folgt:

Als Alois Jirásek beschloß, einen seiner bekannten historischen Romane zu schreiben, stand er vermutlich von seinem Schreibtisch auf und ging zu seiner Bibliothek. Dort fand er auf den ersten Griff Palackýs »Geschichte des tschechischen Volkes«. Vermutlich hätte er sie mit verbundenen Augen gefunden.

Er holte den betreffenden Band aus dem Regal, blätterte die Seite auf, die er brauchte, und notierte sich die erforderlichen Daten und Angaben, die er für das Thema benötigte, über das er nachdachte. Dann tunkte er die Feder in die Tinte und machte sich ans Werk.

Auch Vančura ging vermutlich nicht anders vor, als er seine »Bilder...« zu schreiben begann, und ebenso wie nach der »Geschichte...« Palackýs griff er auch nach dem, was die Historiker ihm vorbereitet hatten. Er klappte die Schreibmaschine auf und machte sich an die Arbeit.

Dem möchte ich noch folgendes hinzufügen:

So wie es Jirásek nicht im Traume einfiel, ganze Passagen aus dem »Palacký« abzuschreiben, kam dies natürlich auch Vančura nicht in den Sinn. Wäre Vančura nämlich nicht überzeugt davon gewesen, daß das Werk, das er schrieb, bis zum letzten Punkt sein eigenes sei, hätte er es gar nicht ertragen, daß nur *sein* Name auf dem Titelblatt stand. Vielleicht ist diese meine Behauptung, für die es juristisch gesehen keine Zeugen gibt, vor dem Gesetz ohne Beweiskraft. Mag sein! Doch ich behaupte: Diese Klage stellt in jedem Fall eine Beleidigung des toten Dichters dar. Die selbstverständliche Urheberschaft Vladislav Vančuras zu verteidigen, erscheint mir einfach absurd.

Die große und vornehme Persönlichkeit Vančuras ist, zumindest für seine Freunde und alle seine Leser, mehr als der Buchstabe des Gesetzes, dessen man sich bedienen und das man mißbrauchen kann. Es geht hier doch nicht um einen Prozeß zwischen Roßtäuschern!

Vladislav Vančura war ein Meister des Wortes und Erfinder – falls man dies auf die Literatur übertragen so sagen darf – eines neuen, ganz persönlich geprägten Stils, der sich nicht ungestraft nachahmen läßt. Er war einzig und einmalig.

Warum hätte er dann von Fremden gelieferte Sätze in seine Texte einfügen sollen? Hatte er das nötig? Mag sein, er schrieb nicht leicht – sein Stil war nicht einfach. Doch er schrieb vollendet! Und stand auf dem Gipfel seines künstlerischen Schaffens, im Zenit seines Lebens. Jeder nur ein wenig eingeweihte Leser seines Werkes würde jeden fremden Eingriff in seinen Text mühelos erkennen. Wäre ich einer der Herren Historiker, würde ich es mir zur Ehre anrechnen, mit einem so hervorragenden Schriftsteller zusammenarbeiten zu dürfen. Er war unser größter Autor nicht nur der Zeit zwischen den beiden Weltkriegen, sondern der tschechischen Literatur überhaupt. Zumindest einer der wenigen ihrer Größten.

Es genügt, wenn man in dem Buch Vančuras das umfangreiche Kapitel über den Chronisten Kosmas liest. Was außer ein paar trockenen Daten, die die Geschichtswissenschaft eruiert hat, konnten die Historiker dem Autor schon über diese Gestalt mitteilen? Und welch ein geistreiches und witziges Wort-Konzert verstand Vančura aus diesen wenigen historischen Angaben zu komponieren!

Ich möchte diese meine Zeugenaussage mit einer Verteidigung schließen, die ich vor meinem Gewissen als ganz überflüssig betrachte. Ja, ich schäme mich ihrer sogar ein wenig im Gedenken an Vančura. Ich verteidige etwas, was ganz klar ist und für jeden ganz selbstverständlich sein sollte.

Ich fasse meine Aussage in einem Satz zusammen. Vielleicht haben die Historiker Vančura das Erz geliefert, ein Kleinod schmiedete er allein daraus.

So ist das Leben nun mal. Es eilt vorwärts und verliert in seiner Hast manches, nur damit es ständig vorwärtsstürmen, sich in sich selbst fortsetzen kann. Es vergißt vieles, um stets wieder neu zu sein. So manches läßt es aber wieder aufleuchten und in neuem Glanz erstrahlen, auf daß die Einheit und Aufeinanderfolge der Dinge und die Wege des menschlichen Denkens sichtbar werden. Der Regen der Sekunden wäscht die weißen Zeichen vom Pflaster ab, doch die Flammenschrift am Himmel strahlt, löscht die Flämmchen der Kerzen, aber die Flammen lodern auf, und die Feuer brennen von neuem.

Vančura war einer jener großen Tschechen, mit denen zu

verkehren ich das Glück hatte. Wenn sich zur Wertschätzung Liebe gesellt, so fehlt nur noch die Treue, die bis ans Ende unsrer Tage währt.

Vladislav war ein Mensch mit viel Sinn für den Glanz und die Herrlichkeit der Welt, aber auch für die Kraft und die Gewalt der Kunst. Er war tapfer und edel. Er war tapfer, weil er edel und gut war. Er war ein Edelmann, in dessen Brust ein demokratisches Herz schlug.

Auch durch die dicken Mauern des Prager Petschek-Palais', wo die Gestapo sich eingenistet hatte, drangen Nachrichten zu uns. Vančura litt dort, doch seine Antwort an die Peiniger war Schweigen, das nichts mit Passivität zu tun hatte. Auch als man ihn folterte, hielt er sich tapfer.

Es fällt gewiß schwer, sich vorzustellen, worüber wohl die Unzähligen nachgrübelten, die man zum Tode führte. Was dachten sie, was wollten sie noch hinausschreien in den letzten Sekunden ihres Lebens. Ich weiß nicht einmal, was ich getan und gedacht hätte, wäre ich in solch eine Lage geraten. Mir will aber scheinen, ich weiß und kann es vielleicht sogar sagen, was Vančura tat. Es war ihm durch sein ganzes Leben vorbestimmt. In jenen Stunden war er der, den wir kannten. Er schwieg und verachtete seine Schergen. Er war ein Ehrenmann und ein tapferer Mensch, auch als er sah, wie die Gewehrläufe sich hoben und ihre Mündungen auf sein Herz zielten.

Doch auch diese heroische Geste, die Tapferkeit immer und unter allen Umständen ist, auch wenn man dem Tod ins Auge sieht, hat mich Vladislav Vančura damals nicht lehren können!

Die letzte Weihnachtsgeschichte aus Böhmen

Ich schreibe diese Zeilen, und durch das weit offene Fenster weht auf meinen Schreibtisch die laue Luft des Frühlings, von allerlei Düften erfüllt. Der Flieder blüht. Doch auch der liebliche Lenz kann mich nicht abbringen von diesem so winterlichen Sujet. So mancher Leser könnte meinen, an meinem Fenster glitzerte der Schnee, der den Menschen auf der Gasse unter den Füßen knirscht, und das Thermometer sei tief unter Null gesunken. Ach wo! Soeben hat mir meine Tochter ein paar Riesenblüten auf den Tisch gestellt, chinesische Teerosen. Mir geht es wie Vladimír Holan, der in einem seiner Briefe gesteht, er freue sich schon ab Neujahr auf die nächsten Weihnachten. Ich liebe dieses Fest. Und die Bilder einer Weihnachtsidylle vermag ich mir sogar auf dem heißen Sand am Moldaustrand vorzustellen. Warum sollte mich der blühende Flieder dabei stören?

Als Junge verschlang ich atemlos alle Weihnachtsmärchen und Weihnachtsgeschichten, wo immer ich sie fand. In der Sonntagsbeilage der Zeitung «Národní politika» (Nationale Politik), in Vilímek's «Humoristický kalendář» (Humoristischer Kalender) und auch im Postkalender, den der Briefträger einem vor den Feiertagen diensteifrig ins Haus brachte. Für jeden Krumen Weihnachtspoesie, für jede freundliche Reminiszenz und auch für jedes armselige Flämmchen einer Weihnachtskerze war ich aufgeschlossen und dankbar.

An eine dieser Weihnachtsgeschichten aus einem Postkalender erinnere ich mich bis heute. Dabei habe ich sie vor siebzig Jahren gelesen. Ach du liebe Zeit! Vor siebzig Jahren!

Sie war fast zum Weinen naiv, doch ich will sie hier erzählen: Ein Gevatter – so nennt man die Bauern in der Gegend von Gitschin (Jičín) – der gern im Wirtshaus hockte und oft bis in die späte Nacht beim Bier aushielt, hatte sich auch am Heiligen Abend in der Schenke vergessen. Vergebens wartete daheim sein junges Weib auf ihn. Als er spät nachts heimwärts ging, fiel dichter Schnee und bedeckte das ganze Land. Der Angetrunkene wankte über die weiße Landstraße, ließ sich schließlich neben einem Telegraphenmast in den Schnee fallen und «umarmte» den Mast mit beiden Händen. Mit dem Ohr an dem imprägnierten Holz schlief er ein. Nach einem Weilchen vernahm er eine Stimme aus dem Mast. Die Stimme seiner Frau!

Sie plauderte mit dem jungen Forstadjunkten. Er solle nur ruhig kommen, ihr Mann sei nicht zu Haus und werde noch lange nicht heimkommen. Sie würden allein sein! Da war der Gevatter im Nu hellwach, rappelte sich auf und eilte nach Hause, so schnell ihn die Füße trugen. Das Ende der Geschichte zeigte eine Zeichnung Stroffs. Der Wirtshaushocker kniet vor seinem Weib, hat den Kopf in ihren Schoß gelegt, und die Frau lächelt zufrieden.

Drum – frohe und glückliche Weihnachten!

Eine dumme und primitive Geschichte, gelt? Sie ist wirklich blöd! Damals gefiel sie mir aber wegen ihres weihnachtlichen und versöhnlichen Endes. Oft erinnerte ich mich an den Postkalender. Meist bei ähnlichen Gelegenheiten. Darum hab ich sie wohl nicht vergessen!

Weihnachtsgeschichten schreibt man schon lange nicht mehr. Sie sind aus der Mode gekommen. Die Feiertage sind freilich auch nicht mehr, was sie in meiner Jugendzeit waren. Der Schnee fällt weniger dicht und fein, man geht nicht mehr zu Rorate in die Kirche, und die Weihnachtstage bieten keine Gelegenheit mehr zu stiller frommer Meditation. Die Lichter des Weihnachtsbaums werden zwar noch angezündet, doch man singt keine Weihnachtslieder mehr. Man stellt das Grammophon an, und die jungen Paare tanzen moderne Tänze. Nach dem Abendessen trinkt man auch nicht mehr zuckersüßen, paradiesisch duftenden Punsch, sondern was viel Schärferes. Und zur Mitternachtsmette gehen nur Hooligans! Wer läse denn heute noch Weihnachtsgeschichten!

Ich will es aber dennoch wagen, eine zu schreiben. Vermutlich wird es die letzte Weihnachtsgeschichte in Böhmen sein. So etwas wie der letzte Bär im Böhmerwald. Doch bin ich nicht allzu eitel? Ich laß das Sinnieren lieber und fang gleich an.

In unserer Straße auf dem Bräunauer Plateau steht eine Villa, in der noch bis vor kurzem eine medizinische Schlangenstation untergebracht war. Das Ärzteehepaar, das dies herpetologische Labor betrieb, wohnte uns gegenüber, und so fiel es mir nicht schwer, seine Bekanntschaft zu machen. Die Villa steht auf zwei Grundstücken, auf dem einen erhebt sich eine kleine Barock-Kapelle; sie steht unter Denkmalschutz. Neben der Villa liegt ein größerer Garten. In der herpetologischen Station wirkten nun schon zwei Generationen derselben Familie, Dr. med. František Kornalík mit seinem gleichnamigen Sohn. Auch Frau Kornalík half ihnen bei ihrer Arbeit. Sie züchteten Kreuzottern und zapften ihnen das Gift ab, das sie an die Pharmaindustrie verkauften. Sie selbst experimentierten mit einem Präparat gegen Krebs, für das sie Schlangengift brauchten. In ihrem hellen, geräumigen Keller hatten sie etwa zwanzig Vivarien voll mit Kreuzottern stehn. Eigentlich war ich enttäuscht, als ich die Schlangen zum ersten Mal sah. Die Ottern lagen reglos da und schliefen. Zuweilen schaute ich den drei Kornalíks bei der Arbeit zu und staunte immer wieder, wie geschickt sie mit den Schlangen hantierten. Sie nahmen sie in die Hand und animierten sie dazu, ihr Gift in eine unter ihren Giftzahn gehaltene Schale zu spritzen. Es waren zwei, drei Tropfen einer gelben Flüssigkeit, die auf dem Schälchen bald kristallisierten. Gelegentlich erschien Dr. Kornalík zwar mit einem verbundenen Finger, doch er versicherte mir stets lächelnd, sie alle wären gegen das Schlangengift immun. Schade um die Gifttropfen in meinem Finger, meinte er dann. Die Kreuzottern mochte er gern.

Unsere Nachbarn waren überzeugte Tierfreunde. Sie liebten alles, was da kreucht und fleucht mit aufrichtigem Verständnis für die Bedürfnisse der Tiere. Vor ihrer Gartenpforte räkelten sich oft zwei Boxer-Hunde in der Sonne. Sie lagen da wie zwei Löwen, die das Tor zum Königreich bewachen, ließen ihre rosige Zunge aus dem schwarzen Maul hängen und waren wirklich schön. Auch in der Wohnung der Kornalíks wimmelte es von Viechern. In mehreren Aquarien schwammen exotische Fischchen und entzückende winzige Schildkröten mit bernsteingoldenen Panzern. Die Hunde hatten in der Ecke der Diele ihren «Bau», und mit ihrem Herumwetzen und Umhertollen hatten sie ein Stück der Wand ganz schwarz gemacht und blank poliert.

Die Bräunauer Buben fingen auf den nahen Äckern Feldmäuse und brachten sie den Kreuzottern zum Fraß. Mit dieser Beute «bezahlten» sie das Entree in den Keller, damit sie sich dort die Schlangen angucken konnten. Den Kornalíks brachten die Leute aber nicht nur Mäuse mit, sondern auch andere, gewöhnliche Schlangen. Einmal, die Doktoren waren nicht zu Haus, läutete der Postbote bei uns und hinterließ für sie eine Schachtel mit der warnenden Aufschrift «Achtung, Kreuzotter!» Er versicherte uns, wie froh er wäre, die Sendung los zu sein. Auch wir atmeten auf, als die Kornalíks sie bei uns abholten.

Ein amüsantes, aber nicht gerade erfreuliches Mißgeschick widerfuhr Dr. Kornalík einmal, als er mit einer Zuckerschachtel voll weißer Mäuse, die er im Institut für Seren und Impfstoffe abgeholt hatte, mit der Tram nach Hause fuhr. Er hatte sich gesetzt und die Schachtel auf die Knie gelegt. Die Mäuse aber nagten leise, leise die Schachtel durch, und es dauerte nicht lange, da waren sie alle frei und huschten vergnügt in dem Wagen umher. Die Fahrgäste versuchten sie wieder einzufangen. Bei früheren Versuchen hatte man den Pelz der Tierchen in verschiedenen Farben markiert, was zwar sehr hübsch aussah, die Panik aber nur noch steigerte. Die Passagiere glaubten, die Mäuse seien mit Viren gefährlicher Seuchen geimpft. Schließlich nahm alles ein gutes Ende. Die Mäuse wurden eingefangen, und die Mitreisenden beruhigten sich.

Interessant war zu beobachten, wie sich die Mäuse in der «Schlangengrube» verhielten. Die weißen Mäuse krabbelten seelenruhig über die Köpfe der Ottern, die ihnen völlig unbekannt waren. Sie waren gar nicht ängstlich. Die Feldmäuse dagegen, bei denen die instinktive Urangst vor Kreuzottern «einprogrammiert» ist, duckten sich verschreckt in einem Winkel.

Doch wehe, wenn in dem Vivarium eine starke Glühlampe aufleuchtete, die Wärmestrahlen aussandte. Die Kreuzottern erwachten mit einem Schlag aus ihrer Lethargie, und dann war alles nur eine Sache von Sekunden. Mit einer blitzschnellen und fast unmerklichen Bewegung biß die Kreuzotter die Maus mit ihrem Giftzahn. Eine Weile ließ sie ihr Opfer sich noch in Krämpfen winden, dann schlang sie es gierig in sich hinein. Ich muß gestehen, es war kein schöner Anblick. Doch mit welchem Recht können wir Menschen von einer solchen Szene behaupten, sie wäre eklig und grauenhaft? Mit welchem Recht!

Ein freundlicher Spender sandte den Kornalíks einmal eine Schlange, eine «Gold-Blindschleiche», wie Dr. Kornalík mich aufklärte. Ich las im Brehm nach. Es war eine Aesculap-Blindschleiche, auch goldene oder gelbliche genannt. Kornalíks konnten sie nicht gebrauchen und setzten sie im Garten aus. Anderntags gab es in unserer Gasse Alarm, den Kornalíks sei eine giftige Viper entflohen, und die Leute schlugen die wehr- und harmlose arme Blindschleiche tot. Der Doktor raufte sich die Haare. Die Schlange war ein schönes, hierzulande recht seltenes Exemplar gewesen, es war wirklich jammerschade um sie.

Wenn sich die Kornalíks auch gegen Schlangengift immun zeigten, gegen Musik waren sie es nicht. Häufig besuchten sie die Prager Konzerte, und unter ihrem freundlichen Dach, wo auch die Motoler Ärzte sich trafen, waren oft bedeutende Musiker zu Gast. Der Pianist Jan Panenka und der Cellovirtuose Josef Chuchro gehörten zu ihren Freunden, doch auch der liebenswürdige Karel Ančerl, ein bekannter Dirigent, und der unvergeßliche Violist Ladislav Černý, den ich gut kannte, fanden sich dort ein.

Letzterer war nicht nur ein vortrefflicher Musikus, sondern auch ein wahrer Meister-Koch. Er führte nicht nur bravourös den Bogen, sondern auch den Kochlöffel. Seine Soupers waren weithin berühmt. Bei Kornalíks verkehrten auch der Dirigent Václav Smetáček, der Komponist Václav Dobiáš und noch einige andere Musiker.

Aus ganz anderem Grund kam auch der Maler Jan Zrzavý zu ihnen. Er fürchtete – nicht ohne Grund, wie wir heute wissen – an einer verheerenden Krankheit zu leiden, und ging zu Kornalíks, um sich über ihr Schlangengift-Präparat zu informieren. Drei Tage später erzählte er mir von seinem Besuch bei ihnen; in seinen Augen spiegelte sich noch das Entsetzen, und er war ganz aufgeregt.

Er saß bei Kornalíks, in ein angenehmes Gespräch vertieft, am Tisch, als er vor Schreck jäh von seinem Stuhl hochschnellte. Ein paar Schritte vom Tisch entfernt räkelte sich ein lebendes Krokodil in den wärmenden Strahlen der durch das Fenster scheinenden Sonne.

Ja, als ich euch von den Tieren der Kornalíks erzählte, habe ich das Krokodil ganz vergessen. Das hielten sie sich ebenfalls in ihrer Wohnung. Unter dem Arbeitstisch in der Küche stand eine große, mit Blech ausgeschlagene Kiste voll Wasser, und darin wohnte das junge Krokodil. Es war zwar nicht besonders groß, doch es reichte, dem lieben Zrzavý einen gewaltigen Schreck einzujagen. Die Sonne, die ihm unter dem Tisch offensichtlich gefehlt, hatte das «Baby» wohl aus der Kiste gelockt. Zrzavý erzählte diese Geschichte noch lange. Er war ernstlich überzeugt, bei den Kornalíks hätte ihm ein Unglück widerfahren können. Man suchte ihn zu beruhigen, das Krokodil sei noch jung und nicht gefährlich. Doch er ließ sich die Gefahr, in der er geschwebt habe, nicht ausreden. Offen gesagt, ich hätte den schönen Zähnen des kleinen Untiers auch nicht getraut.

Doch nun komme ich endlich zu meiner Weihnachtsgeschichte. Sie ist ganz kurz.

Es war zu Weihnachten, im zweiten oder dritten Nachkriegswinter, und die Zeit war recht seltsam. Zwei Tage vor dem Heiligen Abend legte ich in unserem Garten noch Tulpen- und Narzissen-Zwiebeln, die mir ein Bekannter verspätet mitgebracht hatte. Am Morgen des Heiligen Abends schnitt ich auf einem Beet noch ein paar verwelkte Rosenknospen ab. Die Tulpen und Narzissen blühten dann im Frühling herrlich auf. Sogar die Röschen blühten in diesen Weihnachtstagen, wenn auch ein bißchen matt. Solche Weihnachten hatten wir in jenem Jahr! Kein Frost, kein Schnee, ein lauer, herbstlicher Dezember. Im November hatte es zwar am St. Martinstag ein wenig geschneit, doch das war auch alles. Dazu kam, daß die Versorgung nach dem Krieg auch noch nicht klappte und die Läden halbleer waren. Es gab wenig Grund zur Freude.

Zu Weihnachten stapfte ich immer gern durch die verschneiten Straßen Bräunaus. Bei uns oben liegt noch Schnee, wenn er unten in Prag schon längst weggetaut ist. Und unterwegs schaue ich zu den Fenstern empor, wo gegen Abend die Weihnachtsbäume erstrahlen. Es waren gemütliche Abendstunden und mir war leicht ums Herz. Und was für ein wohliger Genuß ist es, wenn man sich dann mit einer Tasse Tee neben den Ofen setzt und sich an längst vergangene Weihnachten erinnert.

Auch an Weihnachtskarpfen herrschte Mangel in jenem Jahr. Vor den traditionellen Holztrögen auf den Straßen, aus denen man die Fische verkaufte, standen die Leute in langen Schlangen.

Nach längerem Warten brachte Frau Kornalík einen schönen lebenden Karpfen heim, einen Sechspfünder, den sie – wie bei uns zulande Brauch – in der Badewanne schwimmen ließ. Bei uns in Žižkov, wo es keine Badezimmer gab, schwammen die Fische im Waschtrog in der Küche. Auf der Pawlatsche wären die Fische erfroren. Damals fror es nämlich zu Weihnachten noch. Es war Aufgabe der Männer, die Karpfen am Weihnachtstag zu schlachten. Mein Vater tat das – ich übrigens auch – höchst ungern.

Der Heilige Abend nahte, Herr Dr. Kornalík tötete den Karpfen und brachte ihn in die Küche, wo seine Frau schon das Messer wetzte, um den Fisch auszunehmen und in Portionen zu schneiden. Da ertönte plötzlich unter dem Tisch ein dumpfer Schlag. Das Krokodil hatte mit dem Schwanz gegen die Kiste geballert und begann zu bellen. Zuerst leiser, nach einer Weile wie rasend.

Man warf dem Hausfreund vom Nil ein paar Abfälle hin, wie man sie ihm gewöhnlich zu geben pflegte, doch das Bellen wollte nicht verstummen. Anders als die Riesenkrabbe, die der französische Dichter Gérard de Nerval an einem Bindfaden spazieren führte und von der er meinte, sie belle zwar nicht wie ein Hund, kenne aber die Geheimnisse des Meeres, kannte Kornalíks Krokodil zwar das Geheimnis des Nils, bellte aber wie zwei Köter auf einmal.

Man brachte also den Karpfen fort, damit sein verführerischer Duft dem Krokodil nicht mehr in die alerte Nase stäche, doch alles vergebens. Offensichtlich war die Luft in der Küche von dem aufreizenden Karpfenduft so geschwängert, daß das Krokodil ausdauernd weiterbellte.

Als es schon geraume Zeit so ging, warf Frau Kornalík ihrem Mann einen fragenden Blick zu. Er nickte stumm. Die Frau brachte den Karpfen und warf ihn in die Kiste unter dem Tisch. Im Nu hörte das Bellen auf, und man vernahm nur das Knakken der Karpfengräten zwischen den scharfen Krokodilzähnen. Nach wenigen Minuten hatte das Krokodil zu Abend gespeist. Und die Kornalíks auch!

Drum Friede auf Erden allen Menschen, die guten Willens sind und fröhliche, selige Weihnachten!

Was soll man sich ins Grab mitnehmen?

In Prag wirbelten nur ein paar Schneeflocken, doch auf der Fahrt nach Radotín geriet der Prager Zug in dichtes Schneetreiben. Hinter Radotín sah man nichts mehr, wenn man aus dem Zug-Fenster schaute. Nicht einmal die Stationsgebäude. Die Hänge gegenüber und der Fluß am Fuße des Bahndamms waren verschwunden. Vergebens hoffte ich, wenigstens ein kleines Guckloch in die vereiste Scheibe hauchen zu können, um vor Zadní Třebáň für ein paar Sekunden unten im Tal die Burg Karlstein (Karlštejn) zu erspähen. Doch sie war in dem schneeschweren Nebel verborgen.

Als ich in Beraun (Beroun) ankam, hörte das Schneetreiben wie auf Befehl auf, und die ganze Stadt war weiß. Die vertraute

Stille einer Schneelandschaft legte sich über die Stadt, und der Schnee knirschte angenehm unter meinen Füßen.

Auf dem ganzen langen Weg vom Bahnhof über die schwarze Litavka, einen kleinen Fluß, dessen Band sich in scharfen Umrissen von der weißen Landschaft abhob, konnte ich gar nicht anders, als mich in dieser Stille an das zu erinnern, was sich in meinem langen Leben in dieser Stadt und in ihrer Umgebung zugetragen und was der Schnee des Vergessens schon fast verweht hatte.

Da war zuerst ein herrlicher Ausflug an einem Sommertag, vom Duft des Wassers und des Kalmus erfüllt. Als zehnjährige Buben rannten wir mit unserem geliebten Lehrer Jaroslav Berger lachend und schreiend vorwärts, um die festen Mauern der Burg Karlstein zu erstürmen. Von diesem fröhlichen Ausflug am Ende des Schuljahrs vor den Sommerferien ist mir nur die Erinnerung an den Glanz der goldenen Kapelle des Kaisers und das unsägliche Glück einer wunderbaren Kindheit im Gedächtnis geblieben.

Viel genauer erinnere ich mich daran, wie wir einst durch die unfreundlich kühlen Rittersäle und unwirtlichen Gänge der Burg Pürglitz irrten.

Ich war damals schon viel älter und hegte bei der Besichtigung nur den einen Gedanken, wie ich bei dem Rundgang zurückbleiben und mich aus unserem Rudel für eine Weile verdrücken könnte. Ich schaffte es erst vor dem kleinen Fenster des kühlen Kerkers, in dem einst Bischof Augusta, Führer der Böhmischen Brüder, und seine Schreiber schmachteten. An diesem unwirtlichen Ort gelang es mir, die Mädchenlippen zu küssen, die ich liebte.

Damals wußte ich noch nichts von der Trauer der wunderschönen Prinzessin Blanche de Valois – der ersten Gemahlin Kaiser Karls IV. –, die in der unwirtlichen Fremde auf der kalten Burg so furchtbares Heimweh litt. Ein Glück noch, daß ihr junger Gemahl die Nachtigallen aus der ganzen Umgebung einzufangen befahl, auf daß sie unter ihrem Fenster für sie sängen. Diese kleinen Troubadoure tirilierten sich dann die

Seele aus der Brust, um die traurige Königin wenigstens ein bißchen aufzuheitern. Schade, daß jeder Vogelkundler uns diese schöne Legende so leicht widerlegen kann. Sie ist so alt und so hübsch!

Heute kenne ich die schöne Frau und kann den Blick nicht wenden von ihrem anmutigen Antlitz.

Zwischen den beiden ruhmreichen Burgen Karlstein und Karlův Tyn liegt die Stadt Beraun an einem munteren Fluß. Ein wenig schweigsam, ein wenig schäbig und vor allem von dem weißen Staub aus den nahen Königinhofer Zementwerken bedeckt. Diesmal war sie aber wirklich schneeweiß und mit aus Flocken geklöppelten Spitzen besetzt wie ein Ministranten-Rochett.

Will ich weiter meinen Erinnerungen nachhängen, muß ich vieles, was in dieser Stadt passierte, aus dem tiefen Schnee graben.

Da sind zuerst die unzähligen herrlichen Tage und Abende, die ich in dem Junggesellen-Häuschen Karel Křížeks verbrachte. Protagonist dieser «Séancen» war eigentlich František Hampl, der zwar an der Elbe das Licht der Welt erblickte, in dieses Städtchen am gleichnamigen Fluß – tschechisch Berounka, deutsch die Beraun genannt – aber ganz verliebt war. Er besang es in mehreren seiner Bücher. Doch Karel Křížek war der Älteste von uns, und ihm gebührte alle Ehre! Früher war er Eisenbahnschaffner gewesen, später gab er in Beraun eine Arbeiterzeitung heraus, und schließlich beschloß er, uns, die wir uns in seinem Häuschen ab und zu versammelten, ein guter und treuer Freund zu sein. Die Stunden vergingen in geselliger und freundlicher Harmonie, und je älter wir wurden, desto weiser wurden unsere Gespräche und desto enger die Bande unserer Freundschaft.

Als die Okkupation hereinbrach und dann der Krieg, in den Tagen der Verzweiflung, der Trauer, des Hungers und der Not, war Křížek unermüdlich. In der Stadt und ihrer Umgegend kannte er eine Menge Leute: auch Müller und Bauern. Und viele andere Menschen, vor allem Familien, aus denen ein

Angehöriger von den Nazis verschleppt worden war, lernten sein gutes Herz, seinen Mut und vor allem seine Hilfsbereitschaft kennen. In jenen Tagen wurde auch František Hampl verhaftet.

Wie Křížek all den Proviant auftrieb, weiß ich nicht. Er bezog eine kleine Rente, war arm, doch ziemlich viele Leute klopften an sein stets ein wenig verstaubtes Fenster. Selbst einsam und verlassen, streute er jedem etwas hin, so wie wir im Winter den hungrigen Vögeln Futter geben.

Und das Bemerkenswerteste daran war: All dies geschah geradewegs unter den Augen der Berauner Gestapo, die nicht weit von ihm residierte. Nur einmal geriet er in ihre unerbittlichen Fänge, doch es glückte ihm, zu entrinnen.

Trotz alledem gelang es ihm, zwei Schweine «schwarz» zu mästen, deren Fleisch er zum größten Teil verschenkte – seelenruhig, nur mit ein bißchen Bammel, weil die Schweinchen so laut quietschten, als er sie schlachtete. Dann räucherte er ihr Fleisch, und als der Duft des Geselchten allzu penetrant in die Nase stieg, schöpfte er zur Tarnung Jauche aus der Senkgrube und versprühte sie über seinen wild wuchernden Garten.

An einer Erinnerung entzündet sich der Docht der nächsten. Während des ganzen Krieges kamen wir so in Beraun zusammen. Nachdem man Hampl verhaftet hatte, waren diese Zusammenkünfte trauriger. Doch auch Trauer festigt die Freundschaft.

Auf dem Weg nach Beraun erlebte ich drei Abenteuer. Für mich, der den Krieg nie aus der Nähe kennenlernte, waren diese Erlebnisse höchst aufregend, und sie sind mir unvergeßlich.

Zuerst erlebte ich einen Tiefflieger-Angriff. Zum ersten Mal hörte ich, wie mir die Kugeln im wahrsten Sinne des Wortes um die Ohren pfiffen. Das war in Dušníky, dem heutigen Rudná. Als die Flugzeuge näher kamen, hielt der Zug an, und wir alle sprangen aus dem Wagen und rannten in die Felder hinaus. Nach dem Angriff drehten die Jäger ab, und wir stiegen wieder ein. Die Lokomotive hatte ein paar Treffer abbekommen, und Dampf und heißes Wasser zischten durch Einschußlöcher. Auch das Kinderbuch, das ich meinen Bekannten nach Beraun mitbringen wollte, war von Kugeln durchlöchert. Ich wollte es mir aufheben, doch ein deutscher Soldat sah es, riß mir das Buch aus den Händen und nahm es mit. Beraun erreichten wir zu Fuß.

Beim zweiten Mal sprengten Partisanen, die in der Gegend von Dobřichovice operierten, unsere Lokomotive in die Luft, und der Zug entgleiste. Die umgestürzte Lok lag neben den Schienen. Ihr Fahrwerk erinnerte an einen Käfer, der strampelnd auf dem Rücken liegt und sich vergebens müht, wieder auf die Beine zu kommen.

Beim dritten Mal traf ich gerade in Beraun ein, als die Alliierten die Bahnstation bombardierten. Wir blieben mit unserem Zug in der Nähe des Bahnhofs und sahen, wie die Bomben fielen. Der Bahnhof stand sofort in Flammen, aber der Mai stand vor der Tür und statt Hoffnung keimte jetzt schon Gewißheit in unseren Herzen. Bald würde lauer Frühlingsregen fallen und die verstaubten Ufer und unaufgeräumten Straßen blitzblank spülen, damit sie im Glanz des siegreichen Mai erstrahlten!

Auf dem Berauner Friedhof liegt auch Václav Talichs Grab.

Für immer unvergessen werden mir die Tage bleiben, an denen Talich hier in seiner Villa am Waldrand Zuflucht suchte, in der er schließlich bis zu seinem Tode lebte. Auf dem Heimweg von einem Spaziergang machte er häufig bei Křížek Station. Ein- oder zweimal hatte ich das Glück, Talich dort anzutreffen. Talich mochte den Křížek gern. Während Křížek in der Wohnung umherfegte und nach einem sauberen Tischtuch suchte, um den wackligen Tisch neben dem Bienenkorb im Garten zu decken, holte Talich geheimnisvoll lächelnd eine schlanke Flasche aus seiner Aktentasche und stellte sie in ein Schaffel mit kaltem Wasser. Dann schlürften wir unter dem leisen Summen der Bienen den köstlichen Rebensaft vom Rhein. Kaum hatten wir die erste Flasche geleert, stellte Talich schon die zweite und dritte kalt und lächelte uns herzlich zu. Lächeln sollte er ruhig, doch er hätte wohl besser nicht mehr getrunken. Ich weiß nicht recht. Křížek weigerte sich zuerst, die zweite und die dritte Flasche aufzumachen. Es wären zu teure und zu kostbare Weine, Talich habe sie doch mitgebracht, um sich am Sonntag allein daran zu laben. Ja, Křížek erbot sich sogar, in die Stadt zu eilen und anderen Wein zu holen. Doch Talich gab nicht nach!

Du schweig, sagte er zu Křížek. Du weißt doch am besten, daß der Mensch sich nur das ins Grab mitnimmt, was er im Leben verschenkt hat. So blieb uns nichts anderes übrig, als alle drei Flaschen zu leeren.

Talich, ein unsäglich liebenswürdiger und freundlicher Mann, der am Leben seiner Freunde mitfühlend Anteil nahm, plauderte dann launig aus seinen reichen Erinnerungen. Streng war er nur am Dirigentenpult. Als ein erster Geiger einmal einwandte, es sei schier unmöglich, eine Passage so zu spielen, wie Talich es verlangte, erwiderte er lakonisch: «Von einem Künstler verlange ich immer das schier Unmögliche!

Gern erzählte er von seinen Freunden. Fast alle waren sie schon gestorben. Bei seinen lebendigen Worten saßen die Toten aber lächelnd wie einst mit uns am Tisch, und wenn wir seinen Erinnerungen lauschten, wurde uns warm ums Herz. Doch Talichs Berauner Ära war schon der Anfang seines langen, traurigen Abgangs aus einer Welt voller Musik in die Welt der Stille.

In den letzten Jahren hatte er so manche Unbill und Anfeindung ertragen müssen. Dann folgten seine schwere Krankheit, neue Leiden und neue Pein.

Damals besuchten wir ihn nur noch in seiner Villa im heutigen «Talich»-Tal. Bei einem unserer Besuche erzählte er dem Křížek, er sei im Walde einem großen schwarzen Bären begegnet, den er mit bloßen Händen habe vertreiben müssen. Schließlich strichen wir nur noch an seinen Fenstern vorbei, hinter denen der Kranke «ohnmächtig» lag und auf den Tod wartete.

Karel Křížek reservierte sich dann beim Berauner Totengräber einen Platz neben dem Grabe Talichs. Sein Wunsch wurde nicht erfüllt, sie liegen aber nicht weit voneinander.

Doch an jenem Tag waren die Gräber so verweht, daß nur die Grabsteine und Kreuze aus dem Schnee ragten. Beim Anblick der weißen Ebene dachte ich an die alte Weisheit: Nur eine einzige Gewißheit gibt's im Leben, daß die Stunde kommt, da alle Schmerzen, alle Leiden verstummen.

Dann breitet sich eine große Stille aus, und der Schnee deckt alles zu. Weißer samtener Schnee, gerade solcher wie damals.

Zweiter Teil
Éos, Göttin der Morgenröte

Vorrede

Schon als Kind quälte mich der Gedanke an die Vergänglichkeit der Zeit. Ich freute mich auf die frohen Tage im Jahr; waren sie gekommen, wurde ich traurig, weil sie wieder vergingen.

Bis auf den heutigen Tag vermag ich mich an der amourösen Anmut des Frühlings nicht sorglos zu ergötzen. Die Angst vor dem Sommer folgt mir auf Schritt und Tritt, das Bangen vor der rasch verfliegenden Harmonie der Sonnenzeit.

Glücklicher fühle ich mich, wenn unter der Kruste des alten Schnees das erste Rinnsal blubbert und – Gott weiß wohin fließend – meine Stiefel umspült; wenn die scharfen Grate der Schneeglöckchen den Schneeschleier durchbrechen. Es sind die Stunden des Vorfrühlings, Stunden voller Erwartung und Sehnsucht. Später atme ich auf vor Freude, wenn Ende Februar der laue, feuchte Wind von Burg Pürglitz, hinter deren Fenstern einst der blutjunge Karl IV. seine schöne Blanche von Valois umarmte, zu uns auf den Bräunauer Hang hinüberweht. Nun freue ich mich schon auf das erste Piepsen eines «verstaubten» Stars, der nach dem «Brunnen» Fomans sucht, um wieder zu singen.

Wie kurz währt die lila Blüte der Aprikosen! Eh du dich versiehst, flattern ihre weißgebleichten Konfetti schon ratlos im Wind. Wenn dann die Kirschen erblühn, wie bald rieseln ihre abgebrochenen Flügelchen ins Gras! Es dauert nicht mehr lang, und wir haben ein ganzes langes Jahr des Wartens vor uns, bevor die Bäume wieder erblühen. Die Zeit ist unbarmherzig, vergebens bemühen wir uns, einen Hauch ihres Odems einzufangen; doch wir halten nichts fest, alles vergeht in fliehender Hast, und der Lauf der Zeit achtet unserer Trauer nicht. Wie kurz nur lächelt die Heckenrose, einmal im Garten gepflückt, uns zur Freude!

Nur wenn der Mensch sich verliebt, hat er das Gefühl, Liebe und Küsse würden bis in den Tod währen. Wie berauschend ist diese Leidenschaft! Und wie oft nur allzu flüchtig! Wer sich verliebt, ahnt anfangs gar nicht, daß er seine Liebe vielleicht nicht weiter tragen kann als das Wasser, das er in seine Hände schöpft.

An einem heißen Frühlingsnachmittag spazierte ich durch die Burghöfe des Hradschin. Aus dem weit geöffneten Tor des St.-Veits-Doms wehte ein kühler Hauch, vom Duft welkender Blumen durchtränkt. Die Düfte waren nach einem hohen kirchlichen Feiertag im Raume geblieben. Ich trat ein und lenkte meine Schritte in den alten Teil der Kathedrale. Die St.-Wenzels-Kapelle war geöffnet.

Schon lange hatte das Leben mir ausgeredet, auf den Knien Trost und Hoffnung zu suchen. Doch die altertümliche Kapelle umfing mich mit der Aura ihrer Heiligkeit. Sie war menschenleer. Ich stand an eine mit Halbedelsteinen ausgelegte Wand gelehnt, und ihre mattglänzende Kühle lockte meine Wange. Ich drückte sie an die Achate, wie wir unser Anlitz an die Wange einer Geliebten schmiegen. Auch in dieser kühlenden Berührung lag Liebe.

Es gibt doch Dinge in unserem Leben, die wir mit den Händen und mit einem liebenden Herzen bewahren können. So läßt sich die Liebe bis an den Tod festhalten.

Es sind aber nicht nur die Quader des Domes, die wir lieben, sondern auch die alten Mauern rings um die Burg von Prag auf dem Hügel hoch über der Moldau.

Diese Mauern sind in ihren Fundamenten ebenso verwurzelt wie in unseren Herzen und Seelen. Für unser Leben sind sie ewig. Darum lieben wir sie. Denn ihre Schönheit vergeht nicht wie der Frühlingsduft blühender Bäume.

Eine vertrauliche Mitteilung

Vor Jahren besuchte mich einmal die blutjunge Redakteurin einer Illustrierten. Ungeniert schüttete sie Puder, Puderquaste, Lippenstift, Schlüssel, Notizblock und Füllfeder auf meinen Schreibtisch aus. Nachdem sie alles wieder in ihre Tasche gestopft hatte, begann sie das mit mir schon früher verabredete Interview. Sie sollte für ihr Blatt einen Aufsatz über Prag schreiben. Schon die erste Frage verriet ihre ganze journalistische Blauäugigkeit. Sie schaute mir vertrauensvoll in die Augen und fragte mich ganz unschuldig, seit wann ich diese Stadt denn eigentlich liebe.

Ach, welch ein Zufall! Auf ihre fast zum Weinen naive Frage konnte ich ihr eine treffende Antwort geben – und ich tat es gern.

Als Bub besuchte ich oft die Familie meiner Mutter im nahen Kralupy an der Moldau. Fährt man mit dem D-Zug hin, lohnt es gar nicht, sich im Abteil zu setzen. Auf den Besuch in Kralupy freute ich mich immer unbändig. Hatten die Ferien aber den Zenit überschritten, war mehr als die Hälfte von ihnen vorbei, bekam ich Heimweh nach meinem Zuhause und meiner Mama. Und so geschah es, daß ich eines Tages ausriß, am Kraluper Friedhof vorbei nach Debrna lief und von dort auf der Staatsstraße nach Tursko. Auch Tursko ließ ich noch hinter mir, doch dann war ich so erschöpft, daß ich am Straßenrand rasten mußte, um mich ein wenig auszuruhen. In dem Moment sah ich sie. Die winzige, für mich aber freudig überraschende Silhouette des Hradschins. Sie war nicht größer als die Zeichnung auf der Vignette einer Streichholzschachtel, wie sie zu jener Zeit üblich waren.

Ich weinte vor Freude, und die Tränen kullerten mir über die staubbedeckten Wangen bis hinter den Hemdkragen. Dieses

Heulen, ein Schluchzen der Sehnsucht und der Liebe, verschmolz die beiden mächtigen Gefühle, die mich bewegten, zu einem einzigen. Auch heute passiert es mir, daß ich – wenn wir aus dem Weinberger Tunnel herausfahren – gleich Heimweh nach Prag bekomme. Ja, sogar in Paris empfand ich Heimweh nach Prag, und das will schon was heißen!

Alten Leuten kommen oft die Tränen. Sie haben allen Grund dazu. Das Leben ist nie so schön, daß der Mensch an seinem Ende Grund hätte zu lächeln. Einst erzählte ich Karel Toman von Panenský Týnec, wohin es mich einmal verschlagen hatte. Dort ragt die Ruine eines unvollendet gebliebenen gotischen Domes empor. Plötzlich hatte Toman Tränen in den Augen. Unweit von Týnec liegt nämlich sein heimatliches Kokovice.

Ich sitze am Fenster des Café «Slavia» und beobachte die Passanten auf den Gehsteigen der Nationalstraße. Es wimmelt dort von Menschen. Früher war hier ein geruhsamer Korso. Auch Jan Neruda pflegte sich dort zu ergehen.

Ich rufe mir seine Gestalt ins Gedächtnis und stelle ihn mir lebhaft vor. Er ist uns allen so vertraut. Er war ein schöner Mann, vermutlich ruhte auf seinem Antlitz einst so manches verliebte Frauenauge. Käme er aber heute hier vorbei, die Fenster in der Straße würden klirren. Ganz gewiß! Es ist ein schöner Frühlingsnachmittag, und vom Laurenziberg weht der Duft des Flieders.

Sicher wird keiner mit mir darüber streiten wollen, daß Jan Neruda, dieser bedeutende tschechische Dichter, auch der größte Dichter Prags ist. In seinem poetischen Werk finden sich freilich, bis auf unwesentliche Ausnahmen, keine Gedichte zu diesem Thema. Und doch weht der Geist dieser Stadt fast durch sein ganzes Werk. Neruda liebte sie und lebte für sie. So sind Kleinseite und Hradschin noch heute vom Zauber der Persönlichkeit des Dichters umwoben. Neruda kehrt immer wieder hierher zurück. Ach nein! Neruda ist nie von hier fortgegangen. Du begegnest ihm überall, auf Schritt und Tritt, in jedem Winkel. Im Frühling und im Winter, zur Sommerzeit und an den melancholischen Herbsttagen.

Einer meiner Kritiker warf mir vor – als er meinen Gedichtband Světlem oděná» (Die Lichtgekleidete) rezensierte – ich spräche in meinen Gedichten nur von den Schönheiten des historischen Prag, überginge aber mit Schweigen die proletarischen Vorstädte der Arbeiter und der Fabriken, wo die armen Leute lebten. Das war und ist nicht wahr. Ich muß mich dagegen verwahren. Ich bin in Žižkov geboren, und diese Prager Vorstadt in all ihrer pittoresken Absonderlichkeit, mit ihren Freuden, ihrer Not und Trauer, ist und lebt bis heute in mir. Hätte mir einst jemand die Augen verbunden und mich wie eine «blinde Kuh» von den Königlichen Weinbergen nach dem Žižkov geführt, ich hätte die Grenze genau zu bestimmen gewußt. So vertraut war mir die Atmosphäre seiner Gassen, so genau hatte ich das Pflaster seiner Gehsteige mit den Füßen abgetastet und die Wege, die über unbebaute Grundstücke und durch Anlagen führten, sofern es dort Parks überhaupt gab. Ich will mich freilich nicht selbst beurteilen und mich nicht selber «würdigen», doch die proletarische Welt lebt in meinen Versen wie einst. Auch wenn ich die böhmischen Kronjuwelen besinge.

Von den holprigen, abschüssigen Gassen des alten Žižkov mit seinem charakteristischen Gepräge blickte ich auf Prag hinab. Von der Ecke der Gasse bei der «Sklenářka» konnte man den Hradschin deutlich in der Ferne sehen. Vielleicht war ich deshalb so bezaubert und hingerissen, als ich aus dieser Welt kleiner Kramlädchen, Schenken und Wirtshäuser in verlotterten schäbigen Zinskasernen zu der alten Schönheit der historischen Monumente aufbrach und meine Stirn im St.-Veits-Dom auf den kühlen Teint der Achate legte.

In Žižkov hab ich meine ganze Kindheit und Jugend verbracht. Sie währte nicht allzu lange. Das Leben eilte nicht. Ich erlebte dort stürmische Volksversammlungen und Aufläufe, als die Leute gegen die Erhöhung des Brotpreises um 2 Kreuzer demonstrierten. Ich erinnere mich, daß man mir ein Banner in die Hand drückte, das ich dann im Demonstrationszug trug, daran waren mit einem Draht ein kleiner Brotlaib und eine

Tafel mit einem energisch durchgestrichenen «2 Kr.» befestigt. Ich erlebte dort auch eine stürmische Wahlkampagne vor den Reichsrats-Wahlen zum Wiener Parlament und Kämpfe zwischen Sozialdemokraten und Klerikalen, deren Führer der berüchtigte Pater Roudnický war. Dieser Priester war auch bei den Gläubigen wenig beliebt. Bevor er keuchend die Kanzel erklomm – er war recht feist – war die Kirche im Nu wie leergefegt. Meine Mama hat es mir erzählt. An der Hand meines Vaters, an die ich mich fest klammerte, kam ich aber auch ganz woanders hin: in die Agitationslokale der Sozialdemokraten, ja sogar an die Wahlurne. Diese ersten, starken Erlebnisse führten mich dann später noch ein paar Schritte weiter in das «Volkshaus», tschechisch «Lidový dům» geheißen; es lag unweit der Grenze zum Stadtteil Žižkov.

Žižkov, diese berühmt-berüchtigte Vorstadt, von Spekulanten an dem jäh ins Tal «stürzenden» Hang des historischen Veits- oder Žižka-Berges hastig erbaut, war mir als Kind der liebste Ort, Schauplatz meiner frühen Knabenabenteuer, vom Murmelspiel bis zu den ersten verliebten «Zuckerblicken», vom Fußballdribbeln bis zu den abendlichen Umarmungen vor der Kellertür oder auf dem Dachboden. Erst als sich die kleinen Schritte unter kurzem Röckchen hervorlugender Mädchenbeine meinen Riesenschritten zugesellten, wandte ich den Žižkover Gassen den Rücken, die mir nicht mehr hinreichend sicher und geheuer schienen, und es zog mich an die Hänge des Laurenziberges und in die dunklen lauschigen Winkel des Baumgartens, unter alte Bäume, an denen Blechtafeln mit ihren teils exotischen Namen hingen.

Der Petřín oder Laurenziberg, ein Garten der Lüste und ein Wonnebett, erbebt vom Frühjahr an unter dem Sang in den Zweigen, und der Wind, vom Grat der Hungermauer durchkämmt, weht den Duft aus den fernen Pürglitzer Wäldern herbei, saugt die übrigen Düfte der Petříner Büsche in sich auf und versprüht sie über die Prager Gassen. Dieser Garten ist wunderschön, wenn die gleißende Sommersonne durch seine Wipfel und Kronen bricht und von melancholischer Anmut, wenn Prag in Herbstnebeln versinkt, doch am schönsten ist er im Frühling in seinem weißen Blütenkleid.

Královská obora (Königlicher Baumgarten) ist für die Prager Umgangssprache ein zu langer Name. Die Prager sagen einfach Stromovka oder Stadtpark! Doch das «Königliche» rauscht noch heute majestätisch in den Wipfeln der seltenen, jahrhundertealten Bäume. Aus ihrem Bestand erklingen so dumpfe Töne, wie nicht einmal mit Flittergold umwickelte Bass-Saiten sie hervorzubringen vermöchten. Auch die menschliche Stimme nicht.

Wenn der Petřín nicht nur die Aufmerksamkeit einsamer Spaziergänger, sondern auch ineinander versunkener Liebespaare durch den Ausblick auf die exquisite Anmut des Hradschin und der Kleinseite fesselt, die immer wieder plötzlich zwischen den Bäumen auftauchen, ja, wenn die Liebenden sich bei diesem Anblick sogar zu küssen vergessen, können sie sich in den melancholischen Winkeln des Baumgartens so tief in ihre Liebe versenken, daß sie darin fast ertrinken. Berauschend duften dazu die alten Azaleen.

Doch beginnen wir von einer anderen Seite.

Ein an Zahl so kleines Volk wie das unsere schart sich in der Stunde der Gefahr eng um das Andenken und die Werke seiner großen Söhne und Töchter. Diese «lebendigen» Schatten kann man nicht trennen und losreißen von den Mauern unserer Hauptstadt, wo die meisten von ihnen lebten und wirkten. Darum schmiegt sich auch in schwerer Stunde das ganze Volk an die Mauern, die niemals stumm sind und niemals tot.

Ich hüte mich, die «sentimentale» Saite anzuschlagen und ein Loblied auf die alten Zeiten zu singen, das so mancher Schönredner anzustimmen beliebt. Bei schlimmen Heimsuchungen führen alle Wege in diese Stadt, und durch sie hindurch zieht eine einzige Straße der Hoffnung. Wie zitterten wir um ihr Schicksal – und zugleich um das Geschick unseres Volkes, als die Sirenen von den Dächern heulten. Dies «Sein-Herz-an-etwas-hängen» nennt man schlicht – Liebe!

Sanft hüllen die Gefühle die ferne und nahe Vergangenheit in einen Schleier von Sagen und Legenden, die uns unser Schicksal ohne die Wahrheit verletzen zu wollen, leichter erträglich machen, uns beistehen in schwerer Zeit und uns helfen, an bessere Tage zu glauben. Erinnert euch nur, wie es war, als die «Totenköpfe» die Hakenkreuzfahne über dem Hradschin hißten!

Schweigend stehen wir an den Grüften unserer Könige. Nur der Dichter eines großen Volkes hat den selbstverständlichen Mut, seine Könige in ihrer wahren Gestalt zu zeigen! Wir lieben sie – oder wir schweigen.

Ein Fremdling, auch wenn er guten Willens zu uns kommt, versteht vieles an diesen Beziehungen nicht. Ihr aus Träumen gesponnenes Gewebe zu durchdringen ist nur jenen gegeben, die, als Erben, emporschauen zu diesem Land und zu dieser Stadt – zu ihrer Heimat!

Doch auch so hat unsere vornehmste Stadt, die mit ihren Gassen, Häusern und Palästen die liebliche Landschaft beherrscht, die sich im Laufe der Zeiten ständig wandelt und neu erblüht, wenn die Flammen sie zerstörten, für jeden von uns unendlich viele Reize und Schönheiten; sie bietet sie nach der geheimnisvollen Ordnung der Zeitalter dar, vom Genius ihrer Baumeister inspiriert, unter der Dominante des Hradschin und des St.-Veits-Doms, so daß man Prag zu den wenigen «schönsten Städten» der Welt zählt. Welch ein Trost und welche Freude für jeden, der zu unserem Volke gehört! Doch umso mehr bangen wir, wenn wir uns der jüngsten Geschicke anderer europäischer Metropolen erinnern.

Die von glühender Hingabe erfüllten Schilderungen Prags, wie sie uns Dichter und Wissenschaftler gegeben haben, werden nie ein Ende nehmen. Mit freudiger Begeisterung lausche ich den Erzählungen über die Geschicke und Schönheiten der «goldenen Stadt» und über ihre vielen bizarren Züge, so bezeichnend für ihr steinernes Antlitz wie die einander ablösenden Stile und die aufeinanderfolgenden stürmischen Ereignisse es formten. Doch auch unser Heute, das die Stadt so stürmisch umgestaltet, lebt, ja es ist auch der jähe Flug der in unserer

Gegenwart verrinnenden Sekunden, der beredt von der Geschichte Zeugnis gibt; das ist uns Garantie unserer Rechte und Beweis unseres jahrhundertewährenden Strebens in diesem Kernland eines nicht gerade glücklichen Kontinents.

Schon der tschechische Name der Stadt – PRAHA –, in unserer Muttersprache mit Lippen und Odem sanft geformt, ist vom Geschlecht der Mütter, Frauen und Geliebten. Praha ist uns wirklich Mutter und Geliebte, und einst pflegte man sie als lächelnde Frau darzustellen, die auch die Anmut eines blühenden Leibes zeigte. Dieser Umstand erhöht noch den Reiz, der unsere Beziehung zu diesem Ort prägt, läßt unsere Bewunderung noch stärker auflodern und unsere Lobeshymnen auf Prag noch lauter erklingen. Sind auch die alten Palisaden der Stadt von den Flammen des Krieges beleckt und verrußt und haben ihre Mauern eine Härte bewiesen, wie man sie sonst eher Männern zuschreibt, so schmiegen wir uns doch gern in die offenen Arme der lauen Weiblichkeit ihrer Gärten, Parks und lauschigen Winkel. Am Prager Himmel leuchten die Sterne freilich nicht heller – und es sind auch keine anderen – als über anderen Metropolen der Welt, doch bis auf den heutigen Tag finden wir in dieser Stadt so viele freundliche Orte, wo man ungestört und «von Herzen» rasten und über das Leben und fruchtlose Träume nachdenken kann. Jene Eigenschaften, die wir selbst ihrer Alltäglichkeit wegen nicht mehr sehen, entdeckt der Fremde, der seine Schritte hierher lenkt. In anderen Städten findet man weder die Zeit noch den Ort zu solchem Meditieren.

Doch nun schweigt ein Weilchen. In ein paar Sekunden, noch bevor ich bis hundert zähle, bersten die klebrig feuchten Knospen der Kastanienbäume. Ich zähle: eins, zwei, drei, vier . . . neunzig . . . jetzt!

Ich hatte zu Ende gesprochen. Das Fräulein steckte seine Füllfeder ein, verstaute ihren mit stenographischen Notizen bedeckten Schreibblock neben Puder, Lippenstift und Schlüssel und sagte mir Adieu. Ich neigte mich zu ihr und küßte sie halb freundschaftlich, halb väterlich auf die Stirn. Einen Augenblick lang war sie verlegen, dann schenkte sie mir ein strahlendes Lächeln und gab mir einen Kuß auf den Mund.

Mit diesem «Dankeschön» war ich «wunschlos glücklich». In meinem Alter ist solch ein Lächeln schon sehr viel wert!

Meine erste Liebe

Zu einer Zeit, als an Koedukation noch nicht zu denken war, besuchten bereits vier Mädchen unser Gymnasium, eine Klasse unter mir, Mädchen wie Rosenknospen. Wir Burschen aus den höheren Klassen durften freilich nicht mit ihnen verkehren. In der Schule hatte man uns das eingeschärft. Auch in den Pausen durften die Mädchen nicht aus ihrem Klassenzimmer. Nur für Sekunden, wenn jemand die Tür zu ihrer Klasse weit aufriß, konnten wir einen Blick auf sie werfen. Bevor sich die Tür wieder schloß, warfen wir ihnen Kußhände zu, und die Mädel kicherten. Alle vier saßen in der letzten Bank wie bunte Glukken auf der Stange. Trotzdem waren es ältere Mitschüler, die sie sich nach etlichen Jahren «angelten». Einen von ihnen erschoß 1945 ein unvorsichtiger Schütze auf einer Prager «Mai-Barrikade». An ihre hübschen, freundlich dreinblickenden Gesichter erinnere ich mich gern. Sie verschönerten uns die zuweilen recht tristen Schuljahre.

In den ratlosen Jahren der Jugend, die sich zumeist nur ungern offenbart und anvertraut, plagen einen jungen Menschen unzählige und höchst unterschiedliche Sorgen, aus denen er sich oft keinen Ausweg weiß. Durch vieles beißt er sich mit seinen jungen Zähnen aber doch durch.

Wenn der Frühling kam und die Bäume ausschlugen, pilgerte ich häufig auf den Petřín und in den Seminar-Garten, um der weißen Blütenpracht heimlich mein Leid zu klagen. In der Harmonie des Frühlings holte ich mir Rat von den ziehenden Wolken. Von wem auch sonst? Ich fühlte mich in ihrer Gesellschaft nicht so einsam, und sie inspirierten meine Sehnsucht. Vor allem mein Fernweh. Viel hatten sie mir zwar nicht zu erzählen, doch sie machten mich ein bißchen fröhlicher. Und da sagt man «sorglose Jugend»! Sicher, der Grund dafür ist oft läppisch und lächerlich, doch ein junger Mensch empfindet nicht weniger Kummer und Leid als die Erwachsenen. Die haben ihre Jugend schon längst vergessen und suchen die Erinnerung daran mit einer Handbewegung zu verscheuchen.

Im Seminar-Garten saß ich so manche Stunde auf einer wackligen Gartenbank unter einem alten Birnbaum. Eines Sommers trug er zum letzten Mal seine übergroße Ernte; der Stamm barst unter der Last der unzähligen Früchte. Die alte Frau, die ich dort oft traf, stand unter dem gebrochenen Baum und weinte bitterlich. Auch sie war schon steinalt. Vermutlich war der Baum ihr nächster und letzter Verwandter gewesen.

Von einem der Kleinstädter Kirchtürme schlug es gerade zwei Uhr nachmittags. Dieser Uhr hatte einst vermutlich auch schon «Herr Vorel» – von dem uns Jan Neruda erzählt – gelauscht, und Schlag zwei seinen Greißlerladen geöffnet. Er zündete sich sein Pfeifchen an und ließ den Blick durch die menschenleere Sporner-Gasse schweifen. Mein Gott, es ist ja auch schon über hundert Jahre her!

Wenn der Frühling alle Wege auf den Petřín mit seinen Düften erfüllt, weiß ich wirklich nicht, was einem jungen Mann besser «anstände», als über die Mädchen nachzusinnen. Im Geiste umarmte ich alle vier «Schönen» aus unserer Schule. Eine nach der anderen, und zwar in derselben Reihenfolge, in der ich mich in sie verliebte. Ich liebte aber nicht nur diese vier jungen Damen, sondern auch viele Mädchen, nach denen ich mich auf der Straße umsah oder die mir zulächelten.

Im Frühling sind alle Mädchen wie vom Lenz behaucht, wie von einer lauen Brise zum Tanz gewirbelt und vom Duft der blühenden Blumen umflort, die in frischen, bunten Farben leuchten. Und die Mädchen sind besonders zärtlich und dabei zart und zerbrechlich wie kostbare Püppchen aus Meißner Porzellan, die uns ewig zulächeln. Auf die Lehne der alten

Parkbank, die schon ganz bekritzelt und mit Herzen vollgeritzt war, schrieb ich oft ganze Briefe mit dem Fingernagel.

Meine Liebste und Vielgeliebte! Ich seufze und klage, und Ihr hört mich nicht! Ihr ahnt gar nicht, wie sehnsüchtig ich Euer harre. Wäret Ihr bei mir, so schenkte ich Euch ein Veilchensträußchen und läse Euch die Verse vor, mit denen ich Euch gestern besang. Wir nähmen einander bei der Hand und wandelten über den verlockenden Pfad unter Bäumen, der in ihren Wipfeln zu enden scheint. Später könnten wir durch die freundlichen Gassen der Kleinseite promenieren bis zu den schlanken Fenstern der Kathedrale, die voller Engel sind. Die alte Orgel auf dem Chor würde süß ein wunderschönes Liebeslied anstimmen. Mir will scheinen, es ist ein Minnelied; wenn ich ihm lausche, läuft mir ein wohliger Schauer über den Rükken, und ich muß an ein Mädchen denken, das in den Spiegel schaut.

Hier mag mein billetdoux enden.

Bei dieser Melodie stelle ich mir auch vor, wie ich mich dem vor dem Spiegel stehenden Mädchen auf leisen Sohlen nähere. Ich reiße sie in meine Arme und beuge ihren Kopf in den Nacken, auf daß ich meinen Mund leidenschaftlich in den ihren vergraben und ihren Atem trinken kann, bis unsere Küsse sich von zarten Blutstropfen purpurn färben. So hatte ich es damals irgendwo gelesen.

Ach wo! Solchen Unsinn schrieb ich damals natürlich nicht an meine Flamme. Die Worte waren mir nur eingefallen, als ich zu den Büscheln anmutiger rosaroter Apfelblüten über mir aufschaute.

Oft kannte ich weder die Anschrift, ja nicht einmal den Namen der Angebeteten, die mir nicht aus dem Sinn ging.

Zum Glück war es nur ein unschuldiges romantisches Sehnen, das mich damals ergriff, ein wenig schmerzte, sich dann «in blauen Dunst auflöste» und für immer entschwand.

Die Schwalben flatterten um mich her und verscheuchten mit ihrem jähen Flug die sanften Wonnen meiner Jünglingsträume.

Wenn die Schwalben so nahe über dem Boden dahinstreichen, wird es bald regnen. Mag es ruhig nieseln und mag der laue Regen all meine Jugendtorheiten davonspülen.

Im Sensenmann-Gäßchen

Ein Kamerad, der neben mir die Schulbank drückte, erzählte mir von einem Gäßchen auf der Kleinseite, das man «Úmrlčí» ulička oder «Sensenmann»-Gäßchen nannte; da gäbe es ein paar übel beleumdete Etablissements mit leichten Mädchen. Die Mädchen dürften überhaupt nie ausgehen und würden streng bewacht. Vor allem verkehrten dort besoffene ungarische Infanteristen. Die «Fräuleins», wie man sie dort nenne, liefen im Negligé herum, setzten sich den Soldaten auf den Schoß, und die Honvéds küßten sie nach Herzenslust. Mehr wußte er nicht. Mit Handschlag mußte ich ihm versprechen, keinem was zu verraten.

Es war in den letzten Monaten des ersten Weltkriegs, und Prag wimmelte von ungarischem Militär.

Die Schilderung des Freundes noch in «taufrischer Erinnerung», lenkte ich gleich anderntags meine Schritte zur Kleinseite. Ein wenig aus Neugier, ein bißchen auch aus einem anderen Grund. Von Žižkov ist es dahin ziemlich weit. Mein Herz klopfte zum Zerspringen. Auf dem Kleinseitner Marktplatz waren vom Vormittag her noch ein paar Obst- und Gemüsestände übriggeblieben. Der Fleischer, der in dem Haus seinen Laden betrieb, verkaufte noch an seinem Stand; er hatte dort auch einen mächtigen Hackblock stehn. In seinem kleinen Schaufenster hingen ein paar schneeweiße, frisch geschlachtete Lämmchen. Um ihre durchgeschnittenen Hälschen waren rosa Schleifchen gewunden. Eine Weile trat ich zwischen den Markständen von einem Bein aufs andre und zauderte ein wenig. Dann faßte ich mir ein Herz und eilte in die nahe «Sensenmann»-Gasse. Ich ahnte, welche das sein könnte. Sie war's tatsächlich. Auf dem Blechschild am Eckhaus stand zwar Břetislav-Gasse, doch keiner nannte sie so – wie ich später herausfand. Es war die Sensenmann- oder Totenkopfgasse, denn einst waren durch das Gäßchen die Trauerzüge auf den Kirchhof gepilgert, der auf dem nahen Johannis-Hügel (Jánský vršek) lag; auch von der Neruda-Gasse gelangte man dahin.

Der düstere Name war der Gasse geblieben, obgleich man den Friedhof längst aufgehoben hatte. Sie war kurz und schmal.

Und menschenleer! Nirgends auch nur eine Menschenseele. Ich schlenderte an den Häuserfassaden entlang und schaute neugierig in die Parterre-Fenster. Nicht einmal die schmuddligen Gardinen bewegten sich. Offensichtlich war der frühe Nachmittag nicht die Zeit der Liebe. vielleicht machten die Mädchen nach dem Essen ein Mittagsschläfchen. Auf dem Johannis-Hügel kehrte ich enttäuscht um und marschierte wieder zurück. Ich war bis vor das letzte Haus am unteren Ende der Gasse gekommen, da hörte ich, wie jemand leise ans Fenster klopfte. Wie gebannt schaute ich hin. Der Vorhang teilte sich, und ein Mädchen mit einem dunklen, über die Schulter geworfenen Zopf stand am Fenster. Wie angewurzelt blieb ich stehen.

Sie sah meinen verschreckten Blick, lächelte und raunte mir etwas zu. Doch ich konnte ihre Stimme hinter der Scheibe nicht hören. Das Gäßchen ist so eng, zwei Schritte genügten, und ich war auf der anderen Seite. Man kann die Gasse leicht mit einem Satz überspringen. Nun schon ruhiger, spähte ich wieder durch das geschlossene Fenster. Das Mädchen war recht hübsch, zumindest schien es mir so. Sie lächelte freundlich, und meine Furcht wich ein wenig von mir. Sie hatte wohl gemerkt, wie schüchtern und zaudernd ich war, so riß sie mit einem Ruck ihre weiße Bluse auf. Ich hatte das Gefühl, vor Schreck plötzlich zu erbleichen, dann schoß mir das Blut jäh in die Wangen, und ich starrte entsetzt auf zwei nackte Mädchenbrüste. Verwirrt stand ich da, als wäre der Blitz neben mir in das Pflaster gefahren. Das Mädchen lächelte mir zu und mir schwindelte. Das Ganze währte nur ein paar Sekunden. Dann knöpfte das Mädchen ihre Bluse wieder zu und winkte mir, doch einzutreten. Der Vorhang schloß sich wieder.

Verwirrt trat ich den Rückzug an.

Ich wollte allein sein, eilte hastig durch die Welsche Gasse (Vlašská ulice) und hielt erst am Ende der Stiege auf den Laurenziberg inne. Dann lenkte ich meine Schritte in den Seminar-Garten.

Der Garten lockte mit seiner Blütenpracht. Welch ein Glück, daß die Bäume schon blühten. Unter ihren blütenbesäten Zweigen war mir wohl. Schönheit versöhnt uns mit der Welt. Dem melodischen Summen der Bienen lauschend ordnete ich meine Gedanken ein wenig und wurde ruhiger. Ich zwang mein Herz zu verstummen.

Von Jugend auf, schon als es mir noch gar nicht recht bewußt war, gehörte ich zu den treuen Anbetern eines der schönsten Mythen unserer Welt. Ich glaubte an den Mythos des Weibes. Heute ist er schon rar geworden. Die Frauen haben ihren unsichtbaren Heiligenschein abgelegt und frisieren sich anders. Schade! Es gibt nichts Schöneres auf der Welt als eine nackte Blume und eine nackte Frau. Ich weiß, diese Reize sind bekannt, doch sie bergen für uns stets von neuem ein Geheimnis, und wir wollen sie immer neu entdecken.

Die alten Zeiten will ich wahrlich nicht rühmen. Gewiß waren sie elend und taugten nicht viel, aber ich muß doch fragen, wo ist bei den meisten Männern die «Liebesschüchternheit» geblieben, wo das Quentchen ritterlichen Respektes vor den Frauen. Im Liebesspiel waren es die galanten Riten, die die Lust verlängerten und zugleich reicher machten. Meiner Treu, ich bin kein Moralist, doch mir will scheinen, als verachte heute das Gros der Frauen auch diese Riten.

Die erste Vision eines Frauenkörpers, den mir das Mädchen in dem verstaubten Parterre-Fenster bot, fiel jedoch wie eine mit Zeitzünder versehene Bombe in mein Herz. Ihr Bild, klar und strahlend, stand mir stets vor Augen. Es war immer bei mir und vorläufig alles, wonach ich mich damals sehnte, als ich wirklich schon um Liebe zu betteln begann.

Wie keusch und jungfräulich und vor Scham errötet scheinen mir die zwei wohlgerundeten «Früchte», die davon zeugen, daß der Mädchenleib allmählich zur Liebe erblüht, wenn die Zeit der Kindheit sich der offenen Grenze zum Weibsein nähert. Ich sehnte mich nach nichts anderem, als meinen Kopf zwischen diese «Äpfel» zu schmiegen und meinen Mund auf die wonnigen, duftenden Reize zu legen. Doch die Angst schnürte mir die Füße wie mit einem unsichtbaren Strick zusammen.

Mir schien, es sei die Liebe, die in meiner Brust schluchzte und mir war, als hörte ich das Pochen ihres Blutes in meinem Blut. Die unglückliche «Wonnemaid» aus der Sensenmann-Gasse badete in den heimlichen Tränen auf dem Grunde meiner Augen. Obwohl der klägliche Umstand, daß sie an einem verrufenen Ort lebte, mich eigentlich eher hätte abstoßen müssen, lockte das Bild des Mädchens mich magisch an. Ich war überzeugt, nur die Macht der wahren Liebe könne diese Kraft besitzen, und mir war bang ums Herz. Ich hatte das Gefühl, als wäre ich verlobt mit dem Mädchen. Für alle Zeit.

In jenen Stunden «versanken» die vier lieben, reinen und hübschen Gesichter meiner «Schulfreundinnen», wurden zu vagen Schatten und verschwanden allmählich, gerade so, wie wenn wir den Leinendocht in einer Petroleumlampe langsam zurückdrehen.

«Ach du liebe Zeit» – würde meine Mutter sagen – «das ist mir eine schöne Bescherung!»

Den Fuß in den düsteren Flur zu dem Mädchen zu setzen, wagte ich nicht. Als bewache ein grimmiger und toller Cerberus den Eingang, als brenne die Klinke zu ihrer Kammer bis zur Weißglut erhitzt. Noch viele Tage irrte ich in dieser Gegend umher. Sogar die Schule schwänzte ich. Das Mädchen sah ich aber nicht wieder. Ihr Fenster blieb stumm und blind. Ich stellte mir vor, sie sei vielleicht krank und redete mir ein, sie sehne sich nach mir, danach, daß ich mich zu ihr ans Krankenbett setze und ihre Hand in der meinen halte. Doch in das Haus hineinzugehen, wagte ich nicht. Ich verfluchte meine eigene

Feigheit, stand aber wieder vor dem Hause; fest entschlossen, diesmal wirklich hineinzugehen – enttäuschte ich mich jedesmal selbst, und meine Füße trugen mich fast mechanisch an dem schwarzen Tor vorbei. Es war mir selbst schon peinlich.

Das Bild der elenden, armen und vielleicht nicht einmal schönen Dirne verfolgte mich, wohin mich meine Füße trugen. Sie war den ganzen Tag bei mir, stumme Begleiterin meiner peinlichen Gedanken. Sie besuchte mich auch in der Nacht, und ihre von geilen Männerhänden abgegriffenen Brüste leuchteten verführerisch in der Finsternis. Ganz aufgeregt setzte ich ihr einen grünen Jasminkranz aufs dunkle Haar, in den ich einmal Veilchen, dann wieder Schlüsselblumen flocht.

Das Mädchen sah mich stets mit einem gewissen Erstaunen an. Sie trug einen verdrückten und schmuddeligen Rock. Was machte das schon? Was war ich schon für ein Dichter? Ein schlechter oder besser – gar keiner. Und was für ein Liebhaber!

Schließlich überwand ich mich doch und faßte den festen Entschluß, endlich die schicksalsschweren Schritte zu tun. Meine Sehnsucht zwang mich dazu. Habe ich es erst einmal gewagt und die Klinke gedrückt, wird alles nur ein Kinderspiel sein. Nur die paar Schritte! Ich werde die Augen schließen und die Lippen aufeinanderpressen. Es sind doch nur ein paar Sekunden! Derart entschlossen, stand ich abermals vor dem ominösen Haus. An seiner Schwelle traf ich nur eine fremde Greisin an. Sie bemerkte meine Angst und Verlegenheit und packte mich am Ärmel, um mich in das Gebäude zu ziehen. Mit zahnlosem Mund raunte sie mir etwas Obszönes von schönen Fräuleins ins Ohr, die drinnen auf mich warteten, ich könne mir aussuchen, welche mir gefiele. Ich riß mich von ihr los und eilte von dannen.

Einige Tage lang kam ich nicht mehr auf die Kleinseite. Von neuem beschwor ich mich selbst, kein Schwächling zu sein, meine Angst, meine Feigheit zu überwinden. Als ich aber meinen Fuß wieder in die Gasse setzte, sah ich vor dem Haus, zu dem ich meine Schritte lenken wollte, eine feiste Ratte auf dem Pflaster hocken. Sie zerrte mit den Zähnen an ihrer schmutzigen Beute, bemerkte mich, blieb aber ruhig sitzen und blinzelte mich aus ihren rosigen Augen verstohlen an. Dann huschte sie über die steinerne Schwelle und verschwand in dem Hausflur, in den ich fast schon getreten wäre. Voller Ekel wandte ich mich ab; ich ging dann nie mehr durch die triste Gasse.

Doch lange noch war ich überzeugt, nie mehr im Leben würde mir solch ein Glück widerfahren, ja, ich würde nie mehr etwas so überraschend Wunderbares schauen, wie ich es an jenem herrlichen Tag im verstaubten Fenster der traurigen Sensenmann-Gasse auf der Prager Kleinseite erblickt – im April, da im alten Seminar-Garten die Bäume blühten und alles so herrlich war.

Welch ein einfältiger Tor war ich doch!

So manches Mal, wenn ich mich an dieses Abenteuer erinnerte, seufzte ich tief; wie hatte ich mich damals so täuschen können! Wie konnte ich mich *so* irren!

Am Grabe des Hohen Rabbi Löw

Vor Jahren besuchte der Pariser Architekt Auguste Perret, Erbauer der Kathedrale zu Raincy, Prag. Kaum war er aus dem Zug gestiegen, fragten ihn Schüler und Bekannte, die zu seiner Begrüßung am Bahnhof erschienen waren, was er in Prag als erstes besichtigen wolle. Perret darauf mit mildem Erstaunen: Natürlich den Alten Jüdischen Friedhof!

Die Weltberühmtheit dieses historischen Denkmals klagt an. Wie konnten die berufenen und unberufenen Verantwortlichen der völlig überflüssigen Assanierung der mittelalterlichen, durch Feuersbrünste schon ziemlich beschädigten und vieler denkwürdiger Bauten beraubten jüdischen Altstadt zustimmen? Wie konnten sie es zulassen, daß auch der Alte Jüdische

Friedhof beschnitten wurde, nur um Grundstücke zu gewinnen für die stupiden Zinshäuser, die zur Schande ihrer Urheber bis heute dort aufragen. Die fünf Synagogen, der Friedhof und die Reste des Ghettos würden zusammen heute ein baugeschichtlich und historisch unschätzbares Areal bilden, von der Tradition der gelehrten Prager Rabbiner geprägt und von den – in aller Welt berühmten – alten jüdischen Sagen und Legenden umwoben.

Einmal weilte ich mit Vítězslav Nezval auf dem alten jüdischen Friedhof und zwar zu einer Zeit, als unsere Verse so blutjung waren wie die Mädchen in den untersten Klassen des Gymnasiums.

In jenen Tagen, doch wohl auch später, ja bis ans Ende seines Lebens, war Nezval von allem fasziniert, was nach Geheimnis und Romantik roch. Ich weiß, daß er Wahrsagerinnen aufsuchte, von einer Kristallkugel träumte, sich aus der Hand lesen, aus der Schrift wahrsagen und seinen Charakter ergründen ließ und schließlich die Handlesekunst sogar selber studierte. Mit Feuereifer las er Bücher über Astrologie und Horoskope. Schließlich weihte ihn der Dramatiker Jan Bartoš in die Kunst ein, Horoskope zu stellen und zu berechnen. Es ist bekannt, daß Nezval sich sogar seinen eigenen Tod prophezeite. Er behauptete zumindest, er werde zu Ostern sterben. Falls ich mich richtig erinnere, ist er an einem Karsamstag dahingegangen. Gewiß hat er nicht erwartet, daß er so früh sterben mußte.

Wir pflegten damals dann und wann in den «Hanauer Pavillon» einzukehren, wo wir uns meist ein Glas Absinth genehmigten. Es war eine Art Zeremonie für uns Jünger des Orpheus. Mehr konnten wir uns auch gar nicht leisten. So hatte Nezval es leicht, mich zu beschwatzen, einmal mit ihm auf den Alten Judenfriedhof zu gehn.

Auf das Grabmal des Hohen Rabbi Löw – wie auf das Grab ihrer seligen Angehörigen oder Freunde – legten und legen die Juden seit altersher Steinchen und äußern dabei ihre geheimen Wünsche, den Wunderrabbi um Erhörung anflehend. Noch wirkungsvoller soll es sein, wenn man seinen Wunsch auf einem Zettel notiert und diesen durch die enge Ritze zwischen den Grabsteinplatten in die Gruft wirft. Nezval riß zwei Blättchen aus einem kleinen Kalender und reichte mir eines davon. Er selber schrieb sodann: Ich möchte ein berühmter tschechischer Dichter sein und neunzig Jahre alt werden. Dann schob er den Zettel mit geheimnisvoller Geste in das Grab. Den ersten Wunsch erfüllte ihm der Rabbi, wie man weiß, den zweiten leider nicht.

Ich äußerte nur ein einziges, doch sehnsüchtiges Wünschlein, und es ging mir gleich in den nächsten Tagen in Erfüllung. Eines schönen Frühlingstages im Königlichen Baumgarten.

Fräulein Toyen

Ich war nie ein Langschläfer. Oft weckten mich meine Verse am Morgen, und ich lauschte mit offenem Ohr dem melodischen Säuseln ihrer Worte. Ich liebte den gelb und rosa schimmernden Himmel in der Morgendämmerung und verschlafene Küsse. Packten mich aber die drängenden Verse an den Haaren und zogen mich hurtig aus den wohlig warmen Federbetten, setzte ich mich an meinen Schreibtisch und dichtete. Alles andere mußte dann warten.

Ansonsten schrieb ich meine Gedichte auch gern an unserem Küchentisch. Auch wenn meine Frau darauf hantierte, Schnitzel klopfte oder ein Huhn farcierte. Ich mag den Duft zerstoßener Nelkenblüten. Oft schrieb ich auch in einem überfüllten und verrauchten Café.

Doch ich will anders beginnen.

Vor unserm Haus in der Žižkover Hus-Gasse, meist zu der Stunde, da die Arbeiter aus den Karolinenthaler Fabriken nach Hause strömten, begegnete ich oft einem recht seltsamen, doch sehr attraktiven Mädchen. Zu meiner Schülerzeit war es noch nicht üblich, daß Frauen in Hosen gingen wie heute.

Das Mädchen, offenbar auf dem Heimweg, hatte grobe Drillich-Hosen an, eine Knabenbluse aus Manchesterstoff und einen Schlapphut, wie ihn die Hauer im Bergwerk tragen. An den Füßen staken grobe, unansehnliche Stiefel.

Ihr lächelndes Knaben-Gesicht war zart und voller Anmut. Lächelte sie, wirkte es eher ein bißchen traurig als jung und sorglos; und immer stand es in krassem Widerspruch zu ihrer groben Arbeitskluft. Ein paar Mal schaute ich mich nach ihr um. Als sie es sah und bemerkte, daß ich mich nicht aus purer Neugierde nach ihr umwandte, lächelte sie mir zu. Seit jenem Tag kannten wir uns quasi, obwohl ich nicht wagte, sie anzusprechen.

Erst einige Jahre später erfuhr ich, daß sie damals in einer Seifensieder-Werkstatt arbeitete. Ihre Hände waren von der Lauge rissig und verätzt. Eines Tages verschwand sie, und ich hielt zur gewohnten Stunde vergebens Ausschau nach ihr.

Es gibt Augenblicke im Leben eines Menschen, es sind meist nicht viele, die uns noch nach Jahren frisch und deutlich in Erinnerung bleiben, die ganz unvergeßlich sind. Noch nach langer Zeit scheint uns, als hätten wir es erst «gestern» erlebt. Solch ein Moment ist für mich meine erste, zufällige Begegnung mit Karel Teige. Deutlich sehe ich sein schon etliche Tage unrasiertes Gesicht vor mir, den zerdrückten, «lieblich beregneten» Filzhut, wie Milena Jesenská, unsere spätere Freundin, immer sagte, seine energischen Gesten und seine schönen schwarzen Augen. Mit Teige hatte mich Stanislav Kostka Neumann im Verlag Borový in der Stephans-Gasse (Štěpánská ulice) bekannt gemacht. Als ich einmal in den Verlag kam, stellte er mich ihm ganz formlos vor:

«Hier ist auch so einer. Er ist zwar noch nichts, doch aus ihm wird bestimmt noch mal ein Lyriker. Nimm ihn unter deine Fittiche, und man wird sehn. Ich hab ein paar Zeilen von ihm gelesen, es scheint nicht schlecht zu sein.»

Dann schlenderte ich mit Teige gemächlich über den Wenzelsplatz wieder zum alten Café «Slavia». Ins Café gingen wir aber nicht. «Es war eine duftende, fadsüße Zeit, die Bäume blühn ...» und die Nationalstraße und die Moldau-Kais waren von allerlei vom Laurenziberg herwehenden Düften erfüllt. Auch die Moldau duftete an jenem Abend, und wir spazierten an dem altertümlichen Geländer entlang über den Kai, auf einem Korso, auf dem damals auch die jenseits der Brücke wohnenden Čapeks und mit ihnen die übrigen «Tvrdošíjní» (Hartnäckigen) Zrzavý, Špála und der Architekt Hofman promenierten. Damals kannte ich sie noch kaum. Teige trug mir Verse vor, die er mühelos aus seinem phänomenalen Gedächtnis holte. So hörte ich aus seinem Mund gleich bei unserem ersten Treffen Apollinaires Gedicht «Sous le pont Mirabeau*», das ich, von Teige angeregt, später übersetzte und das hierzulande oft vorgetragen wurde. Dann stimmte er ein Loblied auf die französische Sprache an und rezitierte, meist nur leise raunend, die berühmtesten Gedichte Verlaines. Ja, nur ganz leise. Er flüsterte sie eigentlich wie im Selbstgespräch vor sich hin. Erst später wurde mir bewußt, daß dies, abgesehen von einem Vortrag Šaldas, den ich bei einer seiner öffentlichen Vorlesungen im Künstler-Klub «Mánes» gehört hatte, der gediegenste und treffendste Vortrag von Gedichten war, den ich je erlebte und vielleicht eindrucksvoller als die Lektüre selbst. Ich bin kein großer Freund des Rezitierens. Teige hauchte die Verse aber mehr, als er sie sprach, und wenn er Atem holte, war es, als söge er Duft und Schönheit in die Brust. Er sprach die Verse innig, doch die Innigkeit wirkte keineswegs gewollt. Auch klang die verborgene Melodie der Gedichte in seinem Vortrag mit. Lange wanderten wir so vom Café «Slavia» bis zum Novotný-Steg (Novotného lávka); wenn wir zu den Mühlen kamen, wo das Wasser am Wehr stark rauschte, mußte er die Stimme heben, damit ich ihn verstand.

Worte und Reime sind schon längst in die Ewigkeit entflogen, seit langem ist auch Teiges Stimme verstummt, doch das Wasser am Wehr rauscht bis heute.

Teige konnte damals schon ausgezeichnet französisch. Der

*dt. «Unter der Mirabeau-Brücke»

Schönheit dieser Sprache wurde ich mir erst in Paris so richtig bewußt, da schien mir, auch ein Gemüsehändler in den Markthallen rezitiere Verse, wenn er redet.

Teige mochte ich vom ersten Augenblick an. Seit jenem Abend trafen wir uns fast jeden Tag, entweder bei ihm daheim oder im Café. Ich fand in ihm einen Menschen, dessen Freundschaft mir wirklich viel gab; unter anderem öffnete er mir das Tor in die Welt der Kunst.

Es dauerte nicht lange, da gründeten wir den «Devětsil» (Neunkraft). Im Gymnasium in der Kremenzgasse (Křemencová ulice) gab es einige hochbegabte junge Leute. Unter ihnen auch Adolf Hoffmeister, von seiner reichen Familie ein wenig verwöhnt, doch ein guter Freund. Zu jener Zeit gehörte er aber nicht zu unsern aktivsten Mitgliedern. Man brauchte diese Leute nur kennenzulernen, und der «Devětsil» war geboren. Unter den ersten Mitgliedern war auch Vladimír Štulc. Mit Teige hatten wir uns schon vorher über Programm und Aufgaben des Vereins geeinigt. Ich muß freilich gestehn, ich war sozusagen nur dabei, denn Teige hatte schon längst alles durchdacht und vorbereitet.

Von den ersten Mitgliedern muß ich außer Adolf Hoffmeister, der Dichter und Maler zugleich war, auch die Maler B. Wachsman und Ladislav Süss an vorderster Stelle nennen. Der erste bewies schon von Anfang an ein außergewöhnliches Talent. Dann gehörten zu uns der Schriftsteller Karel Vaněk und die Architekten Jaromír Krejcar und Karel Honzík. Und schließlich hatten wir auch ein «externes» Mitglied, von dem man sprach, das aber an unseren Zusammenkünften meist nicht teilnahm, den Dichter Josef Frič, Autor eines einzigen, aber gediegenen Gedichtbandes «Umělé květiny» (Künstliche Blumen). Wir waren also genau neun! Doch das war es nicht, was unserer Vereinigung ihren Namen gab. In jenem Jahr war gerade das Buch «Krakonošova zahrada» (Rübezahls Garten) der Brüder Čapek erschienen, und wir blätterten auf der Suche nach einem treffenden Namen darin. Hoffmeister schlug «Zlaté kapradí» (Goldener Farn) vor. Das wurde aber verworfen.

In demselben Buch entdeckte Teige dann das Wort «Devětsil», das Neunkraft heißt, und ein anderer Name für Pestwurz ist. Dieser Name wurde auf der Stelle akzeptiert.

Die geheimnisvolle und seltene Heilpflanze, die in ihrem tschechischen Namen auch die magische Zahl neun enthält, erschien uns als Symbol besonders geeignet.

Es lebe der Devětsil!

Hoffmeister spielte bei der Gründung in Teiges Wohnung einen jubelnden Tusch auf dem Piano. In jenen ersten Tagen waren wir erst neun, doch bald meldeten sich neue Mitglieder. Leider bin ich kein guter Chronist, doch ich hoffe, daß alles irgendwo genau verzeichnet steht. Ich weiß leider nicht wo!

So geschah es, daß ich mich eines Abends wie fast jeden Tag aufmachte, um zumindest auf einen Sprung ins Café «National» hineinzuschauen. Ich traf dort Teige und Nezval an, der ganz aus dem Häuschen schien. Sogleich erfuhr ich den Grund für Nezvals Erregung. An der Seite des Malers Jindřich Štýrský saß ein attraktives, lächelndes Mädchen, das wir noch nicht kannten. Fräulein Manka, eine Malerein, stellte Štýrský sie uns vor. Sie waren gekommen, um in den «Devětsil» einzutreten.

Nezval war begeistert.

Das Mädchen hieß Manka Čermínová. Als sie mir die Hand reichte, stockte mir für ein paar Sekunden der Atem, und ich schaute verdutzt drein. Es war das Mädchen aus der Hus-Gasse. Auch über ihr schönes Antlitz huschte ein Lächeln der Überraschung. Wir schwiegen beide. Štýrský redete sie immer mit «Manka» an. Angeblich mochte sie ihren Familiennamen nicht. Ich weiß nicht wieso. Statt der klobigen «Stiefel» trug sie jetzt leichte Pumps an den anmutigen Füßen, obwohl draußen auf der Straße Schneematsch und «Morast» lag. Auch hatte sie durchbrochene Seidenstrümpfe an, die damals große Mode waren. Zu den Gründern des «Devětsil» kamen also zwei junge Mitglieder hinzu, zwei Maler, interessante Leute. Beide beteten Picasso und Braque an, es schien, als male die junge Künstlerin ein wenig im Schatten ihres älteren Freundes. Wie sich aber bald zeigen sollte, stimmte das nicht ganz. Bald nachdem die beiden in unseren Kreis aufgenommen worden waren, wurden ihre kubistischen Bilder lyrischer, offenbar unter einem gewissen Einfluß des «Poetismus», den wir, ich und Teige und Nezval, sozusagen aus dem Stegreif ersonnen hatten und gleich eifrig propagierten. Als André Breton einige Jahre später dem Surrealismus ein Fenster zur Welt aufstieß, erkannten und akzeptierten Nezval, Teige und die beiden Maler bereitwillig und aufgeschlossen die reichen Möglichkeiten seiner phantastischen und schier unerschöpflichen Formenwelt. Inzwischen hatte sich das ganz individuelle und weibliche Talent von Manka Čermínová schon längst entfaltet und manifestiert.

Der arme Štýrský! In seinen letzten, noch jungen Jahren siechte er dahin. Er starb jung während des Krieges, herausgerissen aus seinem außergewöhnlichen künstlerischen Schaffen. Er hat sich das Leben durch unmäßiges Trinken verkürzt. Es lag wohl ein Fluch auf seiner Familie. Sein Vater war Alkoholiker gewesen und eines gräßlichen Todes gestorben. Betrunken war er auf einen glühenden Herd gefallen und bei lebendigem Leibe verbrannt. Štýrský hat es uns selbst erzählt. Manka harrte treu an seinem Krankenbett aus.

Doch ich greife den kommenden Ereignissen vor.

Štýrský und Manka nahmen wir mit Vergnügen und in aller Freundschaft bei uns auf. Ihre Bilder bewunderten wir aufrichtig. Sie waren wirklich eindrucksvoll. Ihrem Malerbunde gesellte sich dann als Dritter Jiří Jelínek aus Beraun hinzu, der freilich weniger begabt und als Maler weniger glücklich war. Doch auch er wurde ein guter Freund. An seine Bilder erinnere ich mich fast nicht mehr. Es waren nicht viele. Während des Kriegs wurde er als mutiger Widerstandskämpfer hingerichtet.

Marie oder Manka Čermínová lag mir und Nezval lang in den Ohren, wir sollten für sie ein geeignetes Pseudonym erfinden. Uns fielen etwa ein Dutzend Namen ein, doch keiner gefiel ihr. Uns übrigens auch nicht. Doch dann: Einmal saß ich mit Manka allein im Café «National»; Manka bereitete eine Werkschau vor. Sie wollte um keinen Preis unter ihrem richtigen Namen ausstellen. Als sie für eine Weile fortgegangen war, um sich eine Zeitschrift zu holen, malte ich mit großen Buchstaben TOYEN auf eine Papierserviette. Sie kam zurück, las den Namen, nahm ihn ohne Zögern an und trägt ihn bis heute; keiner kennt sie anders, und ihr wirklicher Name steht nur in ihrem alten, schon längst abgelaufenen Reisepaß.

Das Erlebnis im Café «National» hat sie offenbar vergessen. Nach vielen Jahren führte sie in Paris ein Gespräch mit einem tschechischen Bekannten und erwiderte auf seine Frage, wie ihr Künstlername entstanden sei, sie habe ihn von dem französischen Wort «citoyen» hergeleitet. Dies hört sich zwar recht wahrscheinlich an, doch es stimmt nicht. Ihr Künstlername entstand zwar ein wenig krampfhaft, doch nicht aus dem erwähnten französischen Wort. Mit meiner «Patenschaft» blitzte ich damals sozusagen ab. Schade, hätte die ferne Jugendfreundin sich genauer besonnen, wäre ihr die kleine Erinnerung an das Fenster des inzwischen geschlossenen Cafés und an die schönen Stunden unserer jungen Jahre gewiß wieder gekommen.

Nezval, damals in der Redaktion des «Masaryk»-Konversationslexikons beschäftigt, war, wie immer, ein bißchen ungeduldig und konnte es «nicht abwarten». So hielt er es nicht aus, bis die Arbeit am Lexikon bis zum Buchstaben «T» gediehen war. Weil die fertigen Manuskripte aber bis zum Buchstaben «Č» reichten, verfaßte er schnell einen Beitrag unter dem Stichwort Čermínová Marie. Er schrieb ihn schwungvoll und mit Begeisterung. Als der Band erschien, mokierten sich die Kritiker in den Tageszeitungen über den Artikel, denn eine Čermínová war kaum jemandem bekannt. Ich glaube, nur wenigen Malern wurde in den folgenden Bänden des Lexikons ein so emphatisches Lob gespendet.

Aber Manka war auch ein wirklich hübsches und nettes Mädchen. Wir alle mochten sie jedenfalls gern.

Wie sie ihren eigenen Familiennamen nicht liebte, hatte sie auch für ihr weibliches Geschlecht nichts übrig. Wiewohl man im Tschechischen unterscheidet, ob ein Mann oder eine Frau von sich spricht oder ob von ihnen gesprochen wird, redete sie von sich nur in der männlichen Form. Es schien uns anfangs ungewohnt und merkwürdig, doch mit der Zeit gewöhnten wir uns daran.

Köstlich war ein Gespräch, das wir einmal nach Mitternacht auf einer Prager Gasse führten. Wir hatten uns bei einem Glas Wein verplaudert, und draußen fror es Stein und Bein. Die Toyen wohnte bei ihrer Schwester im Smíchover Bahnhof, wo ihr Schwager Stationsvorsteher war. Wir riefen ein Taxi und setzten Manka in den Wagen. Bevor das Auto losfuhr, kurbelte sie das Fenster hinunter, schlang Teige die Arme um den Hals und klagte ihm mit leidvoller Stimme: «Adieu, ich bin ein trauriger Maler.»

Darauf erwiderte Teige, «Er» solle sich brav in die Polster zurücklehnen, wir alle wünschten ihm, süß zu ruhen und gute Nacht!

Sie hörte es wohl nicht mehr, denn das Auto fuhr an und entführte den traurigen «Maler» nach Smíchov. Ihrer Trauer trauten wir freilich nicht recht. Die Toyen war fröhlich und lebhaft, nahm kcin Blatt vor den Mund, wenn sie plauderte, und man fühlte sich in ihrer Gesellschaft wohl.

Prager Kaffeehäuser! Die kläglichen Reste, die heute von ihnen geblieben sind, können kein Zeugnis mehr ablegen von dem Leben in den Cafés zwischen den beiden Weltkriegen. Jedes hatte sein eigenes – manchmal unverwechselbares – Gepräge. In die stillsten kamen die Studenten, um dort zu lernen, und begeisterte Zeitungsleser fanden hier alle Journale Europas vor, die man sonst nur abonnieren konnte. Manche ausländischen Zeitungen lagen schon am Tag, da sie erschienen, aus. Im Stadtzentrum gab es pompöse Cafés, in denen oft auch die Damen von Halbwelt verkehrten. Die Herren Ober, die in diesen Cafés servierten, ließen sich zweimal täglich rasieren, was mir damals schier unglaublich schien. Dann gab es auch Cafés, die vorwiegend von Künstlern frequentiert wurden: Das Café «Slavia» besuchten vor allem Schauspieler. Auch wir pflegten uns dort einzufinden, wenn wir allein sein wollten. Doch in der «Národní kavárna», dem heute nicht mehr existierenden Café «National», wie man es deutsch nennen würde, waren wir täglich anzutreffen. Eine Zeitlang saßen wir auch mit Vorliebe im «Metro».

Das Café «Union», in einem Palais an der Ecke der Nationalstraße und der Gasse Am Perstein (Na Perštýně) etabliert, besuchten wir in alten Zeiten oft. In seinen letzten «Lebensjahren» – es war damals schon recht schäbig – kamen meist nur Zeitzeugen, Freunde und Schuldner des Obers Herrn Patera hin. Auch ich bin ihm, ich gesteh's, die Zeche für zwei Mocca schuldig geblieben. Im Winter suchten Liebespaare hier Zuflucht, damit sie sich unter dem Tisch an den Händen halten konnten. Im Café «National» spendierten die Liebhaber ihren Freundinnen gern Milchreis-Glacé mit Pfirsichen und Schlagobers.

Die melancholischen Verse František Gellners, mit denen der Dichter von den Wiener Kaffeehäusern Abschied nahm, waren uns eigentlich unverständlich:

> Von den Cafés chantantes fällt mir der Abschied schwer,
> wo Chöre armselig zur Abendzeit erklingen,
> und auch von den Cafés.
> Ich liebe ihre Fadheit.
> Zwei Jahre meiner Jugend hab' ich dort verloren.

In unseren Prager Cafés herrschte jedenfalls keine Langeweile. Ganz im Gegenteil. Sie waren von summendem Frohsinn, vom Hallen der Schritte, dem Scharren der Stühle und Sessel und dem Klirren und Klimpern von Geschirr und Bestecken erfüllt. Nein, still war es dort nicht. Vielleicht nachmittags. Doch an einen frühmorgendlichen Kaffeehaus-Besuch habe ich eine unerfreuliche Erinnerung. Im Café wurde diskutiert, geplant, leidenschaftlich polemisiert, und nie hatte ich das Gefühl, hier meine Zeit zu vergeuden. Man fand fast alle Kulturzeitschriften und teure ausländische Illustrierte. Das erotische «La vie parisienne» (Pariser Leben) ging von Hand zu Hand und war nach ein paar Tagen zerfetzt wie eine Regimentsfahne nach einer «Bataille». Die Damen studierten fleißig ausländische Modejournale und manche rissen, wenn der Ober nicht hinschaute, ganz einfach die sie interessierenden Seiten heraus. Wurde der Ober, der die Zeitschriften bestellte und bezahlte, wütend, lächelten sie nur «unschuldig».

Nach einer durchwachten und durchdebattierten Nacht landeten ich und Hora eines Morgens in dem halbleeren Café «National». In aller Herrgottsfrühe war noch keiner in der Garderobe, so warfen wir unsere Mäntel und Hüte über leere Stühle und setzten unser langes nächtliches Streitgespräch fort. Ich hatte etwa eine Woche zuvor Hochzeit gehalten, und meine Frau hatte mir von ihren Ersparnissen einen prächtigen Wintermantel aus englischem Tuch nähen lassen und mir bei dem noblen Herrenausstatter «Čekan» auf dem Wenzelsplatz einen «Pracht-Hut» aus Velourfilz und Wildlederhandschuhe gekauft; ja sie erstand mir sogar ein modisches Bambusstöckchen. Offensichtlich sah ich darin und damit ganz phantastisch aus. Alle hänselten mich. Nach zwei Stunden erhoben wir uns, um heimzugehen, doch auf dem Stuhl lagen weder Mantel noch Hut noch Handschuhe. Auch der Bambusstock war verschwunden. Hora bemerkte kühl, das sei die Strafe für übertriebene Eleganz. Mir war traurig zumute. Horas schon ein wenig schäbiger Überzieher lag unberührt auf dem Sessel.

Nur zum Kaffeetrinken kam freilich niemand ins Kaffeehaus. Der Kaffee war dort stadtbekannt schlecht. Die zwei Kronen, die man dafür auf den Tisch legte, waren eher das Entree: im Winter, um in der Wärme zu sitzen, im Sommer für den dichten Qualm. Doch das heimelige Milieu und die freundschaftliche Atmosphäre waren immer einen Besuch wert. Im Café «National» saßen wir gewöhnlich in einer Ecke am Fenster. Unweit von uns hatte der bekannte Historiker Professor Pekař seinen Stammplatz. Er thronte meist vor einem hohen Zeitungsstapel, paffte an seiner Virginia-Zigarre, und zuweilen schien es uns, als belausche er mit einem Ohr unsere Gespräche. Warum auch nicht!

Mit Fräulein Toyen als unserem «Präses» – nein, so nannten wir sie ja nie – blätterten wir voller Verachtung in der Kunstzeitschrift «Volné směry» (Freie Richtungen).

Wo sind die schönen, ausgelassenen Tage geblieben, da uns nichts heilig war! Wir waren jung, uns gefielen schöne und elegante Demoiselles, und Fräulein Toyen suchte uns um jeden Preis davon zu überzeugen, daß sie unsere Neigung teile. Ich glaube aber, es war nur ein Spiel und Teil ihrer «männlichen» Selbststilisierung, in der sie schwelgte. Im übrigen hätten wir auch nichts dagegen gehabt.

Der Architekt Bedřich Feuerstein war wohl nur wenig älter als wir, doch schon ein vollkommener Herr und fertiger Künstler. In Bubeneč wurde gerade das von ihm entworfene Karthographische Heeresinstitut (Vojenský kartografický ústav) vollendet, ein Monumentalbau in der früheren Buček-Gasse, und im Nationaltheater hatte es schon mehrere Inszenierungen gegeben, für die er das Bühnenbild entworfen hatte – sie waren geistreich, bildnerisch elegant und verblüffend. Als ich und Teige zum ersten Mal nach Paris kamen, trafen wir gleich in den ersten Stunden Feuerstein dort. Zusammen mit unserem Freund Šíma weihte er uns in die komplexe Schönheit dieser Stadt ein. Soweit ich mich erinnern kann, beteiligte sich der elegante und attraktive Mann nicht an den Schelmenstreichen, die wir zu Beginn unserer künstlerischen Karriere wagten. Einer davon war die erste Ausstellung des Devětsil. Feuerstein war damals mit Čapek und den Hartnäckigen befreundet. Trotzdem kam er auch in unseren Kreis, war mit uns gut Freund und hängte schließlich sein Herz an uns. Wir vergalten es ihm mit einem gewissen Vertrauen und mit Respekt.

Dieser Herr jedenfalls verliebte sich wie aus heiterem Himmel in unser Fräulein Toyen. Leider war von ihm bekannt, daß er bei den Mädchen wenig Glück hatte, er gestand es sich sogar selber ein. Darum vertraute er seine plötzlich entflammte Leidenschaft zuerst einem Freund an. Der Freund war ich. Natürlich berichtete ich es brühwarm der Manka. Ich hatte erwartet, sie werde die Affäre mit ein paar kühlen Worten abtun, doch mitnichten. Sie nahm die «frohe» Botschaft mit einem Lächeln auf, das anfangs alles oder nichts verheißen konnte. So geschah es, daß Feuerstein eines Tages im Kaffeehaus erschien und seiner Aktenmappe eine in knisterndes Seidenpapier eingewikkelte Rose entnahm. Er packte sie aus und legte sie mit den Worten auf den Tisch:

«Der Muse des Devětsil.»

Für Rosen hatte Manka allerdings nie besonders viel übrig. Sie stellte die schöne Blume in ein Glas mit Wasser und beachtete sie nicht weiter. Ich fürchtete schon, sie würde die Rose auf dem Tischchen stehenlassen. Sie hielt diese Art, ihr den Hof zu machen, nicht für besonders originell.

Ich weiß nicht mehr, wie es mit dieser Liebesromanze weiterging. Ich glaube, sie führte zu nichts. Sie verflüchtigte sich leise, löste sich in Rauch auf. Schon, weil Feuerstein bald darauf nach Japan reiste, um einem Ruf des dort wirkenden tschechischen Architekten und Baumeisters Reimann zu folgen. Doch das Wort «Muse» blieb sozusagen in den Rauchwölkchen über dem Tisch hängen.

Ich gestehe, dies Epitheton ornans für die schöne junge Frau gefiel mir sehr, wenn Teige es auch mit Spott quittierte. Offenbar meinte er, die Toyen sei für solch eine «altertümliche» Mission nicht recht geeignet, und das Wort Muse schien ihm auch nicht in den Wortschatz der Moderne zu passen. Ich aber führte Mademoiselle Toyen heimlich in dieses bedeutsame Amt ein. Wenngleich sie nie mit den Töchtern des Zeus aus dem heiligen Born «Hippokrené» getrunken hatte, der – wie uns vor Zeiten Herr Studienrat Entlicher auf dem Gymnasium lehrte – einst unter dem Hufschlag des Pegasus aus der Erde sprudelte. Manka war hübsch, liebte Gedichte, warum also nicht!

Mit Feuerstein nahm es später ein schlimmes Ende. Ein schweres Nervenleiden trieb ihn in den Tod, er setzte seinem Leben durch einen Sprung von der «Troja»-Brücke in die Moldau ein Ende. Er war ein edler Mensch und großer Künstler. Nezval schrieb ein wunderbares Gedicht über ihn. Ich denke, er hätte ein noch schöneres verdient.

Durch ihre Anwesenheit im Café «National» schuf die Toyen eine angenehm kreative Atmosphäre. Sie beteiligte sich an allen Gesprächen und Polemiken und hatte ihr eigenes festes künstlerisches Credo. Jedem gefiel sie. Sie wirkte auch durch ihre weibliche Anmut. Ich dichtete ein paar Verse auf sie. Einige wurden sogar gedruckt. Die Toyen bat mich, den Zyklus lesbischer Sonette von Verlaine nachzudichten. Drei davon veröffentlichte Štyrský in der «Erotická revue» (Erotische Revue), die er damals gerade herausgab. Eins davon ist wunderschön:

Pensionärinnen

Erst fünfzehn Jahre, sechzehn Jahre beide zählen.
Die Schlummer beider sich im gleichen Raume einen.
Schwül, ein Septemberabend kündet sein Erscheinen.
Zart; blaue Augen sich dem Erdbeerrot vermählen.

Und jede löste, um nicht länger sich zu quälen,
Ihr Hemd, dem Ambradüfte zu entsteigen meinen.
Die Jüngere reckt die Arme, räkelt mit den Beinen.
Die Schwester greift die Brust. Will sie zum Kuß erwählen.

Stürzt auf die Knie, um dann, in Wildheit ungemessen,
Den Kopf auf ihren Leib und dann den Mund zu pressen.
In blondes Gold, hinab, hinab in graue Grüfte.

Derweil das Kind die Walzer, die sie schon vergeben,
An ihren winzigkleinen Fingern zählend prüfte
Und rosig lächelte wie unschuldsvolles Leben.

Gleich nach dem Krieg – Štýrský lebte nicht mehr – fuhr Mademoiselle Toyen nach Frankreich. Sie verlor sich in Paris wie in einem Schneetreiben. Doch fällt der Schnee in Frankreich überhaupt so dicht wie bei uns in Böhmen? Ich weiß es nicht. Dann verschwand sie wohl in der Lichterflut der Pariser

Boulevards. Oder sie entschwebte in dem Glitzern der Brillanten, wie sie sich auf der Rue de la Paix präsentieren. Sie wurde Französin und promeniert gewiß nicht mehr über die Karlsbrücke.

Jetzt stehe ich nicht mehr so zeitig auf wie früher. Nur selten noch scheuchen mich Verse aus den Federn, die mir durch den Sinn gehen. Ich schlafe gern ein bißchen länger, auch wenn der Himmel sich schon ganz rosig färbt. Einem alten Mann kommen bei jeder Gefühlsaufwallung gleich die Tränen. Oft nickt er ein, auch wenn alle Tympanons dröhnen. Alte Leute schlafen ein, um sich daran zu gewöhnen, daß sie bald für ewig schlafen und Ewigkeiten ruhen können.

Dahingegangen sind schon Teige und Nezval. Auch Štýrský, Feuerstein, Wachsman und Muzika sind tot. Josef Havlíček und Honzík sind gestorben, und auch die Dichter Halas, Biebl, Hořejší, Vančura und Hora weilen nicht mehr unter uns Lebenden. Dahingegangen sind schon viele, mit denen wir lebten und uns des Lebens freuten.

Wir sind mutterseelenallein auf der Welt geblieben: Toyen und ich. Kürzlich sandte sie mir einen Gruß aus Paris.

Auch meine Tage sind gezählt, und meine Zeit erfüllt sich. Doch ich hege einen törichten, kaum erfüllbaren Wunsch. Ich möchte das kommende Jahrtausend erleben. Wenigstens einen Tag oder zwei, vielleicht drei Tage, und einen Blick werfen in die besseren Zeiten, die da kommen.

Unser Jahrtausend gleicht ohnedies einem Putzlumpen vom Schlachthof: Wie oft troff dickes, schwarzes Blut daraus.

Eine Schachtel voll Ozean

Von dem Augenblick, da ich als Dreikäsehoch vor dem Prager Nationaltheater zwei k. und k. Matrosen begegnete, war ich fest entschlossen, nichts anderes zu werden als Seemann. Die

Burschen waren bronzebraun, gut gebaut, hatten eine schöne schlanke Figur und sahen auf den ersten Blick tapfer und mutig aus. Davon war ich jedenfalls überzeugt. Ich war zehn, ging gerade in die vierte Klasse und kannte die See nur vom Hörensagen. Auf ihren eleganten Mützen prangte in goldenen Lettern «Viribus unitis», und der von der Moldau wehende Wind spielte mit den schwarzen Schleifen, die ihre Mützen zierten und ihnen über den Rücken flatterten. Ich konnte den Blick nicht von ihnen wenden und folgte ihnen wie ein betäubter Schatten bis auf den Obstmarkt (Ovocný trh). Die im Wind wehenden Matrosenschleifen schlugen mich derart in ihren Zauberbann, daß ich augenblicklich den ungeahnten und geheimnisvollen Schönheiten des Meeres verfiel.

Bei uns daheim hing damals der Farbdruck eines Ölgemäldes von Knüpfer an der Wand. Das Meer dehnte sich darauf ins Grenzenlose, doch auf den Steinen am Ufer saßen drei Meerjungfrauen, und die Wellen, die die Felsen umspülten, streichelten verliebt ihre anmutige Blöße.

Wenn ich an dem Bild vorbeiging, betrachtete ich es gern, zumindest schielte ich hin, doch ich muß gestehen: Die Jungfrauen lockten und erregten mich mehr als das grenzenlose Meer. Dagegen blieb ich regelmäßig vor den Schaufenstern der Prager Delikatessenläden stehen, wo man manchmal rot gesottene Krabben und Krevetten, die Zangen mit Draht «gefesselt», feilbot. Dazu stellte ich mir die exotische Pracht des Meeresbodens vor, wo die Krabben stets seitwärts, an glühenden Seerosen vorbei, flüchteten und dabei drohend mit ihren Scheren winkten.

Es war September, die Schule begann, und meine Mama beschloß, mir einen neuen Anzug zu besorgen. Aus dem alten schauten mir schon die Ellbogen raus.

Es kostete mich eine Heidenarbeit, ehe ich meine Mutter überreden konnte, mir statt eines normalen Anzugs eine Matrosenbluse mit einem mit weißen Tressen besetzten Kragen zu kaufen und statt einer banalen Filzkappe eine schicke Matrosenmütze! Sie hatte nämlich erst vor kurzem gesehen, wie ein paar Jungen sich balgten und dabei mit den Mützen wie wild aufeinander eindroschen, und sie stellte sich vor, wie so eine Matrosenmütze dann wohl aussehen mochte. Schließlich stürzte sie doch eine der in der Kredenz verwahrten Kaffeetassen um, die ihr als Sparbüchse diente, und zählte die darin «thesaurierten» Kronen ab. Dann gingen wir los. Nicht weit vom früheren Ständetheater in der Eisengasse (Železná ulice) betrieb Herr Hirsch damals ein großes Kinderkonfektionsgeschäft. Oft stellten uns unsere Eltern die starren Figurinen der geschniegelten Knaben im Schaufenster als Vorbild hin:

«So nett und adrett solltest du mal ausschauen! Wenigstens sonntags!»

Unter diesen Schaufensterpuppen stand auch ein kleiner Matrose, die Hand vor Augen, als wachte er auf der Brücke eines Schiffes und hielte nach dem fernen Licht eines Leuchtturms Ausschau. Matrosenanzüge waren damals große Mode, doch ich wußte es noch nicht. Als ich den Jüngling erblickte, gab es mir einen Ruck, und mein Herz begann schneller zu schlagen. Lange betrachtete meine Mutter das Schaufenster und versuchte noch einmal, mir meinen Wunsch auszureden. Doch als sie sah, wie mir die Tränen über die Wangen kullerten, schwieg sie, und wir traten in den Laden.

Bluse und lange Hose waren nur aus billigem Cheviot, doch an der Mütze prangte rundum die goldene Inschrift «San Marino», und sie war mit zwei Schleifen geschmückt. Noch am gleichen Tage lief ich in die abschüssige Krása-Gasse neben unserer Schule und sauste zweimal im Galopp bis zur Tram hinunter. Fast wäre ich in eine hineingerannt. Nur, damit die Schleifen auf meinem Rücken im Winde flatterten. Sie flatterten, und ich war selig.

Die Matrosenträume blieben mir dann mit einigen Variationen treu.

In unsere Klasse in der Palacký-Gasse ging auch ein Junge, von dem man sich heimlich zuraunte, er sei schwer krank. Er stammte aus einer armen Familie und war eines von mehreren Kindern. Der auffallend blasse und hagere Junge hüstelte ab und zu. Unser Herr Lehrer, den wir aufrichtig gern hatten – die Erinnerung an ihn ist uns unauslöschlich im Gedächtnis geblieben – schaute dem Knaben hin und wieder besorgt in die Augen. Vermutlich war er es, der die Vereinigung «Feriendörfer» (Feriální osady) bat, sich des Knaben anzunehmen. Das war ein Wohltätigkeitsverein, der sich im Rahmen seiner geringen Möglichkeiten um die Gesundheit der Schulkinder bemühte. Er schickte unseren Mitschüler an die Adria.

Nach zwei Monaten kam der Junge zurück und war wie neugeboren. Seine sonnengebräunten Wangen waren voller geworden, seine Augen, früher eingefallen und traurig, schauten nun vergnügt in die Welt. Wir erkannten ihn kaum wieder. Nachdem er auf der Schulbank unter uns Platz genommen hatte, bat ihn der Lehrer, uns etwas über seinen Aufenthalt an der See zu erzählen.

Gleich am nächsten Tag brachte er eine Pappschachtel voll Muscheln und bunter Kiesel mit, die er am Strand gesammelt hatte, wo die Kinder badeten und sich sonnten. Die Schachtel ging von Hand zu Hand, und ihr glücklicher Besitzer begann zu erzählen.

Das Haus, wo die Knaben ihre Kur machten, lag nicht weit vom Meeresufer. Aus dem Fenster sah man auf die felsige Küste und auf die weite See hinaus. Mein Schulkamerad schilderte mit einfachen Worten, aber doch anschaulich ein Gewitter über dem Meer, das größte Erlebnis in seinem Leben.

Am Nachmittag hatte er noch gebadet, da jagte eine große schwarze Wolke von der See heran. Kaum fanden die Buben Zeit, nach Hause zu laufen. Der Wind peitschte die Wogen hoch, warf sie mit Donnerschlägen gegen den Felsen und die Hafenkais. Verwirrt liefen die Leute am Ufer umher, um zu retten, was zu retten war. Einige Schiffe waren noch auf See, darunter auch ein paar Fischerbarken.

Auf dem Gesicht des Knaben lag noch ein Abglanz des Grauens, das er damals empfand. Die Blitze waren viel länger als bei uns, wenn ein August-Gewitter grollt, und das Tosen des Meeres und das Zucken der «Blitze» waren fürchterlich.

Die Häuser im Hafen erbebten unter dem Echo des Donners. Schließlich nahm alles ein gutes Ende. Nach etwa einer Stunde klang das Gewitter allmählich ab, die Schiffe und Fischerboote tauchten am Horizont auf, und die Menschen im Hafen waren erleichtert. Die Eingeborenen versprachen den Kindern, morgen würden sie am Strand neue prächtige Muscheln finden.

Ich lauschte der Erzählung des Jungen aufmerksam und gespannt. Natürlich sah ich am Ruder eines der Boote, die in den Hafen einliefen, mich selber stehn. Ich bediente die vom Wind gebeutelten Segel und lotste das Schiff schließlich geschickt in den Hafen. Als die Schachtel mit den Muscheln und Seeschnecken schließlich vor mir auf der Bank lag, erlebte ich noch einen Moment unbeschreiblichen Staunens und unsäglicher Überraschung. Es war wie eine unverhoffte Erscheinung. Nie mehr in meinem Leben gewahrten meine Augen solch einen Schatz. Wie im Traum berührte ich die spitzen Stacheln der Seeigel und streichelte voll Wonne das Perlmutt am Grunde der großen Perlmuscheln. Vor Aufregung zitterte ich am ganzen Leib, und es war für mich ein größerer und berauschenderer Augenblick als der, da ich zum ersten Mal das richtige Meer erblickte.

Nach vielen Jahren konnte ich in den Vitrinen im Kreml den einstigen Kronschatz des Zaren bewundern, Kaskaden von Perlen, Berge von Edelsteinen und eine Flut von Gold – all das war nichts gegen die Schätze in einer Margarineschachtel, die ich damals in unserer Schule in der Palacký-Gasse atemlos bewundert hatte.

Als der Junge, ein wenig außer Atem geraten, zu Ende erzählt hatte, den Deckel seiner Schachtel zuklappte und sie neben sich legte, folgte eine Minute bewegten Schweigens. In der Stille klopfte jemand an die Klassenzimmertür.

Es war Kapitän Nemo!

Nun begann die Zeit der Abenteuerbücher. Und ich – warum ist die Jugend so unsäglich «bewegt» und reich!

In diesen Jahren durchschmökerte ich alles, was mir in die Hände fiel. Jules-Verne-Romane zuerst und mit heller Begeisterung. Die Bücher Karl Mays las ich, ohne von ihnen recht gefesselt zu sein. Die Bücher des Monsieur Jules Verne sind wahr und menschlich. Die Karl Mays dagegen nicht. Als hätte ich schon damals erkannt, daß sie falsch sind und lügen. Zu den Büchern Jules Vernes kehrte ich immer zurück, wenn mich Trauer und Verzweiflung übermannten.

«Lieg nicht andauernd in den Büchern und geh auch ein bißchen an die Luft», sagte meine Mutter zu mir. Ich versteckte das Buch unter der Jacke, sagte meiner Mutter Adieu und lief auf den Dachboden. Jedes Buch, das ich dort verschlang, verstärkte mein Fernweh und beflügelte meine Knabenträume. Auf unserem Dachboden war es keineswegs angenehm und gemütlich. In den Ecken stapelte sich fortgeräumtes Gerümpel, mit Staub und schmierigem Ruß bedeckt; doch wenn ich die Dachluke aufstieß, atmete ich die berauschende Luft der Freiheit.

Diese Lektüre wollte lange kein Ende nehmen, doch einmal war es doch vorbei. Und zwar in dem Augenblick, da es mich statt nach Abenteuerromanen nach einem schmalen kleinen Bändchen gelüstete, in dessen rote Deckblätter mit goldenen Lettern die Worte «Večerní písně» (Abendlieder) eingraviert waren. In dem Buch hatte ich ein Lesezeichen, einen Streifen Stoff, in den ein loderndes Herz eingestickt war. Nichts weiter als ein kleines Menschenherz aus roter Baumwolle. Nun sehnte ich mich danach, statt schwerer, grober Schiffstaue zwei leichte und seidenzarte Mädchenhände in den meinen zu halten. Damals passierte mir etwas Überraschendes. Als ich einmal das Fenster aufmachte und zum Himmel emporschaute, sah ich: Das Firmament war unsäglich schön. Nie zuvor hatte ich es bemerkt.

Doch meine Abenteuer als Seemann waren noch nicht zu Ende. Die Geschichte wiederholte sich nur in etwas anderer Form.

Das war in den Jahren, als nach dem ersten Weltkrieg bei uns in Böhmen die Zeit der «jüngsten tschechischen Poesie» anbrach. In den Zeitschriften erschienen die ersten Verse der jungen Poeten, und hier und da auch die ersten Lyrikbändchen: schüchtern und schmal. Und darin, ach du meine Güte, wurden die Engel besungen. Und mit den Engeln auch die Matrosen. Gott weiß, woher sie so Hand in Hand auftauchten. Doch es war so! Dann verscheuchte S. K. Neumann die Engel mit einem Wink seiner Pfeife. Er jagte sie auseinander, wie man Kohlweißlinge von den lila Blüten der Disteln verscheucht. Die Seeleute hielten aber ein wenig länger durch. Dann stahlen auch sie sich leise, und ich glaube ganz freiwillig, davon.

Als ich mit Karel Teige später nach Paris reiste, machten wir einen «kleinen» Umweg über Venedig und Mailand. Wir waren in Eile. Teige vor allem. Wir waren ungeheuer begierig, die moderne Kunst an dem Ort kennenzulernen, wo sie geboren wurde, wuchs und dabei wunderbar «explodierte» wie ein Tag für Tag strahlendes Feuerwerk. Teige hielt es nirgends lange, er wollte nicht rasten und ruhen, bevor unsere Füße das Pflaster der Pariser Boulevards berührten. So blieben wir kaum zwei Tage in Venedig, in Mailand kosteten wir nur von dem dortigen Vanilleeis, das ein Konditor neben dem Dom herstellte und das damals in dem Ruf stand, das beste Italiens zu sein. Und schon lenkten wir unsere Schritte zur Côte d'Azur. Damals war Frankreich für uns noch «la douce».

Die Côte d'Azur liebkosten wir nur mit den Augen. Wir begrüßten das Meer mit einem kleinen französischen «Dreadnought»* am Horizont, aus dessen zwei Schloten schwarze Rauchwolken quollen, und es währte nicht lange und schon standen wir auf der Plattform einer Tram in Marseille und rollten über die Cannebière zum Alten Hafen, wo ich meine letzten Seemannsträume, die ich aus meiner Jugend noch hierher mitgebracht hatte, endgültig begrub. Für alle Zeit und schmerzlos. Denn alles auf der Welt ist, wie stets, anders als man denkt.

Es war ein harmonischer südlicher Sommertag, und in dem Park zwischen den Häusern, den wir von der Tram aus nicht

---

* Eine Art Schlachtschiff

sehen konnten, dufteten blühende Bäume; wir kannten sie nicht und atmeten zum ersten Mal ihren berauschenden und satten Duft.

Marseille hieß uns recht freundlich willkommen. An einer lebhaften Straßenkreuzung stand ein lächelnder Flic in seinem Cape. In der einen Hand hielt er einen weißen Gummiknüppel, mit dem er den Autos die Richtung wies, und unter dem andern Arm preßte er einen großen Kohlkopf. Es war wirklich allerliebst.

Im «Port Vieux», dem Alten Hafen, sieht man freilich vom Meer nicht viel, und da ich es kaum mehr erwarten konnte und mich danach sehnte, das Meer so bald wie möglich in die Arme zu schließen, fuhr ich mit einem mit Passagieren vollbeladenen Motorboot zum Château d'If, einer alten Burg, deren Ruinen die ganze Fläche dieser vor Marseille liegenden Insel bedecken. Das Château d'If ist vollgestopft mit romantischen historischen Begebenheiten, und von den halbzerstörten verfallenen Mauern kann man auf das Meer hinausschauen, so weit das Auge reicht. Ich war ein wenig enttäuscht. Die See war ruhig, dunkel und schien mir traurig. Ich dachte an meine Meerjungfrauen und Najaden, weit weg, bei uns daheim. Sehr hübsch sähen sie hier aus auf den Steinen am Ufer, die leblos und öde vor mir aufschimmerten!

Glückliche Völker, die ein Meer ihr eigen nennen. Die Wellen, die gegen ihre Küsten branden, bringen nicht nur Reichtum mit, sondern auch große Literatur hervor. Zumindest bei uns in Europa.

Der Abend dämmerte, als wir in den Hafen zurückkehrten. Die Sonne stand schon hinter dem Horizont, und nach ein paar Minuten versank sie im Meer wie ein Goldstück in einer leeren Tasche. Nur die vergoldete Statue der Jungfrau Maria, die man nicht nur auf einem Berg, sondern noch dazu hoch oben auf einem Kirchturm postiert hatte, glitzerte in den letzten Strahlen der untergehenden Sonne. Sie schaute noch ein paar Sekunden länger ihren Glanz, während der durchsichtige Schleier der Dämmerung schon die Schiffe auf dem Meer umflorte.

Am nächsten Tag in der Früh machten wir gleich einen Ausflug in das Hafenviertel, dort «Fontaines d'amour» (Liebesquellen) genannt. So hieß auch eine der Eingangsgassen in dieses Knäuel von Gäßchen und Lastern. Wie Perlen auf einer Schnur aufgereiht gab es dort, auf einem Haufen, unzählige Bordelle, Kneipen und schmutzige kleine Quartiere, wo die Dirnen wohnten. Das Viertel schmiegte sich eng an das Becken des Port Vieux. Die Deutschen haben es während des Zweiten Weltkriegs dem Erdboden gleichgemacht; allzu leicht fanden dort jene Zuflucht, nach denen sie fahndeten.

Wir machten uns in aller Frühe auf den Weg und dachten, nach durchwachter Nacht würden die Gassen leer sein und ihre Bewohnerinnen noch schlafen. Doch offensichtlich war hier Tag und Nacht Betrieb. Es herrschte ein reges Treiben. Die Schiffe mit ihrer Mannschaft liefen zu jeder Stunde des Tages in den Hafen ein, und die Matrosen fieberten offenbar schon vor Ungeduld, sich ins Vergnügen zu stürzen.

Zuerst stießen wir auf eine schwarzhaarige Montenegrinerin. Sie stand an einer Ecke, in eine schäbige Volkstracht ihrer Heimat gehüllt, und ihre Stirn war mit klingenden Messingplättchen geschmückt. Die Mädchen wie ihre Freier kamen aus aller Herren Länder. Bald darauf erblickte ich einige Spanierinnen. Manche hatten nur ein rotes Kopftuch um, andere aber auch einen hohen Kamm im Haar, vom Schleier der Mantilla bedeckt. Auch deutsche Frauen waren da in roten und grünen Dirndln, ja wir trafen sogar ein Mädel in Pilsener Tracht, doch ihre Puffärmel waren schmuddelig und kläglich zerknittert. Die «Trachten-Puppen» saßen auf Stühlen, gegen die Mauern der Häuser gelehnt, in denen sie wohnten. Ihre Boudoirs lagen im Parterre und standen weit offen. Man sah dort nichts als ein abgewetztes Bett, ein Blechlavoir und einen Kleiderständer, an dem die Soldaten, die sie beglückten, ihre Überschwünge und Uniformröcke aufhingen.

Neben diesen Weibern, die versuchten, ihre Liebe im Sonntagskleid zu verkaufen, irrten unzählige Dirnen in «zivilem» Aufzug durch die Gassen, die den Besuchern nur ihre zweifelhafte Schönheit oder ihre vorgespiegelte Jugend andienen konnten. Schließlich gab es auch noch solche, die nichts mehr boten als ihre elende, trostlose, verhärmte Weiblichkeit.

In einem der Gäßchen wurde ich Zeuge einer kleinen dramatischen Szene: Ein französischer Soldat verhandelte mit einem an eine Tür gelehnten Mädchen und verlangte von ihr offenbar, sie solle ihm zuerst ihre Brüste zeigen. Sie erfüllte seinen Wunsch, doch der Soldat wandte sich ab und lachte nur. Das Mädchen lief hinter ihm her, spuckte ihm eine «geballte Ladung» hinter den Kragen und verschwand rasch wieder in einem Haus.

Ein paar Schritte weiter begegneten wir einer kleinen zierlichen Blondine; stolz führte sie zwei Schwarze an der Hand. Sie waren robust und mindestens einen Kopf größer als sie. Beide waren auffallend häßlich. Ich bin kein Rassist, doch mit ihren bösen Mienen und barbarischen Gesichtszügen glichen sie Idi Amin, dem späteren berüchtigten Diktator Ugandas. Neger lieben Blondinen!

Das bizarre Viertel durchwanderten wir gemächlich in einem knappen Stündchen und kamen bei der Kathedrale heraus, die unterhalb des «Quartiers» liegt, als wolle sie es vor dem Meer verdecken und verstecken. Wir waren froh, als wir diese «Sehenswürdigkeit», die uns einer unsrer Prager Bekannten begeistert empfohlen hatte, hinter uns ließen. Wir rieben uns die Augen mit der starken Seeluft und gelangten über den Kai wieder zum Alten Hafen.

Es war noch nicht Mittag, ein heißer Tag, und wir hatten schrecklichen Durst. So ließen wir uns leicht von der großen Firmentafel «Bar» und einem kleinen Blechschild «Pilsner Bier» verlocken und kehrten in eines der kleinen Bistros ein, von denen es in Marseille nur so wimmelt. Am Eingang der Kneipe hing ein Vorhang aus bunten Korallenschnüren. Wir schoben ihn beiseite und fanden uns in einem kleinen Raum wieder mit nur ein paar Tischen und einer armseligen Bartheke, auf der drei Flaschen standen. Wir wollten gleich umkehren, doch dann bestellten wir uns doch ein Bier. Es war schauerlich.

Wäre es noch wärmer gewesen, hätte es wie ungesüßter Tee geschmeckt. Wir nahmen unsere Gläser und ließen uns in der Nähe des Eingangs nieder. Der Barkeeper war, wie sich zeigte, ein Sudetendeutscher aus Komotau (Chomutov) und begrüßte uns als Landsleute. In der Ecke gegenüber saßen drei ziemlich auffällige Gäste. Offensichtlich gehörten sie zur Besatzung eines der im Hafen liegenden Frachtschiffe. Sie sprachen zwar französisch, sahen aber ziemlich exotisch aus, und man verstand sie auch nicht recht. Alle drei hatten die Ellbogen auf den Tisch gestützt und rauchten. Ganz in der Ecke saß eine Negerin in einer rosa Bluse. Zwischen den Armen der Gäste und in dem Rauch sah man sie kaum. Behutsam suchte ich ihre Augen auf mich zu ziehen, doch ich fing nur ihren leicht verschreckten Blick auf. Sie war jung und augenscheinlich nicht häßlich.

Die Männer führten ein lebhaftes Gespräch, und wir hörten heraus, daß sie über das Mädchen diskutierten. Nach einer Weile mündete ihr Gespräch in einen handfesten Streit. Plötzlich erhob sich einer der Männer von seinem Stuhl, und man sah, gleich würde es zu einer Schlägerei kommen. Die geballte Faust des Mannes traf seinen Rivalen jäh. Der Tisch kippte um, die Gläser schepperten auf die Erde, und einer der Männer stürzte zu Boden. Im Nu stürmten drei Flics in den Raum, stürzten sich auf die Männer und führten sie ab. Die Männer wehrten sich gar nicht allzu sehr. Alle waren sie betrunken und hielten sich kaum auf den Beinen. Das Mädchen erhob sich und wollte ihnen folgen, doch einer der Polizisten schickte sie zurück, offensichtlich zum Mißvergnügen des Barkeepers.

Teilnahmslos setzte sie sich wieder an ihren Platz, doch nicht für lange. Sie erhob sich, schlurfte langsam an unseren Tisch und bat uns schläfrig, ihr ein Glas Rum zu spendieren. Der Barmann brachte ihr unwirsch ein Stamperl mit einer dunklen «Ätzlauge», und als wir es ihm bezahlten, beugte er sich zu Teige und raunte ihm auf deutsch zu, wir sollten lieber verschwinden; die Burschen würden gewiß bald wiederkommen, um das Mädchen zu holen, und das wäre nicht gut für uns. Die Schöne merkte wohl, daß wir uns verdrücken wollten, beugte sich im Sitzen über den Tisch, stützte ihr Kinn in die eine Hand, knöpfte mit der andern schweigend ihre schon recht schmuddelige Bluse auf und bat uns, ihr jeder einen Franc zu schenken.

Ein Franc war damals nicht viel, und schließlich gaben wir ihr ihn nicht umsonst.

Kaum hatten wir die klirrenden Korallen hinter uns gelassen und standen wieder auf dem Hafendeich, warfen wir einer dem andern einen stummen aber beredten Blick zu. Unzählige bunte Barken wiegten sich auf den Wellen. Sie dufteten, rochen und stanken zugleich. Sie dufteten nach Orangen und anderen Früchten und stanken nach Fisch. Aber auch nach etwas anderem: Sie dufteten nach dem Meer, von dem wir nun Abschied nahmen. Wir gingen in das Hotel, in dem wir wohnten und bestellten uns im Restaurant zum letzten Mal eine Bouillabaisse. Sie war phantastisch, und es war die letzte! Dann packten wir unsere Koffer und ab ging's! Nach Paris!

Seit damals sind schon mehr als fünfzig Jahre vergangen, fast ein ganzes Menschenleben, und ich schlafe nun sehr schlecht.

In der Nacht wache ich auf und krame leise in meinen Erinnerungen wie in der Schublade einer alten Kommode. Und plötzlich taucht vor mir das Antlitz des schwarzen Mädchens aus der Dunkelheit auf und sieht mich an. Sie hat ein wenig schläfrige, traurige Augen und wilde, weiße Zähne, eine offene Bluse und darin zwei kleine Brüste, schwarz wie eine Handvoll frisch gepflückter Heidelbeeren.

Mein Gott, denke ich, ist sie's? Und ich wende mich erstaunt ihrem Antlitz zu:

«Est-ce toi?»

Und aus der Tiefe der fünfzig langen Jahre ertönt es leise, ganz leise, wie wenn eine Nadel über Samt gleitet:

«Oui, c'est moi!»

In den unteren Klassen des Žižkover Gymnasiums unterrichtete uns Professor Saska in Naturkunde. Er war ein älterer Herr, mehr als mager und hager wie eine Bohnenstange. Wenn er zwischen den Bänken herumging und seine Ausführungen mit weit ausholenden Gebärden unterstrich, glich er einer Kreuzspinne, die über unsere Köpfe lief. Das brachte ihm seinen Spitznamen ein. Doch er war uns nicht böse. Schmetterlinge waren seine große Liebe. Seine Erzählungen über ihr Leben, ihre Schönheit und ihre zierlichen Flügel verband er stets mit dem Rat, wir sollten nicht faul sein und einmal ins Nationalmuseum auf dem Wenzelsplatz gehen, wo es eine große Schmetterlings-Abteilung mit einer reichhaltigen Sammlung exotischer Falter gäbe. Und er fügte hinzu, so wie das Meer seine Muscheln, hat das Festland seine Vögel und Schmetterlinge.

Während einer seiner Unterrichtsstunden wies er mit seinem langen Finger auf mich und überraschte mich mit der Frage, ob ich denn schon im Museum gewesen sei. Schlagfertig erwiderte ich, ich hätte es mir just für heute Nachmittag vorgenommen. Und ich ging wirklich hin. Ich nahm auch meinen Freund Suk mit. Der sammelte Schmetterlinge. Er war aus Sobotka und hatte sich eine kleine Sammlung von Faltern aus den Ferien mitgebracht. Ich selbst habe in meinem Leben nie etwas gesammelt – außer dem Lächeln junger Mädchen. Doch was für eine Kollektion ist das schon!

Lange standen wir vor den Vitrinen voll zarter Schönheiten von allen Ecken und Enden der Welt. Gerade schickten wir uns an, in eine andere Abteilung überzuwechseln, da trat ein Mädchen in den Saal. Blutjung und dazu recht hübsch. Ihre Schritte – ach es war, als riefe die schmetternde Fanfare eines Horns eine vorwärtssprengende Dragonereskadron zur Attacke. Wie gebannt blieben wir stehen und begannen die Sammlungen nun in umgekehrter Richtung zu besichtigen. Wir lenkten unsere

Schritte so, daß wir dem hübschen «Bienchen» begegneten und ihm ins Gesicht sehen konnten. Sie wirkte auf den ersten Blick vielleicht ein bißchen scheu, doch hübsch war sie gewiß. Ich hab einen untrüglichen Blick dafür. Sobald ich ein schönes Mädchen oder eine schöne Frau sehe, beginnt mein Herz zu flattern, und meine Knie werden weich. Und dann ist mir plötzlich traurig ums Herz! Denn allzuviel Schönheit entschwindet meinen Augen für immer und unwiderbringlich. Von den Händen ganz zu schweigen.

Obwohl sie sich angelegentlich über die Vitrinen beugte, zwang ich sie durch meine auf sie gerichteten Augen, den Kopf zu heben und mich anzuschauen. Sie tat es verlegen und wurde gleich rot, als hätte sie erkannt, daß ich mich just in diesem Moment in sie verliebt hatte. Noch einige Male trafen sich unsere Blicke, doch ihre Augen entwichen mir wieder zu den Urwäldern des Amazonas. Einige Minuten genügten, ich überlegte kurz und erkannte: ich war verloren. Die Falter-Herrlichkeit erlosch wie ein flackernder Lampion. Ich mußte mich Suk anvertrauen. Der war, wie ich es heute sehe, ein ganz vernünftiger Bursche. Er gab mir den Rat, mir ein Herz zu fassen, einfach auf das Mädchen loszugehen und mit ihm ein Rendezvous, sagen wir auf dem Veitsberg, abzumachen. Dort trafen sich damals die Liebespaare. Früher dufteten auf diesem Berg die Nachtveilchen, die ich so gern mag. Doch ich schlug Suks Rat in den Wind. Zwischen den Vitrinen «saß» das Mädchen wie in der Falle. Wenn sie aus dem Museum geht, will ich's wagen! Wieder betrachteten wir die Sammlungen, doch nur noch flüchtig, zerstreut und fahrig. Ich dachte intensiv an das Mädchen, und der Herr Professor Saska hätte in diesem Moment bestimmt nicht seine Freude an mir gehabt.

Nach einer Weile wandte sich das Mädchen zum Ausgang. Es warf das Haar, das ihm ins Gesicht fiel, in den Nacken und eilte nach unten. Sie hatte honiggoldenes Haar. Und es war Honig von den ersten Frühlingsblüten; der ist am hellsten.

«Hau sie doch auf der Freitreppe an, dort ist's am günstigsten», riet mir Suk.

Doch das Mädchen huschte aus dem Saal und eilte so rasch über die breite Freitreppe, daß ich kaum Atem holen konnte. Die Fontäne vor dem Museum rauschte vergebens.

Ich erspähte meine «Flamme», wie sie vor einer nahenden Straßenbahn auf den gegenüberliegenden Gehsteig des Wenzelsplatzes eilte. Nachdem sie ihn erreicht, sah sie sich nach mir um und lächelte mir leicht ironisch zu. Suk und ich liefen ihr nach, es fehlte nicht viel, und wir wären unter eine Trambahn geraten, die von oben angerattert kam. Ich packte Suk krampfhaft am Ärmel und bat ihn, mich nicht zu verlassen. Inzwischen eilte das Mädchen schon den Wenzelsplatz hinunter, und wir folgten ihr. Suk war ein guter Freund, in seiner Gesellschaft fühlte ich mich sicherer und nicht so verzweifelt ratlos. Er hatte einen Sinn für jede Lage und faßte rasch Entschlüsse. Doch mich überkam die Furcht vor der Liebe, die einem die Worte in der Kehle erstickt.

Auf dem Weg zum Brückel (Můstek) am unteren Ende des Wenzelsplatzes verweilte das Mädchen zuerst vor einem Schaufenster mit Stoffen und Seide. Vergeblich ermunterte Suk mich, sie anzusprechen. So blieben wir etwas entfernt von ihr vor einem Bankhaus stehen und bewunderten in der Auslage eine Neu-Emission türkischer Lose. Dann verguckte sich das Mädchen in die Reiher- und Straußenfedern, die ein Herr Lindt – samt künstlichen Blumen – feilbot. Unfreiwillig besichtigten wir inzwischen die Torten in einem Konditorladen. Am Rande der Obstgasse (Ovocná třída) befand sich das bekannte Hutgeschäft des Herrn Weidner. Auch dort hielt sie sich auf, was uns bei unserer Jagd Gelegenheit gab, die Brillantringe und Perlenhalsbänder des Herrn Kersch an der Ecke zu bewundern. Dann riß sie sich von dem modischen Tand los und eilte nun ohne Zwischenhalt zum Nationaltheater; dort brandete ein Menschenstrom durch die Nationalstraße. Nein, hier war es gar nicht günstig. Am Moldau-Kai versprach ich Suk, sie auf der Karlsbrücke anzusprechen. Ohne wenn und aber. Wäre sie weniger hübsch gewesen, ich hätte wohl mehr Courage gehabt.

«Auf der Karlsbrücke mußt du sie schon anquatschen. Wahrscheinlich läuft sie auf die Kleinseite, dort verschwindet sie in ein Haustor, und alles ist verloren. Die lacht ja schon über uns. Wir sehen wie zwei ausgemachte Tölpel aus, wenn wir ihr immer nur so dämlich nachlaufen», meinte Suk.

Er hatte recht. Ich versprach ihm, der Jagd nach Liebe ein Ende zu machen und mich auf der Brücke dem Mädchen anzuschließen, komme was da wolle.

Es war ein schöner Maienabend. Von der Kampa-Insel neigten sich Büschel von Fliederblüten über den Fluß. Gleicht eine Fliederblüte nicht einer nach oben gewandten Traube? Die Moldau, voll bunter Schleifchen, die die Sonne vor dem Untergehen auf ihrem Spiegel kräuselte, räkelte sich wonnevoll wie eine Frau nach dem Liebesspiel. Die Bürste des Wehrs durchkämmte das Wasser.

Nun, nun hatte ich mich fest entschlossen. Vor dem Kleinseitner Brückenturm beschleunigte ich meine Schritte, fast trat ich dem Mädchen auf die Hacken, und mein Atem streifte ihr Haar. Im entscheidenden Augenblick hielt ich jedoch neuerlich inne, um Atem zu holen, und wieder entschwand sie mir, durch die Brückengasse (Mostecká ulice) zum Kleinseitner Ring. Nun war Suk aber ernstlich böse und erklärte, wenn ich sie auf dem Ring nicht anspräche, würde er umkehren und heimgehen.

Das Herz schlug mir bis zum Hals, und ich näherte mich dem Mädchen wieder von der Seite. Bevor ich aber noch ein Wort hervorstammeln konnte, sprach sie selbst mich ein wenig erschrocken an:

«Um Gottes Willen, nicht hier! Meine Mutter geht hier einkaufen. Sie könnte uns sehen.»

Ihre letzten Worte flößten mir Mut ein und hastig stammelte ich, wo und wann? Sie darauf hastig:

«Morgen nachmittag vor der Loreto-Kirche.»

Ich atmete auf, und mit einem glücklichen «Adieu» blieb ich stehen und kehrte nach einer Weile zu dem wartenden Suk zurück, der schon überzeugt war, sie habe mir einen Korb gegeben. Ich umarmte ihn und lächelte selig. «Und jetzt gehn wir zu ‹Schnell's› ein Bier trinken.»

Die Loreto-Kirche, am Fuß des Czernin-Palais' versunken, erinnerte eher an eine alte Festung, die nicht einmal lächelt, wenn die Frühlingssonne sie bescheint. Aus den Fenstern ihrer Fassade unter dem Dach hätten die schwarzen Mündungen von Kanonen starren können.

Ich war schon um zwei da. Bei der ersten flüchtigen Begegnung hatten wir vergessen, uns für eine bestimmte Stunde zu verabreden. Die langen Minuten des Wartens verkürzte ich mir mit der Betrachtung der alten Altäre, die jemand hier seit undenklichen Zeiten vergessen zu haben schien und die allmählich eine Beute des Alters wurden. Ich fühlte mich recht beklommen zwischen ihnen und sehnte mich nach dem Grün der Bäume.

Hatte ich sämtliche Kreuzgänge durchwandert, lief ich zum Tor hinaus, um nach meiner Flamme Ausschau zu halten. Endlich,gegen vier Uhr, gewahrte ich sie. Sie tauchte unter den Arkaden der Loreto-Gasse auf und näherte sich eilig der Freitreppe vor der Kirche. Mir schien, als verflüchtige sich zusehends die Düsternis, die ich aus den Umgängen mitgebracht hatte, und ein unsichtbarer Küster zünde – mit jedem Schritt, den sie näher kam – Kerze um Kerze an. Wir reichten uns die Hand, und über mir strahlte ein riesiger Kristall-Lüster auf, der hoch oben am Himmel hing.

Das war kein Mädchen, es war eine Lilie, und ich verspürte, was man im Leben zuweilen menschliches Glück nennt.

Doch genug! Ich will nicht die banale Geschichte einer Studentenliebe erzählen, die wie üblich mit schüchternem Geplauder über nichts begann. Natürlich lenkten wir unsere Schritte auf den Laurenziberg, am Tor zum Strahow, zwischen den Stadtwällen und an der Hungermauer vorbei. Vom dortigen Aussichtsturm spazierten wir zu der Pforte hinunter, die den Weg in den Kinský-Garten freigibt, und von da zurück zum Mácha-Denkmal und zur Seilbahn-Station.

Hingerissen betrachtete ich das Antlitz des Mädchens und

konnte mir von Stund an mein Leben nicht ohne sie vorstellen. Vor dem Mácha-Monument blieben wir stehen. Ich schaute dem Dichter ins anmutige Antlitz und seufzte im Geiste:

Bitte, lieber Karel Hynek, mach, daß mir das schöne Mädchen noch heute einen Kuß gibt!

Doch Mácha erhörte mich nicht.

Weiter als bis zur Seilbahn-Station durfte ich meine «Geliebte» nicht begleiten. In der Karmeliter-Gasse (Karmelitská) hätte sie womöglich einen Bekannten aus ihrem Haus treffen können. Sie verabschiedete sich eilig, verriet mir aber noch, sie heiße Kamila N. und versprach mir, sich übermorgen bei der Loreto-Kirche wieder mit mir zu treffen. Ich jubilierte!

Heimlich folgte ich ihr.

Zum einen wollte ich nicht so rasch von ihr Abschied nehmen und zum andern herausfinden, wo sie wohnte. Sie entschwand in ein Haus neben dem Wirtshaus «U Kocoura» (Zum Kater), gleich am Anfang der Neruda-Gasse.

«Für wen machst du dich denn so fein?» fragte mich meine Mama, als ich mich länger als sonst rasierte und ausdauernd im Spiegel betrachtete. «Wetten, du hast ein Mädchen!»

«Aber, Mamilein», erwiderte ich mit gespielter Überraschung, «wie kommst du nur auf sowas?»

Doch heimlich freute ich mich über ihren Verdacht!

Bei dem zweiten Stelldichein gingen wir den gleichen Weg vom Pohoreleč auf den Petřín. Die Waggons der Seilbahn glitten ruhig an uns vorbei. Nun redete ich schon etwas kühner zu dem Fräulein. Ich will mich nicht loben, doch es will mir scheinen, auf die Kunst der Causerie verstand ich mich damals schon ganz passabel. Ich wollte einen Kuß von ihr. Doch bald mußte ich erkennen, daß mit der lieben Kamila über dieses Thema schwer zu reden war. Ich kam mir ein bißchen feige vor. Mácha war da ein ganz andrer Draufgänger gewesen. Seine Lori mußte ihm aufs Wort parieren.

«Es wär eine Sünde», erwiderte das Mädchen immer wieder auf mein Flehen. «Das darf man doch nicht! Wir kennen uns ja noch gar nicht, und Sie möchten gleich, daß wir uns küssen.»

Heimlich drohte ich dem alten Beichtstuhl, der sich an die verstaubte Mauer der Kreuzgänge lehnte. Doch mir schien, als hätte das vermoderte Trumm mich angegrinst.

Mit Kamilchen wußte ich mir keinen Rat, und als ich zum ich weiß nicht wievielten Male durch die Loreto-Kirche spazierte, schienen mir die Kreuzgänge so düster wie nie zuvor. Sieben verwitterte und verstaubte Altäre zeugten davon, wie verlassen Gott an diesem Ort war.

Die bärtige heilige «Starosta» in der Eckkapelle war nur noch eine elende, am Kreuz hängende Figurine aus Hobelspänen und Sägemehl. Sie hatte nichts Heiliges mehr an sich. Erst heute, nach vielen Jahren, betrachtet so mancher Jüngling, dem ein rostroter Schnauzbart erst schüchtern unter der Nase hervorsprießt, mit gewissem Neid ihren herrlichen Rauschebart. Der alte Beichtstuhl dagegen hat sich wohl schon abgewandt von unserer Zeit; weil er nicht mehr mit Sünden gefüttert wird, verfällt er zusehends. Wieviele Verbrecher und Gauner laufen auf der Welt herum, und es fällt ihnen gar nicht ein, Reue über ihr sündiges Leben zu empfinden.

Den stillen und scheuen Kuß eines unschuldigen Wesens von achtzehn Lenzen kann man doch nicht Sünde nennen. Sünde ist doch ganz was andres. Jemand sollte das Kamila klarmachen. Ich selbst war trotz all meiner Beredtheit ratlos.

Der Rasen, der sich unter den Füßen der Besucher ausbreitet, die in die Kapelle inmitten der Kreuzgänge wollen, ist verwahrlost und verstaubt. Keiner schreitet mehr über ihn dahin. Nur hin und wieder ein bärtiger Kapuziner, um einen Blick in die Kapelle zu werfen. Sie ist dunkel und fensterlos. Auf dem Altar flackern ein paar Dochte in roten Lämpchen, und das steigert nur noch die Düsternis dieses Orts. Von dem Mönch erfuhr ich, in den dunklen Winkeln habe man schon mehrmals Liebespaare ertappt, die sich dort ungeniert küßten und umarmten.

Und das holde Mädchen von der Kleinseite verweigerte mir einen Kuß unter blühenden Bäumen, unter strahlend blauem Himmel!

Wohl zum zwölften Mal schon wandere ich durch die Kreuzgänge, und ist noch kaum ein Stündchen vergangen. Hinter einer dicken Mauer unweit des Tors wird der Loreto-Schatz bewacht. Ich hielt den alten Mönch an, um mich nach dem berühmten Schatz zu erkundigen. Er zog seine buschigen Brauen hoch und begann zu erzählen: Zu dem Schatz gehörten viele rituelle Gefäße und goldbestickte Meßgewänder. Unter all diesen Prachtstücken erstrahle aber als das kostbarste Kleinod eine große Diamanten-Monstranz. Der Mönch rasselte mit dem Rosenkranz, den er um die Hüften trug, und fuhr in seiner Rede fort. Ihre Strahlen seien mit sechseinhalbtausend funkelnden Brillanten besetzt. Er hob bedeutsam den Zeigefinger. Die Monstranz sei märchenhaft schön, ein wahres Weltwunder.

Erst viele, viele Jahre später besuchte auch ich die Schatzkammer. Als ich den atemberaubenden Wirbelsturm von Gold und Diamanten sah, sagte ich mir, schon ein kleines Röschen, uraltes Symbol der Liebe, sei schöner als diese berühmte Diamanten-Monstranz.

Und erst die Liebe!

Etwa um die Mitte des Zweiten Weltkriegs klopfte bei uns in Bräunau ein unbekannter Mann mittleren Alters an die Tür. Er hatte ein paar Bogen handgeschöpftes Papier in der Aktentasche und bat mich, ihm meine Verse über die Loreto-Kirche darauf zu schreiben.

> Auf der alten Treppe von Loreto,
> einen schwärmerischen Satz nach dem andern
> flüsterst du jemand ins Haar,
> der dich nicht verstehen muß, usw.

Ich versprach es ihm gern. Nach einer Woche kam er wieder und stellte einen «Bols» in der bekannten Steingutflasche auf den Tisch. Persiko war darin, ein Likör aus Pfirsichkernen.

Nie zuvor hatte ich etwas Ähnliches gekostet. Zuerst strömt

ein starker Duft über die Zunge, bald von dem köstlichen Geschmack bitterer Mandeln übertönt.

Damals, mitten im Krieg, waren solche Genüsse mehr als rar; ich kostete den Likör nur fingerhutweise und mit geschlossenen Augen. Bis heute versuche ich vergebens, diese «Delikatesse» aufzutreiben. Wie ich hörte, wird sie nicht mehr importiert. Die Erinnerung daran ist aber so stark, daß ich, wenn ich einmal in der Nähe von Loreto weile und die Kirche gewahre, gleich den Geschmack bitterer Mandeln auf der Zunge spüre.

Voll quälenden Verlangens eilte ich zu einem neuerlichen Rendezvous. Ich weiß gar nicht mehr, das wievielte es war. Sobald ich das Mädchen wiedersah, nahm ich im Zorn Abschied von dem alten Beichtstuhl.

Kamila erschien lächelnd, als wäre nichts geschehen. Rasch vergaß ich meine trüben Gedanken, und wir wandelten wieder auf den alten Pfaden, vom Zwitschern und Tirilieren der Vögel begleitet, zum Petřiner Aussichtsturm. In seinem Schatten gestand mir das Fräulein aus der nahen Neruda-Gasse, sie wäre noch nie auf dem Turm gewesen. So stiegen wir hinauf. Der Lift ging nicht, und wir mußten ihn zu Fuß erklimmen. Oben waren wir allein. Das Mädchen war erregt und offensichtlich von dem Anblick, der sich ihr bot, ergriffen. Ich packte sie zärtlich an beiden Handgelenken und schaute ihr tief in die Augen. Ich hielt sie fest, damit ich sie an mich ziehen konnte. Natürlich bemerkte sie meine Absicht sogleich und eh ich sie küssen konnte, schob sie ihr Gesicht unter mein Kinn und rührte sich nicht, bevor ich ihre Hände freigegeben hatte. Dann riß sie sich rasch von mir los.

Mein Gott, welch eine Blamage! Ganz Prag hatte meinen peinlichen Mißerfolg mitangesehn. Eh ich noch Atem holen konnte, klapperten ihre Schühchen über die eiserne Wendeltreppe. Verlegen folgte ich ihr. Auf dem Weg vom Aussichtsturm sprachen wir nichts mehr. Sie hatte mir keinen Kuß gegeben, nein und nochmals nein.

Und sie gab mir auch keinen!

Das war mein letztes Rendezvous mit der schönen Kamila

von der Kleinseite. Zum nächsten, das sie mir an der Seilbahnstation ohne rechte Begeisterung zugesagt, erschien sie nicht mehr. Die junge Liebe, von der man singt, sie sei das Paradies, war zu Ende. So endet auch ein altes schottisches Liebeslied: zuerst herzzerreißendes Schluchzen, dann schmerzliches Raunen und schließlich – Stille. Ich hatte nicht nur das Gefühl, man habe mir Unrecht getan, sondern fühlte mich auch beschämt und beleidigt. Ich kannte mich noch nicht aus mit den Frauen.

Vergebens ging ich zur Stunde unserer früheren Zusammenkünfte auf dem gegenüberliegenden Trottoir vor ihrem Hause auf und ab. Nur einmal nahm ich wahr, wie sich im ersten Stock ein Vorhang bewegte. Das war alles! Nie im Leben sah ich das anmutige Wesen wieder.

Die Wirtschaft «Zum Kater» war damals eine ruhige, alte Schenke aus den Zeiten Nerudas. Heute ist sie immer gestopft voll. Man sagt, es gäbe dort das beste Bier der Welt!

Im Laufe der Jahre erlangte ich durch viel Übung die Fähigkeit, Gäste, die zu uns kamen, im voraus zu erkennen: an den Geräuschen, die sie bei ihrem Erscheinen machten. Daran, wie sie unten die Haustür ins Schloß fallen ließen, an ihren Schritten auf der Treppe, dem Klopfen an der Tür und oft auch daran, wie heftig sie klingelten. Sehr oft konnte ich erraten, wer da zu uns kam.

Es ist noch nicht länger als ein paar Jahre her, da klopft jemand an unsere Tür. Es wird wohl ein junges Mädchen sein, denke ich. Und es war ein Mädchen.

Eine etwa sechzehnjährige Gymnasiastin trat ein und brachte in einer Zellophantüte ein paar meiner Bücher mit der Bitte, ich möge sie ihr signieren. Der Blondschopf der schlanken, jungen Maid war an den Schläfen auffällig zerzaust; aber das stand ihr gerade gut. Vermutlich wußte sie es. Anfangs zierte sie sich, doch dann bat sie mich, ihr alle Bücher zu signieren.

Ich schaute ihr ins Gesicht, und eine Ahnung stieg in mir hoch.

Natürlich gern, sagte ich und nahm ihr die Bücher aus der Hand. Als sie merkte, daß ich bereit war, ihren Wunsch zu erfüllen, bat sie mich, ob ich ihr in einen der Bände nicht auch eine persönliche Widmung schreiben könnte. Aber ja, natürlich!

«Und wie heißen Sie?»

«Kamila V.»

Ich stutzte, schaute ihr von neuem in die keuschen Augen und fragte behutsam:

«Heißen Sie Kamila nach der Mama?»

«Nein, nach meiner Oma. Meine Mutter heißt Vlasta.»

«Wohnt Ihre Oma etwa in der Neruda-Gasse?»

«Jetzt nicht mehr, sie lebt bei uns auf dem Arbes-Platz», sie schaute mich überrascht an. Rasch zählte ich im Geiste die Jahre und seufzte leise. Es war fast ein ganzes Menschenleben her.

Schon wollte ich die Kleine nach ihrer Großmutter ausfragen, schon hatte ich ein paar hübsche Worte auf der Zunge, die ich ihr gerne hätte ausrichten lassen, ja mir kam sogar die Idee, daß ich sie vielleicht einmal wiedersehen könnte. Doch an das Glas meines Bücherschrankes gelehnt standen zwei französische Stöcke, und als ich sie anschaute, kehrte ich rasch in die Gegenwart zurück und vergaß die schönen Grüße.

Dazu muß ich noch folgendes bemerken:

Kurz vor seinem Tod besuchte König Karl IV. seligen Angedenkens seinen Neffen, den französischen König Karl V. Nach seinem Besuch im königlichen Palais zu Paris und den Beratungen mit dem Neffen fuhr unser König Karl auf der Seine zum Palais der Königin in Saint Pol, wo diese gerade weilte und ihrer Niederkunft entgegensah. Er umarmte die Königin und küßte der Reihe nach ihre Hofdamen, von denen einige mit ihm verwandt waren. Dann bat er, man möge doch die Herzogin von Bourbon zu ihm bringen, die Schwester seiner ersten Frau Blanche de Valois und einstige Gespielin seiner Kindheit und Jugend am französischen Hof. So führte man die Herzogin zu seiner Sänfte – wegen seiner schweren Gicht konnte der König nicht gehen – sie schauten einander ins Antlitz und brachen beide in herzzerreißendes Schluchzen aus.

So hat es ein nüchterner und hochgelahrter Chronist berichtet, und er fügte hinzu, beide hätten einen erbärmlichen Anblick geboten.

Wieder schaute ich meiner blutjungen Besucherin, die ich eigentlich schon kannte, ins liebliche Gesicht und fragte sie im Scherz, was sie mir gäbe, wenn ich ihr in alle Bände eine Widmung schriebe. Das Mädchen zögerte eine Sekunde und erwiderte dann, sie habe nichts, doch wenn ich es wünsche, wolle sie mir wenigstens einen Kuß geben. Ich wandte ein, es seien ja mehrere Bücher, sie müsse mir mindestens drei schenken.

Bereitwillig, nur ein wenig unbeholfen, bot sie mir ihre Lippen, und ich küßte meine eigene Jugend auf ihren leicht geöffneten, feuchten und süßen Mund.

Der trügerische Sang des Kuckucks

Ich lag einige bange Wochen im Motoler Hospital, da vernahm ich eines Aprilmorgens aus dem elenden, kümmerlichen kleinen Hain, ein paar Schritte vom Spital, den Jubelruf des Kukkucks. Im Krankenbett, inmitten der weißen Langeweile kahler vier Wände, hat der Mensch Zeit genug, nachzudenken, seinen Erinnerungen nachzuhängen, zu träumen und sogar dummes Zeug zu spinnen. So stellte ich mir vor, dieser allerliebste Vogel, den ich in den Garten meiner Kindheit eingesperrt hatte, käme aus dem Kraluper «Lutovník»-Hain zu mir geflogen, wo ich ihm immer so gerne gelauscht hatte. Er ist nah, singt und ruft mich ins Leben zurück. Hatte es doch noch vor kurzem recht übel um mich gestanden.

Den «Lutovník»-Hain hatte ich schon seit meiner frühen Kindheit ins Herz geschlossen. Anfangs wegen der Buschwindröschen und Schlüsselblumen, dann wegen des Kukkucks, den ich hier zum ersten Mal rufen hörte. Und heute um der Erinnerungen willen und wegen des wunderschönen alttschechischen Namens des Hains. Beim Ruf des Sängers von Motol verschmolzen mir all diese Passionen und Erinnerungen zu einer einzigen Sehnsucht. Zu einem großen Verlangen. Ich hoffte, bald wieder zu genesen und freute mich auf ein neues Leben.

Jahre später besuchte ich einen älteren Freund, der am äußersten Rand der Prager Peripherie wohnte, wo die Stadt schon mit kleinen Häuschen endet und die Landstraße, damals noch von einer prächtigen Baumallee gesäumt, dem nahen Alt-Bunzlau (Stará Boleslav) zueilt. Weit und breit kein Wald, kein Hain, und trotzdem ließ sich plötzlich, und zwar ganz in der Nähe, ein Kuckuck vernehmen. Ich gestand, ich hätte in meinem Leben noch keinen Kuckuck gesehen, obwohl ich ihn so gern rufen höre.

«Gucken Sie mal.»

Wir ließen den Milchkaffee auf dem Tisch stehen und traten vor die Villa. Auf dem Draht der Stromleitung, kaum ein paar Dutzend Meter vor uns, saß ein Kuckuck – und begann wieder zu «singen». Mein Freund zählte lächelnd die Jahre. Als der Vogel etwa zwanzigmal gerufen hatte, sagte mein Freund: Genug, genug, das reicht mir schon!

Doch er irrte. In Marienbad, wo er zur Kur weilte, fiel er noch im Sommer des gleichen Jahres auf dem Gehsteig um und starb bald darauf.

Der Kuckuck hat damals für mich gesungen.

Kastanienblüte

Drei junge Freunde, ein Maler, ein Lyriker und ein Architekt, der gerade einen Wettbewerb gewonnen hatte, saßen an einem schönen Frühlingsmorgen in dem halbleeren und verrauchten Café «National» und meinten, es wäre an der Zeit, einmal nachzuschauen, wie weit der Frühling schon ins Land gekommen sei.

«Auf, sehen wir uns einmal an, ob die Kastanien schon blühen», schlug der eine vor. Vor dem Stadtpark stiegen sie aus der Tram und sahen: Die Kastanien hatten Knospen angesetzt, die schon bald «platzen» wollten, aber sie blühten noch nicht. So wanderten die drei durch den «Baumgarten» bis an die lenzliche Moldau und an ihren Ufern entlang gemächlich bis nach Roztoky. Dort kehrten sie enttäuscht um und machten sich auf den Rückweg in das menschenleere, verqualmte Café. Unterwegs kam ihnen in den Sinn, in dem gemütlichen Hotel «California» im nahen Sedlec einzukehren, dessen einladend glänzende Fenster sich im Flusse spiegelten.

Das Hotel war noch zu. So klopften sie ans Tor, eine ältere Person öffnete und sagte zwischen Tür und Angel, das Hotel sei noch geschlossen, Tochter und Schwiegersohn machten Ferien in den Bergen und Bier sei auch keins da.

«Und wie wärs mit einem Gläschen Wein?»

Zu unserem Erstaunen hatte sie welchen. Erst musterte sie uns mißtrauisch, dann – nach kurzem Zögern – brachte sie uns eine Flasche Wein. Ein wahres Wunder. Nur wenn plötzlich eine anmutige französische «Marianne» mit phrygischer Mütze auf den Locken und splitternackt in den Saal getanzt wäre, wo es nach abgestandenem Bier roch, hätten wir es als ein noch größeres Wunder betrachtet.

Die Alte setzte nämlich den unerwarteten Gästen eine Flasche Burgunder vor. Die «Original-Abfüllung» stand auf dem schmuddeligen Tischtuch, auf dem man noch die Spuren von Biergläsern sah, stand «nackt», nur mit der stolzen Vignette «Clos Vougeot» «bekleidet», wie eine strahlende Erscheinung auf dem Tisch – ein Wunder!

Die Flasche war bald geleert, und die nette Frau brachte uns eine zweite. Dann noch eine. Eine vierte von der Sorte hatte sie nicht; doch eilte sie mit einem duftenden Pommard herbei. Die Preise des köstlichen Tropfens hatte sie auf einem verstaubten Stück Pappe notiert. Sie waren erstaunlich moderat. Nach einer Weile brachte sie uns noch eine Flasche. Wir beglichen alles, legten noch ein hübsches Trinkgeld drauf, damit sie an unserer Solvenz nicht zweifeln möge, und baten um eine neue. Wir süffelten genüßlich den Pommard aus, da stand auch schon ein köstlicher Chambertin auf dem Tisch. Ihm folgte ein Corton von der Côte de Beaune. Von Zeit zu Zeit brachte uns die Frau auch etwas zum Beißen, was aber zu dem kostbaren Naß meist absolut nicht paßte; hin und wieder ließ einer der drei Zecher sein müdes Haupt auf das Tischtuch sinken und nickte für ein halbes Stündchen ein – und dann ging's fröhlich weiter, bis der Vorrat an Burgunderweinen, den der abwesende Wirt in einem Hinterzimmer – unter einer alten Wäschemangel – gelagert hatte und den die alte Frau, bevor sie sich zur Ruhe begab, stets sorgfältig zu inspizieren pflegte, bis zur Neige geleert war.

«Von unsern Gästen hat eh noch niemand je Wein verlangt. Mein Schwiegersohn mußte ihn von dem früheren Inhaber übernehmen, und jetzt verstaubt er hier schon Gott weiß wie lange. Hier trinken die Leut nur Bier oder Limonade.»

Die drei Freunde erhoben sich und wanderten wieder am Ufer dahin, diesmal gegen den Strom, da sahen sie, daß die Kastanien schon verblüht waren und kleine stachelige Früchte ansetzten.

Das Hotel «California» steht immer noch am selben Platz. Jetzt ist darin ein Betrieb untergebracht. Was für einer – ich weiß es nicht.

Reise nach Kralupy

Noch heute sehe ich, wenn der Zug am Fuße der schwarzen Felsen bei Podbaba pfeift, im Geist das brave freundliche Antlitz von Václav Beneš Třebízský vor mir, der mich durch sein altväterliches Drahtbrillchen mustert. Wir kennen uns schon lange. Wann immer ich heute die Strecke fahre, schaue ich zu dem hoch über dem Fluß Rež liegenden, auf den ersten Blick so idyllischen Klecany empor; dort steht nahe der Landstraße seine alte niedrige Pfarre unter buschigen Kastanienbäumen. Ich kann auch nicht widerstehen, den Blick zu dem Kirchlein in Levý Hradec bei Žalov zu wenden. Die düstere Ruine des Schlosses in Chvatěruby blickt mich finster an. Immer wieder nehme ich mir vor, nach vielen Jahren wieder einmal die Erzählungen «Chvatěrubský kvas» (Das Gastmahl von Chvatěruby) und «Levohradecká povídka» (Eine Erzählung von Levý Hradec) zu lesen. Entweder komme ich gar nicht dazu, oder ich lege das Buch wieder weg, ehe ich die Geschichte zu Ende gelesen. Der Zauber der Erzählungen Třebízskýs ist schon längst verflogen. Doch um den Namen des Autors rankt sich immer noch eine liebe Erinnerung, von der stillen Aura vergangener Zeiten umflort.

Ein langer, leuchtender Weg führt von den Romanen Třebízskýs zu den Gedichten Apollinaires.

Nach Kralupy fuhr ich gern und freute mich immer schon unbändig auf die Reise. Die Fahrt in die großen Ferien war die am heißesten ersehnte, die Reise zum Weihnachtsfest voll heiligen Zaubers, zu Ostern war es eine Reise voller Fröhlichkeit. Die Stationen auf dieser Strecke – einst schien sie lang, heute ist sie ganz kurz – konnte ich wie die Apostrophen der Loreto-Litanei herunterbeten:

Holešovice, Bubeneč, Podbaba, Sedlec, Roztoky, Žalov und Podmoráň – wie schön klingen die beiden letzten Namen. Dann nur noch Letky, Libčice und Dolany, und schon stand ich auf dem Kraluper Bahnhof und lief meinem Großvater, dem Vater meiner Mutter, in die weit ausgebreiteten Arme; erst nach Jahren begriff ich, daß er für mich das war, was ihr «Großmütterchen» für Božena Němcová. Doch ich brauchte gar nichts zu beschönigen.

Ach, könnte ich andern Menschen soviel Schönheit schenken wie mein Großpapa sie mir gab, wenn wir miteinander stundenlang durch die Kraluper Landschaft streiften. Den Třebízský zuerst. Dann Vítězslav Hálek, der aus dem nahen Dolinek stammte, und schließlich die Liebe zur Poesie. Ach, wie klingt all das heute schon unzeitgemäß und unmodern! Doch von diesen lebensspendenden Erinnerungen zehrte ich mein ganzes Leben. Daß ich es nicht vergesse: Er lehrte mich auch die Liebe zu den Bäumen. Großvater war Bibliothekar der damals armseligen Kraluper Stadtbibliothek, zugleich aber auch führendes Mitglied des örtlichen «Okrašlovací spolek» (des Stadtverschönerungsvereins). Stadtverschönerungsverein! Wie altmodisch klingt das heute, und mancheiner weiß sicher gar nicht, was für eine Institution das war. Mit angeheuerten Arbeitern und Arbeiterinnen pflanzte man in der Stadt und in deren näherer Umgebung Sträucher und Bäume.

In der kleinen Baumgruppe hinter der Mädchenschule entdeckte ich zwei Silberpappeln. Sie ragen himmelhoch. Als man sie einst pflanzte, hielt ich ihre schlanken Stämmchen und stampfte die Erde in der Pflanzgrube fest. Sie wuchsen nebeneinander. Unlängst stand ich unter ihren Wipfeln und wartete, daß es rausche. Doch kein Lüftchen wehte, die Bäume bebten nur leise, wie wenn Liebende einander Mund auf Mund Koseworte zuwispern.

Lebt wohl, ihr lieben Bäume!

Die Eisenbahnfahrt zu Ostern war voller Frühlings-Überraschungen. Am besten gefielen mir die «Federbüsche» goldenen Steinkrauts auf den schwarzen Felsen. Sie wehten hoch über dem Fluß, und der Zug krakeelte vergnügt daran vorbei.

Eine stets neue Sensation, die mich immer wieder staunen ließ, war der riesige künstliche Elefant in Sedlec.

Von den vielen bunten Attraktionen, die aus Anlaß der Ausstellung der Handels- und Gewerbe-Kammer in Holešovice neben dem Prager Königlichen Baumgarten aufgestellt worden waren, sind mir weder die Ringelspiele noch die Luftschaukeln besonders im Gedächtnis geblieben, auch nicht die geheimnisvolle Burg, deren Fußböden bebten und wo Sensenmänner ihre Knochenhände nach den Ankömmlingen ausstreckten, ja nicht einmal der hohe Tobogan, von dessen Turm ausgelassene Mädchen hinuntersausten, um den unten wartenden Burschen in die offenen Arme zu fliegen. All das hab ich schon längst vergessen. Der Riesenelefant dagegen, in dessen Bauch sich eine gemütliche Bierstube befand, das war ein Erlebnis, das mich lange entzückte. Ich sehe mich noch, wie ich mit meinem Vater über eine Treppe in den «Kopf» des Dickhäuters hinaufsteige, wo auch ein paar Tische standen. Alles war ziemlich geschmacklos. Nicht für mich! Ich war begeistert.

Der Elefant hatte auf der Ausstellung einen Riesenerfolg gehabt. Darum baute man ihn, als die Exposition zu Ende war, in Sedlec wieder auf und zwar neben der Bahnlinie. Schon ab Podbaba stand ich am Waggonfenster und hielt nach seinem gewaltigen Rumpfe Ausschau. Der Bahnhof war nicht weit, und unser Waggon hielt etwas außerhalb. Blieb er in der Nähe des Elefanten stehen, war mein Glück grenzenlos.

Die Gaststätten in Bauch und Haupt des Elefanten verloren nach und nach ihre Anziehungskraft. Sedlec war ein Ausflugsort der Prager, und die Gäste saßen lieber in dem sonnigen Garten zu Füßen des Kolosses und schauten auf den Strom hinaus. Das «Grautier» begann allmählich zu verwittern. Zuerst fielen ihm die schwarzen Stoßzähne ab, der auf den gelben Sand des Gartens gestützte Rüssel begann zu bröckeln, dann auch die Ohren und der Rumpf. Das störte mich aber nicht. Ich gewöhnte mich an seine zusehends traurigere Gestalt und den fortschreitenden Verfall. Erst vor kurzem entdeckte ich noch die vier Ziegelpfeiler, die, in seinen Beinen verborgen, den schweren Leib zu tragen hatten.

Solange der Elefant noch einigermaßen beieinander war, versäumte ich nie, aus dem Fenster zu gucken und das verrottende Denkmal zu betrachten, das dort, in kläglichem Zustand, viele Jahre stand. Vom Jahre 1908 bis an die Schwelle meines Alters. Aus dem fahrenden Zug schien es mir, und ich verstärkte diese optische Täuschung noch, als schreite der Elefant dahin. Einmal ging er mir entgegen, ein andermal, so schien es, entfernte er sich von mir. Im Frühling stapfte er inmitten anmutiger weißer Blüten dahin, im Sommer auf Rosen und im Winter watete er durch den Schnee.

Entfernte er sich von mir, sagte ich mir, er entschwände in die Vergangenheit, in jenes schöne Land, wo ein buntes Vöglein durch die Zweige der Bäume hüpft und himmlisch singt. Es hat rote, blaue und grüne Federlein.

Das ist die Jugend.

Kralupy an der Moldau, heute fast ein Industrievorort unserer Hauptstadt Prag, war schon vor einem halben Jahrhundert eine Stadt der Fabriken und Betriebe. Gegen Abend legten sich Staub und Qualm über die Kraluper Straßen. Die Einwohner machten eilig die Fenster zu. Am ärgsten stank es aus den Schloten der Erdölraffinerie – der Petroleumfabrik, im Volksmund «Petrolejka» geheißen. Anders nannte sie keiner. Zuweilen hüllten die von ihr aufsteigenden Rauchwolken die ganze Stadt ein.

Es gab dort auch andere Fabriken, die die Luft der Stadt verpesteten, ja vergifteten. Eine Fabrik für Maggi-Suppengewürze und eine chemische Fabrik gleich neben dem Bahnhof. Von dort karrte man stinkende Schlacke heraus und bestreute damit nicht nur die Wege auf dem Fabriksgelände, sondern auch den Gehsteig entlang den langen Fabrikmauern. Diesen Weg zu gehen war gräßlich. In Kralupy gab es außerdem eine Spiritusbrennerei, Zuckerfabriken, eine Bierbrauerei, eine Lohgerberei und weiß Gott, was noch. Die Dampfmühle neben der Knabenschule gehörte den Eltern des Malers Kars, den ich hin und wieder sah. Der spanische Maler Utrillo malte für ihn die Mühle und die hinter ihr liegende Kirche.

Mitten durch die Stadt floß der «Zákolaner Bach», der auch nicht gerade angenehm duftete. Je nach Intensität seines Gestanks sagte man Regen oder einen Witterungsumschlag voraus.

Läutet mir noch einmal, ihr Kraluper Glocken! Und klingt mir lange im Ohr. Ich setze mich auf einen Steg, lausche euch und will mich, das schwör ich, nicht mucksen. Auf daß ich mich noch einmal satthöre an eurer ehernen Stimme.

Und Kralupy, du liebes Städtchen, wenn du mir auch nach all den Katastrophen etwas verändert erscheinst – ich denke vor allem an die fürchterlichen Bombardements zu Ende des Krieges und an das große Hochwasser bald darauf – bist du doch mein süßes, geliebtes Röslein, ewig von fetten schmutzigen Rußflocken gepeinigt.

Der Mai ist gekommen ...

Ja, ich spreche von Musik. Ach, vielleicht wär's besser, ich raunte es nur vor mich hin, nur im Geiste, damit niemand mich hört. In die Welt der Musik trete ich ein wie ein zerzauster Barbar, und die Partitur einer Beethoven-Sinfonie «lese» ich wie der Analphabet einen Proust-Roman.

Ein Snob bin ich nicht. Darum mache ich im Konzert weder die Augen zu, um in Gedanken versunken der «himmlischen» Musik zu lauschen, noch stütze ich mein Kinn in die Hände. Bei den Klängen der Musik betrachte ich gern schöne und anziehende Frauen, auf dem Podium und im Auditorium. Doch ich höre begeistert zu, von den Klängen gebannt. Ein Leben ohne Musik kann ich mir nicht vorstellen.

Ich liebe Mozart.

Ich weiß, es ist kein besonderes Verdienst. Doch ich muß ganz von vorn beginnen. Abgesehen von den Wiegenliedern, an die ich mich freilich nicht mehr erinnere, und den Weisen der Drehorgeln, die fast Tag für Tag auf den Hinterhöfen der Zinshäuser erklangen und die ich gar nicht weiter zur Kenntnis nahm, sammelte ich meine ersten musikalischen Erfahrungen auf dem Straßenpflaster. Ich hab's zwar schon irgendwo erzählt, und es wurde sogar auf dem Klappentext eines Buches vermerkt, doch ich muß euch davon auch bei dieser Gelegenheit berichten.

Mit den Rangen von Žižkov saß ich vor diversen Wirtshäusern auf der Treppe. Damals wurde in den Wirtsstuben noch viel und begeistert gesungen. Zuweilen schon am Nachmittag und bis spät in die Nacht. Neugierig, ja wie gebannt lauschte ich den sentimentalen Liedern von der Liebe und den Gassenhauern, die das Leben der Prager Strizzis besangen. Vor einigen Jahren hat auch das Fernsehen diese Lieder wieder «ausgegraben». Sie wurden mit einem Schuß Ironie vorgetragen: Die beeinträchtigte freilich die banale Sentimentalität der Lieder und zerstörte ein wenig ihren billigen Charme. Es war nicht mehr das richtige.

Als ich noch ein Knabe war, holte mich meine Mutter, gegen Abend, stets ab und schleppte mich ein wenig böse in die nahe St.-Prokop-Kirche zu einer Mai- oder anderen Andacht. So fand ich mich, dem Bierdunst der Schankstuben entronnen, plötzlich in einer Duftwolke von Blumen und Weihrauch wieder und ließ mich willig und gern von der süßen innigen Melodie barocker Madrigale hinreißen. Ihr kennt sie gewiß. Noch heute werden sie in unseren Kirchen gesungen. Von einer dieser alten Weisen, dem Marienhymnus «Tisíckrát pozdravujeme Tebe» (Wir grüßen Dich tausendmal) soll Antonín Dvořák einmal gesagt haben, es sei das schönste Lied der Welt.

Gesang ist schöner als Blumen. Wenn er in der Kirche zum Himmel steigt, erwacht auch die Gipsstatue der Heiligen Jungfrau zum Leben und lächelt jenen, die zu ihren Füßen knien, liebreizend zu. So wundert euch nicht, wenn die Menschen sie lieben und sich ihr mit ihren Sorgen anvertrauen.

Wollte ich von mir reden, würde ich mich vielleicht zu diesen beiden so gegensätzlichen Quellen meiner Inspiration bekennen: den Gassenhauern und den barocken Kirchenliedern, wie einst ein Kritiker schrieb.

Seit den Tagen, da ich begann, nach dem nahen Kralupy in die Ferien zu fahren, bin ich, was meine musikalische Kompetenz betrifft, nicht viel weitergekommen.

Wieder saß ich fast Tag für Tag auf dem Rand des Trottoirs. Diesmal aber vor den Fenstern, hinter denen der Sängerverein «Fibich» Dvořáks Oratorien einstudierte, zuerst die «Heilige Ludmila» und dann das «Stabat mater». Ich möchte ungern jemanden belehren, doch ich bin überzeugt: Im Bereich der

Kirchenmusik war es Antonín Dvořák, dem es besonders durch diese Art des Oratoriums gelang, die tschechische Musik in den Himmel zu heben. Sein Werk brachte man bei uns stets mit den ersten Osterfeiertagen in Verbindung. Viele Jahre lang und auch heute noch war und bin ich von diesem Oratorium immer geradezu «hingerissen». Den Frühling, den knospenden, herrlichen, da noch kaum etwas blüht, doch alles sich schon zum Blühen rüstet, kann ich mir ohne diese «Liebeslieder» Dvořáks gar nicht vorstellen.

Unlängst unterhielt ich mich mit einem meiner Freunde, einem überzeugten und strikten Atheisten. Als ich das Oratorium Dvořáks erwähnte, strahlten seine Augen, und er bezeigte lebhaftes Interesse. Einst hatte er in dem «Stabat mater» mitgesungen. Ich sage nicht, er sei in dem Moment ein anderer Mensch gewesen, doch er war wirklich wie verwandelt. Dann lächelte er traurig und seufzte nur: Schade!

Ich fürchte, ich muß den Leser ein wenig enttäuschen. Es könnte so scheinen, als wäre ich den Träumereien von der Schönheit der Musik von Kindheit an allzusehr verfallen.

Kaum war ich den kurzen Knabenhosen entwachsen und sah etwas reifer aus, hastete ich mindestens zweimal in der Woche die Treppe des «Weinberger Stadttheaters» hoch, wo ich mich, auf der Galerie thronend, ausgiebig dem ausgelassenen Treiben, den zweifelhaften Reizen und Wonnen der Wiener Operette hingab. Auch in die ziemlich entfernte «Smíchover Arena» kam ich, um die berühmte Mařenka Ziegler zu hören, obwohl es noch nicht lange her war, daß wir ihr Konterfei auf Plakaten mit «Schnauzbärtchen» zierten und mit Stecknadeln ihren Busen durchbohrten. Manchmal muß ich lachen, wenn ich daran denke. Die diversen Grafen von Luxemburg, kleinen Herzöge und lustigen Witwen aus den Kreisen der Wiener Oberen Zehntausend plärren uns heute aus dem Radio stundenlang ins Ohr. Dankbar sah ich mir die Ostrauer Fernsehserie «Schminkkästchen» an, in der der Dirigent Dalibor Brázda die alten Operetten zu neuem Leben zu erwecken suchte. Sie hatten schon viel von ihren Reizen verloren. Ja, ich verstehe, daß die jungen Leute ihnen heute eher desinteressiert lauschen. Es ist aus mit ihnen – zu Ende!

Doch mir will scheinen, die modernen Songs und Hits, in denen die heutige Jugend schwelgt und die aus Schindelhütten wie Hochhäusern ertönen, sind auch nicht besser als die alten Wiener Schnulzen. Ja, ich würde meinen, sie können ihnen «nicht einmal das Wasser reichen». Ich weigere mich aber, mich über die musikalische Qualität dieses Liedschaffens auszulassen!

Ich meine, ich habe kein Recht dazu, wiewohl ich weiß – diese Musik ist seicht und sentimental. Doch zu ihren Texten kann ich etwas sagen. Wenn ihre Verfasser nicht ausnahmsweise Dichter sind wie Jiří Suchý, sind sie in ihrer überwiegenden Mehrheit geradezu verheerend. Ich verstehe das unangemessene Interesse der jungen Leute für diese Lieder-Inflation nicht. Offenbar haben sie sie nötig. Doch, wofür sie sich so exaltiert begeistern, ist stupide und unbegreiflich für ein so hochstehendes Kulturvolk wie das unsere. Weder in Paris noch in Moskau oder in Rom ist das durchschnittliche Niveau dieser «gefallenen» Kunst so tief gesunken. Versteht mich recht, ich will kein Moralapostel sein. Ich weiß, diese Art von Produktion ist notwendig und natürlich. Es hat sie schon immer gegeben, und keine Kritik, am allerwenigsten ein Lamento, wird ihr Niveau heben. Doch ich will es hier einfach deshalb so klipp und klar aussprechen, damit es überhaupt einmal gesagt wird. Offenbar ist es eine äußerst lukrative Quelle leicht verdienten Geldes. Doch nun genug. Auch dies gehört zum Thema «Musik».

Um mich nach dieser gänzlich überflüssigen Entrüstung und Aufregung ein wenig zu beruhigen, will ich euch eine kleine Geschichte erzählen. Zwei Jahre vor seinem Tod weilte Nezval in Karlsbad zur Kur. Wir trafen uns dort und pflegten zusammen hin und wieder in ein Plattengeschäft von «Ultraphon» hineinzuschauen; wir hatten eine Bekannte dort, die uns neue Aufnahmen vorspielte. Eines Tages – ich muß noch erwähnen, es war Anno 1956, damals weilte auch der legendäre Sowjetmarschall Budjonni in Karlsbad – trat eine hübsche russische

Dame an die Theke. Sie trug einen schicken, mit Kirschen garnierten Hut und einen Silberschleier über der Stirn und raunte der Verkäuferin etwas zu. Sie gefiel uns, und wir spitzten die Ohren. Unter dem Schleier vernahmen wir ein einziges Wort: Jazz. Als wir ihr in die Augen sahen, errötete sie. Damals war Jazz in Moskau nämlich noch als «Sünde» verpönt.

Auf dem Žižkover Gymnasium lernte ich «Professor» Zich kennen. Über Musik redete er nicht allzuviel. Er unterrichtete uns in Mathematik. Sonntags improvisierte er zuweilen auf dem Harmonium in der Gymnasialkapelle, und vor den Osterfeiertagen mußte er mit den Schülern Nešveras «Passion» einstudieren. Er war ein trefflicher Mann. Er verstand nicht nur viel von Musik, sondern auch von Ästhetik, und er hatte, wie ich später in engerem Kontakt zu ihm erfuhr, auch über Poesie eine Menge zu sagen. Mathematik interessierte mich nicht sonderlich. Doch ein paar spöttische Worte von Herrn Zich, fast nebenbei und ins Blaue hinein gesprochen, genügten, und ich verlor für den Jugendstil-Vorhang des Weinberger Theaters alle Sympathie, stand nun ebenso oft wie früher dort vor der Kasse des Nationaltheaters und lernte Oper um Oper kennen. Ich absolvierte wenigstens ein Drittel des umfangreichen Opernführers der Frau Anna Hostomská und blieb schließlich an der «Verkauften Braut» hängen.

Aus diesem wundersamen Quell tschechischer Musik trank ich lange und in tiefen Zügen. Durch diese Oper lernte ich mein Land, mein Volk und seine Kunst zu lieben.

Teige und ich hatten längst den Devětsil gegründet, hatten bei Konzerten Strawinski, Milhaud, Satie kennengelernt, doch ich pilgerte immer noch von Zeit zu Zeit ins Nationaltheater zur «Verkauften Braut». Heimlich, damit Teige es nicht erfuhr! Er war in diesen Dingen streng und verspottete gern die Leute: Obwohl mit dem Komponisten Josef Suk gut Freund, erkannte er nur die Musik der Pariser «Sechs» an.

In dem Zimmer bei Teiges, das an die Stube Jiří Wolkers grenzte, pflegten Wolker und Nezval oft zu musizieren. Nezval spielte stürmisch Werke von Janáček und Martinů, mit denen wir auch bekannt waren. So begann ich mich nach einer neuen Musikwelt umzuschauen und versuchte nun, alles zu verstehen. Ich liebe Suk und Martinů. Pavel Bořkovec gehörte – obwohl älter als ich – halb und halb auch zu meiner Generation, Honegger macht mich sprachlos, Bartok erregt mich, Hindemith reizt mich – doch ich liebe, ich liebe Mozart.

Karel Čapek erzählte mir einmal, und es steht auch irgendwo geschrieben, er dichte oft bei der leise flüsternden Musik seines Grammophons. Auch ich hab's versucht, doch die Musik zog mich stets auf ihre Seite und meine Feder verdorrte.

Die Musik brachte mir aber auch eine gewisse Enttäuschung. Bei einem Glas Wein in Goldhammer's Weinstube redete Václav Talich einmal auf mich ein, ich möge doch versuchen, das ziemlich schwache Libretto der «Dvě vdovy» (Zwei Witwen) von Smetana nachzudichten. Ein paar Mal spielte er mir in seiner Wohnung und auch in den Proberäumen des Nationaltheaters die bekannten Melodien vor. Ich versuchte es, doch es wollte mir nicht gelingen. Den verflixten alten Text konnte ich nicht überwinden und ließ die Sache sein.

Auf Talichs Wunsch dichtete ich jedoch einen Zyklus «Mozart in Prag», wie ich schon einmal erwähnte. Er sollte in den Pausen zwischen den Sätzen der Mozartschen Bläserserenade in D-Dur vorgetragen werden. Den Musikern fehlt nämlich der Atem, um das ganze anspruchsvolle Opus in einem Zug zu spielen, und die als Intermezzi vorgetragenen Verse sollten ihnen die nötige Atempause verschaffen. Talich erkrankte jedoch, und seine Pläne blieben unverwirklicht. So führten die Verse ihr eigenes Leben.

Zu guter Letzt muß ich Ihnen, liebe Frau Hostomská, noch eines verraten. Aber schreiben Sie's bitte schön nicht in Ihr Buch. Schon lange liebe ich die romantisch einschmeichelnden Weisen aus Flotows «Martha». Auf einer alten Platte singt Enrico Caruso höchstselbst sie mir vor. Ich schäme mich dessen ein wenig. Doch es waren die Arien unserer Großmütter und Mütter. Wenn ich diese Lieder höre, muß ich immer an etwas Schönes, etwas ganz Wunderschönes denken.

Wenn die Magnolien blühn . . .

Mit dem Buchbinder Alois Jirout war ich jahrelang gut Freund. Ich mochte ihn. Zuweilen, wenn auch recht selten, saßen wir im Gärtchen seines alten Hauses an der Neuen Schloßstiege beisammen. Das Haus wurde «U Kříže» (Zum Kreuz) genannt. Das Gärtchen war so eng wie alle Häuser an dieser Stiege und terrassenförmig angelegt. Sein oberes Ende schmiegte sich an die Mauer des Schloßgartens «Auf den Wällen» (Na valech). Abends hörten wir dort die Schildwache auf- und abmarschieren.

Der Zugang zum Garten ist recht schwierig. Zuerst mußte man auf den Dachboden des Hauses steigen, dort über hohes Gebälk klettern, dann wieder hinunter auf einen Steg, der das Haus mit dem Garten verband. Doch welch ein herrlicher Ausblick bot sich uns hier: Über den Dächern der Kleinseite, die sich zu unseren Füßen dehnten, taucht überraschend nah die St.-Niklas-Kirche auf. Ihr schweres Massiv schwebt mit leichter Anmut, voll Farbe und Licht zum Himmel.

Und noch etwas gab es hier, was uns entzückte. Ein Haus weiter an der Stiege war damals die indische Botschaft untergebracht. Inzwischen ist sie umgezogen. Auch wer das Spinnrad im Hoheitszeichen des Subkontinents nicht bemerkte, hätte die exotische Nachbarschaft an den reizenden Kindern der Angestellten erkannt, die in ihren Flatterhemdchen hinter den Fenstern im Erdgeschoß spielten. In dem kleinen Garten, oder besser gesagt Hof, unten neben dem Haus wuchs eine alte, weit ausladende Magnolie.

Wenn der Baum im Frühling erblühte – von den Mauern und dem Gebäude geschützt blühte er zumeist besonders üppig, und seine Knospen erfroren nie – wurde er von den anliegenden Mauern her mit starken Scheinwerfern angestrahlt. Der blühende Baum bot einen einmaligen Anblick. Unter seiner Krone huschten kleine «Damen» in cremefarbenen Saris umher, und von irgendwo erklang leise Musik.

Aber das ist, weiß Gott, nicht alles, was ich euch erzählen wollte. Doch die Erinnerungen, zumal wenn es liebe Erinnerungen sind, lassen den Erzähler leicht abschweifen.

Im Laufe meines Lebens lernte ich die Arbeit geschickter Hände immer mehr schätzen und lieben. Oft beneidete ich unsere Ahnen, weil sich ihnen noch die Möglichkeit bot, den Meistern heute schon längst ausgestorbener Metiers bei der Arbeit zuzusehen, zu verfolgen, wie unter ihren kunstfertigen Händen und ihren Werkzeugen aus warmem Holz, aber auch aus kühlem Metall, ungeahnte und bewundernswerte Artefakte Form und Gestalt annahmen; wie die einst so beliebten kunstvollen Holzschnitzereien entstanden oder auch prachtvolle Gefäße aus mattem Zinn oder glänzendem Messing, ja selbst zarteste Dinge aus dem unscheinbaren Schmiedeeisen. Die warme Schönheit, die noch die Kunstfertigkeit einer Meisterhand spüren ließ, ist für immer dahin.

Nur eines dieser wunderbaren Handwerke habe ich noch selber erlebt. Ein einziges, das noch in Blüte stand, aber es war schon das letzte: Jirouts Handwerk. Er war gewiß nicht der einzige «bei uns», doch es waren nur noch wenige, die es verstanden, Bücher so vollendet zu binden, daß das Buch in Inhalt und Einband ein vollkommenes Ganzes bildet, nicht nur für uns heutige, sondern auch für künftige Leser bestimmt, sofern sie nach dem Buch greifen wollen. Es dauert nicht lange, und auch dies Handwerk wird untergehen.

Ich aber durfte neben den Arbeitstischen der beiden Jirouts stehen, durfte gebannt zuschauen, wie ihre Hände nach den kleinen, an einer Tafel aufgehängten Handwerkszeugen griffen, die mich – so unverständlich waren sie mir – an die chinesische Schrift erinnerten; wie sie damit das Leder, samtig wie der Teint junger Mädchen, bearbeiteten, wie sie es sorgsam und geduldig dünnten, auf daß seine Ränder sich kaum merklich an den Deckel des Einbands schmiegten; wie sie Farbe und Gold auftrugen. Doch, was ich hier schildere, ist nur ein Ausschnitt aus einem langen Arbeitsprozeß, nur durch die Last und die Stille der Buchdruckerpresse unterbrochen.

Auch dieses bemerkenswerte Handwerk, einst für die Vielfalt seiner Werkstoffe und die Präzision seiner minutiösen Arbeit berühmt, haben heute fast überall Maschinen übernommen. Seine höchste Form, da das Handwerk sich schon der Kunst nähert oder selbst zur bildenden Kunst wird, geht fast unwiederbringlich dahin.

Allmählich gibt ers kaum noch jemanden, der das Verlangen hegt, solche prächtig ausgestatteten Bände in seiner Bibliothek zu haben; und falls es noch irgendwo solche Leute gibt, können sie es sich schwerlich leisten, das bei uns übrigens auch für viel Geld kaum aufzutreibende Saffian- oder Marocain-Leder zu bezahlen. Von der Arbeit des Buchbinders ganz zu schweigen. Ich kenne einen oder zwei solche Sammler. Ein dritter ist unlängst gestorben. Das ist alles. Die Zeit hat Passionen wie diese aus dem Zentrum des heutigen Lebens verdrängt. Und die Hast des Tages erlaubt es uns fast nicht mehr, Werkstätten voll schöner Bücher aufzusuchen. Ihr mögt einwenden, wir schenken uns ja den Wein auch nicht mehr aus Zinnkrügen ein. Die Buchbinder treten langsam ab samt ihrem edlen Metier. Man braucht sie nicht mehr.

Buchbindemaschinen sprudeln täglich Zehntausende billiger Einbände hervor, die auf den Büchermarkt geworfen werden, wo sie mit den einfach broschierten Bänden um unsere Aufmerksamkeit wetteifern, mit Heften, die die Kunden, kaum daß sie sie ausgelesen haben, in den Papierkorb werfen.

Schlägt man ein maschinengebundenes Buch auf, knackt es in seinem Rücken. Man hat ihm mit einem Schlag das «Rückgrat» gebrochen. Ach nein, gerade von «Rückgrat» kann man bei diesen Büchern nicht reden. Denn von den alten bewährten Einbänden ist nur noch das mißbrauchte Wort «binden» geblieben. Die Bücher werden heute vielfach nicht in Rücken gebunden, sondern einfach in die Deckel eingehängt. Ein Buch, das von Menschenhänden gebunden wurde, läßt sich sanft, leise und weich aufschlagen, und seine Seiten kann man leicht wie ein Hauch umblättern, sie schweben in ihrem federnden, solide verarbeiteten Rücken.

Voll Wonne habe ich immer die Bücher betrachtet, die der Werkstatt der Eheleute Jirout entstammten. Beide gehören zu unseren wenigen letzten Schöpfern des schönen Buches. Besser gesagt, sie gehörten dazu. Alois Jirout hat schon längst sein Atelier verlassen, wo so viele einmalige Einbände entstanden. Noch drei Jahre arbeitete seine Frau Ludmila Jirout dort; mit großer Strebsamkeit, ich möchte sagen, mit heiligem Eifer, vollendete sie all seine Werke, damit sie dann in den Sälen des Verlags der tschechoslowakischen Schriftsteller «Československý spisovatel» in einer wunderschönen und unvergeßlichen Ausstellung der gemeinsamen Arbeiten aus ihrer Werkstatt gezeigt werden konnten. Man kannte Frau Jirout als die beste Vergolderin in unserem Lande. Auch sie hatte in Paris gelernt und mit ihrem künftigen Ehemann dort im Atelier des berühmten tschechischen Malers Kupka gearbeitet. Keineswegs umsonst, wie sich zeigte. Nach der Ausstellung versuchte sie noch kurze Zeit weiterzumachen, doch plötzlich und irgendwie unverhofft schied sie aus dem Leben.

Welches Kunstwerk ward je ganz vollendet!

Damals konnte ich noch bewundern, wie die geschickten Hände der Jirouts das Leder bearbeiteten, zusehen, wie sie – als das Original der tschechoslowakischen Verfassungsurkunde gebunden wurde – das Staatswappen der Republik aus bunten Steinchen als kompliziertes Mosaik zusammensetzten. Ich sah noch, wie Frau Jirout die Goldfolien auf die Schnittkanten der Bücher legte und sie auf Hochglanz polierte. Ich kann auch bezeugen, welche fast mikroskopische Akribie bei der Arbeit am Buchschuber nötig ist, damit das Buch daraus wie von selbst und doch nur ganz allmählich in unsere ausgestreckte Hand gleitet. Und bis zum heutigen Tag höre ich nicht auf, die Herstellung origineller Vorsatzblätter zu bewundern, die auf feuchtes Moos aufgezogen wurden. Moos, Wasserfarben und kunstfertige Hände schufen so bewundernswerte Bildkompositionen, wie auch ein abstrakter Maler sie kaum ersinnt.

Nun ja, all dies geht zu Ende und tritt ab aus der Welt. Vor unseren Augen! Die heutigen Bücher sind nicht mehr für künftige Äonen bestimmt wie die Inkunabeln. In ein paar Jahrhunderten werden sie nicht mehr, wenn auch verstaubt, in den Regalen der Bibliotheken stehen. Unsere heutigen Bücher samt ihren Einbänden müssen früher «sterben». Sie werden zerfallen. Vorläufig können wir uns noch am Erbe unserer berühmten Buchbinder erfreuen, ob die Werke nun an der Alten Schloßstiege entstanden oder anderswo. Diese Kunst wird aus unserem Leben verschwinden. Auch in Paris, wo sie einst entstand, ist sie bald am Ende. Die Welt, die sich so rasend in die Zukunft stürzt – Gott weiß in welche – hat bald nicht einmal mehr das bißchen Zeit, um sich in Harmonie und sorgloser Muße mit einem schönen Buch in schönem Einband in den Lehnstuhl zu setzen und sich voll Wonne seinen Reizen hinzugeben.

Eines Tages blieb ich auf der Nationalstraße vor einem Schaufenster mit fremdsprachigen Büchern stehen. Während ich die Bücher betrachtete, traten zwei indische Damen in elegant geknüpften Saris an die Auslage. Sicherlich gehörten sie zu den kleinen Mädchen, die wir einst unter der blühenden Magnolie an der Neuen Schloßstiege gesehen hatten. Die jüngere von ihnen trug eine Perle in der Stirn, die man ihr operativ eingesetzt hatte und die dort schon festgewachsen war, eine große, matt funkelnde Perle.

Drei Golddukaten

> Geschnitzte Heilige haben mehr
> auf der Welt bewirkt als die lebenden.
> *Nach Georg Christoph Lichtenberg*

Ich bin kein guter Erzähler. Wenn ich erzähle, habe ich es allzu eilig. Die Worte und Sätze fliegen mir zu und hasten dahin, damit ich möglichst bald zum Ende komme und das Ganze hinter mir hab. Als könnte ich etwas versäumen. Doch ich versäume nichts. Es ist eher meine Unerfahrenheit oder besser gesagt mein «Nichtkönnen». Ich habe keinen Sinn für Details, bei denen man verweilen und ein paar Wortpirouetten ausführen könnte, um dann langsam und ruhig fortzufahren, damit der ungeduldige Leser wieder Atem schöpfen kann. Ich habe keinen Sinn für planmäßiges Retardieren und für Gedankenpausen in der Handlung. Ich wage keine Abschweifung, die die Erzählung in der Regel dramatisiert. Ich kann's einfach nicht! Darum hab ich meist Gedichte geschrieben. Es schien mir einfacher. Mit dem Verfassen von Erzählungen hätte ich keinen roten Heller verdient, ja mir von dem Honorar nicht einmal ein Glas Sprudel leisten können. Trotzdem gibt es bei mir Momente, da ich Lust verspüre, etwas zu erzählen und Ausschau nach Zuhörern halte.

Mir ist, obwohl ich nie besonders auf Abenteuer aus war, in meinem Leben nämlich mehr als einmal Bemerkenswertes passiert. Was macht es schon, daß vielen solchen Erlebnissen ein paar Glas Wein vorausgingen. Wein hab ich immer gern getrunken. Und ich zögere nicht zu behaupten, daß er ein «Nektar» ist, der Wunder wirkt.

Einmal las ich von einer Heiligen, ihren Namen wie auch den Namen des Klosters, in dem sie lebte, habe ich vergessen. Ich weiß nur noch: Sie war nicht nur äußerst fromm, sondern auch ungewöhnlich freundlich und gut. Vor den Toren der Abtei drängten sich Scharen von Bettlern, und die fromme und auch recht anmutige Klosterfrau verteilte Münzen und Zehrung an sie. Zur Zeit der Weinlese schnitt sie von den Rebstöcken, die sie an den Klostermauern zog, Weintrauben für die Armen. Eines Sommers wuchsen keine Trauben. Da ging die fromme Schwester an der Klostermauer entlang und legte ihre schöne Hand mit den langen zarten Fingern auf die «tauben» Rebstökke. Und an jeder Rebe, auf der ihre Hand gelegen hatte, hing plötzlich eine prächtige saftige Traube. Alle vor dem Klostertor Wartenden durften von der wunderbaren Lese kosten. An diese wundertätige Hand muß ich stets denken, wenn ich ein Glas Rotwein erhebe und in sein funkelndes Feuer schaue.

Darum küsse ich den Damen auch gern die Hand. In die Handfläche, das ist süßer.

So geht mir ein seltsames Erlebnis nicht aus dem Sinn, das ich einmal hatte. Ich möchte vorausschicken: Es handelt sich nicht etwa um eine Anekdote. Eines Tages saßen wir, ich, Bohumil Mathesius und mein lieber Josef Hora in einer kleinen Weinstube, die man, ich weiß nicht warum, «U chlupaté Valdhorny» (Zum zottigen Waldhorn) nannte. Es war der Abend vor dem Namenstag des heiligen Johann von Nepomuk; früher wurde er in Prag lärmend und mit großem Pomp gefeiert. Die Weinstube lag in der Straußengasse, nicht weit von einem großen Kruzifix, auf einem kleinen freundlichen Platz, an den von der einen Seite die Mauer der St.-Adalberts-Kirche grenzte. An den Ort erinnere ich mich genau. In einem der Häuser gegenüber wohnte meine Frau, als sie noch ledig war, und ich pflegte dort auf sie zu warten. Oft sah ich auf dem verstaubten Betstuhl auch die berühmte Schauspielerin Frau Maria Hübnerová knien und vor der Abendvorstellung beten. Sie soll in der Nähe gewohnt haben.

Diese Weinstube besuchten wir nur von Zeit zu Zeit. Zwei- oder dreimal war auch F. X. Šalda mit uns da. Auch der Dichter Josef Mach, der alle seine Gedichte auswendig konnte, kehrte dort öfters ein. Ihr braucht um Gottes Willen nicht zu denken, F. X. Šalda habe mit uns alle Prager Weinstuben unsicher gemacht. Es kostete uns ziemliche Mühe, ihn einmal hinzulocken. Und wenn er nach geraumer Zeit erschien, glich sein Besuch eher einer Bischofsvisitation, und all unser Humor bekam eine andere, eine festlichere und erhabene Note. Man trank wenig. Zumindest so lange, bis Šalda sich erhob und mit dem Taxi nach Hause fuhr.

Es ging schon auf Mitternacht, und wir drei, Hora, Mathesius und ich, waren in ein fesselndes Gespräch über die Betonung beim tschechischen Vers vertieft. Das war ein beliebtes Thema von Mathesius. Lebhaft suchte er uns zu überzeugen, daß das Ausscheren aus der Betonungsreihe bei Karel Jaromír Erben raffinierte Absicht des Dichters sei. Der Autor habe so die rhythmische Schönheit der Verse betonen wollen und sei dem Stereotyp der Regelmäßigkeit entronnen. Das Gespräch war ungewöhnlich anregend und spannend. Desto schlimmer war, daß wir mitten in den ungelösten Problemen feststellen mußten: Wir hatten kein Geld mehr für einen weiteren Trunk. Es war unerfreulich, so plötzlich und in der schönsten Unterhaltung aufzuhören.

Schon seit einer Weile befühlte ich mit zwei Fingern ein kleines Päckchen in meiner Westentasche, in dem, in Seidenpapier eingewickelt, drei österreichische Golddukaten schlummerten. Es war ein kleines Legat meines Großvaters mütterlicherseits, den ich sehr geliebt hatte. Er bewahrte die Goldstücke jahrzehntelang auf und versprach, sie nach seinem Tode seinen Enkeln zu vermachen. Der älteste der Enkel war ich, und so bekam ich drei goldene Münzen. Als meine Mama sie mir einhändigte, legte sie mir gleich weinend ans Herz, sie ja nicht zu verlieren und sie für meine Kinder aufzuheben. Sie war aufrichtig gerührt.

Ein paarmal wollte ich das Päckchen hervorziehen, doch stets schob ich es wieder tief in die Westentasche. Schließlich konnte ich aber nicht widerstehen und ließ die Dukaten vor den Augen meiner Freunde auf den Tisch rollen. Damals waren die alten österreichischen Goldmünzen freilich mehr wert als das Nominale, das auf dem Revers des lorbeerumkränzten Kaiserhauptes eingeprägt war. Als ich die Herkunft meines kleines Goldschatzes erläutert hatte, befahl mir Hora empört, ich solle ihn gleich wieder wegstecken; dabei drohte er mir streng, er werde es meiner Frau sagen, wie leichtsinnig ich sei, und ihr empfehlen, die Dukaten selber zu verwahren. Ich gehorchte und versenkte das Geld wieder im Dunkel der Tasche. Nun klopfte Mathesius, ein braver und gutherziger Mann, mit seinem Trauring ans Glas, rief so den Herrn Ober herbei und legte das später wieder auszulösende Pfand wortlos aufs Tablett. Es war nicht das erste Mal. Damals hatte die Sache einen etwas pikanten Hintergrund. Mathesius lebte gerade in Scheidung mit seiner ersten Frau. Nach der stummen Szene standen ein paar volle Krüge auf dem Tisch, es waren nicht die letzten. Ich gestehe, mir fiel ein Stein vom Herzen, und heimlich erleichtert sprach ich wieder dem Weine zu.

Die Zeit verging uns im Fluge, die Weinstube schloß, auch der zum Pfand gegebene Ring war schon vertrunken, so erhoben wir uns, ungern und traurig. Hora hatte es weit nach Hause, er mußte bis nach Košiře, Mathesius wohnte in der Nähe, und ich machte mich auf den langen Heimweg zu der ziemlich entfernten neuen Troja-Brücke.

Zu Fuß war es auch am hellichten Tage kein angenehmer Weg. Doch es war eine laue Maiennacht, und ich schritt, das Feuer des Weines im Blut, leichtfüßig aus. So marschierte ich zufrieden und sorglos von den Ursulinen bis zum Pulverturm (Prašná brána). Unterwegs fielen mir auch neue Verse ein. Gerade an diesem Abend hatte ich das Gefühl, sie seien ganz besonders gelungen. Ich war froh, und mir war warm ums Herz, wennschon ich hin und wieder verschnaufen mußte, um ein wenig Atem zu schöpfen. Ich hielt es stets für selbstverständlich, daß ich mir die Verse, die mir so leicht zugeflogen, bis zum nächsten Morgen merken und sie in der Früh gleich niederschreiben könne. Leider erinnerte ich mich am andern Morgen meist an keinen einzigen mehr, dafür brummte mein Kopf und tat mir unangenehm weh.

Prag war nun fast menschenleer. Es war schon recht spät, plötzlich verspürte ich unwiderstehlich Lust auf eine Zigarette. Doch ich hatte keine einzige bei mir. Auch mein Magen knurrte. Und dann das schlimmste: Mich quälte ein furchtbarer Durst. Umsonst wehte ein süßer Hauch von den Hängen des Petřín wie unter dem Flügelschlag eines Engels, der über den Drähten der elektrischen Leitung hinter mir herflog. Der Teufel aber nimmt, wie wir wohl wissen, oft unterschiedlichste Gestalt an. Meist ist er eine schöne Frau, ein andermal aalglatt und listenreich, der beredte Mephisto. Auf mich lauerte er in Gestalt eines Würstelmannes in weißer Schürze, der an das schwarze Mauerwerk des Pulverturms geschmiegt sein nächtliches Gewerbe betrieb. Warum nur ging ich nicht auf die andere

Straßenseite hinüber! Zweimal machte ich einen Bogen um seinen verlockenden Stand mit dem großen Kessel, doch jedes Mal kehrte ich wieder zum Duft der heißen Würstel im fettigen Sud zurück. Ich sah bei ihm auch eine offene Schachtel mit hundert Zigaretten und schnappte nach Luft. Beim dritten Mal faßte ich mir ein Herz, trat auf ihn zu und fragte, ob er mir nicht einen Dukaten wechseln könne. Ich würde gern ein Würstchen essen und eine Zigarette rauchen. Ich holte mein Seidenpapierchen aus der Tasche und schob ihm eines der Goldstücke zu. Er nahm es mir aus der Hand, setzte sich den Zwicker auf und besah es sich prüfend im Schein der flackernden Petroleumlampe. Alsdann verstaute er es sorgsam in seiner Geldbörse und fragte mich, ob ich noch mehr davon hätte. Arglos zeigte ich ihm auch die andern zwei Münzen. Er nahm sie in Augenschein und verkündete, als wär's das Selbstverständlichste von der Welt, er werde mir alle drei abkaufen. Dann gab er mir eine schmuddelige und fettige Zwanzigernote, ein Paar Würstel mit einer Semmel, eine ganze Handvoll Zigaretten, die ich in die Tasche stopfte, holte sodann eine Sprudelflasche hervor und schenkte mir ein Stamperl voll scharfem, stark riechendem Slibowitz ein. Ich schlang das Würstchen gierig hinunter, steckte mir eine Zigarette an und leerte durstig das Schnapsglas. Dann machte ich mich auf den Heimweg. Zwei buntgeschminkte Nachtfalter standen in der Nähe und kicherten leise. Ich muß gestehen: Meine Beine waren ein wenig müde geworden und die Verse in meinem Kopf verstummt.

Tief in meiner Seele ließen sich die ersten «Gewissensbisse» vernehmen. Langsam wankte ich zur Hlávka-Brücke und von dort zum Schlachthof. Es war eine laue Nacht, beim Schlachthof stank es schon von weitem nach den verwesenden Abfällen und dem Kot aus den Eingeweiden der geschlachteten Tiere, die die Gärtner dann und wann auf ihren Kompost fuhren. Das noch nicht ausgeladene Vieh in den Güterwaggons brüllte kläglich. Es roch frisches Blut und spürte den Tod der Gefährten. Das Wehgeheul jagte mir einen kalten Schauer über den Rükken. Manchmal hörte man es bis zu mir daheim.

Von Zeit zu Zeit griff ich mechanisch in die Westentasche. Sie war freilich leer. Die Gewissensbisse und Vorwürfe wurden immer drängender.

Der Weg zwischen dem Schlachthof und dem Holešovicer Bahnhof war nicht schön. Damals zog sich dort noch ein geteerter Holzzaun hin, der kein Ende nehmen wollte. In der Nacht traf ich dort keine Menschenseele an. So lernte ich im Gehen zu schlafen. Ich schlief ein paar Minuten. Es tat mir gut. Ja, ich brachte es zu solch einer Virtuosität darin, daß ich bei diesem Wandelschlaf auch kleine Träume träumte, doch stets gleich aufwachte, wenn ich wieder das Pflaster einer Straße unter den Füßen spürte, durch die eine Trambahn fuhr. Von dort waren es nur noch ein paar Schritte nach Hause.

Wenn der Mensch in der Früh erwacht, versucht er, sich an die Ereignisse des vergangenen Abends zu erinnern. Ich sprang auf und lief zu meinem Anzug. Ich pulte einen Haufen zerbrochener Zigaretten aus der Tasche. In meiner Geldbörse entdeckte ich nur den mit Fettflecken gesprenkelten Zwanziger und in der Westentasche zerknüllt das leere Seidenpapierchen. Ich versuchte, mich wenigstens an die Verse zu erinnern, die ich auf dem Weg zum Hiberner-Haus gedichtet hatte. Ich erinnerte mich an keinen einzigen. Beim Blick in den Spiegel schauderte mir vor meinem eigenen Antlitz. Ich hatte Tabakkrümel im Haar. Von den kostbaren Dukaten waren mir nur eine quälende Bangigkeit im Herzen und der schale Nachgeschmack der Würstchen und des ordinären Slibowitz geblieben.

Meine Frau war schon vor mir aufgestanden und begrüßte mich natürlich keineswegs freundlich. Sie wußte noch nicht, daß Schweigen schlimmer ist als Reden. Wir waren noch nicht lange verheiratet, und sie hatte sich eine junge Ehe wohl anders vorgestellt. Ihr fehlte noch die ruhige Weisheit einer ihrer älteren Freundinnen, die ihrem Ehemann schon längst den Rat gegeben hatte, er solle sich statt der Entschuldigungen, Ausflüchte und Versprechungen einfach eine kleine Visitenkarte drucken lassen mit dem Text:

Sei mir, Milka, nicht mehr gram
Sowas wird nie mehr getan.

Die solle er bloß schweigend auf den Tisch legen, wenn er spät nachts heimkäme.

Nach bitteren Vorwürfen teilte mir meine Frau in knappen Worten mit, gestern Abend sei meine Mutter dagewesen und habe nach irgendwelchen Dukaten gefragt.

Sie wolle heute abend wiederkommen.

Ich wurde leichenblaß. Rasch kleidete ich mich an und eilte beschämt davon.

Es war der Namenstag des heiligen Johann von Nepomuk, und in Prag wimmelte es von auswärtigen Pilgern. Wir wohnten ein paar Schritte vom Baumgarten. Ich trat aus dem Haus, lenkte meine Schritte an den Rand des Stadtparks und ließ mich dort auf der erstbesten Gartenbank nieder. Damals fuhr noch die Trambahn durch den Park. Eine Weile grübelte ich. Der Festtag Mitte Mai erinnerte mich an das Antlitz eines schönen Menschen.

In den unteren Klassen des Žižkover Gymnasiums unterrichtete uns Professor Kašík Tschechisch. Alle Jungen in unserer Klasse schwärmten für ihn. Er imponierte uns. Wenn er dozierte, hingen wir an seinen Lippen. Er war ein gutaussehender Mann mittleren Alters und kleidete sich mit unauffälliger Eleganz. Außerdem war er charmant, ja geradezu bezaubernd. Ich erinnerte mich seiner damals keineswegs zufällig. Bei seinen Ausführungen und beim Vorlesen schweifte er oft ab, und wir lauschten gespannt seinem jeweiligen Extempore. Für den heiligen Johann von Nepomuk hatte er wenig übrig. Er unterrichtete uns auch ziemlich ausführlich über die Polemik, die Herben und Machar seinerzeit gegen kirchliche Kreise geführt hatten, und den Kampf gegen diesen Barock-Heiligen, der vor Jahren die Spalten der fortschrittlichen tschechischen Presse füllte. Dabei sei sogar der Verdacht einer absichtlichen Verwechslung zweier Persönlichkeiten aufgekommen. Der echte Johann von Nepomuk habe sich nicht so sehr als Priester hervorgetan, sondern als Bankier, der seinen geistlichen Brüdern Geld gegen Wucherzinsen lieh. Die Beichte der Königin und die Eifersucht des rasenden Königs Wenzel IV. – all das sei Teil einer geschickten römischen Legende und Machination. Das Wunder, das die Zunge des Heiligen – die man ihm vor dem Sturz von der Karlsbrücke zur Strafe ausgerissen hatte –, unversehrt ließ, sei doch angesichts der Allmacht Gottes allzu winzig und kleinlich, wo Gott doch, nach katholischer Lehre, über ganz andere Möglichkeiten verfüge als die armselige Zunge eines Prager Paters, um den Menschen zu beweisen, daß er im Himmel thront. All das hatte angeblich nur einen Grund, den die Jesuiten in dem gedemütigten Land ausgeheckt hatten: das leuchtende Andenken des Jan Hus im tschechischen Volke auszulöschen und dessen Wahrheit durch einen falschen Heiligen mit fünf Sternen an der sein Haupt umgebenden Aura zu ersetzen. Lächerlich sei das und schlimm zugleich. Und der Professor klopfte mit den Knöcheln seiner Hand leicht auf die grüne Platte des Katheders, wie man den Lehrertisch nannte. Ja, so ist es. Und so war's.

Seifert, kommen Sie an die Tafel und erzählen Sie uns – und ich lief schon, fast wäre ich über die Stufe vor der Tafel gestolpert.

An der frischen, duftenden Luft des Baumgartens hörte mein Kopfweh auf und von dem leichten Dunst umflort, der mich noch vom gestrigen Abend benebelte, stieg ich in die Tram und schlängelte mich schon bald darauf zwischen den St.-Johannis-Pilgern auf dem Burghof des Hradschin hindurch. Das Grab des heiligen St. Johann im alten St.-Veits-Dom war im wahrsten Sinne des Wortes von Gläubigen belagert. Ich drängte mich bis zum silbernen Sarkophag und Grabmal des Heiligen vor, wo inmitten einer Flut von Blumen zahllose Kerzen flackerten. An seinem Grabe «jagte» eine Messe die andere. Nun ja, es war ein großes Fest und Gepränge, und unter dem Königs-Oratorium stehend war ich dem Heiligen so nah, daß ich mit seiner auf dem eigenen Grab knienden Gestalt hätte plaudern können.

Das Stoßgebetchen, das ich ihm ins silberne Antlitz schleuderte, war nicht allzu fromm. Mit so manchem Wort versuchte ich, ihm die Sterne aus seiner Heiligenkrone zu brechen. Ich hielt ihm alles vor, was uns Professor Kašík vor Jahren ins Gedächtnis geprägt hatte. Und ich fügte noch einige wenig schmeichelhafte Erkenntnisse aus der «Protiklerikální čítanka» (dem Antiklerikalen Lesebuch) hinzu, in dem sich über diesen unseligen Heiligen wahrlich mehr als genug findet. Doch ich wollte ihm noch eine Chance geben: Zum Schluß meines gotteslästerlichen Gebets ließ ich durchblicken, er könne meines Erachtens ein ganz unscheinbares Wunder vollbringen und mir auf irgendeine Weise wieder zu meinen Dukaten verhelfen. Es war recht kühn, ja keck von mir, doch ich deutete an, wenn er wirklich Regens chori bei den Engelschören sei, wäre solch ein kleines Wunder doch nur ein Kinderspiel für ihn. Ich vertraute ihm auch an, daß meine Mutter seine große Verehrerin sei, sie bete regelmäßig zu ihm und habe von einer Wallfahrt auf den Heiligen Berg (Svatý kopeček) seine Porzellan-Statue heimgebracht, der sie gleich neben jener der Heiligen Jungfrau Maria, übrigens gleicher Herkunft, auf der Wäschekommode einen Ehrenplatz eingeräumt habe. Die Statuen habe sie dort stehen und erweise beiden zu gleichen Teilen mit Blumen die Ehre, mit weißen Unsrer Lieben Frau und mit bunten ihm, dem heiligen Johann. Wie bitter wäre es, wenn die «Heiligen» von meinem unschönen Stückchen erführen! Ich attackierte seine Frömmigkeit und appellierte an seine Barmherzigkeit. Ich erinnerte ihn daran, auch der Spender dieser Dukaten sei ein gehorsamer Sohn der Kirche gewesen und habe gewiß ebenfalls zu ihm gefleht. Doch ich verheimlichte ihm, was ich wirklich dachte: es sei ja jammerschade um das pure Gold für ein wässriges Würstel, ein Stamperl stinkenden Slibowitz und ein paar Glimmstengel. Nein, davon erwähnte ich ihm gegenüber kein Sterbenswörtchen.

Mein Gebet in der Kathedrale währte nicht lange. In einer knappen Viertelstunde war ich fertig. Um ihm aber den entsprechenden Nachdruck zu verleihen, damit es auch wirklich erhört werde, berührte ich das Knöchelchen des Heiligen, das in einem silbernen Rahmen unter einer Glasscheibe liegt, so wie die andern Pilger, und bekreuzigte mich flüchtig, ja – offen gesagt – ziemlich nachlässig. Darauf sagte ich dem Heiligen Valet und eilte über die Neue Schloßstiege nach Prag hinunter. Unterwegs kehrte ich bei «Schnell's» zu einem Glas Pilsner ein. Ich hatte schon wieder ziemlichen Durst und wollte auch den fettigen Zwanziger loswerden, der mir in der Tasche brannte.

Erst am frühen Nachmittag kam ich heim. Meine Frau war noch immer böse. Sie schwieg, würdigte mich keines Wortes. Doch die Neugier, diese nicht fortzudenkende Eigenschaft aller Frauen, ließ ihr keine Ruh', und plötzlich rief sie:

«Weißt du, was mir passiert ist?»

Ich spitzte die Ohren.

«Also, ich steh unten im Gemüseladen und will bezahlen. Die Verkäuferin zählt das Geld nach und gibt mir eine der kleinen Münzen zurück. Die nehm ich nicht, die kommt mir irgendwie komisch vor. Geben Sie mir eine andre.» Während der Ersten Republik – vor dem Zweiten Weltkrieg – hatten die fast wertlosen Zehnhellerstücke eine rotgelbe, fast goldene Farbe. Besonders wenn sie frisch geprägt waren.

«So gab ich ihr einen andren Zehner und zu Hause sah ich mir die Münze an – es war dieser kleine Dukat.» Und sie reichte ihn mir:

«Kannst du mir verraten, wie er in mein Portemonnaie gekommen ist?»

«Ach, du lieber Gott», rief ich überrascht. «Reich mir doch mal deine Geldbörse.»

Ich machte sie auf, in einem andern Fach lag eine zweite Münze, und im dritten noch eine. Oh Gott, wie spaßig ist doch dieser heilige Johann! Ich legte alle drei nebeneinander auf den Tisch und sank mit klopfendem Herzen auf das Sofa.

Draußen läutete es.

«Das wird wohl Mama sein», rief meine Frau.

Ein Gespräch mit František Hrubin

Ich habe gehört, Sie schicken sich an, Memoiren zu schreiben. Nichts würde mich so freuen, als wenn sie erschienen. In letzter Zeit lese ich meist nur Erinnerungsbücher. Was halten Sie von dieser Art Literatur? Welche Gefühle empfanden Sie und was ging Ihnen durch den Sinn, als Sie Nezvals Buch «Z mého života» (Aus meinem Leben) lasen? Sie waren doch bei fast allem dabei, woran Nezval sich erinnert, wenn er über die zwanziger Jahre berichtet.

Wie jeder Mensch ziehe ich an einer langen Schnur allerlei Schatten hinter mir her. Der eine von ihnen lächelt, der andere verflucht mich, und ein dritter schweigt vor Scham. So manchen von ihnen würde ich gern mit einem Fußtritt in den Abgrund des Vergessens befördern, einen anderen wiederum an mein Herz drücken. Doch sie halten zusammen wie Pech und Schwefel, man kann sie nicht voneinander trennen. Alle bekennen sie sich zu mir. Doch Memoiren schreiben will ich nicht. Schon deshalb nicht, weil ich mich auf mein Gedächtnis nicht verlassen kann. Tagebücher hab ich nie geschrieben, keine Dokumente aufgehoben und die Texte meiner recht zahlreichen Vorträge und Vorlesungen in kleine Stücke zerrissen; nachdem ich mich am Schluß vor den Zuhörern verbeugt hatte, pflegte ich sie in den erstbesten Kanal zu werfen oder von der Brücke in den Fluß. Nach solchen Vorträgen überkam mich stets ein unabweisbares Gefühl der Scham. Das gesprochene Wort verweht der Wind, aber das geschriebene bleibt. Also fort mit dem Text!

Damit man mich aber nicht verdächtige, ich wolle viele unangenehme Dinge, die mich überführen würden, aus der Welt schaffen, habe ich beschlossen, im Laufe der Zeit etwa zwanzig bis dreißig längere Briefe an meine Freunde und Bekannten zu schreiben und die Adressaten nach Bedarf und den Umständen entsprechend auszuwählen. So hätte ich Gelegenheit, mir vieles aus der Vergangenheit klar zu machen, meine Fehler einzugestehen, irrige Ansichten zu beichten und auch – der Toten um mich her und hinter mir gedenkend – zur Klarheit ihres Bildes etwas beizusteuern, das man sonst so schnell vergißt. Es wird für mich genug Verpflichtungen dieser Art geben. In manchen Augenblicken unseres Lebens ziehen wir Tatsachenberichte den spannendsten Romanen vor. Wir bekommen, offen gesagt, die Prosa einfach satt. Von Gedichten kann man dagegen nie genug kriegen, Verse brauchen wir bis ans Ende der Dinge. Auch nach einem Band Erinnerungen greifen wir gern. Nezvals «Aus meinem Leben» habe ich mit starker Ergriffenheit gelesen. Dieses Buch ist zum Teil auch ein Zeugnis meines Lebens. Zwischen Wahrheit und Dichtung pendelnd, weisen die Zeiger eines imaginären Zifferblatts öfter auf letztere hin, doch das stört mich nicht. Nezval schrieb sein Buch nicht für die Literaturhistoriker, sondern für seine Leser. Er erhob die zuweilen nüchterne, graue Wirklichkeit auf die lichte Ebene der Dichtung, und er tat gut daran.

Im übrigen – interessiert es uns heute überhaupt noch, ob die erhaltenen Bildnisse der alten Römer wirklich lebensecht sind?

Mit zwanzig traf ich František Halas zum ersten Mal. Bald sah ich ihn oft mit Ihnen und Hora zusammen. Karel Teige kannte ich nur vom Sehen. Zwei- oder dreimal saß ich mit ihm an einem Tisch in jenen süßen Tagen der Jugend, das hab ich Ihnen zu verdanken. Damals ging ich noch aufs Gymnasium, und mein Schulfreund František Nečásek vergötterte ihn; im Literarischen Zirkel des Liebener Gymnasiums weihte er uns in seine Theorien ein und nannte ihn einen «kleinen tschechischen Genius». Was bedeutet Karel Teige für Sie und für Ihre Generation überhaupt? Wir «Jüngeren» haben ihn verpaßt, für uns war er nur noch ein Mythos.

Ich habe Karel Teige geliebt. Heute sehe ich das klarer als damals. Fast kein Tag verging, an dem wir uns nicht gesehen hätten. Er war ein aufrichtiger, leutseliger, wohlmeinender und freundschaftlicher, in Sachen Kunst blendend allwissender Mann. Und völlig unbestechlich. Was wußte und konnte dieser Mensch nicht alles! Als wir Vančura in unseren Kreis gezogen hatten, wurden unsere Gespräche in seinem Beisein noch tiefsinniger und geistreicher und stießen mir das Tor zur geistigen Welt weit auf.

Damals waren die Auslagen der Buchhandlung Topič und später die Regale bei Borový voll von fremdsprachigen Büchern, und Teige erstand dort alles mögliche. Gleich darauf saß er im Café «Slavia» vor seinem Mocca und trug eine improvisierte Übersetzung vor.

Doch ich möchte vom anderen Ende beginnen. Eines Tages spazierten wir miteinander am Seine-Ufer entlang. Wie wir so dahinschlendern, taucht vor uns eine höchst anmutige, mit erlesener Eleganz gekleidete Pariserin auf, an Ohren und Fingern glitzernde Brillanten. Als hätte man sie soeben aus dem Titelblatt eines Modejournals ausgeschnitten. Sie entstieg einer Limousine und rauschte an uns vorbei, ohne uns einen Blick zu gönnen. Teige schob seine Pfeife von einem Mundwinkel in den andern, zupfte an der Krempe seines Hütchens und brummte, sich nach der Schönen umdrehend, mit einer gewissen Nonchalance: Schade, daß wir keine Zeit haben, die tät ich mir gleich anlachen.

So ähnlich wäre auch unsere Begegnung mit Paris verlaufen, doch in diesem Fall war Teige nicht ganz ohne Chancen.

Den Louvre überging er mit Verachtung. Es gab dort nichts, was uns hätte interessieren können. Später ging ich einmal allein hinein. Dafür durchstöberten wir alle Läden der Kunsthändler, die moderne Bilder feilboten.

Stundenlang saßen wir auf den Stühlchen der Straßencafés und ließen auch Zirkus und Panoptikum nicht aus.

All dies stand im Einklang mit unserem neuen künstlerischen Programm, da die Kunst aufhörte, Kunst zu sein, da Malewitsch mit seinem berühmten Viereck das Ende der bildenden Kunst markierte – und der «Poetismus» begann.

Was bedeutete uns Teige? Viel. Wenn man uns vielerorts

einlud, in Böhmen und Mähren Vorträge zu halten, war es Teige, der uns Ratschläge gab, genaue Definitionen formulierte, uns auch ganze Passagen diktierte, wo es ihm um den präzisen Ausdruck unserer Ideen ging. Die Disziplin bei uns (im Devětsil) war damals recht streng.

Teige war ein ungewöhnlich begnadeter Stilist. Er schrieb flüssig, schlagfertig und rasch und sagte immer, das habe er in der Schule gelernt, als er für die halbe Klasse die Aufsätze verfassen mußte.

Er war unsere erste und letzte Autorität in Sachen Poesie, bildender Kunst und Architektur. Ich glaube, daß ich den Architekten Havlíček und Honzík nichts von ihrem Ruhm raube, wenn ich es verrate: Auf dem Dach des von ihnen entworfenen Hochhauses der einstigen Pensionsanstalt auf dem Prager Žižkov sehe ich im Geiste Karel Teige stehen und mit seinem «Lumpenhütchen» winken.

Karel Čapek hatte die Poesie Apollinaires nach Prag «eingeladen». Doch es war Karel Teige, der sie hier willkommen hieß und dafür sorgte, daß sie bei uns heimisch wurde.

Professor Dominois, der längere Zeit in Prag wirkte, sagte immer, ein in Paris lebender Französisch-Professor sei über die französische Kunst nicht so gut im Bilde wie ein Prager Gymnasiast. Das war Teige zu danken.

Als man sein Werk später bei uns totzuschweigen versuchte, habe ich nie daran gezweifelt, daß es eine Renaissance erleben, daß es wiederkehren würde. Das ist auch schon geschehen. Und ich bin glücklich, weil ich diesen Augenblick erleben durfte.

In der modernen Poesie ist kein Prager Stadtviertel so sehr mit dem Namen eines Dichters verknüpft wie der Žižkov mit dem ihren.

Zum Žižkov, der «Inspirationsquelle» meiner Gedichte, bekenne ich mich bereitwillig. Bis heute erregt er mich. Am alten Žižkov hat sich wenig geändert. Zumindest was seine Fassade betrifft. Ich möchte aber sagen: Diese alte «dankbare» Peripherie habe nicht *ich* für die moderne Poesie entdeckt. Es war St. K. Neumann. Sein Gedicht «Stráñ chudých lásek» (Der Hang der jungen Lieben), dieses herrliche Poem seiner jungen Jahre, entstand in einer legendären Wolschaner Villa, wo eine Dichtergeneration bärtiger Anarchisten zwischen Lilienbeeten saß und sich siegesgewiß anschickte, die tschechische Literatur zu erobern. Der «Hang der jungen Lieben» lag nicht weit entfernt. Doch es gibt ihn nicht mehr. Er ist bebaut worden.

Zahradničeks «Jeřáby» (Vogelbeerbäume) sind neu erschienen. Es ist eines der fundamentalen Werke der tschechischen Dichtung der dreißiger Jahre. Ich weiß nicht, ob sich heute noch jemand bewußt ist, welch einen fruchtbaren und bedeutenden Einfluß Josef Hora – vor allem der Hora, der «Tvůj hlas» (Deine Stimme) dichtete – auf die Entstehung dieser Sammlung hatte, und nicht nur auf Zahradníčeks Poesie, sondern auf uns alle. Holan nicht ausgenommen. Gehört das Werk Horas nur Ihrer Generation? Wird sein großes Werk von neuem in hellem Lichte erstrahlen und noch einmal die Entwicklung der tschechischen Dichtung beeinflussen?

Von der Generation der zwanziger Jahre schreibt man heute, sie sei die Generation Jiří Wolkers gewesen. Nicht ganz zutreffend. Es war eher Teige, der diese Generation in ihrer ganzen Bandbreite prägte – von der Poesie und bildenden Kunst bis hin zur Architektur. Was die Lyriker-Gruppe angeht, war es freilich eher Hora, der anfangs, nolens volens, an ihrer Spitze stand und – Sie können es mir glauben – sie stark beeinflußte. Zunächst ging es doch um eine proletarische Poesie. Zu der Zeit wirkte er auch auf Wolker ein. Damals entdeckte übrigens auch Teige, wie wohl bekannt, die proletarische Poesie und warb für sie. Bis zu dem Moment, da die Dichter – Hora nicht ausgenommen – von den proletarischen Themen abzukommen begannen und Teige das neue Programm des «Poetismus» formulierte. Es war eine Zeit der überstürzten Suche, des Strebens nach neuen Formen. Obgleich Hora nun einen etwas anderen Weg ging, kam sein Einfluß auch weiterhin zur Geltung.

Wenn Sie heute seine Sammlungen «Tvůj hlas» (Deine Stimme) und «Struny ve větru» (Saiten im Wind) nennen und wenn ich mich der alten Verse entsinne, so scheint mir, als leuchte vor mir das blendende, gleißende Licht eines Kristallüsters auf. Gerade in den «Saiten im Wind» hat Šalda, der übrigens Hora überaus gewogen war, auch einen gewissen Einfluß des «Poetismus» entdeckt. Wir betrachteten Hora als unseren Generationsgenossen, und er wehrte sich nicht dagegen.

Die Zeit dieses «Dichters der Seele» wird wiederkommen. Er hat Muße genug, er kann noch warten, wenn man seinen potentiellen Einfluß auf künftige Dichter ins Kalkül zieht. Horas Poesie ist im übrigen ständig präsent. Ihre Schönheit ist mit den Jahren keineswegs verblichen.

Öffne dem Leser die Tür, an ihm ist es, sich drinnen zurechtzufinden. Diese Worte, ich zitiere sie recht frei, hat der Dichter Leon Paul Fargue einmal geschrieben. Was sagen Sie zu Meinungen, die da und dort auftauchen – und in den siebenunddreißig Jahren, die wir uns kennen, sind sie mehr als einmal geäußert worden –, daß es auf den Leser gar nicht ankomme, daß der Dichter ihn vor der verschlossenen Tür stehen lassen könne.

Ich erinnere mich an F. X. Šalda. Momentan fällt mir leider nicht mehr ein, wo er über die Mission und Position des Dichters im Volke schreibt und ihn dabei auch nach der Macht des Einflusses seiner Poesie auf die Masse der Leser bewertet. Er mißt die Größe des Dichters an der Größe des Interesses, das seine Stimme weckt. Überschätzen wir nicht die Schicht der «Kulturmenschen» in unserem Volke. Zugleich darf man freilich die kulturellen Bestrebungen jener nicht herabsetzen, die sich heute – hartnäckig und zielstrebig – bemühen, eine neue Form zu finden und ihrem Schaffen neue Regionen zu erschließen, ja zu erobern.

Das erste Echo auf die Romane Vančuras bei den Lesern war keineswegs laut. Ich akzeptiere Teiges Idee von einer einzigen Poesie, die nicht anders als revolutionär sein könne. Auch Jan Neruda war ein revolutionärer Dichter par excellence, von dem «Hřbitovní kvítí» (Friedhofsblumen) bis zu den «Zpěvy páteční» (Freitagsgesängen). Keine literarische Entwicklung, auch wenn nur ein kleines und schütteres Spalier von Lesern sie «am Straßenrande» verfolgt – ich spreche hier nur von der Literatur –, wird für die Entfaltung der Dichtung bedeutungslos sein. Das Maß der Qualität entscheidet freilich schon heute über die Gegenwart. Doch da sage ich nur Banalitäten.

Was bedeutet also in der Dichtkunst Modernität? Ich glaube, immer das, was der neuen Realität, die wir gerade erleben, durch eine neue Form Resonanz verleiht, was versucht, sie zu erfassen, zu bewegen oder zu verändern. Und zwar nur mit den Instrumenten, über die die Poesie ihrem Wesen nach verfügt. Einmal schrieb jemand den Aphorismus: Tendenziöse Poesie ist gut, wenn sie gut ist. Das bedeutet freilich keineswegs, daß Poesie nur tendenziös sein muß, obgleich ich überzeugt bin, die Poesie entwickelt im rechten Augenblick eine ungeahnte Kraft. Erinnern Sie sich nur an die «Slezské písně» (Schlesischen Lieder) von Petr Bezruč! Über den Mißbrauch der Poesie zu tendenziösen Zwecken sagt (der russische Autor) Viktor Schklowski einmal: Auch mit dem Samowar kann man einen Nagel einschlagen, doch warum gerade mit dem Samowar?

Die Masse der Leser neigt, wie wir wissen, eher dem Konservatismus zu und der erprobten Bequemlichkeit überlieferter Formen. So läuft der Dichter nicht selten an seinen Lesern vorbei, ja er stößt sie sogar ab. Ohne verlockende «Bonbons», ohne Konzessionen zu machen und dem Zeitgeschmack Tribut zu zollen, muß er den Leser immer wieder und von neuem überzeugen. Wie könnte er sich auch von ihm abwenden, da sein Werk nur durch seine Leser und in ihnen leben kann? Nur für die «ziehenden Wolken» mit schwarzer Tinte auf schwarzes Papier in den Wind zu schreiben, hat keinen Sinn.

Ich glaube, mit einer kleinen Abwandlung könnten wir Bertrand Russells Definition der menschlichen Geschichte auch auf die Poesie übertragen. Die Geschichte der Dichtkunst ist die Geschichte großer Schöpfer, die ihre Werke gegen den Willen der breiten Lesermassen schufen. Doch stets für die Poesie der Zukunft – falls es freilich mit nie erlahmendem Streben gelingt, die Leser für die neuen Ideen zu begeistern. Kein Werk hat je alle Welt in seinen Bann geschlagen, das ist klar. Doch ebenso gewiß ist: Wenn der Leser für alle Zeit vor verschlossenen Türen steht, so ist das nicht seine Schuld. Dann ist das Werk des Dichters überflüssig, und es taugt nichts.

Jeder Dichter will Gehör finden, auch der exklusivste.

Ich bin für engagierte Poesie, sofern der Schriftsteller volle Freiheit genießt. Die Angelegenheiten des Volkes und der ganzen Nation können keinem Dichter gleichgültig sein. Schon gar nicht dem Dichter eines kleines und oft bedrohten Volkes wie des unseren. Engagiert zu sein bedeutet nicht, zu allem Ja und Amen sagen. Poesie ist ein Dialog über die Wahrheit, und es sollte ein leidenschaftlicher und mitreißender Dialog sein.

1967 ist ein Šalda-Jubiläumsjahr. Sicherlich wird sich nun jedermann auf Šalda berufen, sich das Recht anmaßen, über ihn zu reden, ihn für sich mit Beschlag belegen, damit Šalda ihn huckepack nimmt, wie der heilige Christoph das Jesuskind, und ihn in die Zukunft trägt. Könnten Sie mir sagen, was Šalda für die Dichter bedeutet, welchen Einfluß hatte er auf Ihr dichterisches Schaffen?

Šaldas Verbundenheit mit der Generation der zwanziger Jahre war nie eine idyllische Freundschaft und bedeutete nie, in einer Weinstube zu sitzen und die Gläser klingen zu lassen, wie man mitunter meint. Auch Šaldas Verteidigung dieser Generation gegen Ferdinand Peroutka, Kodíček und die andern war keine Geste der Gnade und Barmherzigkeit. Šalda verteidigte stets mit Festigkeit sein Recht und das Recht einer jeden Persönlichkeit, sich nach ihren eigenen, ihren inneren Gesetzen zu entfalten, zu wachsen und sich geistig zu erneuern. So kam es, daß er unserer – ihm zeitlich ferneren – Generation näher stand als der Generation der Brüder Čapek. Bekanntlich ging es nicht ohne Kratzer ab, die die Feder Šaldas in den Gesichtern der Betroffenen hinterließ. Auch Nezval bekam Šaldas Ironie ein paar Mal zu spüren. Šalda kreuzte ebenso mit A. M. Píša die Klinge und kritisierte Hora unnachsichtig, den er, wie ich schon sagte, ansonsten gut leiden mochte, von den übrigen ganz zu schweigen. Das war doch selbstverständlich und lag ganz in seinem Stil. Er ließ sich weder durch Lächeln noch durch Lob bestechen. Die Liebe und Ergebenheit, die wir seiner Person gegenüber empfanden und die wir ihm erwiesen, waren nicht der Lohn für seine Nachsicht unseren Werken gegenüber. Seine Anwesenheit in unserer Zeit bedeutete für uns eine höchste, entscheidende Autorität. Wenngleich es keine Autoritäten gibt und im Laufe der Geschichte auch nie gab, die nicht das Recht hätten oder gehabt hätten, sich auch einmal zu irren oder ungerecht zu sein. So vollkommene Menschen gibt es nicht. Da war etwas anderes, wir bewunderten seine mit unerschöpflichem Esprit und Talent begabte Persönlichkeit, die die tschechische und die Weltliteratur im kleinen Finger hatte, wir verehrten seinen Genius, der Vergangenheit und Zukunft in seiner Weltschau vereinte. Wir konnten nicht anders, als uns seine Erkenntnisse und Ratschläge zu Herzen zu nehmen und darüber nachzudenken. Und auch sein Vorbild eines Mannes von hoher Moral imponierte uns. Šalda ließ nie eine Gelegenheit zu leidenschaftlicher Polemik aus. Seine herausragende Stellung und seine Persönlichkeit, der es nicht an einer gewissen Erhabenheit fehlte und die von seinem geistigen Adel geprägt war, hatte er sich hart erarbeitet und erkämpft.

Auch sein Privatleben war musterhaft. Er war ein wunderbarer Mensch, bürgerlich schlicht, doch vor seinem schönen und edlen Caesarenantlitz sank ein jeder gern in die Knie. Er war demokratisch, nicht ohne aristokratische Allüren und Manieren. Wir vertrauten und glaubten ihm. Und das wichtigste: Er brachte uns etwas bei. Mit einem gewissen Mitleid schauen wir heute auf die jungen Autoren, die sich ratlos in der literarischen Welt umblicken, sich in ihr zu orientieren suchen und keinen finden, der ihre Bücher gerecht wägt.

Er war ein Mensch, der das Schöne im Menschen liebte und der so wunderbar von Herzen lachen konnte – wie jeder freie Mensch, der von seiner Wahrheit überzeugt ist.

Éos, Göttin der Morgenröte

Anfang der zwanziger Jahre – wenn ich es genauer datieren müßte, würde ich annehmen, es sei 1921 gewesen – berief mich Artuš Černík nach Brünn. Er redigierte dort den Kulturteil der Brünner «Rovnost» (Gleichheit), hatte ziemlich viel zu tun und wünschte, daß ich ihm half. Ich zählte zwanzig Lenze, hatte das Studium an den Nagel gehängt, und es war bitter, daheim vom Gnadenbrot der Eltern zu zehren, an dem nie Überfluß herrschte. So entschloß ich mich ohne Zögern. Am Abend vor meiner Abreise lief ich noch rasch auf den Veitsberg hinauf, wanderte über die altbekannten Plätze und Orte, warf einen Blick auf das wunderbare Prag und ging auf der anderen Seite des Hügels nach Hause. An dem damals noch nicht gepflegten Hang über der Karolinenthaler «Invalidovna» (Invaliden-Kaserne) warf ich mich ins Gras und nahm Abschied von der geliebten Stadt, über die sich der Abend senkte und die ich, von ein paar Ferienwochen abgesehen, noch nie zuvor für längere Zeit verlassen hatte. Um den Abschied noch feierlicher zu gestalten, schwärmten plötzlich Myriaden von Glühwürmchen aus den Sträuchern. Ein paar davon fing ich in eine Streichholzschachtel; ehe ich mich zur Ruhe begab, ließ ich sie wieder frei. Sie summten aus dem offenen Zündholzkästchen und leuchteten mir so lange, bis ich einschlief. Ja, vermutlich bis zum Morgengrauen.

Zeitig in der Früh bestieg ich einen Personenzug, und am

selben Nachmittag erwartete mich Černík auf dem Brünner Bahnhof. Brünn gefiel mir auf den ersten Blick. Damals sagte man ja, Prag wäre ein großes Dorf und Brünn eine kleine Großstadt. Damals gab es in Brünn schon Bars, wo Neger ekstatisch auf Jazztrommeln einschlugen, während man in Prag in den Biergärten «U Fleků» und «U Tomáše» (Zum Heiligen Thomas) noch Altprager Lieder sang.

Mit Černík zusammen wohnte ich in Juliánov, an einem toten Arm der Svitava. Nach Obřany und Bílovice waren es nur ein paar Schritte und in die Neumann'schen und Adamover Wälder nur ein etwas längerer Katzensprung.

In der «Rovnost» schrieb ich für ein kleines Honorar gewaltige Eseleien. Recht unfreundlich, grob und unverfroren griff ich in der Kultur-Rubrik vier junge Brünner Autoren an: die Dichter Chaloupka, Chalupa, Blatný und Jeřábek. Blatný lernte ich bald darauf persönlich kennen, und wir freundeten uns an. Mit Chalupa sprach ich mich über diese meine Jugendsünde erst bei seinem späten Jubiläum in Prag aus – er winkte großzügig ab. Chaloupka erschoß sich in der Blüte seiner Jahre. Doch als ich – ebenfalls bei einem Jubiläum – Čestmír Jeřábek gegenüber meine Brünner Eskapade erwähnte, fauchte er mich unfreundlich an. Er hatte mir nicht vergeben. Was kann man tun? Das Unrecht, das ich ihm zufügte, hat ihn wohl zu tief getroffen.

Um Chaloupka ist es jammerschade. Er war ein begabter Mensch.

Artuš Černík , «unbezahlbar» und eine wahrhaft gute Seele, bemühte sich als Redakteur der «Rovnost» und Mitglied des Prager «Devětsil» nicht ohne Fortüne, zur modernen Kultur ganz Europas Kontakte anzuknüpfen. Er sprach und schrieb deutsch und französisch, war ein guter Journalist und führte gewandt die Feder. Er erwies sich auch als glänzender Organisator. In seiner kleinen Stube in Juliánov türmten sich Berge von Zeitschriften und Büchern aus allen europäischen Zentren der Kultur. Er korrespondierte mit vielen Leuten – mit Duhamel und Vildrac und auch mit Ivan Goll und seiner Frau Claire, woran ich mich ebenfalls beteiligte. Aus der Korrespondenz mit diesem Paar entwickelte sich allmählich ein freundschaftliches Verhältnis, wenngleich wir uns erst viel später persönlich kennenlernten. Černík traf mit den beiden dann in der Pariser Rue Jasmin zusammen. In der Straße, deren Namen wir so oft auf unsere Briefe geschrieben hatten. Für Neumanns Zeitschrift «Červen» (Juni) übersetzten wir aus den Gollschen Werken das lange Gedicht «Paris brennt», das Teige zu einem neuen «Pásmo» (Zone) erklärte. Nicht ganz zu Recht, wie ich meine, und auch ohne Erfolg. Černík korrespondierte auch mit Tristan Tzara, Reverdy und den Dichtern des jugoslawischen «Zenith». Er schrieb nach Frankreich, nach Deutschland und überall hin, wo ein neuer Name erklang, der uns nahe und seelenverwandt schien. Zu jener Zeit verfaßte er auch einen hübschen Gedichtband. Er hieß «Severní zář» (Nordlicht), und es war das einzige Bändchen kubistische Poesie in unseren Breiten. Schade, daß es nicht herauskam. Neumann druckte ein paar Gedichte daraus. Der Band könnte auch heute noch erscheinen und wäre gewiß bemerkenswert.

Artuš Černík hat für die moderne tschechische Kultur mehr getan, als man heute noch weiß. Sein Name gerät leider allmählich in Vergessenheit.

Auf der Zeil (Cejl) in Brünn, etwa dort, wo die Eltern von Mařenka Burian, der Frau des Theatermachers E. F. Burian, eine Gastwirtschaft betrieben, begegnete ich Halas zum ersten Mal. Ein junger Mann hielt mich an und sagte mir ins Gesicht:

«Du bist doch der Seifert?»

Und ich darauf, ohne lang zu fackeln:

«Und du bist der Halas.»

So entstand eine wunderbare Freundschaft, die erst mit Halas' leider recht frühem Tod endete. Ich denke an sie mit aufrichtigem Seufzen und voller Wehmut zurück.

Halas hatte bei der Brünner Buchhandlung Píša gelernt. Wo er beschäftigt war, als wir miteinander bekannt wurden, ist mir leider entfallen. Doch ich weiß, daß in seiner Tasche nie allzu viele Silberlinge klimperten. Es focht ihn nicht an.

Der Verleger Karel Zink erzählte mir einmal mit liebevoller Anteilnahme eine entzückende und rührende Geschichte aus Halas' Lehrjahren. Er war damals im Laden des Buchhändlers Píša sein - gewiß verständnisvoller – unmittelbarer Vorgesetzter gewesen. Eines Tages bemerkte er: In der Antiquariats-Abteilung waren diverse Bücher verschwunden. Er knöpfte sich den Lehrling Halas vor, und der führte ihn wortlos zu einem versteckten Regal, in dem er alles bei der Hand hatte, und wo all die Bücher, jene, die Zink vermißte wie auch andre, von deren Verschwinden er noch nichts ahnte, eines neben dem andern sorgsam aufgereiht standen. Da sah man Baudelaire, Alfred de Vigny, Whitman, Barbey d'Aurevilly und andere aus diesen oder ähnlichen «literarischen Gefilden», Schulter an Schulter mit tschechischen Autoren wie Toman, Šrámek, Neumann und Mahen. Zink befahl Halas sogleich, die Bücher – wie die Buchhändler sagen – ins Alphabet zu stellen, also dorthin, wo sie nach dem Abc hingehörten. Halas gehorchte. Zwar nicht gerade willig, doch was konnte er tun. Nach einer Weile kommt Zink zurück und sieht Halas, wie er, den Kopf auf den verschränkten Armen über ein Pult gebeugt, bitterlich weint. Es war seine Mittagslektüre gewesen, wenn der Laden zumachte und die übrigen Angestellten zu Tisch gingen.

Kaum hatten wir uns kennengelernt, machte Halas mich auch mit dem Schriftsteller und Dramatiker Jiří Mahen bekannt. Halas liebte Mahen. Auch mich, ich muß es gestehen, bezauberte Mahen schon beim ersten Mal und gleich für immer. Sein Gesicht strahlte etwas so sympathisch Mephistophelisches aus. Stets hingen wir an seinen Lippen, und alles, was er von sich gab, war witzig, geistreich und amüsant. Begeistert lasen wir seine «Plamínky» (Flämmchen), «Díže», und sein Roman «Kamarádi svobody» (Kameraden der Freiheit) rumort mir noch heute im Kopf, vor allem die Szene, wo eine der Heldinnen sich selbst die Bluse aufknöpft, ist mir lebhaft in Erinnerung geblieben.

In den Anlagen am Koliště, in der Nähe des Theaters, war damals ein Kaffeehaus – doch es hatte nur im Sommer geöffnet.

Man saß dort auf einem erhöhten hölzernen Podium unter bunten Markisen und kam sich vor wie an Bord eines Ausflugsdampfers. Mit Halas und Černík war ich fast jeden Tag dort anzutreffen. Zuweilen gesellte sich auch Mahen uns zu. An dem Café promenierte der Brünner Nachmittags- und Abend-Korso vorbei. Mahen erwiderte lebhaft die Grüße, die man ihm entbot. Fast das ganze tschechische Brünn kannte ihn. Vor allem die Leute vom Theater. Manchmal winkte er ein paar errötende Balletteusen herbei, stellte uns feierlich als drei junge Adepten der Dichtkunst vor und forderte die Mädchen auf, über uns nicht das Näschen zu rümpfen, denn aus uns würden noch mal berühmte Dichter. «Dann können sie euch gelegen kommen. Wer weiß wozu» – fügte er hinzu und lächelte verschmitzt. Wir waren selig, wenn sie uns ein Lächeln schenkten, das freilich eher Mahen galt als uns schüchternen Jünglingen.

Mein Idol Mahen hatte jeder gern. Mein Gott, wenn ich alles vergäße – das gewiß nicht.

Von den Bekannten, die an unsern Tisch kamen, mochte ich Lev Blatný am liebsten. Er erschien meist mit seiner stillen, freundlichen Frau und stets mit einer noch treueren Begleiterin, seiner tödlichen Krankheit, die schließlich beide dahinraffte. Blatný war gesellig, doch eher schweigsam, obwohl sich in seinem Kopf künftige Dramen abspielten, von denen ihm das Leben nur einen Teil zu vollenden vergönnte. Zu ihren Füßen watschelte ihr Söhnchen Ivan umher, auch er trauriger Held eines künftigen Lebensdramas.

Den «lieben Mahen» trafen wir überall. In der Bibliothek, wo er mit Vehemenz auf die unschlüssigen Leser einredete, bei Vorträgen, die er entweder selbst hielt oder die er zumindest temperamentvoll glossierte; bei Theater-Premieren saß er meist nicht in seiner Loge, sondern mit seiner schönen Frau lieber im Parkett, wo ihn keiner daran hindern konnte, das Stück bei offenem Vorhang zuweilen sogar halblaut zu kritisieren; er war nicht zu bändigen, heftig und leidenschaftlich, dabei aber gütig und von unermüdlicher Opferbereitschaft. Sein Temperament hielt er nur im Zaum, wenn er angelte, da mußte er schweigen. Was in seinem Kopf brauste, schrie, toste und sang, konnten wir freilich nicht hören.

Mit dem Manuskript meiner ersten Gedichte reiste ich für einige Zeit nach Prag, kehrte dann aber wieder nach Brünn zurück. Doch nur noch für ein paar Wochen. Einmal traf ich mich mit Halas auf dem Koliště, und Mahen bemerkte uns dort. Es war Frühling, Mahen kam gerade vom Lande. Mir brannten hundert Fragen auf der Seele, doch Mahen erzählte uns lächelnd und haarklein, wie er einem Käfer, dem die Frühlings-Anabasis nicht recht gelingen wollte, mit einem Zündholz geholfen habe, aus dem Boden zu kriechen. Dann gab er mir einen leichten Klaps auf die Schulter und eilte mit einem aufrichtig freundschaftlichen «Laßt euch bald blicken!» zu einer Sitzung ins Theater. Ach, wie lang ist das her! Vergäße ich alles, dies gewiß nicht:

Ich war aus einem Žižkover Mietshaus, wo ich allerlei Not und Elend gesehen und erlebt hatte, nach Brünn gekommen, doch ein so armseliges Quartier, wie es Halas in einem Brünner Vorort bewohnte, hatte ich auch in Žižkov niemals erblickt.

Er wohnte mit seiner uralten Großmutter, die sicher eine seiner «Alten Frauen» war. Ich weiß nicht, warum man ihm das «kleinbürgerliche Milieu» vorwarf, in dem sein Gedicht angeblich spielte. Das hat wohl die «papierene Palme» im achten Vers verschuldet!

In dem einzigen kleinen Raum, in den man noch dazu unmittelbar aus dem Hausflur eintrat, stand nicht ein einziges Möbelstück. Zwei größere Kleiderhaken waren in die Wand geschlagen. An dem einen hingen alle Gewänder der Oma und an dem andern die gesamten Klamotten ihres Enkels. Die alte Dame ruhte nachts auf zwei Kisten, über die ein armseliger, durchgelegener Strohsack gebreitet war, und Halas schlief auf einer ähnlichen «Matratze» auf dem kahlen Fußboden. In der Wohnung gab es freilich doch etwas Frappantes. In einer Ecke stand ein hoher, kunstvoll gebauter Käfig, in dem ein Eichhörnchen umherhüpfte. Trat jemand in die Stube, wurde das Tierchen gleich ganz lebhaft: Seine Korallenäuglein funkelten, und es wartete ungeduldig auf einen Leckerbissen. Nur dem Tierchen ging es dort gut. Doch noch etwas hätte ich fast vergessen: In der anderen Ecke des Raumes hing ein einfaches Bücherbord, und darauf stand eine lange Bücher-Reihe: lauter aristokratische französische Namen, daneben das Kommunistische Manifest und Klímas «Svět jako Svědomí a nic» (Die Welt als Gewissen und Nichts). Das war die Welt, in der der blutjunge Halas sein Leben zu leben begann. In diesen Bänden blätterte der junge Dichter, als er seine ersten Strophen zu dichten versuchte.

In Brünn und der näheren Umgebung absolvierte ich mit Halas Dutzende politischer Versammlungen mit Kulturprogramm. Ich weiß nicht, ob die Arbeiter uns verstanden, doch sie hörten uns aufmerksam zu, stellten uns viele Fragen und wiesen uns nie ab.

In der Redaktion der «Rovnost» lernte ich auch noch den alten Hybeš kennen, leider starb er bald darauf. Sein Begräbnis, bei dem wir, in den Reihen der Arbeiter, seinem Sarg auf den Brünner Friedhof folgten, war der gewaltigste Eindruck, den ich aus dem proletarischen Brünn nach Prag mitnahm. Man mag es für ein sentimentales Klischee halten, doch damals hab ich zum ersten Mal alte Kerle weinen gesehn. Die Arbeiter hatten den alten Hybeš wirklich geliebt.

Als Teige mich nach diesem Brünner Intermezzo wieder nach Prag zurückrief, schrieben ich und Halas einander oft. Da war auch schon der Brünner «Devětsil» gegründet, und Halas mit Černík und Václavek begannen, die Zeitschrift «Pásmo» (Zone) herauszugeben, während Götz sich an die Spitze einer Gruppe von Literaten stellte, die den «Host do domu» (Gast im Haus) edierte.

Später sagte auch Halas Brünn Ade und etablierte sich in Prag. An einem herrlichen Frühsommertag, die späten Frühlingsdüfte der Linden und des frischen Grüns betörten noch die Herzen der Menschen, wartete ich vor dem Schaufenster der Delikatessenhandlung Paukert auf meinen Freund: Den Sonnenschein verachtend verzogen wir uns in die gemütliche, doch mit ihren verschalten Fenstern blicklose Weinstube, die zu dem Laden gehörte und in der, falls ich mich recht entsinne, den ganzen Tag Licht brannte. Wir setzten uns in eine Ecke und warteten auf Hora, der in den Nachmittagsstunden meist in seiner Redaktion zu tun hatte. Halas las uns seine ersten Verse vor, und wir erzählten und schwärmten bis Mitternacht, dann wurde bei Paukert zugemacht. So wanderten wir in ein Lokal in der Nachbarschaft, wo sie noch offen hatten. Die Sommernächte verfliegen rasch, wie ihr wißt. Als die ersten Strahlen der Morgenröte sich in den Fenstern widerspiegelten, zogen wir eilig die dunklen verrauchten Vorhänge zu, denn das Morgengrauen störte uns und erinnerte uns zu sehr an den dämmernden Tag, an dem mancherlei Pflichten unserer harrten. So mußte die liebliche Göttin der Morgenröte noch ein Weilchen warten, ehe wir, aus dem dichten Qualm der Wirtsstube tretend, die frische Morgenluft in vollen Zügen in die Lungen sogen.

Im Wirtshaus «Zur Spiegel-Ziege»

In der wonnevollen Harmonie des Sommers, da den Menschen das Leben schöner erscheint und sie sich freuen, auf der Welt zu sein, doch oft auch im Frühling, fuhr ich zu meinem Freund, dem Dramatiker Jan Bartoš nach Turnau (Turnov). Er hatte zwar eine Wohnung in Prag, hielt sich aber oft und gern in Turnau auf und fühlte sich dort daheim. In Prag wohnte er nur, wie er zu sagen pflegte.

In Turnau ziehen oft schneeweiße Wolken am klaren, azurblauen Himmel dahin. Hier unternahmen wir oft lange Spaziergänge, die mir unvergeßlich geblieben sind. Zuweilen kamen wir bis zur Hrubá Skála (Grober Felsen), doch meist nur zum näher gelegenen romantischen Waldstein, wo ich auch zuweilen übernachtete.

Auf Schloß Waldstein hing ein Bild des heiligen Johannes des

Täufers von Mašek, dessen Antlitz angeblich das Gesicht Karel Hynek Máchas darstellen soll. Die Ähnlichkeit ist gewiß völlig unwahrscheinlich. Bartoš meinte aber, er pilgere trotzdem hierher, um dem Dichter seine Reverenz zu erweisen, mit dessen großem Namen sich eine ununterbrochene Kette von Pseudokritikern, Lügenautoren und anderen literarischen Halunken bis zum heutigen Tage brüstet.

Am häufigsten lenkten wir unsere Schritte über das flache Land durch das weite Tal der Iser (Jizera) zu den Suché Skály (Dürren Felsen) oder zum alten Frydštejn (Friedstein).

Dort ist die Iser noch jung und jungfräulich und bringt – nun zwischen niedrigen grünen Ufern dahinströmend – einen Hauch ihrer frischen Schönheit aus den Bergen mit. Hier lockt es jeden, ein Weilchen am Ufer zu rasten und dem Plätschern des hastenden Wassers zu lauschen. Wie schön sind blanke Flüsse, solange nicht garstige, düstere Fabriken ihre Jauche und ihren Kot darin abschlagen.

In dieser Gegend steht, ganz einsam und verlassen, das alte Wirtshaus «U zrcadlové kozy» (Zur Spiegel-Ziege) am Weg. Gott weiß, wer ihm den schönen Namen gab. Manchmal kehrten wir dort ein. Unterwegs begegneten wir nicht selten dem Professor Zdeněk Nejedlý und seinem Turnauer Freund Professor Jeřábek.

Hielten wir in dem Wirtshaus Einkehr, saßen wir meist draußen vor der Tür, Bartoš bestellte sich immer einen Schoppen Weißwein und trocken Brot. Er behauptete, diese «Kombination» sei ein Hochgenuß für echte Feinschmecker, die außer fleischlichen Gelüsten auch Sinn für Philosophie hätten.

Am Ufer der Iser konnte ich nie umhin, mich des naiven Reimes zu erinnern, den ein unbekannter Dichter aus dem Volk gedichtet hat:

Mé oko v tvé už nezírá
plyneme jak ta Jizera.
(Mein Auge starrt nicht mehr in Deines,
wir fließen wie die Iser dahin.)

Die Verse sind simpel, ihr ganz zufälliger Gleichklang aber ist etwas vom Schönsten, was man in unserer Muttersprache entdecken kann. Das räumte auch Nezval ein, und er war ein «Meister» der «Dichtkunst».

Den Schriftsteller Jan Bartoš lernte ich im «Devětsil» kennen, auch wenn er nicht unser Mitglied war. Er gesellte sich als guter Freund zu uns. Bartoš war ein paar Jahre älter als wir, stand der Generation der Čapeks näher als uns und hatte nicht mehr das Bedürfnis, einer Gruppe anzugehören. Dieser Autor, Dramatiker und Literaturhistoriker, gehörte zu den interessantesten Gestalten meiner Jugend. Er imponierte uns nicht nur als dramatischer Dichter voll pastellbunter Phantasie und zugleich beißender Ironie, sondern auch als Polemiker, Verfasser böser und giftiger Invektiven, mit denen er die Leute rund ums Theater, Schauspieler und Dramatiker, verfolgte. Er verstand es aber auch meisterhaft, aus der Hand zu lesen und zu weissagen und stellte den Leuten nicht weniger gekonnt kunstvolle Horoskope. Nezval war ganz aus dem Häuschen! Außer dem skeptischen Teige waren wir alle von Bartoš' «magischer» Kunst fasziniert. Wir glaubten ihm zwar nicht, waren aber doch neugierig und streckten ihm bereitwillig unsere Handflächen entgegen. Nezval verfiel dieser Handlesemagie mit Haut und Haaren. Er allein glaubte Bartoš jedes Wort und bat ihn, ihn in diese Kunst einzuweihen. Bartoš war dazu bereit. Nezval versuchte mehrmals, mir aus der Hand zu lesen – wie er es von Bartoš gelernt. Ich muß gestehen, daß seine Analysen je länger desto komplexer wurden. Er drang tiefer und treffender in das Geheimnis der seltsamen Linien ein, die jedes Kind auf die Welt mitbringt: Es hat bereits sein Geheimnis von Leben und Tod fest in sein geballtes Fäustchen geprägt. Nezval jubelte über die «Klarheit» meiner Hand und erriet vieles. Ich hatte aber doch den Eindruck, er betrieb dies Ratespiel vor allem, um bei hübschen Mädchen damit zu glänzen. Aus Mädchenhänden las er besonders beredt und feurig. Doch keineswegs ganz ohne Eigennutz. Hatte er seiner Weissagung nichts mehr hinzuzufügen und alle Linien enträtselt, küßte er das Mädchen auf die Handfläche und ließ ihre Hand manchmal gar nicht mehr los.

Ich weiß nicht, warum Bartoš gerade an mir einen Narren gefressen hatte. Dabei war ich einer von jenen, die seiner verfeinerten und in Nuancen fast überkultivierten Kunst, von der er stets so ernst, professionell und liebevoll sprach, nicht allzusehr trauten. Meine ketzerische Skepsis gestand ich ihm freilich nie.

Fast regelmäßig besuchte ich ihn – mehrere Jahre lang – jeden Dienstag in seiner Prager Wohnung auf den Königlichen Weinbergen. Bartoš' Residenz war freilich etwas ganz anderes, als man sich normalerweise unter einer Wohnung vorstellt. Die Fenster seiner Zimmer waren stets mit Rolladen verhangen, und darüber zog er noch schwere Gardinen, die keinen Lichtstrahl hereinließen. Es brannte den ganzen Tag elektrisches Licht, auch wenn die Sommersonne mit ihrer Glut Haus und Straße überflutete. Alle Wände seiner zwei Räume waren im wahrsten Sinne des Wortes mit Bildern «tapeziert». Ein Bild neben dem andern wie Briefmarke neben Briefmarke in einem Jugend-Album. Ein Schreibtisch und ein Bücherschrank waren das einzige Mobiliar in den zwei großen Zimmern. Aus seinem Turnauer Heim hatte er auch einige Dutzend Ölbilder und Gouachen des Malers Navrátil mitgenommen. Jemand sagte mir später einmal, sie wären nicht alle echt gewesen. Ich weiß es nicht, damals kümmerte es mich auch wenig. Bei Bartoš hing auch eine schöne, zart kolorierte Zeichnung von Josef Mánes an der Wand, die ein Mädchen zeigte. Dann ein paar ältere böhmische Meister wie Grund, Piepenhagen, Pinkas, Barvitius und andere, wenn ich mich recht entsinne. Offenbar waren es Erbstücke seiner alten noblen Familie, und er ergänzte sie durch die Werke von Künstlern der Gegenwart wie Zrzavý, Kremlička, Špála und Josef Čapek. Sein Onkel, der einmal eine Weltreise unternommen hatte, hatte ihm etwa vierzig wunderschöne indische Miniaturen geschenkt. Diese waren Bartoš besonders lieb und teuer. Doch genug! Halten wir in der Aufzählung inne! Die Zimmer waren mit einem Wort «überladen», doch alles war bemerkenswert und kostbar. Bartoš verstand etwas von bildender Kunst.

Auch die Diele war voll. Dort hingen meist alte Kupferstiche. Unter ihnen sprang einem ein – etwas überschattetes – Ölgemälde ins Augen, das mitten an der Stirnwand hing und eine schöne junge, in einem Sarg liegende Frau darstellte. Es war ein Bild von Bartoš' früh verstorbener Gattin, von Josef Čapek gemalt. Bartoš wußte zu allen Bildern etwas anzumerken, etwas zu sagen, nur vor diesem Bild schwieg er. Er verriet mir nicht, daß seine Frau die Tochter des bekannten Juristen Professor Henner gewesen war und die Schwester der Schriftstellerin Marie Pujmanová. Und er enthüllte mir auch nicht das Geheimnis, das dieses Bild umgab.

Nach der Hochzeit, die Bartoš, so erzählte man sich, von der alten Patrizierfamilie erzwungen hatte, habe er seiner jungen Frau das Horoskop gestellt. Doch es habe nichts Gutes verheißen. Ja, es habe sogar ihren frühen Freitod vorausgesagt. Mme. Bartoš folgte dem Rat der Sterne und nahm sich das Leben. So ging jedenfalls das Gerücht!

Hatte ich die Wohnung von Bartoš betreten, sperrte der Hausherr die Wohnungstür ab und hing noch eine Kette vor. Ich fragte ihn, warum er so strenge Sicherheitsvorkehrungen treffe.

«Gegen meine Feinde.»

Ich fragte nicht weiter. Feinde hatte er zwar mehr als genug, vor allem unter den Theaterleuten, doch gewiß waren sie nicht von dem Schlage, daß sie versucht hätten, in seine Wohnung einzubrechen. Die Maßnahme war also eher symbolisch zu verstehen. Schauspieler mochte er nicht, obwohl sie ihm eigentlich hätten recht nahe stehen müssen. Hin und wieder bemerkte er, Schauspieler sollten auch in unsren Tagen nur neben dem Gehsteig gehen dürfen, wie es einst von der Obrigkeit verfügt war.

Die zwei oder drei Stunden meines allwöchentlichen Besuches bei Bartoš verflogen immer in höchst freundschaftlichem und herzlichem Gespräch. Wir hatten eine Menge Dinge auf dem Herzen. Beide schlürften wir liebend gern starken Mocca, den er in seiner, wie er sie nannte, «Hexen»-Küche meisterhaft braute. In die Küche ließ er aber niemand rein. Vermutlich hatte er dort auch alle nötigen Gebrauchsgegenstände, seine Lagerstatt und einen Kleiderschrank stehn.

Zu jener Zeit rauchte ich viel, gegen Bartoš aber war ich ein blutiger Anfänger und Dillettant und ein nur bescheidener Tabakgenießer. Bartoš zündete sich eine Zigarette an der andern an und inhalierte den Rauch mit offensichtlicher Wonne. Er war ein in vieler Hinsicht nicht alltäglicher, ein bemerkenswerter Mensch und verachtete das Leben, das er führte, selbst ein wenig. Der schlanke und hochgewachsene Mann hatte ein markantes Gesicht, dessen auffällige Blässe durch sein blondes Haar noch betont wurde. Ich mochte ihn gern, doch wenn er mir die Hand reichte, erschauerte ich und empfand einen Moment lang ein Gefühl, als hätte ich ein Wesen berührt, das sonnenlos in den kalten Wellen eines dunklen unterirdischen Stromes vegetiert. Kremličkas Porträt von Bartoš ist lebensecht. Doch Bartoš war auch ein fröhlicher Mensch mit Sinn für das Komische und Groteske, ein geselliger und gutherziger Freund, wenn er auch in der Tat viele Feinde hatte, wirkliche oder imaginäre.

Auch Pferde mochte er gern. Doch nicht die Vollblüter der Kuchelbader Rennbahn. In der Nähe seiner Wohnung war ein Droschkenstand, dort warteten meist zwei oder drei Fiaker-Gespanne. Bartoš ging von Gaul zu Gaul und bedachte jeden mit einem Stück Brot und ein paar Zuckerwürfeln aus seiner Aktentasche. Den Droschkenkutschern war er nicht willkommen, sie musterten ihn oft mit finsterem Blick. Tauchte er auf der Straße auf und die Pferdchen erkannten ihn, begrüßten sie ihn mit erfreutem Wiehern. Seine Wohltaten brachten aber die stehenden Kutschen in Bewegung. Die Pferde wurden unruhig. Das störte ihre Herren, die in einer der Droschken saßen und Karten wichsten.

Jan Bartoš schrieb mehrere Dramen. Sie waren nicht alltäglich. Doch nur die «Krkavci» (Geier) hatten auf der Bühne

Erfolg. Auch seine übrigen Dramen waren gewiß literarisch wertvoll und für ihre Zeit interessant und aussagekräftig. Heute sind sie fast vergessen.

Durch Bartoš lernte ich auch einige interessante Leute aus der Theaterwelt kennen. In seiner Wohnung wurde ich mit dem robusten Arnošt Dvořák bekannt, einem Dichter, der das tschechische Theater damals mächtig bewegte. Er stolzierte in seiner Oberstenuniform umher und sah imposant aus. Ich brachte ihn mit F. X. Šalda zusammen, den man nur sehr schwer zu einem Treffen herauslocken konnte. Alle drei, Bartoš, Dvořák und Šalda, hatten nämlich mit dem Nationaltheater noch ein Hühnchen zu rupfen und schlossen sich in einer Organisation zusammen, die der Regierung und den offiziellen Stellen Paroli bieten sollte. Sie gründeten einen neuen «Dramatiker-Bund», tschechisch «Dramatický svaz», und als ihr Presseorgan gab die neue Organisation die Zeitschrift «Nová scéna» (Neue Bühne) heraus, die Bartoš gegründet hatte und für die ich – zumindest den Behörden gegenüber – verantwortlich zeichnete. Sie erschien nicht lange, doch lange genug, daß Bartoš sich durch sie neue Feinde schuf.

Arnošt Dvořák, der Autor der gewaltigen «Hussiten» (Husité) und der «Neuen Orestie» (Nová Oresteie) bugsierte uns eines Abends in die Weinstube «U Šuterů», wo uns der berühmt-berüchtigte Philosoph und Rebell Ladislav Klíma erwartete, ein Freund Dvořáks. Das anfangs lebhafte und anregende Gespräch mit diesem seltsamen Mann endete dann mit seinem Besäufnis, wobei er sich fast bis zur Bewußtlosigkeit betrank. Bartoš suchte entsetzt das Weite. Dvořák entschuldigte sich, er könne in Offiziersuniform nicht einen torkelnden Besoffenen heimgeleiten, so fiel mir diese undankbare Aufgabe zu, und es blieb mir nichts übrig, als Klíma in seine Bettlerklause zu bugsieren! Zu Beginn des Abends hatten ich und Klíma eine gemeinsame Zusammenkunft mit Halas vereinbart. Halas wollte ihn schon lange kennenlernen. Klímas erstes Buch war des jungen Halas' Lieblingslektüre. Es gehörte zu seinen zehn liebsten Büchern. Doch Klíma erschien zu dem Treffen nicht.

Auch ich sah ihn nie mehr wieder. Er starb bald darauf. Es rührte mich, daß er sich noch einige Stunden vor seinem Tod an mich erinnert und mir seine zwei Bücher «Svět jako svědomí a nic» (Die Welt als Gewissen und Nichts) und «Matěj Poctivý» (Matthi der Redliche) mit eigenhändiger Widmung geschickt hatte.

Der feierlichste Augenblick meiner Freundschaft mit Bartoš sollte aber erst noch kommen.

Es war ein herrlicher Tag, die Stadt badete geradezu in Licht und Düften, da klopfte ich bei Bartoš an und tauchte in die dunkle, stickige Atmosphäre seiner Wohnung ein. Auf dem Schreibtisch, an dem wir zu sitzen pflegten, stand eine Flasche Pommery mit zwei geschliffenen Sektgläsern. Er begrüßte mich feierlicher als sonst, und als wir Platz genommen hatten, versuchte er den Champagner zu öffnen. Es wollte ihm nicht gelingen. Das störte ein wenig den feierlichen Augenblick. Ich mußte ihm helfen, und der Wein duftete in den Gläsern. Als wir getrunken hatten, zeigte er mir einen mit silbernem Wachs versiegelten Umschlag. Es war sein Testament, das er bei einem Notar hinterlegen wollte. Er argwöhnte aber, die Amtsperson würde vielleicht seine Wünsche nicht alle erfüllen, und ersuchte mich deshalb, Mit-Vollstrecker seines letzten Willens zu sein. In dem Testament sei ich auch als solcher benannt. Ich wandte ein, seine Vorkehrung schiene mir ein wenig verfrüht, doch er entgegnete mir wie selbstverständlich in ruhigem Ton, er habe beschlossen, in dem Augenblick, den er dafür am geeignetsten hielte, freiwillig aus der Welt zu scheiden. Von seinem Tod sprach er ganz ruhig und bat mich, ich möge nicht versuchen, ihm sein Vorhaben auszureden. Er sei fest entschlossen und habe seine Entscheidung schon vor längerer Zeit getroffen. Es fiel mir schwer, ihm seine Bitte abzuschlagen, und so versprach ich ihm in die Hand, ich wolle dafür sorgen, daß sein Vermächtnis bis auf den letzten Buchstaben erfüllt werde. Bei dieser Gelegenheit schenkte er mir ein Goldmedaillon mit einem von filigranen Silberspitzen umrahmten Bildnis des heiligen Georg. Meine Tochter trägt es noch heute. Špálas

Original aus seiner «blauen Schaffensperiode», das er mir ebenfalls gab, schenkte ich Vančura. Ich hatte damals keinen Platz, an den ich es hätte hängen können.

Derart generös beschenkt, empfand ich nun das unangenehme Gefühl, mir sei auferlegt, auf seinen Tod zu warten. Vorläufig deutete aber nichts darauf hin, daß er beabsichtigte, in absehbarer Zeit das Zeitliche zu segnen. Wir sprachen nie mehr darüber, und ich versuchte, nicht mehr daran zu denken. Nachdem ich sein tagtägliches reges Interesse an unserer Kulturwelt beobachtete und weiterhin seine brillanten Artikel und Polemiken gegen die Theatermacher las, gewöhnte ich mich an meine Mission oder besser gesagt, ich schlug sie mir aus dem Sinn und verkehrte so ungestört und unbefangen mit Bartoš wie zuvor.

Natürlich versprach mir Bartoš auch, mir ein Horoskop zu stellen. Ich mußte ihm die genauen Daten meiner Geburt verraten. Auf die Minute genau. Meine Mama schüttelte über meine Wißbegier den Kopf, als ich insistierte, sie müsse es mir ganz genau sagen. Doch zum Glück hatte sie die Uhrzeit in ihrem Gebetbuch notiert und konnte mir Auskunft geben. Bartoš war überrascht, wie genau die Daten waren, und bemerkte, desto präziser könne er mir auch mein Horoskop stellen.

Während eines Besuchs bei Bartoš drängte es mich einmal, Čapeks Ölbild etwas länger zu betrachten. Ich glaubte zwar den Gerüchten nicht recht, doch auf dem Grunde der Seele eines jeden von uns verbergen sich zwei Dinge: Neugier und Angst. Schließlich lächelte ich aber doch, schaute in der Nacht zum sternenübersäten Himmel empor und flüsterte so leise, daß keiner es hören konnte, den Sternen zu, sie sollten mich mal!, und schlug das Fenster jäh zu. Gute Nacht!

Es war ein schöner, von Düften erfüllter Juni-Sonntag. Ich war nach Turnau gefahren, und wieder wanderten wir, ich und Bartoš, an der Iser entlang. In der Stadt wurde an jenem Tag das Fronleichnamsfest (Svátek Božího těla) mit einem Umzug und vier Altären an den Straßenecken gefeiert. Das Pflaster war mit Pfingstrosenblättern und den Blüten der ersten Rosen besät, und irgendwo um die Ecke ertönte ein feierlicher Kirchenchoral, von den perlenden Stimmen der Messglöckchen begleitet. Noch lagen die fast unsichtbaren Weihrauchwölkchen flirrend in der Luft, doch der Duft des Jasmins aus den nahen Schrebergärten verscheuchte ihre Heiligkeit. Welch ein herrlicher Tag in dieser schönen Stadt. Sie ist eine der drei, die das Dreieck der schönsten böhmischen Landschaften bilden, mit der Silhouette der Burgruine «Trosky» in der Mitte.

Im Wirtshaus «Zur Spiegel-Ziege» war man nach dem gestrigen Samstag noch am Aufräumen, doch die Wirtsleute stellten uns bereitwillig einen Tisch in die Sonne und deckten ihn mit einem schneeweißen Damasttuch. Aus dem Haus stank es nach gestrigem Bier und Qualm.

Die Iser glitzerte in der Sonne und funkelte, als umspülten ihre Wellen alle Achate, die noch in dem Berg Kozákov schlummerten, der sich unweit erhebt und böhmische Granate und Halbedelsteine birgt. Die Iser plätscherte lebhaft dahin und gischtete wispernd gegen die grünen Ufer, um rasch all die Geheimnisse auszuplaudern, die ihr die wilde Mumlava anvertraut hatte.

Bartoš bestellte wie üblich einen Schoppen Weißwein und trocken Brot. Nachdem er sein Glas bis zur Neige geleert und alle Brotkrumen verzehrt hatte, die er mit seinen feinen, aber von Zigarettenrauch vergilbten Fingern vom Tisch auflas, schaute er mich vielsagend an, verkündete mir, er habe mir mein Horoskop mitgebracht und reichte es mir in einem verschlossenen Umschlag.

«Den Umschlag machen Sie bitte noch nicht auf, erst in der Eisenbahn oder daheim. Falls Sie aber die Neugier plagen sollte, Sie können ganz beruhigt sein. Ihr Horoskop ist überraschend «günstig». Ich möchte Ihnen noch etwas sagen, was ich nicht in das Horoskop geschrieben habe. Gewiß werden nicht nur Sie es lesen. Wie ich Sie kenne, werden Sie sich dem netten und lieben Fräulein anvertrauen, das man in Prag an Ihrer Seite sieht. Vielleicht könnte die Dame es mißverstehen, und es würde ihr weh tun. Sie liebt Sie aufrichtig, doch Sie werden sie überleben.

Zum Horoskop gehört eine Zeichnung, aus der ich Ihre Vergangenheit und Ihr künftiges Schicksal errechnet und herausgelesen habe. Ihr Schicksal ist durch besondere, ganz eigenartige Konstellationen geprägt, die sich aus der Stellung von Venus und Merkur ergeben, welche sich im ersten Haus in Konjunktion befinden. Es ist eine glückverheißende Konstellation, die einen künstlerisch begabten und stark erotisch veranlagten Menschen formt. Eros erfüllt Ihr Leben allzu heftig. Wenngleich er Ihr künstlerisches Schaffen wohltuend beeinflußt, lähmt er ein wenig Ihre Willenskraft. Frauen beunruhigen Sie schon seit Ihrer frühen Jugend. Und Sie werden Ihnen leider selbst in dem höheren Alter, das Sie erreichen werden, auch dann keine Ruhe lassen, wenn dergleichen Sehnsüchte bei den meisten andern Männern längst erloschen sind. Die Frauen beunruhigen und inspirieren Sie durch ihre bloße Gegenwart, doch zugleich, es klingt ein wenig paradox, machen sie Sie weibisch. Oft fehlt es Ihnen an festem Willen. Dafür werden die Frauen aber stets zu Ihren treuesten Leserinnen gehören. Sie werden *ihr* Dichter sein. Das ist nicht übel.

Sie treten durch einen imaginären Triumphbogen ins Leben, den die Frauen Ihnen aus ihrem Lächeln und ihren Küssen errichtet haben. Leider sind Sie aber allzu leichtsinnig. Diese Eigenschaft hilft Ihnen zwar, viele Widrigkeiten des Lebens leichter zu ertragen, fügt Ihren Nächsten aber oft bitteres Leid zu. Ich würde sagen: Sie sind geradezu besessen von den weiblichen Reizen. Die Schönheit der Frauen raubt Ihnen den Schlaf. Sie werden von einem ewigen Sehnen gepeinigt. Oft denken Sie an nichts anderes. Sie sind mitten auf dem Weg des Abstiegs in die Welt der Materie, doch bleiben Sie von ihrem unheilvollen Einfluß vorläufig verschont. Wenn auch nicht für alle Zeit. Doch da zitiere ich eigentlich schon aus dem eigentlichen Horoskop. Sie sind kurzum ein durch und durch irdisches Wesen.

Es wundert mich, daß auch die «Jizera» (Iser) Sie durch ihre zweifelhafte Weiblichkeit erregt. Das bewirkt doch nur der Name in unserer Muttersprache, den wir ihr einst gaben. Schon ein Name genügt Ihnen, um erotischen Phantasien nachzuhängen. Überall suchen und finden Sie das Weib. Schließlich und endlich ist das wohl nichts Schlimmes, doch es ist bezeichnend für Ihren schillernden Charakter.

Ich beobachte mit Interesse den Unterschied zwischen uns, der vielleicht auch erklärt, warum wir uns so freundschaftlich näherkamen. Vermutlich haben uns diametral unterschiedliche Eigenschaften zueinandergeführt. Vor einer Weile bemerkte ich, daß Sie den Duft des Jasmins lieben. Mir ist er ganz egal. Ich fühle mich glücklich, wenn das tote und dürre Laub der Birken zur Herbstzeit auf meine Schultern rieselt und wenn ich den ersten herbstlichen Moderduft spüre. Sie lieben vermutlich die ersten Frühlingslieder der Vögel, ich aber bin begeistert vom Krächzen der Raben, wenn sie im Herbst über unseren Turnauer Hof kreisen. Ihnen ist wohl unter dem Joch weiblicher Schönheit. Ich aber meide die Weiber. Nicht, daß ich sie hasse, doch ich lasse sie lieber an meiner Einsamkeit vorübergehn. Sie ahnen es wohl kaum, doch das Bild, das Sie sich von der «Frau» gemacht haben, ist völlig falsch. Das Weib hat zwei Gesichter. Das zweite ist weder freundlich noch gut. Es ist furchtbar. Sie trauen den Frauen, doch Sie werden dafür bestraft. Nein, die Frau ist kein «schwaches Geschlecht». Im Gegenteil, die Frauen sind stärker als wir. Sie sind mutiger als die Männer und können schrecklich und unerbittlich sein. Sie kennen kein Erbarmen. Männer sind bereit, so manches zu vergessen und zu vergeben, und sie tun es auch. Eine Frau – nie!»

Nachdem Jan Bartoš mit seinem Kommentar zu dem Urteil, das die Gestirne über mich gefällt hatten, fertig war, erhoben wir uns bald, die Turmuhr schlug schon die Mittagsstunde, und kehrten zur Stadt zurück. Unterwegs trafen wir wieder die beiden unzertrennlichen Freunde, Professor Nejedlý und Jeřábek, und blieben mit ihnen zu einem kurzen Plausch stehen.

Ich fragte Professor Nejedlý, was er über den seltsamen

Namen des Wirtshauses an der Iser wisse. Seine recht unsichere Erklärung suchte Jeřábek zu widerlegen. So erfuhr ich die Wahrheit nie. In das Wirtshaus kehrte ich auch nie wieder ein...

Meine Besuche bei Bartoš wurden mit der Zeit nämlich seltener und hörten schließlich fast ganz auf. Es fällt mir schwer zu erklären warum. Machar entschuldigt in seinen Feuilletons sein Zerwürfnis mit Vrchlický durch die allgemeine Behauptung, die Menschen kämen eben zusammen und trennten sich dann wieder. Bei uns war es anscheinend ebenso, doch zwischen uns lag nie auch nur der Schatten eines Mißverständnisses oder der Feindschaft. Eher war ich der gewissen Regelmäßigkeit meiner Besuche bei ihm müde, vielleicht hatte auch einer von uns ganz neue Interessen. Ich weiß freilich nicht mehr wer. Außerdem hatte ich mich verehelicht, und das war doch ein sehr bedeutsames Ereignis in meinem Leben, sicherlich auch einer der Gründe für unsere Entfremdung. Nach einer gewissen Zeit brachte uns aber die «Geschichte des Nationaltheaters» einander noch einmal näher. Das muß ich freilich genauer erklären.

In der Redaktion des sozialdemokratischen «Právo lidu» (Volksrecht) wirkte schon seit längerem der Redakteur Jaroslav Jelínek. Er war zwar ein sehr bescheidener Mann, aber gewiß kein «Jedermann». Schon weil er, obwohl sein eigentliches Ressort die Politik war, der Kultur sein intensives Interesse widmete und sie förderte, wo er nur konnte. Dieser Mann hatte aber einmal eine etwas törichte Idee und opferte ihrer Verwirklichung viel Zeit und Energie. Er kam zu der Überzeugung, es sei höchste Zeit, in Prag ein zweites Nationaltheater zu gründen, und er machte sich gleich ans Werk. Mir schien dieser Einfall weder glücklich noch zeitgemäß, doch auf Bartoš' Rat sagte ich Jelínek meine Mitarbeit zu. A. M. Píša, stets skeptisch weise und reserviert, kannte sich so gut im tschechischen Theaterleben aus, daß er Jelíneks Einfall nur mit lächelnder Ungläubigkeit quittierte. Wozu ein neues Nationaltheater errichten, wenn das alte oft vor Leere gähnte? Jelínek hatte indes schon einen Förderkreis für den Bau eines zweiten Nationaltheaters, «Sbor pro postavení druhého národního divadla», gegründet. F. X. Šalda, der mit dem ersten Nationaltheater noch immer auf Kriegsfuß stand, nahm die Mitgliedschaft in dem Gremium mit Vergnügen an. Er ging davon aus, die Leute vom Nationaltheater würden zumindest empört sein. Sie waren es auch, obwohl sie bald erkannten, daß das Konkurrenz-Unternehmen auf tönernen Füßen stand.

Redakteur Jelínek begann auch gleich, fleißig Spenden zu sammeln. Und wirklich kam eine größere Summe zusammen, die freilich gerade ausgereicht hätte, die Kosten der ersten Werbung für diese Idee und den Aufwand für den Beginn einer Sammelaktion unter den Tschechen im ganzen Land zu dekken. Kurzum, es zeigte sich, die Idee war zwar phantastisch, doch ebenso irreal wie nutzlos. So blieb von dem ganzen Unternehmen nur ein Stoß Tausender übrig, und Jelínek wußte nicht, was er mit ihnen anfangen sollte. Damals schlug ihm jemand vor – es war A. M. Píša, wenn ich nicht irre – das gesammelte Geld in ein Unternehmen von viel kleinerem Format zu stecken, das aber auch edel und kulturell höchst verdienstvoll sei. Er möge das Geld doch für ein zwar wenig lukratives, doch kulturpolitisch wünschenswertes, ja notwendiges Projekt zur Verfügung stellen und eine umfassende «Geschichte des Nationaltheaters» (Dějiny národního divadla) herausgeben.

Jelínek stimmte dem begeistert zu. Und wenn Geld in der Kasse klingelt, läuft alles wie geschmiert.

Bald stellten wir ein Team zusammen, zu dem Träger klangvoller Namen gehörten, wie die Schriftsteller und Professoren Šalda, Otakar Fischer, Matějček, Nejedlý und Tille. Der einführende Band «Das Nationaltheater und seine Erbauer» (Národní divadlo a jeho budovatelé) wurde Jan Bartoš «zugeteilt», der inzwischen als Beamter des Prager Nationalmuseums, das damals vom Land Böhmen verwaltet wurde, dort eine Theaterabteilung gegründet hatte und diese auch erfolgreich leitete.

Die Autoren machten sich sogleich an die Arbeit, und wirklich erschien das großartige achtbändige Werk binnen weniger Jahre in repräsentativer Ausstattung.

Ich war an diesem Unternehmen persönlich interessiert. Denn ich besorgte die Werbung für das Werk. Ich habe den sicheren Eindruck, ich machte es sehr schlecht. Es fehlte mir entschieden an den erforderlichen Eigenschaften für solch eine Aufgabe. In dieser Funktion flog ich auch zum ersten Mal mit einem «Aeroplan». Damals war's ein kleines Abenteuer. Ich schwebte nach Preßburg (Bratislava) und von dort zu Šalda nach Bad Piestan (Piešťany), um ihm einen Vorschuß hinzubringen. In dem Kurbad war ihm das Geld ausgegangen, und er wollte noch länger bleiben. Auch mit Bartoš verkehrte ich nun wieder. Ich besuchte ihn ab und zu in seiner verdunkelten Wohnung, wo sich nichts geändert hatte, wieder tranken wir starken Mocca zusammen und pafften daumendicke Zigaretten. Bartoš schrieb seine Studie in einem knappen Jahr, ja, vielleicht noch schneller. Seine umfängliche und umfassende wissenschaftliche Arbeit war polemisch im Ton, was bei diesem Autor beinahe selbstverständlich ist. Sie war eine Neuland entdeckende Monographie und in ihrer Zeit die erste und einzige zu diesem Thema. Eine gelungene Arbeit und sein «Lebenswerk». Daß er sein Oeuvre, nachdem es erschienen war, streitbar verteidigen mußte, war nur nach seinem Geschmack. Polemik war das Lebenselixier, das er brauchte. Er stürzte sich mit aufrichtiger Begeisterung hinein. Es bereitete ihm Wonne, vom Nationaltheater, diesem nationalen Monument, das trügerische Flittergold abzukratzen, mit dem die Verfechter einer kleinbürgerlichen patriotischen Idylle es von seinen Anfängen bis in unsere Tage vergoldet haben. Was für eine Idylle denn! Es gab Kämpfe, wie sie alle großen historischen Unternehmungen in der Regel begleiten. Und einige schon halbvergessene Namen tschechischer Persönlichkeiten erstrahlten verdient in neuem Glanz.

Nachdem sein Buch erschienen war, sah ich Bartoš nur noch sporadisch. Meist bei Begräbnissen. Da er anscheinend annahm, ich hätte meine Rolle als sein Testamentsvollstrecker vergessen, bat er Nezval um diesen Liebesdienst und teilte es mir schonend mit. Nezval hatte ihn schon vorher oft besucht. Bartoš weihte ihn in die schwierige Kunst ein, Horoskope zu stellen, und Nezval war ein Schüler, der seine Begeisterung nicht verhehlte. So stellten sie nach kurzer Zeit gemeinsam Horoskope. Aus der Hand zu lesen verstand Nezval schon meisterhaft. Als er mir einmal wieder aus der Hand weissagte, nun schon zum fünften Mal und jedesmal detaillierter, bemerkte ich an seinem Finger einen großen barocken Ring, den Bartoš bislang zuweilen trug und von dem er behauptete, er berge die nötige Dosis tödlichen Gifts. Bartoš hatte den Ring wohl Nezval geschenkt, als er ihn um den verschwiegenen Dienst bat, den ich stillschweigend quittiert hatte.

Im Jahre 1946 starb Bartoš, noch verhältnismäßig jung. Er schied wirklich freiwillig aus dem Leben, wie er sich's vor Jahren vorgenommen. Was mit seiner reichhaltigen Sammlung geschah, weiß ich nicht. Ich fragte auch Nezval, der ja eingeweiht war, nicht danach. Man erzählte sich damals, Bartoš habe sie Staatspräsident Beneš vermacht.

Bald nach Bartoš' Tod kam Nezval zu mir in die Redaktion gelaufen und breitete ganz aufgeregt ein paar Blätter vor mir aus. Es war das Horoskop von Jan Bartoš, das Nezval etwa ein Jahr zuvor erstellt hatte. Bartoš hatte das Horoskop aber nie zu Gesicht bekommen. Nezval hatte nicht den Mut gehabt, es ihm zu zeigen.

Die Konstellation der Planeten prophezeite nämlich Bartoš' nahen Tod. Angeblich fast auf den Tag genau. Nezval versuchte eifrig, mir die komplizierte und sorgfältig gezeichnete Graphik, auf der es von Zahlen und griechischen Buchstaben wimmelte, zu erläutern.

Ich hörte aufmerksam zu, doch leider muß ich gestehen, von all den Linien verstand ich rein gar nichts. Die geheimnisvolle Sprache der Sterne zu verstehen, bleibt mir wohl für immer verwehrt.

In die alte, freundlich düstere Schenke «Vikárka» neben dem Hradschin, in deren Fenstern sich der Schatten des Domes spiegelt, pflegte ab und zu auch der Kammerdiener des Prager Erzbischofs einzukehren. Ich sage ab und zu, aber vielleicht habe ich ihn dort nur einige Male gesehn. Er hatte es nicht weit – und ich auch nicht. Die «Vikárka» lag vor unserer Nase, wie man so sagt.

Wenn der «Butler» an hohen Feiertagen seinen Herrn in den St.-Veits-Dom begleitete, saß er stets auf dem Kutschbock der altertümlichen Kalesche mit dem Kardinalshut über dem Wappen am Türschlag; er thronte neben dem Kutscher in Paradeuniform und hellgrauem Zylinder, den eine bunte Kokarde am Hutband zierte. Der Kammerdiener selbst trug Schwarz und auf dem Kopf eine ganz gewöhnliche «Melone». Kutsche und Kutscher blieben vor dem Eingang in den Spanischen Saal auf dem zweiten Burghof zurück, und der Kammerdiener begleitete seinen Herrn zu Fuß durch die Vikarsgasse (Vikářská ulice) in den Dom. In der Sakristei übergab er ihn der Obhut der ihn dort erwartenden Priester.

Trat dann der Erzbischof, mit dem Meßgewand angetan, der Mitra auf dem Kopf und dem Bischofsstab in der Hand, mit dem er wie ein Herrscher auf das Pflaster klopfte, in den Dom und nahm auf seinem Thron unter einem Baldachin Platz, setzte der Kammerdiener seine Melone auf und eilte hurtig in die gegenüberliegende «Vikárka». Er hatte anderthalb Stunden frei. Meist saß er in der Schankstube am Fenster, aus dem man auf den gegenüberliegenden Domchor, von Wohlmut geschaffen, hinausblickte. Es genügte, wenn der Diener dem Hochamt nur mit einem Ohr lauschte.

Erst beim «Agnus dei», bemerkte er, «noch ein Seidel, Herr Ober!» In der «Vikárka» zapfte man ein vorzügliches Pilsner Bier.

Ansonsten pflegte er erst gegen Abend, wenn sein Dienst im

Palais beendet war, in der «Vikárka» einzukehren. Dann ging es dort viel lebhafter zu, und er saß mitten im Lokal. Durch seine unerschütterliche Anhänglichkeit an diese heiligen und unheiligen Räumlichkeiten und seine intime Kenntnis aller Affären um Dom und Bischofspalais, durch seine alle Einzelheiten umfassende Informiertheit über Ereignisse, die sich in diesen Gefilden abspielten und zutrugen, gehörte er zu den lokalen Autoritäten, auch wenn er in seinem ganzen Habitus an die idyllischen Zeiten des letzten Jahrhunderts erinnerte. Das zwanzigste Jahrhundert hatte ihm vorläufig kaum seinen Stempel aufgeprägt. Er schien eine überlebende Gestalt aus Nerudas «Kleinseitner Geschichten», umwoben von all dem Zauber und der Anmut der altväterlichen Figuren Nerudas. Zumindest auf den ersten Blick «verdarb» nichts Zeitgenössisches und Modernes seine imposante Erscheinung.

Er wußte über alles Bescheid, was um ihn vorging, und erzählte gerne von Dingen, die sich in den Mauern des Palastes ereigneten. Besonders beeindruckten ihn die Besuche bedeutender Persönlichkeiten bei seinem hohen Herrn. Einmal hörte ich, wie er seinen Hradschiner Nachbarn unter dem Siegel der Verschwiegenheit verriet, nächste Woche würden die Karmeliterinnen zu St. Benedikt die ehrwürdige Mutter Elekta neu einkleiden. Der Herr Erzbischof habe schon seine Zustimmung erteilt.

Die alte Dame, die auf einem Thronsessel in ihrem gläsernen Schrein saß, kannte ich gut. Ja, einmal hatte ich durch das Fenster neben dem Altar der dreihundert Jahre alten barocken Mumie sogar ins grauenerregende Antlitz geschaut; ich war damals noch ein Junge, kletterte über das Trenngitter in der Kirche und lugte heimlich durch das Fenster der Sakristei. Damals war die Geschichte der ehrwürdigen Elekta jedermann in Prag und vor allem bei uns auf dem Hradschin bekannt. Heute wissen nur noch wenige von ihr.

Der unversehrte Leib der ehrwürdigen Mutter Elekta wurde nämlich einige Jahre nach ihrem Tod heimlich exhumiert. Es gab mehrere Gründe dafür. So litt eine der damaligen Ordensschwestern ständig an Kopfweh. Eines Tages, schon ganz verzweifelt, legte sie ihre Stirn auf das Grabmal der toten Äbtissin: Die Schmerzen waren wie weggeblasen. Es war nicht das einzige Wunder, das sich am Grabe der ehrwürdigen «Mutter» zutrug. Kurz nach diesem Vorfall kamen die aufgeregten Schwestern zu ihrer Vorsteherin gelaufen und erzählten, süßer Jasminduft wehe aus Elektas Grab. Nachdem die Vorsteherin, die als Nachfolgerin der Äbtissin Elekta ihres Amtes waltete, sich überzeugt hatte, daß die wunderbare Kunde der Wahrheit entsprach, entschloß sie sich zu einer kühnen Tat. Mit einigen Gehilfinnen hob sie eines Nachts den Sarg der Elekta heimlich aus der Gruft und öffnete ihn.

Ach du lieber Gott! Ich schmücke mich da ja ganz ungeniert und unverfroren mit fremden Federn. Alle diese Einzelheiten schildert ja der heute schon fast vergessene und nicht hinreichend gewürdigte Historiker Antonín Novotný, Autor und Kenner unzähliger Prager Historien aus alter und neuer Zeit, der mit allen Einzelheiten aufs Beste vertraut war.

Doch laßt mich die Geschichte der toten Äbtissin zu Ende berichten. Die Schwestern öffneten den Sarg und fanden darin zuoberst eine dichte «Filzschicht» grauen Schimmels. Nachdem sie diese beseitigt hatten, erschien darunter der unversehrte Leib der ersten Äbtissin, einer – wie die Sage geht – einst wunderschönen und lieblichen Italienerin, die nach Prag gekommen war, um hier den Orden der Prager Karmeliterinnen zu gründen und zu leiten.

Im Zeitalter des Barock dachte man über solche Phänomene nicht lange nach – es war eben ein Wunder! Die Schwestern versuchten jedoch recht unvorsichtig, die Spuren des verwitterten Gewands mit einem Absud aus Rosen und Rosmarinblüten von dem Leichnam abzuwaschen. Dieses kosmetische Mittel, das in jenen Tagen auch quicklebendige Edelfräulein benutzten, bewährte sich an der Toten nicht. Ihr Teint färbte sich an den behandelten Stellen bräunlich.

Der Leichnam der Seligen wurde einige Male von Ärzten begutachtet. Bei der letzten Untersuchung versammelte sich –

es ist schon lange her – ein ganzes Konsilium bedeutender Experten, Doktoren und Professoren mit klangvollen Namen; auch ausländische Kapazitäten waren dabei. Sie untersuchten den toten Leib und mußten feststellen: er war unversehrt! Zugleich bestätigten sie, daß die Stirn der Äbtissin nach einer geheimnisvollen, stark nach Jasmin duftenden Flüssigkeit rieche. Alles wurde protokollarisch festgehalten. Dies geschah Anno domini 1677, und die alten Protokolle sind uns überliefert.

So kam es, daß die frommen Karmeliterinnen die Tote in ein neues Ordensgewand hüllten, wie es sich für ihren Rang geziemte, sie in einen Lehnstuhl setzten und in einer großen Glasvitrine «begruben».

Das Gewand, das die Selige umhüllt, teilt jedoch nicht das wundersame Schicksal ihres Leibes. Ihre Gewänder werden im Laufe der Zeit von Staub und Motten zerfressen, so muß man die tote Äbtissin alle paar Jahre wieder frisch einkleiden. Da das Kloster der Jurisdiktion des Prager Erzbischofs unterstand, durfte dergleichen nicht ohne seine Zustimmung geschehen. Die hatte der Erzbischof nun soeben erteilt.

Die Karmeliterinnen, Schwestern dieses strengen Ordens, den Kaiser Ferdinand nach der Katastrophe am Weißen Berg zu uns nach Böhmen rief, lebten in ihrem Kloster hermetisch abgeschirmt von der Welt. Außer dem Priester, der die Messen las, durften sie keinen Mann zu Gesicht bekommen, weder Vater noch Bruder. Auch von dem Priester trennte sie ein Gitter. Sie waren für die Welt «gestorben». Das Tuch für das neue Gewand der Elekta pflegte der Küster zwar bei der Firma Kynl auf dem Altstädter Ring zu bestellen, und die Äbtissin korrespondierte darüber mit ihm, doch damit war die Teilnahme von Männern an der Zeremonie, den Erzbischof nicht ausgenommen, erschöpft. Alles andere besorgten die Schwestern im Kloster selbst.

Der Küster verscherbelte dann an die Leute freigebig kleine Schnippel des Linnens, mit dem man der ehrwürdigen Elekta den Schweiß von der Stirn gewischt hatte. Nur mein chronischer Mangel an «Barem» hinderte mich kleinen Knirps stets daran, eine solche «Reliquie» zu erstehen.

Ich bezweifle, daß die heutigen Besucher der Kloster-Kirche, sofern sie von dieser Sehenswürdigkeit überhaupt etwas wissen, wagen würden, sich über das Geländer vor dem Altar zu schwingen und der toten Italienerin in die halb offenen, doch tief in den Höhlen liegenden Augen zu schauen. Der Anblick ihres in schneeweißes Linnen gehüllten und von einer Krone geschmückten Hauptes ist zwar unvergeßlich, doch wirklich grauenhaft.

Aber die Zeit wollte nicht stehenbleiben. Die Jahre eilten ihr nach und verflogen mit ihr. Auf den Laurenziberg und in den Seminar-Garten pflegte ich nun nicht mehr vom Aujezd aus durch die bequeme Karmelitergasse (Karmelitská) zu spazieren, sondern über die Neue Schloßstiege hinaufzusteigen. Die Stiege mag ich gern – und von der Burgrampe oben den einmaligen Blick auf die Stadt! Bei einem solchen Spaziergang mußte ich an dem verschlossenen Tor des Karmeliter-Klosters vorbeispazieren, das mich stets an die makabre Zeremonie erinnerte, wie die traurigen Karmeliterinnen ihre vor dreihundert Jahren verblichene Äbtissin umkleideten. Voll Ergriffenheit betend enthüllen sie den alten, reglosen Frauenleib mit den halboffenen, blutunterlaufenen Augen, der sich anschmiegsam den eifrigen Händen der Nonnen überläßt, sie entkleiden die tote Dame, kämmen ihr das Haar, drücken ihr eine Krone auf die jasminduftende Stirn und setzen ihre alte Mater wieder auf ihren Thron.

Versucht dort vorüberzugehen und euch nicht zu erinnern!

Wenn das Kloster hinter uns liegt, stehen wir wieder in der lebendigen Gegenwart. Da ist das Haus «Zu den drei Lilien» – o je, das Haus «Zu den drei Lilien», erinnert euch nur! Und du stehst am Fuße der düster dräuenden Wälle und wanderst an der Hungermauer vorbei, um dann spornstreichs zu dem hohen Aussichtsturm zu eilen.

Wie schön war es dort! Überall wimmelte es von jungen Leuten, in der Gartenwirtschaft neben der Seilbahnstation leuchteten die Damasttischtücher, und der schwere Waggon der Drahtseilbahn glitt langsam über den Hang.

Die Augen der Mädchen strahlten, und weil sich darin spiegelte, was um sie war, schienen uns diese Augen ganz entzükkend. Sind aber die Augen schön, ist es auch jene, der die Augen gehören, und in solch einem Fall ist sie selten allein.

Eine von ihnen war natürlich die Schönste, Reizendste, Zärtlichste und Begehrenswerteste. Sie trug ein dünnes Goldkettchen um den Hals, und an der Kette hing ein güldenes, wie von Raffael gemaltes Engelein, das – sein Kinn in die Hände gestützt – ein bißchen mißmutig in die Welt schaute. Und ringsum überall der berauschende Duft des Jasmins.

Doch der Engel war mir im Weg.

Ein Scheibchen ungarische Salami

Möbelwagen vor einem Žižkover Zinshaus waren eine so alltägliche Erscheinung wie die frischen Brötchen im Bäckerladen. Die Bewohner wechselten dort oft ihr Domizil. Sie hatten sich mit den Nachbarn gestritten, also zogen sie um. Sie hatten Differenzen mit dem Hausherrn, und zum nächsten Quartal stand ein klobiger Möbelwagen vor dem Tor, an dem in Riesenlettern die Firma des Spediteurs prangte. Auch wir zogen einige Male um. Zwar nicht wegen solcher Mißhelligkeiten, doch einmal von einer schlechteren in eine bessere Wohnung, dann wieder in eine billigere. Je nach den Lebensumständen. Einige Jahre lang wohnten wir in einem hübschen neueren Haus in der Karlsstraße (Karlova třída), gleich neben der «Sklenářka», wie man ein großes Eck-Wohnhaus nannte, dessen markantes, wenn auch völlig überflüssiges Türmchen im Renaissance-Stil man von nah und fern sieht. Unser Haus schloß mit seiner Fassade sogar an dieses Haus an; an der Ecke war eine Gaststätte. Doch wo fand man in Žižkov eine Straßen-

Ecke ohne Schenke! Fast in jedem vierten oder fünften Haus gab's eine. In unserer nächsten Umgebung florierten vier Gasthäuser, zwei Hotels und zwei Weinstuben. In einer davon war einst auch Jaroslav Vrchlický Stammgast gewesen. Ich hörte auch warum – doch ich verrat' es nicht.

Das Haus, in dem wir einige Jahre wohnten, gehörte zu den «besseren», man sah es dem Delikatessen-Laden an, der sich im Erdgeschoß befand. Nein, es war kein großes Geschäft, doch seine Düfte erfüllten das ganze Haus. Ging man auf dem Trottoir an der Handlung vorbei und öffnete jemand die Ladentüre, stieg einem der Duft angenehm in die Nase. Genüßlich sog ich die appetitlichen Gerüche, die mir aus dem Laden entgegenschlugen, in die «Nüstern». Es war ein exotischer Cocktail, lieblich gemixt aus allen möglichen Düften, und er verdichtete sich zu der einmaligen und charakteristischen Atmosphäre, die allen Delikatessengeschäften jener Zeit eigen und gemeinsam war. Genauso duftete es auch in allen anderen Feinkostläden. Ich wußte dies nicht, weil ich dort so häufig eingekauft hätte. Keineswegs. Doch ich besah mir solche Läden überall. Es war ein unverwechselbarer und für immer verlorener Duft. Ich möchte mich nicht als Lobredner auf die alten Zeiten hervortun, doch in den heutigen «Feinkostläden» suche ich diesen Duft vergebens. Um die Wahrheit zu sagen, muß ich freilich noch hinzufügen: Früher standen die Leute auch nicht Schlange vor der Ladentheke wie heute. In den heutigen «Verkaufshallen» fehlt einfach das Feierliche, das die Läden in meiner Jugend auszeichnete. In den früheren Traiteur-Läden fühlte man sich quasi verpflichtet, den Hut zu ziehen, so wie es seinerzeit Sitte war, in der Apotheke das Haupt zu entblößen, was heute längst keiner mehr tut. Einen ganz besonderen Duft strömten damals auch die Geschäfte der Zuckerbäcker aus. Je renommierter die Konditorei, desto feiner ihr Duft. Der heutige Duft von Konditoreien und Pâtisserien ist ein anderer. Dafür wimmelt es in ihnen von Leuten, viel Matsch liegt auf den Bodenfliesen, und überall herrscht eiliger Trubel. Die Poesie ist dahin.

Das macht das Geld, sagen wir, um uns die Sache zu vereinfachen.

In dem Delikatessenladen unten in unserem Hause kauften *wir* nie ein. Hieß es aber von jemandem, «er geht zu Kolman» – Kolman war der Name des Geschäftsinhabers – bedeutete dies, daß es sich um einen wohlhabenden Bürger und Feinschmekker handeln mußte. Nur selten einmal, meist vor dem Weihnachtsfest, schickte meine Mutter mich hin, um Kapern und Sardellen einzuholen. Bei Herrn Kolman waren sie frischer und schmackhafter als anderswo.

In seiner flachen schwarzen Tellermütze, wie Feinkosthändler und bessere Krämer sie damals trugen, pflegte Herr Kolman vor seinem Laden zu stehen und der Welt und den Menschen freundlich zuzulächeln. Seine Welt bestand freilich nur aus unserer Straße. Ich grüßte ihn stets «gehorsamst», vermutlich aus Respekt vor seinen mir unerreichbaren Leckerbissen, wahren Schätzen, die er in seinem Laden hütete und mit denen er in seinem Schaufenster renommierte.

Wenn ich aus dem Haus lief, vergaß ich nie, einen Blick in Herrn Kolmans Auslage zu werfen. Hatte ich Zeit und mußte nicht zur Schule eilen, konnte ich «stundenlang» davorstehen. Einmal geschah etwas höchst Aufregendes, das mir für immer im Gedächtnis geblieben ist: Herr Kolman winkte mich lächelnd heran, trat hinter die Theke und reichte mir auf eines Messers Spitze ein Scheibchen ungarische Salami. Es war das erste in meinem Leben. Und ich habe es Herrn Kolman bis heute nicht vergessen.

Wie ein Komponist arrangierte Herr Kolman fast jeden Tag die verlockenden Waren in seinem Schaufenter neu. Er hob die schwere Glasscheibe samt dem Rahmen, sicherte sie und placierte kunstvoll seine raren Leckerbissen. Wie die holländischen Meister, bevor sie sich ans Malen eines ihrer berühmten Stilleben machten.

Dabei kroch er immer wieder unter dem Glas hervor, um sich zu überzeugen, wie sein Meisterwerk von weitem wirke.

Mitten ins Schaufenster stellte er stets einen königlich monumentalen «Trdlovec», eine Art Baumkuchen. Ihr wißt wohl nicht, was das ist. Heutzutage kennt diesen «Kuchen» kaum einer mehr. Es war eine Art Traiteur-Torte. Bei einem Konditor sah ich ihn nie. Es gab aber kaum einen Feinkostladen, der solch eine bemerkenswerte Kreation nicht stolz präsentiert hätte! Auf den ersten Blick glich der «Trdlovec» einem ziemlich hohen, eher schmalen und innen hohlen Baumstumpf. Seine Rinde lief in lange, an der Spitze gerundete, von Zuckerguß und weiß Gott welchen Zutaten goldglänzende Dornen aus. Wie ich feststellen konnte, wenn die Torte auf der flachen Platte bereits bis auf den Grund aufgeschnitten war, bestand sie aus gerolltem Butterteig, dessen dünne Scheiben mit einer vorzüglichen Füllung wohl aus Mandeln – eine bessere konnte ich mir damals nicht vorstellen – und kaum merklich mit Rosenkonfitüre oder -marmelade bestrichen waren. Weiß der Teufel, wie die Leute diese «Torte» damals machten und buken. Man schnitt sie von oben nach unten in runde Scheiben, die nach Gewicht verkauft wurden. «Trdlovec» war sehr teuer. Ich habe nicht die blasseste Ahnung, wie er eigentlich schmeckte. Als Jan Werich in den Prager Barrandov-Ateliers den Film «Des Kaisers Bäcker» (eine Geschichte um Kaiser Rudolf II. und den Golem) drehte, suchte er vergeblich einen Meister der altehrwürdigen Zuckerbäckerzunft, der ihm einen «Trdlovec» gebacken hätte. Es gab keinen mehr, der es konnte. Nebst dem «Trdlovec» fesselten stets auch ein paar kleine Fäßchen meine Aufmerksamkeit, die ebenfalls in Kolmans Schaufenster prangten. In dem einen glänzten schwarze Kaviarkörner und in dem anderen lachsrosa Scheiben von geräuchertem Salm. Diese drei Dinge gehörten offensichtlich zum Nonplusultra des Feinkostsortiments. Die Artikel standen stets als Blickfang in der Auslage. Von den größeren Schaustücken heischte ein riesiger Laib Schweizer Käse besondere Aufmerksamkeit. Er lächelte mich aus seinen fetten «Augen» an, und ich verfolgte aufmerksam, wie er von Tag zu Tag kleiner wurde, denn Herr Kolman säbelte jeden Tag ein mächtiges Stück ab und trug es in den Laden. Auf dem Schweizer Käse waren malerisch weitere

Käselaibe arrangiert. Eine rote Kugel Edamer, ein kleiner Laib schimmligen Roqueforts, eine offene Schachtel Camembert, eine Torte von süßlichem Brie. Über diese meine Kenntnisse wundert euch nicht! In jedem Käse stak ein Schildchen, auf dem Herr Kolman fein säuberlich mit dekorativer Schönschrift seinen Namen verzeichnet hatte. Im Hintergrund hingen goldbraune Schinkenkeulen und schwarze Silberaale an einem Nikkelrohr neben langen Stangen diverser Salamis.

Da lockten die «ungarische» mit schimmliger Pelle, rauhe «Veroneser», glattgraue «Mailänder» und rußgeschwärzte «Tiroler». Darunter räkelte sich träge eine riesige aufgeschnittene Mortadella, deren Schnittfläche sozusagen die «Sonne» war, die am «Traiteur-Himmel» strahlte. Das sind freilich längst noch nicht alle Salami-Sorten, die ich euch aufzählen könnte. Ich studierte die leckere Ware jeden Tag und wußte über alles vorzüglich Bescheid. Sogar die Preise konnte ich aus dem Ärmel schütteln. Nur wie all diese Leckerbissen schmeckten, blieb mir verborgen, gekostet hab' ich sie nie!

Für Weine interessierte ich mich damals noch kaum. Doch allmählich lernte ich, mich auch darin auszukennen. Und was man in der Jugend lernt, kommt einem im Alter wie gerufen. Da gab es hünenhafte Champagner-Recken mit Stanniol-Visier, von einem Reigen schlanker Töchter von den Ufern des Rheins umschwärmt, während die armseligen Mělníker «Tintenfässer» mit «Ludmila» und Traminer nur eine kleine Schar bildeten, als wären sie die Lakaien; manche trugen sogar ein Rechteck aus geschliffenem Glas auf dem Kopf, darauf stand eine feine Porzellanplatte, auf der sich «Welscher Salat» türmte, von rosigen Schinkenstreifen und zierlichen Kugeln grasgrüner Erbsen durchwirkt und in dottergelber glänzender Mayonnaise. Den Salat fabrizierte Herr Kolmann höchstpersönlich in der kleinen Küche hinter dem Laden. Er hat sicherlich herrlich geschmeckt. Gegen Abend gähnten die Schüsseln auf dem Ladenpult und im Schaufenster meist schon vor Leere.

Ach ja, fast hätte ich's vergessen: Von Zeit zu Zeit wehten in dem Schaufenster auch die stolzen graugrünen Federbüsche von Ananasköpfen, ganz zu schweigen von den Frankfurter Würstchen, von denen dort auch ein ganzer Teller voll lag, und von den Landjägern und anderen kleinen, feinen Leckerbissen, die abwechselnd alle übrigen freien Plätzchen im Schaufenster ausfüllten.

Meine Eltern kauften freilich bei Frau Zvoníček ein. Ihr Kramladen lag gegenüber; auf dem Trottoir neben dem Laden hatte sie immer ein offenes Faß Salzheringe stehen, deren runde tote Augen mich rührten. Das Faß war gar nicht zugedeckt. Mochten die Kutschen soviel Staub aufwirbeln wie sie wollten! Herr Kolman hatte zwar auch ein ähnliches Faß vor der Ladentür stehen, deckte es aber stets mit einem Deckel sorgfältig zu, in dem eine kleine gläserne Guckscheibe war. In dem Faß schwammen keine Salzheringe, sondern in Butter gebratene und in Marinade konservierte italienische Aale aus Comanocchio ... Ein paar Schritte von unserem Haus entfernt «amtierte» der stets mißgelaunte Herr Kovář, ein bekannter Roßschlächter. Morgens und gegen Abend wimmelte es bei ihm von Kunden. In seiner Auslage prangte ein gewaltiger Pferdeschlegel, und an Stangen hing eine endlose rote Salami, die scharf nach Räucherofenesse roch.

In allen Kalendern, ob auf dem Tisch oder an der Wand, verflog die Zeit gleich schnell. Und es kamen die schlimmen Hungerjahre des Ersten Weltkriegs. Herr Kolman sperrte seinen leeren Laden zu, ließ das Rollo über dem verlassenen Schaufenster herunterrasseln, vertauschte die Zange, mit der er die marinierten Aale aus dem Faß fischte, und die scharfen Salami-Messer mit Gewehr und Bajonett und mußte ins Feld ziehen. Die ganze Pracht und Herrlichkeit in seinem Schaufenster war dahin. Für alle Zeit! Nicht ganz! Einer trug ihr Bild in seinem Herzen. Ich! An die Herrlichkeit und den delikaten Geschmack eines einzigen Scheibchens Salami denke ich noch heute zurück.

Einmal, es war Mitte April – nicht lange nach dem Krieg – wohl Anfang der zwanziger Jahre, da bat mich St. K. Neumann, für seinen «Proletkult» ein paar Strophen zum 1. Mai zu dichten. Die Sache eilte. Im Nu schmiedete ich die Verse. Neumann las sie, paffte etwas heftiger als sonst aus seiner Pfeife und lächelte maliziös. Ich wußte warum. Doch er druckte mein Elaborat. Ich hatte ihm den Titel «Slavný den» (Ein glorreicher Tag) gegeben, und es war kurzum ein glorreicher Skandal.

In dem Gedicht – nein, verzeiht das hochtrabende Wort – in meinen Versen rechnete ich erst einmal mit unseren Bourgeois ab. Und zugleich auch mit den beiden sozialistischen Parteien.

In jenen Jahren zogen am 1. Mai stets drei Umzüge über den Wenzelsplatz. Einer der Kommunisten, einer der Sozialdemokraten und jener der «národní socialisté», der «nationalen Sozialisten» (die mit den Nazis nichts zu tun hatten). Es war auch eine Art politisches Kräftemessen. Zumindest in Prag.

Anderntags entbrannte dann jedes Mal eine aufgeregte Debatte über die Anzahl der Teilnehmer. Der Polizeibericht nannte eine Ziffer, und die Zähler der andern Parteien eine andere, höhere. Die Zahlen stimmten freilich nie überein. Doch ich sang quietschvergnügt:

> Wir wollen eine neue Welt, eine Welt nach unseren
> Wünschen
> denn das Leben ist schön, und die Blumen duften,
> das Land voll neuer lauer Freude
> und uns Proletarier ergreift die Sehnsucht nach ihr.

Das ging ja noch an. Es war freilich gar nichts Neues, es war auch nicht besonders originell und nicht einmal sonderlich klangvoll, doch ideologisch war es in Ordnung und empörte keinen. Schlimmer war, daß ich recht schadenfroh zu dem pathetischen Schluß «gehumpelt» kam:

> Wer sein Leben lang muß fasten,
> will auch frei sein aller Sorgen,
> sich an die gedeckte Tafel setzen
> und den schönen Klängen der Musik lauschen,
> als wär's das Beben von Engelsflügeln.

Auch schlechte Verse sind Verse, pflegte Jindřich Hořejši zu sagen. Doch reden wir vorläufig mal nicht von den künstlerischen Qualitäten solcher frühen Talentergüsse.

Soweit ich mich entsinne, herrschte in jenen Jahren in unserem Land noch fühlbarer Mangel. Vor allem bei uns zu Haus. Mein Vater war nach dem Krieg lange arbeitslos, und so hatten wir meist nicht viel zu beißen. Das inspirierte mich auch, in meinem «Lied» ganz unverblümt einem recht banalen, vulgären Materialismus zu huldigen.

> Auch wir woll'n Schweinsbraten mit Sauerkohl schmausen
> gefüllte Kalbsbrust oder Kalbsragout zum Nachtmahl.

Was diese Verse betrifft, so möchte ich mich doch ein wenig in Schutz nehmen und zugleich daran erinnern, wie freundschaftlich Neumann mir verbunden war. An dem «Gedicht» ist er, wenn auch indirekt, nicht ganz unschuldig. Er war ein anständiger Mann und mir, denke ich, sehr gewogen. Wenn er das magere Gesicht des armen Žižkover «Jüngelchens» sah, lud er mich gelegentlich in die Schenke des noblen Palace-Hotels (in der Heinrichsgasse) ein. Wie er mir einmal anvertraute, ging er mit Vergnügen dorthin, wenn er das nötige «Kleingeld» hatte. Neumann speiste damals gern Schöpsernes, die Vorliebe dafür hatte er von der Südfront mitgebracht. Auch Kalbfleisch hatte es ihm angetan – Kalbsnieren waren sein spezielles Leibgericht. Und Kalbshaxe! Eine solche bestellten wir gemeinsam, wir konnten sie kaum verdrücken. Wenn sie uns auf einer Schüssel aufgetragen wurde, wirkte sie geradezu kolossal. Mit französischem Salat war sie ein Gedicht. Ich war im siebten Himmel. Den Geschmack dieser heute schon «profanen» Speisen wußte ich damals wirklich zu schätzen.

Schließlich kam es in meinem Gedicht «knüppeldick». Ich habe das halbe Schaufenster des lieben Herrn Kolman darin verewigt:

Auch wir wollen Flaschen Burgunderwein leeren
und marinierte Aale speisen,
wir glauben unerschütterlich,
auch wir setzen uns einst zu einer Tafel
voll Schweizer-Käse-Laiber,
und für all das Leid und Elend
aus dem Übermaß reicher Gaben der Erde
wollen auch wir uns die edelsten auswählen
Räucherlachs, Salami, Kaviar usw. usf.

Na, da hatten wir die «Bescherung». Zuerst ließen sich einige Leser vernehmen. Vor allem jene, in deren Namen ich nicht sprach. Ich war damals unbändig jung und freute mich diebisch über das Geschrei. Welch ein Echo, wenn auch ein negatives! Den «Bürgern einen Schreck einzujagen» war ein Gebot, das wir mit größtem Vergnügen befolgten.

Über meine Verse waren aber nicht nur bourgeoise Kreise empört. Bohumil Šmeral, ein Führer der Kommunistischen Partei und Redakteur des «Rudé právo», bestellte mich zu sich in die Redaktion und deutete mir mit freundlicher Entschiedenheit an, meine Verse seien töricht und schadeten der Sache des Proletariats. Das hatte ich schon selbst gemerkt. Doch es war zu spät. Das delikate Gedicht fand sich übrigens auch in meinem zweiten Gedichtband; später hab' ich es dann weggelassen: Das erwähnte Buch war schon im Druck, und man konnte nichts mehr machen.

Diese Maien-Affäre endete für mich wenig erfreulich. Meine Verse waren wirklich in jeder Hinsicht schlecht. Das dämmerte mir schon. Doch die Worte flattern einem aus dem Mund, und das Geschriebene bleibt. Und es errötet nicht einmal, wie wir in der Lateinstunde gelernt haben. Wie gern hätte ich mein Opus aus der Welt geschafft. Zum Glück wurden meine schwachen Verse von allen Seiten verrissen. So zog ich mich dank meines ein wenig leichtsinnigen Charakters leichten Herzens aus der Affäre.

Schlimmer erging es meiner zukünftigen Frau; meine «lukullischen» Verse wurden ihr – mit Spott gewürzt – von ihren Kollegen und Vorgesetzten im Büro bei jeder Gelegenheit aufgetischt, ohne daß sie eine Serviette vor den Mund nahmen.

Für Literaturgeschichte habe ich nicht viel übrig. Trotzdem denke ich, es könnte recht interessant sein, sich einige Stimmen und Meinungen ins Gedächtnis zu rufen, die schon längst ebenso vergessen sind wie meine unrühmlichen Verse.

Als Student pflegte ich fleißig in alten Jahrgängen der Zeitschrift «Moderní revue» (Moderne Revue) zu schmökern, die in der Bibliothek des Prager Nationalmuseums auslag. Man fand dort Gedichte von Březina, Neumann, Sova und Hlaváček. Ich las darin auch Polemiken, die ich nicht verstand. Nach dem Krieg verschob sich die Tendenz dieses Blatts stark nach rechts, nachdem viele klangvolle Namen von seinen Seiten verschwunden waren. Nun, von diesem Wachtturm aus ließ sich der unduldsame Reaktionär, ausgeprägte Individualist und scharfzüngige Kritiker Arnošt Procházka als erster vernehmen. Vergil rät uns zwar, über Tote nur Gutes zu sagen, doch das fällt mir nicht im Traum ein. Procházka war böse und ein geschworener Feind allen Fortschritts, Verfechter einer falschen, auf papierenen Gesetzen gründenden Dekadenz und aristokratischen Morbidität. Er konnte einen durch seine spätere Einstellung nur auf die Palme bringen.

Auf eine Umfrage der Zeitschrift «Most» (Die Brücke) antwortete er mit Spott. Die dritte Frage der Enquete aber ließ ihn dann förmlich in die Luft gehen. «Die dritte Frage», fuhr Arnošt Procházka in seiner Antwort fort, «ist der Gipfel der Grünschnäbligkeit der ganzen Enquete. Soll die neue Kunst klassenbewußt, proletarisch und kommunistisch sein, wie es einer der jungen oder allerjüngsten Verseschmiede uns diktieren möchte? Um Gottes Willen, werden denn die Dichter en masse produziert wie Soldaten, erlernen sie ihr Handwerk wie Friseurlehrlinge, werden sie dressiert wie Parteiagitatoren? Eine solche Frage zu stellen ist grotesk und solch eine Forderung für eine ganze Generation zu erheben, wäre geradezu absurd. Es wäre der dümmste, roheste Klerikalismus, der nur seine eigene Klasse kennt und als Maßstab nimmt, als die einzig berechtigte und alleinseligmachende ‹päpstlichste› Hochkirche des ‹Proletariers› als des hochheiligsten Gottes. Man kann einem Dichter nicht diese oder jene Inspirationsquelle vorschreiben. Mag er seine Inspiration schöpfen, wo er will, wenn er nur ein Werk, dem künstlerische Werte innewohnen, hervorbringt, wenn er nur nicht Partei-Manifeste und -Programme reimt, sondern seine Gedanken und Gefühle so vollkommen und individuell wie möglich zum Ausdruck bringt, nicht nur als Nachahmen, Abhören von aus allen Winkeln zusammengefegten ‹Äffereien›, wenn er nur die andern nicht zwingt, seine Ansichten und Hoffnungen zu teilen. Tue er, was er will, jeder Dichter ist im Grunde, im Kern seiner Persönlichkeit, subjektiv. Es gibt keine unpersönliche Poesie, es gibt keine Massen-Kunst. Die Tatsache allein, daß diese jungen Literaten in großer Zahl etwas so Abscheuliches akzeptieren wie eine sogenannte ‹Diktatur des Proletariats›, Klassenbewußtsein und Kommunismus, und so etwas ernst nehmen können, zeugt von ihrem elenden geistigen Niveau.»

So fuhr der Kritiker noch in vielen, in pompösem ästhetisierendem Tschechisch geschriebenen Sentenzen mit berserkerartiger Entrüstung fort, und nachdem er, von ätzendem Spott begleitet, zwei kurze Gedichte Hoffmeisters zitiert hatte, beschloß er sein Furioso mit einem brutalen Finale:

«Dazu noch ein Stück orthodoxer ‹proletarischer Poesie›, wie die Verse, die Jaroslav Seifert im ‹Proletkult› verbrach.»

Und nun folgt ein langes Zitat aus dem «Glorreichen Tag», folgen die Verse, die ich ganz zerknirscht schon oben zum größten Teil freiwillig zitierte. Und Procházka schließt mit den pathetischen Worten:

«Das ist doch wahre Völlerei: gleich ein ganzes Fäßchen Kaviar! Welch einen guten Magen verrät es. Und noch besser, geradezu mit Stumpfsinn ausbetoniert muß der ‹geistige Magen› sein, der solch eine Poesie verträgt und sie verdauen kann.»

Viel später ließ sich in den «Literární rozhledy» (Literarische

Rundschau) die sanft vorwurfsvolle, leise und nachsichtige Stimme des Dichters Antonín Sova vernehmen.

Den Dichter Sova liebte ich. In der Atmosphäre seiner Poesie fühlte ich mich wohl. Wir alle hatten ihn gern. Vor allem Josef Hora. Auch sein schweres Schicksal rührte uns. Wie oft wurde Sova fast tödlich verletzt. Seine schöne Frau verließ den kranken Dichter, der für immer an den Lehnstuhl gefesselt war. Josef Hora erzählte einmal, wie er Sova, dessen Einladung folgend, besuchte. Der Dichter begrüßte ihn hocherfreut, versuchte aber vergeblich, ihm entgegenzugehen. Er machte nur ein, zwei taumelnde Schritte, breitete die Arme aus und sank wieder in seinen Stuhl. Sova war allein und lebte nur mit seinem Sohn, der ihm treu geblieben war. Jemand zeigte uns ein Foto seiner Frau. Sie war wirklich eine wunderschöne und elegante Dame. Wahrscheinlich hätte sie außergewöhnlich viel Liebe und Geduld gebraucht, um dem Dichter treu zu bleiben. Das Leben hatte mit dieser Ehe wirklich ein grausames Spiel getrieben.

In einem Aufsatz, den er «Na okraj starší i novější sociální poezie» (An den Rand der älteren und neueren Sozial-Poesie geschrieben) nannte, erzählt der Dichter zuerst, daß es ihm, als er die «Vybouřené smutky» (Ausgetobte Trauer) schrieb, nicht gut ging.

«Ich führte wirklich ein hartes, quasi proletarisches Leben von einem Tag zum andern, mit wenig Freuden und oft am Hungertuch nagend.»

Ging Sova damals zu einem Begräbnis oder war er zu einer Hochzeit eingeladen, mußte er sich von einem bessergestellten Freund einen Bratenrock leihen.

Als es ihm später ein bißchen besser ging, erwies er bedürftigen Freunden den gleichen Liebesdienst. So lernte er in seinem Leben schon bald das Los der Menschen kennen, die unterdrückt werden. Er wurde auch mit dem Milieu und der Lebensperspektive der Leute vertraut, die Macht und Geld hatten und andere unterdrückten. Diese nüchterne Erkenntnis brachte ihn dazu, nach einer geeigneten dichterischen Form zu suchen, um dem «allmenschlichen Massen-Leid» Ausdruck zu verleihen. Und dies ist in den «Vybouřené smutky» geschehen. «Die junge Generation» – und das waren damals wir – «darf nicht vergessen, daß die Lösung ihrer Probleme leichter wird, wenn sie sich den Idealen des werktätigen Proletariats verschreibt, so daß sie, kraftvoll und mit Talent, eine andere, viel durchgeistigtere und lebensechte Form der Sozial-Poesie schaffen kann. Wenn das Werk der Älteren in seiner Lebensauffassung sentimental ist» – fährt Sova fort – «was müßten wir über das jetzige Schaffen der Jüngeren sagen. Bis auf geringe Ausnahmen ist es ebenso sentimental geblieben. Oder sind jene Proteste oder Gedichte, die die Ausschweifungen der Bourgeoisie genießerisch und in allen Einzelheiten schildern, all ihre Leckerbissen und noblen Getränke, jene transozeanische Jagd nach dem Dollar, jenes Hinunterspülen der Not mit Alkohol unter dem Gebrüll von Jazz-Bands, jener Haß gegen die Ausbeutung in den Fabriken, sind es nicht sentimental zugespitzte Appelle zur Nichterfüllung der Verpflichtungen gegenüber der Gesellschaft im weitesten Sinne? Solange die Menschheit im Umbruch ist und solange der im Zeichen des Hasses verlaufende Prozeß nicht mit der Befriedigung der unterdrückten Klasse endet, solange kann auch jene ersehnte Poesie nicht entstehen, die das Positive der gemeinsamen Arbeit besingt.»

Die Glosse schrieb Sova sozusagen im nachhinein an den Rand meiner unseligen Verse. Wie konnten wir mit dem großen und geliebten Dichter übereinstimmen, wenn andere Meinungen, wie man sogleich aus einem Zitat Teiges erkennen wird, bereits ganz präzise formuliert und gegen das Bürgertum eingestellt waren, eine Klasse, mit der zu «gemeinsamer Arbeit» uns zu verbinden wir uns keineswegs sehnten, die wir vielmehr widerlegen wollten? Auf dem Felde der Poesie erkannten wir vorläufig nur die offensiv kämpferische proletarische Poesie und Literatur an.

Eine der bedeutendsten unter den literarischen Stimmen, die sich nach Veröffentlichung meines Gedichts hören ließen und meine unbeholfenen Verse kommentierten, die Stimme S. K.

Neumanns habe ich mir bis zum Schluß aufgespart. Den Dichter empörten nicht so sehr die rüpelhaften Verse, die er ja selbst abgedruckt hatte, sondern Teiges Nachwort zu meinem Buch.

Teige war darin wirklich über das Ziel hinausgeschossen und hatte die Position der damals jungen, gerade erst beginnenden Poesie und die Bedeutung meines Werks tatsächlich reichlich übertrieben gewürdigt. Im Nachwort zu meinem Band schreibt er:

«‹Samá láska› (Lauter Liebe)» – so hieß mein Buch – «hat keine Tradition außer der eigenen und der, die die Atmosphäre der heutigen Jugend und der heutigen Revolution ist. Inhaltlich bewegt sie sich in der proletarischen Welt. Aus ihr hat sie neuen Schaffensgeist und neuen Wagemut geschöpft. Neuen Mut. Ihn besingt sie und ihre Sehnsucht. Sie zerstört die verlogenen Illusionen über den Arbeiter; zerbricht den elenden politischen Märtyrer-Nimbus, mit dem die Spießbürger und falsche sozialistische Poeten ihn umgeben haben. Sie rückt ihn in das richtige Licht. Sie besingt seine primitivsten physischen Träume, die ihm in jeglicher weltlichen Gestalt heiliger Nektar und Ambrosia sind.»

Teige, ein in seinen späteren Jahren unerbittlicher, ja, unversöhnlich kritischer Geist, hatte meine in «Samá láska» unter der Flagge der roten Avantgarde «segelnden» Verse offensichtlich überschätzt. Und Neumann, der in Teige schon damals seinen künftigen und unnachgiebigen polemischen Widersacher ahnte, versuchte in seiner ausgedehnten Studie «Proletarische Kunst» «brühwarm» mit ihm abzurechnen. In einem Kapitel, das er meinen ersten Büchern widmete, drückte er deutlich seine Enttäuschung über meine neue Poesie aus. Er meinte, «der erwähnte Autor sollte nach seinem ersten Band ‹Město v slzách› (Stadt in Tränen) mehr in die Tiefe gehen und nicht nur auf den Ruf nach circenses, sondern auch nach panem hören». «Seifert kennt zwar nach seinem kühnen ‹Glorreichen Tag› auch diese Forderung, doch nur in ihrer primitivsten Gestalt und ist nur fähig, sie sich in Richtung auf eine vulgäre Genußsucht – im weitesten Sinne – zu eigen zu machen.» Und Neumann fährt fort: «Wenn das Nachwort zu seinem Band dies Gedicht Seiferts voll ‹neuen Wagemuts› sieht, der die verlogenen Illusionen über den Arbeiter zerstört, so kann es sich hier nur um eine grobe Unausgegorenheit und Ungehobeltheit handeln, über die man, im Interesse der jungen Leute, denen sie vorläufig gefällt, lieber schweigt.»

Soweit Neumann über meine «unglücklichen» Verse. Damit könnte ich enden. Doch es bedarf noch einiger Worte, mit denen ich diese allzu lange Mai-Geschichte durch eine kleine Pointe beschließen möchte.

In einer Mitte Oktober 1928 erschienenen Nummer der «Literární noviny» (Literarische Zeitung) veröffentlichte Josef Hora ein interessantes Interview mit Ivan Olbracht. Hora fragte Ivan Olbracht darin unter anderem: «Zuweilen schreiben doch auch Künstler proletarischer Herkunft bourgeoise und ‹Luxus›-Literatur?» Olbracht darauf: «Das stimmt. Die Menschen leben nicht immer das Leben und für die Ziele der Klasse, aus der sie hervorgegangen, es kann auch eine seelische Reaktion sein: gelebtes Elend – erträumter Luxus. Leute, die sexuell ausgehungert sind, schwelgen in leidenschaftlichsten erotischen Träumereien und bist du ohne Nachtmahl zu Bett gegangen, träumst du von den üppigsten Gelagen. Dies ist mir aus dem bekannten ‹gastronomischen› Gedicht Seiferts völlig klar geworden, das einmal ein bißchen literarische Sensation machte. Heute kann Jaroslav sich an Emmentaler Käse satt essen, vom Wein hat er auch schon gekostet, so werden die Laibe Emmentaler in seinen Gedichten kaum mehr auftauchen und der Wein nur noch als Metapher.»

Erst nach einem halben Jahrhundert meldete sich noch eine weitere Stimme zu Wort und zwar die eines jungen mährischen Historikers. Er schrieb ein paar Zeilen, in denen er auf diese Affäre eingeht:

«Für Seiferts Auffassung von der Revolution ist vor allem das Gedicht ‹Ein glorreicher Tag› bezeichnend. Noch unlängst wurde es als Ausdruck des egoistischen Verlangens eines proletarischen Dichters nach bourgeoisen Genüssen interpretiert.

In Wirklichkeit handelt es sich aber um den aufrichtigen Ausdruck der Wünsche einer gesunden Jugend, der Versprechungen für die Zukunft und Hinweise auf diese nicht genügen; um eine ganz andere Einstellung zur Welt, wie die alte Sozial-Poesie sie hatte, wie sie sich die Welt vorstellte, eine Poesie, die nur ihr Mitleid mit den Leiden der Armen aussprechen wollte.»

Dies schrieb Jiří Rambousek, und ich will glauben, es ist die letzte und allerletzte Stimme zu diesen meinen schwachen, unseligen und mißglückten Versen.

Na, bitte! Die Franzosen sagen: Soviel Geschrei um eine einzige Omelette. Und ich könnte sagen: Soviel Gerede um ein einziges Scheibchen ungarische Salami!

«Dessert Maryša»

In Zeiten, da die tschechischen Schriftsteller noch als quasi «Besprisorni» durch Hain und Flur ihrer Heimat irrten, als sie, sofern überhaupt organisiert, nur dem «Syndikat der tschechischen Schriftsteller» angehörten – dies war eine recht lockere Organisation, der Kampfaktionen fernlagen –, riefen die slowakischen Schriftsteller ihre Kollegen, nach sowjetischem Vorbild, zu einem Kongreß nach Trenčianské Teplice zusammen: Sie wollten dort ihr künstlerisch-politisches Programm verkünden und ihre Einheit wie auch ihre berufsständische Exklusivität demonstrieren. Offensichtlich waren wir in Böhmen in dieser Hinsicht «zurückgeblieben». Zu dem Kongreß lud man auch einige tschechische Autoren ein. Ich war darunter, und ich reiste gern. Mit dem slowakischen Dichter Laco Novomeský war ich gut Freund, wir mochten uns.

Die slowakische Schriftstellerin Zuzka Zguriška schrieb in ihrem Memoirenband «Strminou liet» über diesen Kongreß und unsern Besuch u. a.:

«Ende Mai 1936 fand in Trenčianské Teplice der erste Kongreß der slowakischen Schriftsteller statt. Hier trafen wir auch zum ersten Mal offiziell mit unseren Brüdern aus den Reihen der tschechischen Schriftsteller zusammen. Von den slowakischen Autoren waren praktisch alle da, von den ältesten wie Gregor Tajovský, Janko Jesenský und Vávro Šrobár, bis zum damals jüngsten Dichter Janko Kostra...

Janko erschien in Uniform, er leistete gerade seinen Grundwehrdienst ab. Er saß neben Seifert und lauschte andächtig dessen begeisterten Worten über die slowakische Poesie. Lustig ging's zu, wenn wir abends beim Wein saßen. Die meisten der anwesenden tschechischen Autoren sah ich zum ersten Mal, doch freundete ich mich mit allen gleich an. Marie Majerová wurde meine Freundin. Mein Pseudonym gefiel ihr. Sie sprach meinen ‹nom de plume› zärtlich, fast kosend aus und wiederholte immer wieder, wie schön er klinge. Jaroslav Seifert bezauberte alle durch seine Herzlichkeit und seinen Witz. Die Pokale klangen, der Wein perlte in den Gläsern und unsre Augen strahlten vor Freude über die herzliche Verbundenheit mit unseren Schriftsteller-Brüdern, denen wir so nahegekommen waren...» usw.

Seit jenen Tagen unserer ausgelassenen, sorglosen Jugend sind schon fast vierzig Jahre vergangen.

Ist ein Mensch einmal so alt geworden wie ich, faßt er den Entschluß, seine persönlichen Dinge zu ordnen. Zum Beispiel seine alte Korrespondenz. Dies in Angriff zu nehmen, wage ich aber noch nicht. Sie ist bei mir ziemlich in Unordnung, aber um eine Ausrede zu haben, sage ich mir immer, dazu hätte ich ja noch Zeit genug.

Wenigstens habe ich mich nun darangemacht, meine alten Fotos zu sichten. Ich habe eine Menge. Ich verstaute sie jahrelang in flachen Pralinenschachteln, die ich mir auf die eine oder andere Weise beschaffte. In den letzten Jahren werde ich damit von meinen zwei Enkelinnen versorgt. Leer haben die Bonbonnieren keinen Wert mehr für sie. Und so geschah es, daß ich in einer dieser Schachteln, deren Deckel mit einem riesigen

Rosenstrauß und der goldenen Inschrift «Dessert Maryša» geschmückt ist, auch eine alte Aufnahme aus Trenčianské Teplice entdeckte, auf der wir alle, die an dieser literarischen «Bildungsreise» teilgenommen, verewigt sind.

Vor der Kamera hatten sich Marie Majerová und Frau Jiřina Kopta, die mit ihrem Mann gekommen war, bei mir eingehakt, und so stehe ich gegen meinen Willen im Mittelpunkt des Bildes, auf dem nur die beiden und Frau Anna Maria Tilschová glänzen sollten. Auf dem Foto trage ich eine Wucherblume im Knopfloch und gucke recht vergnügt in die Welt. Warum auch nicht. Stand ich doch mit zwei so hübschen und ansehnlichen Damen in «Tuchfühlung». Auch die andern lächelten. Vermutlich war uns allen wohl.

Die beiden schönen Damen sind schon gestorben. Marie Majerová ist erst unlängst von uns gegangen. Lange kämpfte sie gegen die Zeit und ihre Krankheit. Bis zu ihren letzten Tagen drehte sie sich immer ein paar lustige Löckchen auf die Stirn.

Auch Josef Kopta hat uns verlassen. Er wollte nicht aus der Welt scheiden! Hinter ihm, ein Monokel im Auge, steht Hanuš Jelínek, der alte «Feschak», der den beiden hübschen Frauen den Hof machte. Auch er schläft schon auf dem Wyschehrader Friedhof und würde, könnte er's, die Schwingen des Genius betrachten, der unweit seiner letzten Ruhestatt auf dem Sandsteinsarkophag des «Slavín» thront. Seine damalige Bildnachbarin Anna Maria Tilschová ist ebenfalls tot. Petr Křička, Autor der schönen «Medynia Glogowska», schlich sich in den stürmischen vierziger Jahren leise wie auf Zehenspitzen davon. Josef Hora konnte nicht lange die laue Luft der Freiheit genießen und starb im Juni 1945. Schließlich hat auch B. M. Klika seine ungetreuen Balletteusen vom Nationaltheater verlassen, die er ausdauernd und vergeblich – alle auf einmal – liebte.

Betrachte ich auf dem Bild mich selbst, klingt mir der stereotype und unvermeidliche Satz im Ohr, den man zu hören kriegt, wenn man die Auskunft anruft: Legen Sie nicht auf, Sie sind gleich an der Reihe.

Wenn ich heute durch die Straßen gehe, eile ich nicht. Und mir scheint, als wären alle diese meine Freunde und Bekannten hinter einer Ecke versteckt und warteten auf mich.

Die slowakischen Kollegen mögen mir verzeihen, ich weiß, meiner Treu, nicht mehr, was sie auf dem Kongreß alles erzählt haben und was sich dort im einzelnen tat. Falls jedoch ein Lächeln auf einem anmutigen Gesicht eine Initiale, eine Gedächtnisstütze sein kann, so erinnere ich mich lebhaft an die Betka Poničanová, die mich damals so herzlich, doch vergebens an ihren Tisch bat. Die Slowaken sind viel geselliger als wir Tschechen. Schade! Ich bedaure es bis heute. Was sie wohl macht?

Stattdessen setzte sich an jenem Abend der junge slowakische Priester und Dichter Rudolf Dilong zu uns. Er war Ordensbruder, ein Franziskanermönch. Als Dichter war er Surrealist. Wie er all das unter seinen Priesterhut brachte, weiß ich nicht. Zu dem Kongreß kam er auf einem Motorrad angerast. Er war so natürlich, daß es mich überraschte. Und er ordnete sich bestens in unsere Clique ein. Der Dichter Boleslav Lukáč hänselte uns, weil wir uns von seiner Mönchskutte hätten «einwickeln» lassen und fügte hinzu, vermutlich hätte auch ein Schornsteinfeger größten Eindruck auf uns gemacht, wenn er dort aufgetaucht wäre. Doch er irrte.

Dilong war ein lebhafter, temperamentvoller Mann von aufrichtiger Mitteilsamkeit, übersprudelnd von Einfällen und Witzen. Seine Augen ließen kein Mädchenantlitz in Frieden, das dort auftauchte. Mit mir freundete er sich herzlich an.

Gegen Morgen erhob er sich von unserem Tisch, zündete sich draußen vor der Haustür eine Zigarette an, schürzte seine Soutane, schwang sich auf sein Motorrad und brauste in die nahe Kirche, um dort die Messe zu lesen. Seiner Einladung folgend, wohnte auch ich ihr bei. Mit der inbrünstigen Demut, die den Franziskanern eigen ist, kniete er vor dem Altar, lobpries mit dem Mund, der noch vor kurzem slowakische Liebeslieder gesungen, den HERRN und zelebrierte die Messe mit würdigem Ernst.

Am Tag nach dem Kongreß fuhren wir wieder heim. Ich reiste mit Horan noch über Hlohovec nach Preßburg (Bratislava), wo er für seine Redaktion etwas zu erledigen hatte.

Es wäre unverzeihlich, durch diese Stadt zu gehen und nicht in eine der Weinstuben, bei denen «ausgesteckt» ist, einzukehren, wo man gewiß einen Bekannten traf.

Schon wollten wir uns zur Ruhe begeben – da wir anderntags zeitig in der Früh die Heimreise antreten mußten – da gab jemand meinem Freund Hora den heißen Tip, wenigstens für ein halbes Stündchen in eines der Preßburger Nachtlokale hineinzuschauen, das unweit unseres Hotels in einer Ufergasse lag. Dort fänden wir ein Stück des faszinierenden nächtlichen Wiens, das, wie ihr wißt, nur knapp eine Stunde Fahrt von Preßburg entfernt liegt.

Mit einigen Schwierigkeiten fanden wir das Haus. Man stieg eine Treppe hinab, die in die Bar führte. Damals lohnte es sich. Für einen heutigen Besucher, vor allem für einen, der den Westen kennt, wäre es wohl nicht so aufregend.

Ein geräumiger, elegant eingerichteter Saal mit halb verdeckten Nischen an den Wänden. Schon als wir eintraten, klang uns süße Zigeunermusik ins Ohr, umwehte uns ein leichter Duft. Vier Mädchen huschten lautlos über Perserteppiche. Zwei von ihnen waren sicherlich Ungarinnen. Sie waren dunkel und warfen den Gästen aus ihren weitgeöffneten, von langen Wimpern umschatteten Augen schmachtende Blicke zu. Die andern beiden stammten, wie wir nach einer Weile merkten, vermutlich aus Wien. Alle vier Damen trugen lange schwarze Röcke, die ihnen bis an die Knöchel wallten, und huschten auf eleganten Stöckelschuhen zwischen den Tischen umher. Das Oberteil ihres Körpers verhüllte von der Taille aufwärts nur ein Perlenschnürchen oder ein dünnes Kettchen mit einem goldenen Kreuzlein sowie das sanfte Odeur von Maiglöckchen und der Duft ihres Mädchenleibs. Sie servierten Getränke und Zigaretten auf silbernen Tabletts, waren freundlich und lieb und schauten so ungeniert und natürlich drein, als wären sie bis zum Halse zugeknöpft.

Wir nahmen Platz, und Hora raunte mir zu: «Schade, daß dein Franziskaner nicht da ist. In seiner Soutane würde er hier Staat machen.»

Dilong schrieb mir noch drei- oder viermal nach Prag und sandte mir auch seine Bücher. Dann ließ er nichts mehr von sich hören.

Nur einmal noch. Ich bin zu Hause, da klingelt plötzlich jemand ganz schüchtern bei uns. Eilig geht meine Frau aufmachen. Ein blutjunges Mädchen mit einem Kind in einem Federbettchen steht vor der Tür. Ein wenig überrascht bitten wir sie herein, doch noch auf der Schwelle stößt sie hervor:

«Ich bin Rudolfs Verlobte und zu ihm gekommen. Er schrieb, er wäre bei Ihnen.» Sie weinte bitterlich und tat uns herzlich leid.

Bald danach weilte ich zur Hauptversammlung der «Družstevní práce» wieder einmal in Preßburg. Im Restaurant des Grandhotels traf ich mich mit meinem lieben Boleslav Lukáč. Mit freundschaftlicher Schadenfreude teilte er mir mit, Dilong habe noch vor der Geburt seines Sohnes «in den Sack gehauen» und sich nach Südamerika abgesetzt, dort sei er «verschollen».

Oder, wie man in Amerika sagt, «in ein Loch vom Schweizer Käse gefallen».

Im «Dichter-Fauteuil»

František Halas hielt Hochzeit, er gab ein großes Fest, und die Jungvermählten, er und seine Frau Libuše, waren endlich vereint. Über zweihundert Liebesbriefe hat Halas seiner Geliebten und künftigen Frau geschrieben. Es war eine große Liebe. Die Briefe gibt es noch! Das Paar fand in der Kouřimská auf den Weinbergen eine bescheidene, aber gemütliche Bleibe, und der junge Architekt Heythum entwarf ein modernes Interieur für sie. Der Bücherschrank allein nahm sämtliche Wände des größeren Zimmers ein, in dem wir meist zu sitzen pflegten.

Die Eheleute Halas waren sehr gastfrei, und ihre Tür stand jedem offen. Alle Tage schaute jemand herein, oft trafen sich dort gleich fünf oder sechs von uns. Zwei Freunde waren hier fast regelmäßig zu Gast: František Bidlo und Josef Palivec. Ersterer wohnte unweit auf den Weinbergen und der andere gleich um die Ecke.

Wegen seines «Dichter-Lehnstuhls» mußte Halas von seinen Gästen ziemlich viel Spott einstecken. In guter Absicht hatte Heythum für ihn nämlich einen modernen und bequemen Lehnstuhl entworfen, den er «Dichter-Fauteuil» nannte; in seine Lehne war eine Milchglastafel eingelassen, in der Rille daneben lag ein Bleistift. Der Architekt meinte, Halas könne in dem Lehnstuhl sitzend über ein Gedicht nachsinnen und mit dem griffbereiten Stift gleich seine spontanen Einfälle und die ihm zugeflogenen Verse notieren. Soweit ich mich entsinne, thronte Halas selbst nie in seinem Dichter-Fauteuil. Zumindest nicht vor uns. Die unzähligen Witze, mit denen seine Gäste ihn regelmäßig durch den Kakao zogen, hatten ihm den schönen Lehnstuhl verleidet. Doch nicht nur seine Gäste machten sich über ihn lustig. Die Kunde von dem «Dichter-Fauteuil» war auch in die Öffentlichkeit gedrungen, und der «Fauteuil» wurde zu einem satirischen Begriff. Halas trug es mit Mißmut.

Dafür machte es sich František Bidlo, Halas' Freund und enger Vertrauter, mit nonchalanter Selbstverständlichkeit in dem berühmten Fauteuil bequem. Bidlos Sticheleien waren oft recht giftig, doch Halas empfand für Bidlo aufrichtige Sympathie und verzieh ihm großmütig seine Frechheiten. Bidlo zeichnete seinen Freund Halas oft, und seine Karikaturen, vor allem die nur für den «Hausgebrauch» bestimmten, waren keineswegs freundlich.

Doch so war Bidlo eben!

«Er hat eine Nase wie ein Neidnagel», pflegte er von Halas zu sagen, «und die zeichnet sich gut.» Auch Halas' Frau «Buňka» wählte Bidlo gern als «Modell». «Buňka» nannte man sie wohl schon seit ihrer Kindheit, und über ihren grotesken

Spitznamen staunte keiner mehr. Wollte Bidlo seinen Freund Halas ein wenig ärgern, zeichnete er sie im Badekostüm, wie sie sich mit einem seiner Freunde küßte. War «Buňka» aber böse, weil Halas schon die x-te Weinflasche entkorkte, zeichnete er sie, wie sie selbst aus einer vollen Flasche säuft.

Es war ein harmloser Spaß, und obwohl Halas dagegen protestierte, zerriß Bidlo seine Zeichnungen gleich wieder. Er sprühte von witzigen und lustigen Einfällen. Zuweilen waren sie auch recht bissig.

Im Dichter-Fauteuil sitzend, ruhte und rastete er nicht. Er skizzierte und zeichnete auf die Glastafel, und zwar meist die Anwesenden oder jene, über die man gerade tratschte. Schade um all die Zeichnungen, die er gleich wieder wegwischte. Seine Karikaturen «kommentierte» er mit spitzen Bemerkungen, und er schonte niemanden. «Er gönnt seinem Maul keine Ruh'», pflegte Halas von ihm zu sagen.

Einmal fuhren wir mit der Trambahn zu Halas hinaus und, unten am Wenzelsplatz stieg eine hübsche junge Dame ein. Der Schalk schaute ihr aus den Augen. Bidlo bot ihr galant seinen Sitzplatz an. Sie mußte teuer dafür bezahlen. Über ihr stehend, begann er ihr gleich den Hof zu machen. Sie nahm es zum Glück mit Humor und lachte nur über seine Avancen. Sie hatte, wie man so sagt, ein «musikalisches Ohr». Als Bidlo ihr vorschlug, sie in ihre Wohnung zu begleiten, wandte sie, nun schon halb im Ernst ein, sie wäre verheiratet und würde daheim von ihrem Gatten erwartet. Darauf Bidlo ruhig: «Das macht nichts! Ich bitte ihn einfach, heute mal auf dem Sofa zu schlafen.» Die Dame mußte so lachen, daß ihr die Tränen kamen. An der nächsten Station stieg sie aus, ganz rot im Gesicht, und Bidlo winkte ihr herzlich nach.

Halas sagte immer zu ihm:

«Dein loses Maul wird dich noch mal ins Unglück stürzen.»

Keiner ahnte, wie grausam sich seine Worte bewahrheiten sollten.

Ansonsten war Bidlo aber ein guter Kumpel und bemühte sich, trotz seiner scharfen Zunge, keinem allzu weh zu tun.

Lange erinnerten wir uns noch an seine Besuche bei uns in Bräunau.

Bald nach Beginn der deutschen Besetzung fing, auch was die Versorgung betraf, eine schlimme Zeit an. An Lebensmitteln herrschte immer größerer Mangel. Bekamen wir einmal eine Gans vom Lande, war es eine hochwillkommene Gottesgabe. Bidlo aus seinen üblichen «Gefilden» zu uns nach Bräunau hinauszulocken, hätte ich kaum geschafft. Doch die Gans war meine Fürsprecherin. Er schmauste fürs Leben gern und hatte einen gesegneten Appetit. Es war ein Vergnügen zuzusehen, wie es ihm schmeckte. Nach dem Essen brachten meine Kinder ihm Papier und Bleistift und baten ihn, ihnen «was Schönes» zu zeichnen! Zu meinem Erstaunen griff er bereitwillig nach dem Stift. Er nahm ein Blatt und tüpfelte etwa zwanzig Punkte darauf.

«Das ist Mohn», erklärte er mit ernster Miene. Dann machte er ein paar kleine Bögen und bezeichnete sie als «Kümmel». Auf ähnliche Weise malte er noch «Pfeffer» und «Paprika». Schließlich reichte er ihnen ein leeres Blatt, erklärte, er habe darauf *nichts* gemalt, das sei seine beste Zeichnung. Als er die Enttäuschung der Kinder bemerkte, griff er wieder zum Bleistift und zeichnete mit einigen meisterlichen Strichen einen Elefanten, der das Ende seines Rüssels in das runde Loch eines Fasses versenkt. Es war ein Elefant, der nur Pilsner Bier trinkt. Dann fügte er noch einen lustigen Tiger hinzu, der sich ein Debrecziner Würstchen mit Kremser Senf schmecken läßt. Schließlich malte er als Zugabe noch sein eigenes Gesicht, das von Ohr zu Ohr grinste.

Bidlo sagte immer, er spitze seine Bleistifte mit dem Bajonett, das er von der Piave-Front heimgebracht habe und das er jeden Tag mit Zyankali poliere. Darum seien seine Zeichnungen so spitz und böse. Bidlo hatte Adleraugen. Es genügte, daß er jemanden anschaute, und schon fand er in jedem Menschenantlitz etwas Bezeichnendes, Charakteristisches, das er dann bravourös ins Groteske verzerrte.

Während der Nazi-Besetzung trafen wir uns jeden Freitag

und zuweilen auch unter der Woche in dem Automaten-Restaurant «U Nováků (Bei Novák) in Holešovice. Der «Automat» war mit dem benachbarten Fleischerladen verbunden, und einer der leitenden Angestellten überließ uns meist ein Stückchen Fleisch oder Wurst ohne «Karten».

Während der Okkupation konnte Bidlo seine Karikaturen nirgends veröffentlichen. Seine Bekannten kauften freilich recht gern seine Zeichnungen, vor allem, wenn sie selbst darauf verewigt waren. Ein paar Käufer fanden sich auch im «Automaten», in dem eine recht bunt zusammengewürfelte Gesellschaft verkehrte, darunter viele Sänger und Schauspieler von Prager Bühnen. Der Komiker Jiři Plachý fand sich dort ein, der Bildhauer Jindřich Wielgus, dessen Atelier nur ein paar Schritte entfernt lag, Filmdiven, von denen manche, wie Adina Mandlová, eine Schönheit mit «schmutzigem» Gewissen, eher berüchtigt waren. Auch Nezval ließ sich ein paarmal dort blikken. Und viele andere Künstler, bekannte und weniger bekannte ... außerdem ein paar andere Hanswürste.

Bidlo war oft dort. Er sagte immer, er fröre zu Hause! Im Winter heizte er mit verpatzten Zeichenblättern, die er in Wasser tauchte, zu kleinen Kügelchen zusammenknüllte und dann trocknete. Er behauptete, sie brennten wie Anthrazit, doch habe er leider zu wenig davon.

Hin und wieder verzogen wir uns aus dem Automaten in ein anderes Lokal. Vor allem, wenn wir erfuhren, daß es irgendwo noch einen Tropfen Wein gab. So fanden Palivec und ich uns einmal in einer kleinen, weltabgeschiedenen Bar in der Messegasse wieder, wo Wein ausgeschenkt wurde. Kaum hatten wir uns einen Schoppen bestellt, stolperte ein junger, leicht angesäuselter SS-Mann in die Schankstube. Bidlo maß ihn mit den Blicken, setzte sich seelenruhig neben ihn – und begann sogleich, auf ihn einzureden. Wir hörten nicht, was er dem «Totenkopf-Jüngling» erzählte, doch wir erstarrten fast vor Schreck. Später erfuhren wir von Bidlo, was damals geschah. Der Deutsche saß da, und Bidlo redete auf ihn ein «wie ein Wasserfall». Wir warteten, wann der SS-Mann aufstehen und

Bidlo verhaften würde. Doch nichts dergleichen geschah, ja es hatte sogar den Anschein, als höre der Deutsche Bidlo aufmerksam zu.

Zuerst malte Bidlo ihm in düsteren Farben die trübe Zukunft an die Wand, die seiner harrte. Man werde ihn nicht lange in Prag belassen, sondern ihn an die Ostfront schicken, die eine wahre Hölle sei. Die sowjetischen «Katuschas» (Stalinorgeln) mit ihren Raketen wüteten dort verheerend. Sie verbrennen alles, was fleucht und kreucht. Er wird fallen, eh er sich's versieht, seine Mama wird schrecklich weinen und schließlich an gebrochenem Herzen sterben. Diese rührende Schilderung war für den SS-Mann zuviel. Er zitterte, und ein paar Tränen rollten auf die Totenkopf-Uniform mit den schwarzen Kragenspiegeln.

Bidlo rühmte sich dann, er sei der einzige Tschechoslowake, dem es gelungen sei, einen SS-Mann zum Weinen zu bringen. Ich erinnerte mich an Halas' Worte. Der Deutsche wankte wieder hinaus, uns fiel ein Stein vom Herzen, und Bidlo lächelte zufrieden.

Während des Krieges verschwanden Bier und Wein aus den Läden. Was man feilbot, ließ sich nicht trinken. Natürlich waren auch hochprozentige «Lebenselixiere» passé. Doch die findige tschechische Seele wußte sich Rat. Die durstigen Trinker begannen, sich zu Hause geistige Getränke zu brauen. Während des Ersten Weltkriegs hatte man in den Haushalten Braunbier «gekocht». Es schmeckte schauerlich.

Im Zweiten Weltkrieg brannte man Schnaps. Jedermann bastelte sich seine eigene «Destille». Auch Bidlo beschaffte sich ein recht patentes Gerät aus Kupfer und Glas. In dem Kupfertiegel brannte man alles: verfaultes Obst mit Zucker, schmutzige Melasse, Honig, alte Marmelade. Die Glasröhren mit den Spiritusdämpfen wurden dann in der Wasserschüssel, einem Lavoir, mit kaltem Wasser abgeschreckt. Darum nannte man den «Hausbrand» auch «Lavorovice» oder – von Lavoir und Slibowitz – Laworowitz.

Beim ersten Brennen tropfte eine trübe Brühe heraus, die

man noch einmal destillieren mußte. Anspruchsvolle Trinker brannten den Schnaps sogar zweimal und nahmen in Kauf, daß der «Ertrag» nur halb so groß war.

Bidlo hatte seine «Destille» bei einer seiner Bekannten aufgestellt, in der Straße, wo Halas wohnte. Er lebte mit seiner Mutter in einer kleinen «Pawlatschen»-Wohnung, und dort hätte es bald das ganze Haus gewußt. Schnapsbrennen war damals strengstens verboten. Als Schnapsbrenner brachte es Bidlo zu einer gewissen Perfektion. Das Zeug ließ sich trinken. Wenn er auch Halas ein paar Flaschen mitbrachte, wurde Buňka wirklich böse. Es war ein nicht allzu aromatisches, dafür aber desto berauschenderes Gesöff. Zur Strafe malte Bidlo Buňka, wie sie nur mit Strümpfen angetan aus einem Bierseidel Bidlos Destillat schlürft.

Doch Gott sei's geklagt, am Ende erfüllte sich Halas' düstere Prophezeiung doch. Kurz vor Kriegsende, als schon niemand mehr daran zweifeln konnte, wie der Krieg ausgehen würde, ließ sich František im Gasthaus «U Procházků (Bei Procházka) auf dem heutigen Mírové náměstí (Friedensplatz) darüber aus, was mit Hitler passieren werde, wenn der Krieg zu Ende sei. Einer der Anwesenden war ein Denunziant, und Bidlo wurde Mitte Januar zur Gestapo zitiert. Er kehrte nicht mehr heim, wir sahen ihn nie wieder. Man brachte ihn ins «Polizeigefängnis» auf der kleinen Festung von Theresienstadt, ein berüchtigtes KZ. Gegen Ende des Krieges erkrankte er dort an Typhus und Diphterie. Als man die siechen Häftlinge «selektierte», um sie dann hinzumorden, versuchte František mit allen Kräften, sich von seiner Pritsche zu erheben und den Gesunden zu spielen. Zeugen, die überlebten und Bidlos verzweifelten Kampf um sein Leben mitangesehen hatten, berichteten uns darüber.

Bidlos Bruder, ein hoher Beamter des «Protektorats»-Eisenbahnministeriums, erwirkte in den letzten Kriegstagen bei der Gestapo, daß er seinen kranken Bruder aus Theresienstadt in das Prager «Bulovka»-Spital überführen durfte. Ich weiß nicht, wie ihm das gelang. Den noch lebenden Bidlo brachte man zusammen mit Dr. Markalous auf die Bulovka, und dort starb er am 9. Mai, einem herrlichen Maientag, an dem die Sowjettruppen Prag einnahmen und die Stadt in einen Freudentaumel versank.

Nach dem Krieg fand Halas im Dejvicer Villenviertel eine etwas geräumigere Wohnung. Wieder besuchten ihn dort viele Freunde, und wieder saßen wir in einem Zimmer, dessen Wände ganz von Büchern «bedeckt» waren. Und an der einen Wand stand auch der «Dichter-Fauteuil». Doch keiner mehr nahm darin Platz.

Als ich mit Halas allein geblieben war – die liebe Buňka brachte uns gerade den Mocca – schaute Halas traurig auf den verwaisten Stuhl und seufzte mit von kaum unterdrückten Tränen erstickter Stimme:

«Und sein Lästermaul hat ihn doch umgebracht!»

Ein Kistchen holländischer Zigarren

Für die letzten Jahre seines langen und bewegten Lebens ließ sich Karel Horký in der St.-Gallus-Gasse in der Prager Altstadt nieder, nur einen Steinwurf weit vom Portal der uralten St.-Gallus-Kirche. Wann immer ich durch die Melantrich-Gasse vom Brückel (Můstek) auf den Altstädter Ring spazierte und einen Moment Zeit hatte, verweilte ich ein wenig in der Kirche. Um einer zärtlichen und sentimentalen Erinnerung willen.

In dem heute wie verlassen wirkenden Gotteshaus steht rechts neben dem Eingang in einer Nische ein kleiner Altar und darauf eine einst blütenweiße, heute verstaubte Statue Unserer Lieben Frau von Lourdes mit einem Rosenkränzlein in der Hand. Ich kenne sie gut und will euch gleich verraten woher.

Auf der heutigen Nationalstraße betrieb einst eine Frau Benešová-Machainová ein Klaviergeschäft – eine überaus fromme

Dame. Einmal unternahm sie eine Wallfahrt nach Lourdes, brachte die erwähnte Marienstatue nach Prag mit und widmete sie der stillen Kirche, durch die einst der Sturm des Aufruhrs gebraust war, und wo die Verfechter des Abendmahls in beiderlei Gestalt eine Tafel mit den Kompaktaten an die Tür genagelt hatten. Im Laufe der Jahrhunderte ist viel passiert auf der Welt. Jetzt herrscht hier Stille, Ruhe, und über alles breitet sich Trauer. Die Kirche ist tagsüber meist geschlossen. Jemand habe Altardecken und Leuchter gestohlen, erzählte mir eine alte Frau, die dort Kerzen feilhielt.

Als man weiland die Marienstatue in die Kirche brachte, um sie auf dem Altar aufzustellen und sie zu weihen, läuteten die Glocken, und ich war dabei. Ich zählte etwa dreizehn Lenze, nicht mehr. Und ich war mit meiner Mama da. Ich weiß nicht mehr, wie die Kunde von der Feier bis nach Žižkov drang. Wir gingen mit Frau Růžička aus der Dalimil-Gasse hin, mit der meine Mutter lange befreundet war. Frau Růžička hatte eine Tochter, Helenchen, die sie ebenfalls mitnahm, um sie dann in die große Schar von Kranzeljungfern einzureihen, die vor der Kirche standen und der Dinge harrten.

Helenchen war ein Jahr älter als ich und sah allerliebst aus. Die Feier war bei Gott wunderbar. Ich wußte nicht, wohin ich zuerst schauen sollte, und weil mir Helenchen so gefiel, schaute ich *sie* an. Ihr Gesichtchen mit den schwarzen Zöpfen um die Schläfen schwebte vor mir in einer Weihrauchwolke. Am Revers trug ich ein Rosmarin-Sträußchen, mit Schleifen geschmückt – wie ein Bräutigam.

Helenchens Mama behütete ihr Töchterlein aufs sorgsamste und ließ es auch während des Gottesdienstes keine Minute aus den Augen. Nicht etwa, daß sie um ihr Kind gebangt hätte, doch vermutlich gefiel die Kleine auch ihr. Sie war wirklich allerliebst.

Nur einmal gelang es mir, Helenchen aus den Žižkover Gassen fortzulocken. Wir schlenderten in die Stadt, «nach Prag», wie wir damals sagten, Hand in Hand aber erst ab dem Staatsbahnhof in der Hiberner Gasse. Wir fürchteten, jemand könnte uns sehen, der uns von Žižkov kannte. Weil wir uns auch in den Prager Gassen nicht sicher fühlten, flüchteten wir uns zu St. Gallus und verbargen uns neben der Marienstatue aus Lourdes. Die Kirche war fast menschenleer, nur in der Ecke gegenüber döste die alte Kerzenfrau neben einem stearinbetropften Ständer, auf dem ein paar dünne Kerzen brannten, vor sich hin. Wir hielten uns an den Händen, und als wir sahen, daß keiner kam, küßten wir uns leise. Es war Sommeranfang, und in der Kirche duftete es berauschend von altväterlichen Lilien.

Glaubt ihr, es sei eine Sünde gewesen? Eine Entweihung des heiligen Orts? I wo! Wir beteten dabei. Auch die Bibel spricht:

> Denn stark wie der Tod ist die Liebe,
> Leidenschaft hart wie die Unterwelt;
> ihre Gluten sind Feuersgluten …

Ja, so ist das, und ich lächle bei dieser Erinnerung. Wie schüchtern streichelte ich ihre Hand!

Helenchen ist in der Blüte ihrer Jugend gestorben. Damals wütete in Žižkov die Diphterie. Auch ich steckte mich an, doch genas ich bald wieder. Helenchen aber starb an der grausamen Seuche.

Ich vergaß, wie die Jugend eben vergißt: bald! Doch nie ganz. Heute erinnere ich mich! Und auf dem Weg zu Horký schwelgte ich in Erinnerungen. Es fiel mir schwer, mich an diesem Ort nicht Reminiszenzen hinzugeben.

Meinen Freund Karel Horký mochte ich seit meinen Gymnasiastentagen gern. Ich erinnere mich nicht mehr, was das erste war, das uns an ihm faszinierte. Vermutlich war es Horkýs «Cítanka» (Lesebuch), das František Němec entdeckt hatte. Wir lasen es mit wahrer Leidenschaft. Ich nahm es, unter den Lehrbüchern in meiner Mappe versteckt, sogar in die Schule mit. Unsere Bewunderung für Horký verflog auch nicht, als wir Gellner und St. K. Neumann zu lesen begannen. Wir verehrten in ihm einen mutigen, freien, nonkonformistischen Schriftsteller, der sich nicht fürchtete zu sagen, was er dachte.

Jahre später, ich hatte schon einige Bücher veröffentlicht und konnte mich Schriftsteller nennen, lernte ich Horký persönlich kennen. Einmal saß ich, in eine Zeitung vertieft, im Café «Slavia», da blieb an meinem Tisch ein netter, älterer Herr mit klugen Augen und graumeliertem Haarschopf stehen, schaute mich freundlich an und sagte:

«Sind Sie nicht der Seifert! Ich bin Karel Horký.»

Seit dem Augenblick waren wir Freunde und sahen uns von Zeit zu Zeit. Horký war ein lebhafter, ungemein wißbegieriger Mann, wie es gute Journalisten eben sind. Als Feuilletonist habe ich ihm schon längst einen Ehrenplatz zugewiesen zwischen Jan Neruda und Karel Čapek, zwei Meistern dieses Genre. Das Leben ließ ihn nicht rasten, und er ließ das Leben nicht ruhen. Er war impulsiv, flink und aufmerksam, ein Hans Dampf in allen Gassen und wußte über vieles zu schreiben. In seiner Jugend war die Reportage noch nicht erfunden, so mußte das «Feuilleton» für alles herhalten und genügen. Und es genügte ihm. Er verstand es, aufrichtig menschlich und dichterisch einfühlsam zu sein und konnte einem «aus der Seele» sprechen, wie man so sagt. Dabei hielt er seine Feder hoch. Von seinen Büchern fesselte mich der erste Band seiner Memoiren. Den zweiten kenne ich leider nicht. Der erste heißt «Dýmka míru» (Die Friedenspfeife). Es ist ein lebenssprühendes und geistreiches Buch, mit spontaner Lust am Fabulieren erzählt und somit auch spannend. Horký schildert hier einen wichtigen Abschnitt des tschechischen und böhmischen literarischen Lebens, das zwar nicht ganz unbekannt war und ist, das er aber auf ganz neue Art und nicht ohne Witz und Humor darstellt. Wenn Romangeschichten aufhören, uns zu interessieren, ist es eine wunderbare und einmalige Lektüre. Das Buch erschien, wurde aber gleich verboten. Es sind wohl nur noch ein oder zwei Exemplare erhalten. Daß es nicht erscheinen durfte, hatte nicht so sehr mit seinem Inhalt zu tun als mit dem Namen des Autors. Horký stand in jüngeren Jahren in unserem politischen Leben zeitweise ziemlich weit rechts. So verteidigte er zum Beispiel seinen Schwiegervater Dürich gegen T. G. Masaryk, wenngleich man hinzufügen muß, daß er die Grenzen des guten Geschmacks nie überschritt.

Dies «brandmarkte» ihn für immer, wenn er sich auch später durch seine ruhige und vernünftige Einstellung viele Sympathien erwarb. Davon zeugt auch sein ständiger freundschaftlicher Kontakt mit Leuten aus dem entgegengesetzten Lager. Er war ein Gegner, aber kein Feind.

Als Horký seinen fünfundsiebzigsten Geburtstag beging, kam ich ihm gratulieren. Ich setzte meinen Glückwunsch in Verse. Ein richtiges Gedicht war es nicht.

Bei seinen Reisen durch die Welt, die er in jungen Jahren unternahm, besuchte Horký einmal auch die wundertätige Quelle in Lourdes. Er blieb dort ein paar Tage, schaute sich alles genau an, erforschte, was es zu sehen gab und veröffentlichte nach seiner Heimkehr eine Broschüre «Sedm dní v Lourdech» (Sieben Tage in Lourdes), in der er seinen Besuch schilderte. Er schrieb seinen Report empört, mit jugendlicher Brutalität. Er befleckte das Andenken der kleinen Bernadette Soubirous und auch jener, die ihr erschienen sein sollte. Die Broschüre brachte durch ihre streitbare Tendenz die tschechischen Katholiken in Rage.

Auch der sündige Dichter ging einmal vorbei,
in seiner Broschüre liest man's schwarz auf weiß.

Dann wandte ich mich flehend an Unsere Liebe Frau von Lourdes, deren heilige Grotte Horký so unversöhnlich «entehrt» hatte.

Gewiß winktest du damals nur mit der Hand,
und das Leben ging. Jetzt steht dein
lieblich' Standbild bei St. Gallus
und schaut ihm fast ins Fenster …

Als Knabe trug ich dein Idol,
in diese Kirche, in die Kerzen schauend.
Dabei verliebt' ich mich in eine
Kranzeljungfer mit zwei dunklen Zöpfen.

Drum harr ich hin und wieder in dem Dome
an Altares Schwelle, vom Leben abgewetzt.
Du aber schaust mich freundlich stets noch an
so wie du blicktest schon vor vielen Jahren.

Dann bat ich die Jungfrau mit einem Schuß Ironie, dem alten Dichter zu vergeben und ihm noch mindestens zwanzig Lebensjahre zu schenken. Er sprudle über von Plänen und Einfällen, doch statt zur Feder müsse er zur Einkaufstasche greifen und sich, wie es damals unser aller Los war, anstellen, um für seine mehrköpfige Familie etwas zum Essen zu ergattern.

Für Milch steht er nun Schlange, und für Beuschel,
die Pflicht ruft ihn, die Speis'kammer zu füllen.
Heil dir, oh Jungfrau, dank für deinen Beistand.
ich glaube fest, du wirst mich doch erhören.

Ein paar Tage darauf besuchte Horký mich in Bräunau. Er hatte die Gewohnheit, sich im nahen Klostergarten von St. Margarethen zu ergehen.

Horký klagte, daß man diesen schönen Garten, in dem einst auch der berühmte Literat Julius Zeyer lustwandelte, so vernachlässige. Das barocke Treibhaus drohe einzustürzen, das alte Oktogon sei vom Grundwasser völlig durchgeweicht und dem St.-Adalberts-Brunnen habe man ein Schloß vorhängen und ihn abschließen müssen, weil die Bräunauer Waschweiber dort ihre Wäsche spülten. Die grünen Hagebuchen-«Tunnel» verdorrten schon, und die wundervolle Sonnenuhr auf einem Parkett von französisch gestutztem Buchsbaum sei verwachsen und von Unkraut umwuchert.

«Wäre ich jünger», sagte Horký, «ich würde in dem Sterben

des Gartens vielleicht eine gewisse morbide Schönheit entdekken. Doch wenn der Mensch alt ist, erfüllt's ihn mit Schwermut und Trauer.»

Einmal hatte ich von Bekannten ein Kistchen kostbarer holländischer Zigarren bekommen und bot sie Horký an. Er paffte gern solche Glimmstengel.

Nachdem er sich eine angesteckt hatte, und der duftende Rauch uns mit seinem ganz einmaligen Odeur umwallte, wandte er sich lächelnd an mich:

«Ich hab' Ihnen von einem alten Garten erzählt, doch ich will Ihnen noch was sagen! Sie haben mich an meine ‹Jugendsünde› erinnert. Wissen Sie, was ich tat? Ich ging zu der alten Marien-Statue und schaute sie mir an. Ich betete nicht, das nicht, doch ich entschuldigte mich im Geiste bei der Jungfrau für meine ungalante Pöbelei, für meine Unhöflichkeit. Nun ja, das Leben erteilt jedem eine Lektion. Man muß ja nicht unbedingt starke Worte gebrauchen, auch wenn man recht hat. Und schließlich und endlich bin ich ein überzeugter Feminist. Ich kann nicht sagen, daß ich auf meine alten Tage Umkehr gehalten hätte wie Paulus von Tarsus, doch ich habe mich wenigstens ein bißchen gedreht.»

Sagte es und blies einen eleganten silbernen Rauchkringel in die Lüfte.

Vier Meditationen am Grab eines Dichters

Auf den Wyschehrader Friedhof (eine Art Prager «Père lachaise») begebe ich mich jedes Jahr, meist Anfang März. Ich habe dort ein paar Freunde «wohnen», und zuweilen hege ich das Gefühl, als wäre nur ich allein noch auf der Welt. Heuer besuchte ich den Gottesacker an einem kalten Vorfrühlingstag; der Friedhof war wie ausgestorben. Zuerst lenkte ich meine Schritte zu meinem Freund Hrubín. Sein Grab ist noch ganz frisch. Er ist am 1. März gestorben.

Schon von weitem sah ich ein unbekanntes Mädchen vor seinem niedrigen Grabmal knien. Es hielt einen Strauß Schneeglöckchen und ein Gebetbüchlein in der Hand. Zumindest schien mir, es wäre ein Gebetbüchlein. Ich blieb stehen und wartete an Máchas nahem Grab, bis das Mädchen fortging. Hrubíns Grab ist schmal, und nur ein einziger Besucher hat Platz, davor zu verweilen. Ich wollte mit meinem toten Freund allein sein.

Aus meiner Jugendzeit habe ich mir eine heimliche Zuneigung zu diesem Ort der Toten bewahrt. Ich gehe gern auf Kirchhöfe. Meine Kindheit und meine Knabenjahre verlebte ich in trauter Nachbarschaft mit den Wolschaner Friedhöfen. Wir hatten es nicht weit dahin, und auch ein Kindergrab (unserer Familie) lag dort. Zudem blies man uns unter unseren Fenstern alle Tage Trauermärsche, und die Leichenwagen knarrten durch unsere Gasse. Diese Zuneigung, ja Anhänglichkeit, hatte aber nichts Morbides an sich. Ich ging auf den Friedhof, um dort Blumen zu pflanzen und sie zu begießen.

Auf dem Wolschaner Friedhof erlebte ich jauchzende Lenze und melancholische Herbsttage und dachte nie an den Tod.

Heute tu ich's!

Häufiger noch streifte ich zwischen den Grabmälern im alten Teil des Friedhofs umher, wo der Kirchhof an die Žižkover Gassen angrenzt, und suchte nach interessanten Grabinschriften. Als ich Nezval davon erzählte, vertraute er mir an, er wolle ein Buch schreiben, das «Nápisy na hrobech» (Grabinschriften) heißen würde.

Nach längerer Zeit legte das am Grabe Hrubíns «betende» Mädchen das Sträußchen auf seinen in einen Findling aus der Sávaza – das Grabmal des Dichters – eingravierten Namen; neben dem Stein sprossen schon ein paar lange, dottergelbe Safranknospen aus der Erde. Sie glichen den Flämmchen von Kerzen, die bis zum Docht unter Lehm verschüttet sind.

Das Mädchen kam zurück, und ich mußte ein wenig zur Seite treten. Die Pfade zwischen den Gräberreihen sind eng. Doch ich gesteh's lieber gleich. Ich wollte mir die junge Dame anschauen. Sie war blutjung und anmutig, wie nur die Jugend es ist. Sie trug kein Gebetbuch in der Hand, sondern eine Miniaturausgabe von Hrubíns «Romance pro křídlovku» (Romanze für Flügelhorn). Sie näherte sich mir, und ich konnte ihr ins Gesicht sehen, mein Herz begann schneller zu schlagen. Zum Glück stand ich unweit von Máchas Grab!

Ein Hauch von liebevollem und altväterlichem Liebreiz wehte mich an. Welch ein Leid!

Um diese Leserin beneidete ich meinen toten Kameraden.

II

Nach dem Tode Josef Horas pflegte ich meinen toten Freund an der Freitreppe des «Slavín» zu besuchen. Im Sommer glühte die steinerne Treppe unter dem Sonnenglast, und die in die Kränze auf dem Grab geflochtenen Rosen welkten wehmütig duftend dahin. Jetzt verweile ich auch an Hrubíns Grab. Es gibt Dinge genug, über die man an diesen beiden Gräbern nachdenken kann. So frage ich mich, warum wohl gewisse Leute Hrubín nicht glauben wollten, daß er wirklich krank sei. Auf seinem Grab streichle ich den vom Wildwasser geglätteten Grabstein aus der Sázava und denke, vielleicht sind einst die nackten Füße des kleinen Franzl über den Stein hinweggehuscht. Hrubín erzählte gern von der lieblichen Sázava.

Scheuchte uns – zu seinen Lebzeiten – das Morgengrauen von den Weingläsern auf, wanderten wir zusammen über die Elisabeth-Brücke heimwärts, schauten auf den Strom hinaus und lauschten dem Rauschen des Wehrs, das man nachts deutlich vernahm. František ging in Richtung St. Antonius, ich zum Schlachthof und zur Troja-Brücke. Um die Wahrheit zu sagen, schlichen wir zuweilen mit schlechtem Gewissen heim. Unsere Frauen konnten nicht schlafen und weinten. Die Poesie dagegen hatte gut lachen. Wir sprachen die ganze Nacht von ihr, und machten ihr unzählige Liebeserklärungen.

Nach Horas Tod besuchte uns oft seine Witwe, Frau Zdeňka. Ihr war traurig ums Herz.

Beklagte sich meine Frau gelegentlich bei ihr, ich sei so selten zu Hause und triebe mich nachts in Lokalen herum, sagte sie besänftigend:

«Ach, liebe Árinka, wenn mein Pepperl erst in aller Herrgottsfrüh heimkäm, so wär ich ihm nicht bös' und tät ihm keine Vorwürfe machen. Ich würd' ihn lieb begrüßen, ihm aus den Kleidern helfen, ihm auch die Füße waschen und die Kissen aufschütteln.»

Frau Hora hatte Sehnsucht nach ihrem «Pepperl»; sie besaß einen Schlüssel zum Slavín und verweilte dort oft. Doch es gefiel ihr nicht in dem engen feuchten Gang voller Spinnen, vom Modergeruch welkender Blumen und flackernder Dochte erfüllt. Sie sagte immer, hätte sie in jenen Schicksalsstunden nur einen klaren Gedanken fassen können, sie hätte ihrem Dichter lieber ein grünes Grab geschenkt. Dabei liegt Hora auf dem Slavín, wenn man so sagen kann, noch recht kommod!

Die Urnen einiger «Unsterblicher», deren goldene Namen noch ganz neu glänzen, sind in der letzten Längskoje aufgestapelt. Der Slavín ist einfach überbelegt.

Mein Freund Jan Zelenka, der sich, ich weiß nicht in wessen Auftrag, um die kulturelle Pflege des Wyschehrader Friedhofs und des Slavín kümmerte, äußerte sich einmal recht respektlos darüber.

«Wir haben die ‹Dosen› in die letzte Koje gequetscht wie Ananas-Konserven auf ein Speisekammer-Regal.»

František Hrubín liegt etwas weiter weg vom Slavín. Seine letzte Ruhestätte wird zwar durch die beiden Nachbargräber eingeengt, doch die Vögel singen dort.

III

Als Hrubín seinen sechzigsten Geburtstag beging, veranstaltete der «Albatros»-Verlag zu Ehren seines Autors in der Aula des Verlagshauses eine von aufrichtiger Sympathie getragene Feier. Es war Mitte September und der Saal brechend voll. Jeder wollte Hrubín die Hand drücken. Ich auch.

Endlich löste sich Hrubín aus einem Knäuel von Gästen und kam an meinen Tisch. So hatten wir ein Weilchen, bei diesem Jubiläum einer anderen zu gedenken: unserer vierzig Jahre währenden Freundschaft! Vierzig Jahre lebten wir unter ihrem blauen Himmel, ohne daß ein einziges Wölkchen ihn getrübt hätte. Ein wenig feierlich, wie wir es sonst nicht gewohnt waren, prostete ich Hrubín zu. Wie konnte ich ahnen, daß es die letzten Tropfen Wein waren, die wir miteinander tranken! In den vierzig langen Jahren war uns Wein genug durch die Kehle geronnen: lieblich und herb, launig und leidvoll, bitter und trüb, wie all unsere Wege durch das tschechische Leben und die beiden Weltbrände.

Wie konnte ich ahnen, daß wir zum letzten Mal beieinandersaßen! Ich konnte es ahnen! Ich hätte ihm aufmerksam ins Gesicht schauen sollen. Als mir nach seinem Tod der Albatros-Verlag Hrubíns Fotos von der Feier sandte – eins davon war ein Schnappschuß von uns, wie wir damals zusammensaßen – schauderte mir, wenn ich sein Gesicht ansah. Es war ein Antlitz, das der Tod schon dreimal geküßt hatte. Hrubín sah «ins Unbestimmte». Ach nein, er blickte schon über das Leben hinaus. Ja mir ist, als starrte mich aus seinem von der durchsichtigen aschgrauen Haut nur schlecht verhüllten Antlitz noch ein anderes Gesicht an, das Angesicht menschlicher Vergänglichkeit, ein lächelnder Totenschädel.

Der September beschert uns oft noch süße Tage mit reifenden Renetten. Der September ist ebenso schön wie der Mai. Der November ist bitter von Moder, und überall ist der Tisch der Natur schon abgeräumt.

Am Totensonntag, dem ersten nach des Dichters Tod, war sein Grab voller Kerzen. Mitten darin, in einer Vase, ein Strauß Chrysanthemen.

Wenn ich als Bub eine Chrysantheme sah, mußte ich weinen.

IV

Vor dem Weihnachtsfest signierten wir im Buchladen des «Československý spisovatel» (Verlag des tschechischen Schriftstellerverbandes) oder auch in der Verkaufsstelle des Albatros-Verlags unsere Bücher. Vor Weihnachten ist einem oft auch lieb, worüber man sonst leicht die Achseln zuckt. Hrubín konnte nie über Mangel an großen und kleinen Lesern klagen. In dem geräumigen Buchladen wand sich die Schlange der Wartenden durch den ganzen Raum. Papis und Mamis hatten ihre Kleinen mitgebracht, man vernahm ein Gewirr von Kinderstimmen, und der Dichter signierte geduldig und mit einem Lächeln auf den Lippen. Es passierten dort unzählige kleine «Geschichten». Der kleine Knirps, der am Tisch zu brüllen begann und sich bei seiner Mutter beschwerte, daß der Mann sein Bilderbuch bekritzele, hatte gar nicht so unrecht. Oft mußte Hrubín bis zum Umfallen Bücher signieren. Manchmal bekam er dabei sogar einen Krampf in die Hand.

In jenem Herbst des Jahres 1970 warteten die Kinder vergebens auf ihren Dichter. Er war krank und mußte die Nervenklinik der Prager Bulovka aufsuchen. Dort versuchte man vergeblich, ihn zu kurieren. Seine Schmerzen ließen nicht nach. Einmal rief mich Hrubín aus dem Krankenhaus an, und da wir einander aus einer Marotte heraus mit «Er» ansprachen, vernahm ich aus dem Hörer: «Stell Er sich vor, Seifert, ich hab' wahrscheinlich das gleiche, was Er hatte!» Bei all den Qualen, die dies Leiden mit sich bringt, wäre es nicht das Schlimmste gewesen. Doch leider fehlte ihm etwas andres.

Ende Februar des folgenden Jahres fuhr Hrubín mit seiner Frau und seinem Söhnchen zu einem bekannten Chirurgen nach Böhmisch Budweis.

Am Moldau-Kai hinter dem «Mánes»-Gebäude mußte das Auto halten. Man fuhr zur Moldau hinunter, weil man dort bequemer ein Rad wechseln konnte. Hrubín stieg aus dem Wagen – sein Blick schweifte über den winterlichen Spiegel des trüben Flusses zur Karlsbrücke – und er seufzte leise:

«Das gute alte Prag will mich nicht fortlassen.»

Ein paar Tage darauf kehrte Hrubín nach Prag heim – ein Toter!

Eines Winters fiel vor den Weihnachtsfeiertagen etwas mehr Schnee. Ich fuhr auf den Wyschehrader Friedhof hinaus. Schon lange war ich nicht mehr dort gewesen. Wäre Hrubíns Grab nicht durch ein kunstgeschmiedetes Gitter und den Findling aus der Sázava gekennzeichnet, ich hätte es nur schwer gefunden. Es war vom Schnee verweht.

Auf dem Weg vom Friedhof kam ich an der alten Probstei vorbei, schaute mich ein paar Mal um und beobachtete mit eher jungenhaftem Interesse meine Fußspuren in der unberührten, makellosen Schneedecke. Nur, um seufzend mit einem alten Philosophen sagen zu können: «Da uns nicht vergönnt ist, lange zu leben, hinterlassen wir ein Zeugnis, daß wir gelebt!»

Wem soll man zuerst um den Hals fallen?

Ich denke an meine Jugend, an jene Tage, da auch ein debütierender Dichter schon die Möglichkeit hatte, binnen kurzer Zeit eine nicht geringe Anzahl – kurzer oder langer – Rezensionen über sein erstes schmales Bändchen zu lesen; und zwar nicht nur in Literatur- und Fachzeitschriften, sondern auch im Kulturteil der vielen Tageszeitungen. Damals gab es bei uns noch Literaturkritik in reicher Auswahl: nachsichtig und streng, gut und schlecht. So erfuhr jeder mühelos, zu welchem Grabmal auf dem Wyschehrad oder anderswo er zu pilgern habe, um dort dankbar einen Blumenstrauß niederzulegen und ein paar Dankesworte zu murmeln.

So erging es auch mir. Die Rezensenten legten mir im Laufe der Zeit ein paar unserer bedeutendsten Dichter ans Herz. Vermutlich damit ich mir selbst die mir liebsten auswähle: Neruda, Hálek, Sládek, Toman. Einen vergaßen sie: Ich liebte

Šrámek. Ich begann bei Neruda, verweilte vor allen Gräbern und beendete meinen Rundgang bei Šrámek. Er ist als letzter von ihnen gestorben, und über seinem düsteren Grab lächelt – schon von weitem – der heilige Humprecht.

Bei schönem Wetter lasse ich mich zuweilen auf den Wyschehrader Friedhof fahren und setze mich auf eine Stufe des Ehrenmals «Slavín». Ich bin gern hier, man ist in guter Gesellschaft – wie einer meiner Bekannten zu sagen pflegt, der in der Nähe wohnt und oft auf dem Friedhof weilt.

Ich weiß, man soll sich nicht auf ein Grab setzen, doch das Gehen fällt mir schwer, die Füße tun mir weh, so werden es mir die Toten hinter meinem Rücken verzeihen. Unter den Dichtern, die dort ruhen, sind übrigens auch zwei meiner guten Kameraden.

Die Wolken ziehen davon, und man hört sie kaum. Die Gräber regen sich nicht, sie sind tief in die Erde gegraben. Und die Stimme der Toten ist – Stille. Doch die lebendige Sprache der Poesie sprudelt hervor wie heiße Quellen, die einen genesen lassen. Zum letzten Mal war ich dort im schönen Monat der Liebe. Der Flieder duftete, und das Grab Karel Hynek Máchas lag nur ein paar Schritte von mir.

Keinem der hier ruhenden Dichter hatte ich mehr die Hand drücken können, außer Karel Toman. Meinem geliebten Šrámek war ich nie im Leben begegnet. Wenn ich sein Antlitz betrachte oder auch nur irgendwo seinen Namen sehe, empfinde ich das wohlige Gefühl, als streiche mir jemand sanft über die Wange, und ich muß an das Lächeln junger Mädchen und an Küsse denken. Ich liebte Šrámeks Verse über junge Mädchen!

Den Dichter Toman hab' ich gekannt – sehr gut sogar. Er trug mir auch seine Freundschaft an. Toman wohnte in meiner Nähe und lud mich oft zu sich ein. Als er krank wurde und nicht mehr ausgehen konnte, war er immer neugierig zu hören, was sich bei den Schriftstellern tat, was seine Freunde und Bekannten trieben. Er mochte Hora gern und erkundigte sich auch stets, wie es Hořejší gehe.

Im Sommer fand ich manchmal einen Zettel für die Besucher an seiner Tür, ähnlich dem Schild, das man früher am Eingang zu Prager Wirtschaften sah: Heute im Garten!

Es war ein bitterer Witz. Toman war damals schon krank und sein Garten klein und trist.

Im Sommer brachte ich ihm gelegentlich Wasser aus dem St.-Adalberts-Born mit, das im Garten der Benediktiner-Abtei aus der Erde quoll. Es war klar und kühl, und er trank es gern. Ich «kredenzte» es ihm in einem Krug, den ich einmal aus Zbiroh geschenkt gekriegt hatte. Er hatte früher dem Dichter J. V. Sládek gehört.

Es war mehr oder minder Zufall, daß Toman sich auf der Ebene am Fuß des Weißen Berges niederließ. Vorher wohnte er in Veleslavín, wo es ihm nicht besonders behagte. Nach Prag war es zu weit, und seine Wohnung dort war ungemütlich. In Bräunau fühlte er sich alsbald heimisch, ja, man hätte meinen können, er sei dort geboren. Hier verbrachte er auch das eher unerfreuliche Ende seines Lebens. Dozent Dr. Hejda hatte Tomans müdes, krankes Herz «stillgelegt» und es gezwungen, sich auszuruhen; dann hielt er es jahrelang in einem einigermaßen erträglichen Zustand. In dieser geschichtsträchtigen Gegend, von der nahen Umgebung geprägt, lebte Toman während des ganzen Krieges. Ich traf ihn oft und sah, wie er seiner Krankheit mannhaft die Stirn zu bieten suchte. Seiner Gesundheit war es natürlich gar nicht zuträglich, daß er von seinem jüngeren Sohn nichts wußte, der, als der Krieg ihm alle Wege in die Heimat versperrt hatte, im Norden Europas verschollen war.

Wir besuchten Toman, um von ihm Worte der Ermunterung zu hören und uns bei ihm Trost zu holen, wenn die Zeiten besonders trüb waren. Der Dichter, an sein eigenes Herz gefesselt und dabei von Schlaflosigkeit geplagt, hörte Tag und Nacht Rundfunknachrichten aus aller Welt.

«Ich kutschiere wieder in der Welt herum, krieche dabei nicht mal aus dem Bett», sagte er immer, «und versuche, ein wenig Hoffnung aufzutreiben.» Meistens gab es nur wenig

Hoffnung. Die Zeiten waren schwer und wurden «immer schlimmer», aber die Hoffnung leuchtete doch am Horizont und war schließlich zur Gewißheit geworden.

Bräunau ist eine hübsche, von Brisen durchwehte Vorstadt. Duftende Winde aus den Pürglitzer Wäldern wehen hier. Am Horizont sieht man den üppigen Garten von Schloß Stern. Bis zum Weißen Berg ist's nur ein Katzensprung. Solange Tomans Gesundheit es ihm auch nur einigermaßen erlaubte, fuhr er oft mit der Trambahn hinaus. Von der Endstation zur Kirche der Heiligen Jungfrau Maria der Siegreichen sind es nur ein paar Schritte.

Oft saß Toman dort und machte auf dem Kirchenvorhof Rast. Von dem Schlachtfeld auf dem Weißen Berge ist auch der legendäre Říp gut zu sehn. Wie oft haben wir während des Krieges voller Hoffnung auf ihn geblickt!

Hora war es, der mich bei Toman einführte. Durch seinen hinter funkelnden Brillengläsern auf mich gerichteten, ironischen Blick wirkte Toman anfangs ein bißchen fremd auf mich.

Ich war mir der hohen Mauer der Jahre nicht bewußt, die uns voneinander trennten. Auch ein freundschaftlicher Händedruck verscheuchte mein erstes Gefühl des Einander-Fremdseins nicht. Toman teilte in jenen Tagen auch unsere jugendlich revolutionäre Begeisterung nicht und beurteilte unsere ersten lyrischen Versuche skeptisch, doch immerhin mit Nachsicht. Als die ersten «modernen» Gedichte ohne Satzzeichen erschienen, meinte er lächelnd, er gäbe sie seinen Buben zu lesen, damit sie die richtigen Punkte und Kommata einfügten. «Sollen die Jungs dabei was lernen!» Toman mochte auch seinen Kollegen Jindřich Hořejší gern; der war zwar neun Jahre jünger, hatte aber mit Toman dessen Pariser Sturm- und Drangjahre erlebt.

«Einmal trafen wir uns beim Belforter Löwen und haben uns nie mehr getrennt», pflegte Hořejší zu sagen und erzählte gern und wirklich reizend über Toman. Damals imponierten uns diese Erinnerungen und auch Tomans bewegtes proletarisches Schicksal auf seinen Vagantenreisen durch Frankreich und

England mehr als seine Poesie. Eindruck machte auf uns auch seine ostentative Verachtung der satten und ehrbaren Spießbürger. Uns schien, in den Falten seines Mantels glitzerte noch der Staub der Pariser Boulevards, und seine Stiefel waren in unseren Augen mit Engelsflügeln besetzt.

Viele Geschichten, Erlebnisse und Anekdoten knüpfen sich an diese Streifzüge Tomans. Chefredakteur Laurin (von der «Prager Presse») erzählte uns einmal von einem freundschaftlichen «Jour» auf Schloß Lány (wo Staatspräsident Masaryk residierte). Einer der Gäste erwähnte Toman, der kurze Zeit Bibliothekar beim Senat (der zweiten Kammer des tschechoslowakischen Parlaments) gewesen war. Eines Tages packte Toman seine Siebensachen, ohne jemandem ein Wort zu sagen, und fuhr nach Paris. Sogar seinen Hut ließ er in der Kanzlei am Haken hängen. Ein anderer der Gäste bemerkte dazu, wie unzuverlässig doch die Dichter seien. Doch Masaryk bemerkte:

«Ich würd's auch so machen!»

In der Persönlichkeit Tomans schwelte noch das Feuer des Lebens und der Legenden um die «verdammten» Dichter. Wir liebten ihn. Er verkörperte uns die romantische Freiheit des Künstlers, und wir versuchten, ihn nachzuahmen. Auch das Weinglas nahmen wir jetzt öfter zur Hand als die Feder. Und die melodische Rückkehr zur Stille der Heimat, wie er sie in seinen Versen besang, erlebten ein paar Jahre später auch wir. Ich sage, *wir*, doch ich war wirklich nicht allein. Auch Halas liebte Tomans Verse, wenn sie sich auch persönlich nicht allzu grün waren. Ich aber begegnete Toman in ehrerbietiger Freundschaft.

Ich erlebte den Dichter in den Vorkriegsjahren; damals verspürte er noch Lust, und die Gesundheit erlaubte es ihm, so manchen langen Abend oder auch eine lange Nacht beim Wein zu sitzen. Dieses Vergnügen versagte er sich nicht und genoß es ausgiebig. Zuweilen «rollte» ihm erst der hellichte Tag «seinen Sonnenteppich» zum Heimgehen aus.

Eines schönen Sommermorgens ließ er mir bestellen, ich

möge rasch hinunterkommen, er sitze in «Řeháks»-Weinstube. Das war ein kleines, aber gemütliches Lokal im ersten Binnenhof des «Volkshauses», wir pflegten dort öfters einen Schluck Wein zu trinken. Vor allem die im «Volkshaus» beschäftigten Angestellten verkehrten dort. Ich traf Toman, nach einer längeren nächtlichen Anabasis, in rosigster Laune an. Er begrüßte mich herzlich und hatte eine Menge auf dem Herzen. In solchen Momenten ist der Mensch nicht gern allein. Doch kaum hatte ich mich zu ihm gesetzt und mir einen Schluck Wein eingeschenkt, ging die Tür auf, und zwischen Tür und Angel stand meine Frau mit unseren zwei kleinen Sprößlingen. Sie hatten mich in der Redaktion gesucht, und man hatte sie in die Weinstube geschickt. Ich hatte den Kindern versprochen, ihnen auf der Setzmaschine ihren Namen gießen zu lassen, damit sie ihre eigenen «Stempel» hätten. Meine Frau schaute freilich etwas mißmutig drein. Nicht ohne Grund! Saß ich doch hier schon in aller Früh beim Wein, statt nüchtern in meiner Redaktion zu schaffen. Doch Toman rettete die Situation. Er nahm meine beiden Kleinen liebevoll auf den Schoß und versprach, er wolle ihnen das Märchen «von dem Knöspchen, dem Röschen und dem blauen Vögelein» erzählen. Und er fing auch gleich an. Wenn es mir nur gelänge, das Märchen halb so entzückend wiederzugeben, wie er es erzählte. Ich weiß nicht recht, ob ich es schaffe!

«Es war einmal ein Königreich, in dem herrschte ein König, der hatte ein schönes junges Weib. Eines Morgens beschloß er, in den dunklen Wald auf die Jagd zu gehen. Vergebens bestürmte ihn die Königin, nicht davonzureiten. In der Nacht habe sie einen schrecklichen Traum gehabt, und zudem sei heute ihr Geburtstag und Namenstag! Doch der König schwieg. Er küßte die Königin auf die Stirn, schwang sich in den Sattel und ritt davon. Bald verlor er sich zwischen den Bäumen des Waldes und entschwand den Blicken der Königin. Der Wald lag wie verwunschen da. Nicht ein Blättchen regte sich, kein Vöglein sang, und er begegnete unterwegs keinem Hasen noch Reh. Der Wald schien ausgestorben.

Als der König schon tief in den Wald geritten war, bekam er plötzlich furchtbaren Durst, doch nirgendwo eine Quelle, nirgends ein murmelndes Bächlein. Da kam ein garstiger Rabe geflogen, ließ sich auf der Schulter des Königs nieder und krächzte:

‹Folget mir, Herr König.› Der König gab seinem Roß die Sporen und ritt hinter dem Raben her, bis sie zu einer halbverfallenen Hütte kamen, in der eine alte Hexe hauste. Die alte Vettel mischte dem König rasch ein Elixier, der König nippte zuerst nur behutsam daran. Das Getränk schmeckte wie der feurigste Wein, da leerte der König den Krug bis zur Neige. Kaum schaute er aber dem Krug auf den Grund, waren Hexe und Rabe plötzlich verschwunden, und dem König schwindelte. Nur zu bald mußte er erkennen, daß er sich in dem finstren Wald verirrt hatte. Vergebens schaute er sich um. Er ritt und ritt, und nach einer geraumen Weile befand er sich wieder an dem Ort, von wo er ausgegangen war. So ritt er in einem fort im Kreise herum. Er war schon ganz verzweifelt, da erblickte er am Wegrand einen Rosenstrauch. An dem Strauch sproß ein einziges Knöspchen, daneben blühte ein einsames Röschen, und neben ihm zirpte ein blaues Vögelein. Und das Vöglein zwitscherte dem König zu, er solle diesen Weg reiten, bis er zu einem grünen Felsen käme. Der König tat wie ihm geheißen, und als er zu dem grünen Felsen kam, fand er dort eine Quelle. Er fiel auf die Knie und trank in tiefen Zügen aus dem Born. Es war ein Lebensborn, eine Zauberquelle. Kaum hatte er sich erhoben, merkte er, daß ihm nicht mehr schwindelte, und dann fand er bald den Weg nach Hause. Nach geraumer Zeit tauchte der Königspalast vor ihm auf. Die Königin saß traurig am Fenster und stickte. Als sie den König erblickte, ließ sie alles stehen und liegen, stach die Sticknadel ins Nadelkissen und lief ihm jauchzend entgegen. Glücklich schlossen sie einander in die Arme. ‹Meine teure Gemahlin›, fragte der König, ‹was stickst du denn da?› Die Königin errötete und zeigte ihm ihr seidenes Nachthemdchen, auf das sie ein Knöspchen, ein Röschen und ein blaues Vögelein gestickt hatte.»

Die Kinder lauschten ihm mit offenen Mündern, und auch meine Frau mußte lachen. Der Ärger war wie weggeblasen. So etwas bringt nur ein wirklicher Dichter fertig!

Das Märchen mußte ich dann meinen Kindern noch oft erzählen. Sie bettelten immer von neuem um «das Märchen aus der Weinstube» und ehe ich zu erzählen begann, versäumte ich nie zu bemerken: «Ein Märchen von Karel Jaromír Toman» (womit ich auf den Dichter Karel Jaromír Erben anspielte).

Bald nach Tomans Tod erschien im Verlag «Borový» ein Band seiner Lyrik «Aus letzter Hand». Toman hatte in dem Buch sein Lebenswerk zusammengefaßt. Nur wenige seiner Arbeiten waren weggelassen. Es wurde kein besonders dicker Band. Noch zu Tomans Lebzeiten hatte Nezval sich einmal darüber mokiert, daß das Buch nur so schmal sei. Toman war von dieser Kritik schmerzlich berührt. Er war wirklich ein völliger Antipode Nezvals. Nezval überschüttete seine Leser großzügig mit tausenden Versen und verlangte – wie Milan Kundera einmal bemerkte – von den Lesern, sie großzügig aufzunehmen. Ich sah Nezval mitunter bei der Arbeit zu, sah, wie er dichtete. Er zündete sich ein Zigarettchen an, klemmte sich hinter die Schreibmaschine, und unter seinen Fingern drehte sich das Papier auf der Walze und bedeckte sich mit einem langen Poem. Das Manuskript korrigierte der Dichter meist nur flüchtig. Das Gedicht war fertig. So kamen zumindest seine surrealistischen Gedichte zustande, von denen es unzählige gibt.

Auf Tomans Weg durchs Leben formten sich unter seinen Händen lauter Juwelen, die er dann freigiebig unter den Menschen ausstreute. Desto größer war die Freude seiner Getreuen, die sie am Wege entdeckten und auflasen. Toman kannte alle seine Gedichte bis zum letzten Komma. Darin glich er Petr Bezruč, dem Autor eines einzigen Bandes der berühmten «Schlesischen Lieder».

Tomans Poesie ist von keinem Geheimnis umgeben, ist nicht «chiffriert». Sie ist glasklar und menschlich überzeugend. Sie ist wahr. Sie ist glaubwürdig. Es gibt keine Verse darin, die gewandt getarnte, hastige Zufälligkeit verrieten, nur um einen klingenden Reim zu finden.

Seine Dichtung enthält keine buntgefärbte Watte, wie wir sie zuweilen bei Dichtern finden, denen die Verse in fliegender Hast in die Feder sprudeln. Sie ist unwiederholbar, unnachahmlich. Sie ist vollkommen und zutiefst tschechisch.

Toman schrieb gewiß nicht mit leichter Hand. Seine Verse hat er mit dem Leben bezahlt. Er nahm sie nicht aus der freigiebigen Hand dichterischer Kunstfertigkeit entgegen. Es sind meist kleine leidenschaftliche Dramen, mit der Souveränität des Künstlers, doch auch mit der erfahrenen Faust eines solide arbeitenden Handwerkers geschaffen.

Ein paar Mal begleitete ich Toman auf dem hübschen Feldweg zum Sportstadion. Damals war er noch nicht so gepflegt wie heute. Unter uns lag in Qualm gehüllt der tosende Smíchov. Längs des Weges, zuweilen auch zu beiden Seiten, standen blühende Sträucher voller Windrosen. Sie erinnerten mich an die Feldraine in seiner Heimat. Er betrachtete sie liebevoll.

«Du fragst mich, wie ich Gedichte schreibe? Ich schreibe fast nie welche. Ich kenn' das nicht: Ein Stoß Papier, von dem man einen Bogen nach dem andern abhebt, ihn mit ein paar nicht recht gelungenen Versen ‹bekritzelt›, zerknüllt und fortwirft. Ich gehe lange mit dem Gedanken an ein Gedicht ‹schwanger› und überlege wieder und wieder, bevor ich einen Vers finde, und dann denke ich noch lange über die beste Fassung nach. Ich ändere die Worte, bis mir der Vers und schließlich das ganze Gedicht fix und fertig und meiner Meinung nach makellos entströmen. Die Lust an der schöpferischen Arbeit empfinde ich, bevor ich zur Feder greife, um das Gedicht dann nur noch zu ‹kopieren›. Doch das ist schon eine mechanische Arbeit.»

F. X. Šalda hat in einer Studie über Toman, die Anspruch auf Allgemeingültigkeit und Wahrheit erheben kann, diesen Schaffensprozeß Tomans genau erraten und erahnt: Man spürt, daß der Dichter seine Verse auf weiten Streifzügen und Spaziergängen über endlose Landstraßen laut «skandierte», und sie, eh er sie niederschrieb, bereits auswendig konnte.

Toman erzählt, er sei sprachlos gewesen, als er die Studie las. Er schrieb einen Brief an Šalda, in dem er sich bei ihm bedankte und seine Überraschung über dessen «Hellsichtigkeit» äußerte.

Für mich, der es keineswegs verachtet, belehrt zu werden, war diese Schaffensmethode doch ein bißchen fremd. Ich arbeite anders. Für mich gibt es keinen Vers, der, nicht zu Papier gebracht, fixiert ist. Ich habe recht mühelos geschrieben, doch auch mehr als genug Schreibpapier zerknüllt. Meine Verse flossen aus der Iridium-Spitze meiner Füllfeder. Aber ein paar von Tomans Ratschlägen nahm ich mir doch zu Herzen. Fünfzehn Worte verleihen einem poetischen Gedanken Ausdruck, und im Nu, wie zum Tanze beschwingt, fliegt der Gedanke empor und verwandelt sich in einen Vers. Darum genügten diesem wunderbaren Dichter so wenig Worte, um in seinem Werk ganz er selbst und vor allem ein «Großer» zu sein.

Unter den Fenstern von Tomans Behausung lag damals eine Lehmgrube der Bräunauer Ziegelfabrik. Während des Krieges exerzierten dort deutsche Soldaten und übten sich im Scharfschießen. Die Herzschläge Tomans wurden von dem Knattern der Feuerstöße begleitet. Voller Bangen lauschte er beiden.

Zum Ende seines Lebens hegte Toman drei Wünsche. Er wollte den Tag der Befreiung erleben, seinen Sohn wiedersehen und schließlich noch in der auf seiner Bettdecke liegenden Gesamtausgabe seiner Gedichte blättern. Das Schicksal, das ihn ansonsten nicht gerade verwöhnte, erfüllte ihm alle drei.

Er durfte den Tag der Befreiung begrüßen. An jenem Tag war er recht mühsam von seinem Krankenbett aufgestanden und hatte seinen Sonntagsstaat angelegt. Bald darauf konnte er seinen Sohn in die Arme schließen, und schließlich sah er wenigstens noch die Korrekturen seiner «Básně» (Gedichte) durch und schrieb auch ein nur wenige Zeilen langes Nachwort dazu, das er mit einem traurigen Gruß an die Leser beschloß.

Nach seinem Ableben entschied man, eine Straße in Bräunau, die früher «K Ladronce» (Zur Ladronka) hieß, in Toman-Gasse umzutaufen. Es ist eine hübsche Straße, jetzt am Rand eines Grüngürtels gelegen: voller Sonne, lauer Winde und

Frühlingsstürme. Von ihrem Trottoir aus schweift der Blick über die weite Landschaft im Süden Prags. Rechts hinter dem Kirchlein von Stodůlky dehnt sich blau das niedrige Vorgebirge der Brdy, links sieht man abends die Lichter der Autos, die aus dem Wald bei Ládví auftauchen. In der Mitte ragt der schlanke Fernsehturm auf dem Cukrák (Zuckerberg) über Königssaal auf. Die Straße senkt sich dann am alten «Ladronka»-Hof entlang bis zur Bělohorská hinab.

Mir wurde der ehrenhafte Auftrag zuteil, den Bräunauer Bürgern die umbenannte Straße zu übergeben. Man stellte mitten auf der Straße neben dem Park und dem Heckenrosenstrauch, der noch immer dort wächst, eine kleine Einmann-Tribüne auf. Die Heckenrosen blühten.

Ein Attentat auf Dr. Kramář

Wir wohnten in der Hus-Gasse in einer der schäbigen, traurigen Žižkover Mietskasernen, die nun zum Abbruch verurteilt sind, wie auch alle übrigen in diesem Quartier. Das Wohnen dort war wenig komfortabel. Ein einziger Wasserhahn in dem offenen Hausflur diente sieben Mietparteien, und wenn es einmal stärker fror und jemand am Abend den Hahn hatte tropfen lassen, war morgens auf dem Hausflur eine spiegelglatte Eisbahn, die mit Asche bestreut werden mußte. Eine Waschküche gab's in dem Hause nicht, und so wusch man die Wäsche im Winter in der Küche, im Sommer auf der Pawlatsche oder auf dem dunklen Hinterhöfchen. Doch die Frauen fürchteten sich, dort zu waschen, denn da tummelten sich mehr als zwanzig Zentimeter lange Ratten und rieben ihr Fell an den ausgelatschten Pantoffeln der Wäscherinnen. Und ein Badezimmer? Das war etwas so Besonderes und Rares wie heute ein Weltraumlaboratorium. Über das übrige unerläßliche Zubehör einer Wohnung will ich lieber schweigen.

Uns gegenüber stand ein Haus, das dem unsern aufs Haar glich. Darin befand sich eine verrufene Wirtschaft. Am Tag war es ein gewöhnliches Lokal, wo man einkehrte, um ein Bier zu trinken, doch in der Nacht «verwandelte» es sich in eine berüchtigte Spelunke. Man nannte es «U zlatého anděla» (Zum goldenen Engel). Und wirklich prangte lebensgroß das vergoldete Relief eines Engels über dem Tor. Er lag auf der Seite, und seine leicht ausgebreiteten Schwingen deuteten an, daß er flog, besser gesagt, gerade zur Landung an der Biertheke ansetzte. Hinter ihr bediente eine hübsche «Frau Wirtin» in weißer Spitzenschürze. Ich kehrte dort gern ein, obwohl man um die Ecke besseres, Smíchover Bier ausschenkte und ein volleres Maß zapfte.

Als ich ein kleiner Junge war, noch ein richtiger Knirps, betete ich sogar zu dem goldenen Engel. Bald aber merkte ich, daß ich mich an der falschen Adresse befand – er war gewiß nicht der richtige «Heilige» für meine Gebete.

Die Aussicht aus der Küche unserer Wohnung und von der Pawlatsche war wunderschön. Wir schauten auf den von wildwuchernden Grün bestandenen Hang des Žižkovs hinaus. Kam der Frühling ins Land, blühten dort Dutzende, ja Hunderte alter Goldregen-Sträucher. Welch eine Pracht! Als ströme ein gelber Wasserfall bis zu uns in die Küche. Noch in dieser Wohnung las ich einmal in der Revue «Červen» (Juni) ein neues Gedicht Šrámeks über den Goldregen. Ans Geländer unserer Pawlatsche gelehnt, rezitierte ich die Verse halblaut vor mich hin:

> Oh weh, an einem Maientag,
> besucht' ich gestern einen Dichter
> unter blühendem Goldregenbaum,
> ja es war nicht nur ein Traum...

Heute gefallen mir die Verse nicht mehr so sehr, sie gehören zu den schwächeren des Dichters, doch damals bezauberten sie mich.

Wenn längs der Bahnlinie, die am Fuße des Hanges dahinführte, eine Allee knorriger Akazienbäume blühte, erfüllte ihr voller und lieblicher Duft im Abenddämmern nicht nur die Pawlatschen, sondern auch die unbeleuchteten Hausflure und übertönte die Gerüche nach angebranntem Essen. Damals war dieser Duft übrigens sehr «en vogue», und viele Damen besprengten sich mit «Akazien»-Parfüm. Es ist ein erotisierender Duft wie der Duft von Rosen, und manchmal hüpfte einem, stieg er einem in die Nase, das Herz im Leibe.

Auf einem Akazienbaum neben einer lauten Kreuzung mit einer Ampel nisteten Turteltauben, die uns im Sommer mit ihrem Liebesgurren den Staub und die Trübe der Tage vergoldeten. Die Turteltäubchen waren rein und blütenweiß. Nicht so schmierig wie die «Schmutzfinken» vom Balkan, die sich in letzter Zeit bei uns einquartiert haben: Die gurren nicht, sondern «trompeten» widerlich und sind von Ruß verdreckt; bei ihren Liebesspielen treiben sie's in den schwarzen Schornsteinen auf den Hausdächern.

Auf einer Pawlatsche des benachbarten Mietshauses, wo der in Žižkov allseits bekannte Herr Cvikr seinen Großhandel betrieb, wohnte mein liebster Freund Ivan Suk. Er ging – eine Klasse höher – mit mir aufs Gymnasium und war ein Jahr älter, doch wir freundeten uns bald an. Auch er machte Gedichte. Ein paar Schritte weiter, um die Ecke, wohnte František Němec. Sein Vater war ein armer Schneider, und das Haus, in dem er seine Jugend verbrachte, sah vielleicht noch baufälliger aus als das unsere.

Aus ihrer Stube schauten sie in eine triste Gasse und von der Küche aus auf die engen, schwarzen Hinterhöfe eines Zinshäuserblocks hinaus.

Němec war noch jünger als wir, doch wir wurden bald dicke Freunde. Auch er schmiedete fleißig Verse.

Alle drei waren wir junge Dichter!

So bleibt mir zum Schluß nur übrig, die Jugend und die Poesie hochleben zu lassen. Dreimal hoch!

Aus der Armut, in der wir alle drei lebten, und aus der Not, die uns immer drohender vor Augen stand, blieb uns nur ein einziger Aus-Weg: der durch das Tor des «Lidový dům», des «Volkshauses», in der Hiberner Gasse. Der Weg dahin war weder weit noch beschwerlich.

Von dem Verlangen beseelt, so schnell wie möglich und auf die einfachste Art Dichter zu werden und von dem seligen Leichtsinn getrieben, den nur die sorglose Jugend kennt, ließen wir das Lernen Lernen sein und fanden uns bald in der alten Bibliothek und im Lesesaal der im «Volkshaus» untergebrachten «Dělnická akademie» (Arbeiter-Akademie) wieder. Alles dort war schon ein wenig unmodern und altersmorsch, ja der Lesesaal war auch nicht hell genug, oft mußte man tagsüber Licht brennen lassen, doch es war warm, und wir wurden, ganz selbstverständlich, freundlich aufgenommen. So fühlten wir uns dort bald wie zu Hause.

«Habt ihr euch schon mal den seltenen alten Baum angeguckt, der im Garten des ‹Volkshauses› wächst?» fragte mein Vater forschend. Ich schüttelte den Kopf, und er legte uns eindringlich ans Herz, wir sollten es ja nicht vergessen.

In der «Arbeiter-Akademie» verschlangen wir alles, was uns in die Hände kam: Bücher, Broschüren und Zeitungen. Am liebsten lasen wir Gedichte.

Nach einigen Tagen fragte uns der alte Bibliothekar Weis, ob wir schon im Garten des «Volkshauses» gewesen seien und den dort wachsenden seltenen alten Baum besichtigt hätten. Er heiße *ginkgo biloba* (Ginkgo-Baum), und die einstigen Besitzer des jetzt zum «Volkshaus» umfunktionierten Palais' hätten ihn vor langer Zeit gepflanzt. «Ihr habt ihn noch nicht gesehen? Da müßt ihr ihn euch gleich mal anschaun!»

Damals begegnete uns auf der Hus-Gasse oft ein bemerkenswerter Mann. Er war einen Kopf größer als wir, trug einen langen dunklen Überzieher, einen breiten schwarzen Schlapphut und eine schwarze, im Wind flatternde Halsschleife, eine

«Krawatte», wie Künstler und Anarchisten sie damals trugen. Solche Krawatten nähten uns unsere Mütter aus kaputten Regenschirmen.

«Das ist doch der Neumann», sagte Němec einmal; wir glaubten ihm seine zweifelhafte Behauptung gern und grüßten von Stund' voller Respekt an den unbekannten Passanten. Zu unserer größten Überraschung sahen wir ihn eines Tages im Lesesaal der Akademie sitzen. Uns ihm zu nähern und mit ihm Bekanntschaft zu schließen, war wahrlich nur ein Kinderspiel und gewiß keine kühne Tat. Unser neuer Bekannter war nicht nur Literat, wie wir bald erfuhren, sondern auch Anarchist; Neumann war es allerdings nicht! Er hieß Vít Kárník und war ein heute schon längst vergessener und «verlorener» Autor. Auch zu seinen Lebzeiten wurde er nicht berühmt. Er schrieb recht wenig. Ein paar Erzählungen, die im «Lumír» erschienen. Doch wir nahmen ihn in unseren Bund bereitwillig auf und freundeten uns bald mit ihm an. Er war vom Žižkov und schrieb Gedichte! Nach einigen Tagen fragte er uns, ob wir schon den Ginkgo-Baum im Volkshaus-Garten gesehen hätten. Nein? Den müßt ihr euch aber anschaun!

In den Lesesaal kamen freilich auch andere junge Leute und waren offensichtlich daran interessiert, unsere Bekanntschaft zu machen. Unter ihnen stach durch seinen roten Schopf ein Student von den Weinbergen hervor. Er hieß Pavel und schrieb Gedichte. Später brachte er uns ein ganzes Heft voll mit. In seinen Versen schwelgte er in Fremdwörtern. Einer seiner Sätze verfolgt mich mein Leben lang. Oft murmle ich ihn quasi unfreiwillig vor mich hin:

Regulieren muß man der Erde degenerierte Ekliptik.

Damals lasen wir's mit einem gewissen Respekt.

Nun waren wir schon eine kleine Gruppe und machten offensichtlich größeren Lärm, als der Lesesaal es «vertrug». So bot uns der Bibliothekar einen separaten, kleinen Raum an, der an die Pawlatsche grenzte und in dem wacklige Stühle und ein klobiger alter Schreibtisch mit schrägem Pult abgestellt waren.

Wir waren begeistert, daß wir nun ein eigenes «Lokal» hatten. Man machte uns dort ein wenig Platz, wischte den jahrealten Staub ab, und schon hielten wir, etwa zehn Jünglinge mit Kárník an der Spitze, Einzug in das «Klubzimmer». Bald herrschte dort ein lebhaftes Treiben. Von der Pawlatsche konnten wir das Leben auf dem ersten Binnenhof des «Volkshauses» beobachten, über den Parteiführer und bekannte Redakteure eilten und wo die Angestellten der Druckerei vorbeihuschten. Tauchte die schöne Marie Majerová auf, riefen wir es einer dem anderen zu.

Um diese Zeit stießen zwei weitere Studenten zu uns: Vladimír Gregor und A. Štastný. Sie hielten wie Pech und Schwefel zusammen. Um die Wahrheit zu sagen, Štastný studierte nicht mehr, er hatte das Studium an den Nagel gehängt und eine Stelle als Schreiber bei den Staatsbahnen angenommen. Gregor beeindruckte uns durch seine schweigsame Intelligenz. Er redete klug, doch selten, und war meist reserviert. Das verlieh ihm im Kreis von uns lebhaften und gesprächigen jungen Leuten einen gewissen Anflug von Adel. Dabei war er zu allen freundlich. Er rauchte wie ein Schlot. Die Finger an seiner Rechten waren stark «vergilbt». Auch das war etwas Besonderes an ihm. Er war Anarchist und verachtete die Sozialdemokraten.

Einmal war Vladimír Gregor im Sekretariat der Sozialdemokratischen Partei gewesen und erzählte uns dann mit ironischem Humor von einer überlebensgroßen Marx-Büste, die dort im Sitzungssaal stehe. Es sei eigentlich eine Büste Kaiser Franz Josephs, der man den Kopf abgesägt und statt dessen das Haupt von Karl Marx aufgesetzt habe. Doch Marxens Rauschebart vermochte des Kaisers Waffenrock mit den breiten Aufschlägen nicht zu verdecken. Nach Jahren schaute ich mir die Büste einmal an. Es stimmte tatsächlich.

Auf Vorschlag Gregors konstituierten wir uns nach kurzer Zeit als «Vereinigung anationaler Studenten». Wie wir uns die Tätigkeit der Vereinigung in der damaligen Welt vorstellten, ist mir inzwischen entfallen, doch erinnere ich mich – für «Ideologie» interessierten wir uns damals nicht so sehr. Uns genügte eine provozierende «Firmierung». Wir sagten uns, wir wären Anarchisten und bekannten uns zu St. K. Neumann, um den sich noch einige Köpfe wie Michael Kácha, Jozef Körber und Luise Štych scharten.

Luischen Štych!

Sie war anmutig und attraktiv, hatte kurzgeschnittenes, dunkles Haar, faszinierende schwarze Augen und glich einer jener russischen Revolutionärinnen, die in der Verbannung starben. Luise hatte ein ganz eigenes, stilles Lächeln, das einer sich allmählich entfaltenden Rose glich. Wir konnten uns nicht sattsehen an ihr, alle schwärmten für sie. Luise verachtete aber Amouren jeglicher Art und war ganz durchglüht von der Idee der Weltrevolution. Sie wollte die Welt aus den Angeln heben!

Oft kam sie ins Café «Union», wo auch wir verkehrten. Damals trafen sich dort noch ziemlich regelmäßig die Reste der Prager Anarchistenbewegung. Doch sie hatten keine Führer, keine Häupter mehr. Nein, lacht nicht über diese alten Revolutionäre. Unter den Bergleuten im Norden war die anarchistische Bewegung noch überraschend stark. Damals lasen wir mit Begeisterung die schon längst vergriffenen und seltenen Nummern des «Nový kult» (Neuer Kult), die St. K. Neumann seinerzeit anregend und einfallsreich redigiert hatte. Kácha lieh uns die Hefte.

Michael Kácha war Schuster, seine Werkstatt war aber eingegangen, noch bevor der Schuhkönig Baťa kam. Bestimmt wäre er unter den ersten Schuhmachern gewesen, die Baťa dann ruinierte. Von dem Ertrag seines Kleingewerbes unterstützte er noch die Anarchisten-Bewegung. Zumindest in ihren Anfängen. Kácha gab bald das Schusterhandwerk auf und begann, Bücher und Zeitschriften herauszugeben. Auch von seiner neuen Tätigkeit wurde er nicht reich. Was ihm blieb, investierte er in seine schöne Bibliothek, die er in seinen späten Lebensjahren wieder versilbern mußte, damit er etwas zu beißen hatte. Dr. Kamil Resler, ein bekannter Bibliophile, kaufte ihm seine ganze anarchistische Literatur ab, und Halas brüstete sich vor mir mit einer kompletten Reihe der im Verlag Vilímek erschienenen «Schönsten Novellen der Welt». Er hatte Kácha weit mehr dafür bezahlt, als dieser verlangte.

Kácha war ein feiner Mensch. Er hinkte stark, humpelte an einem Stock und pflegte lächelnd zu sagen, er strafe das (tschechische) Sprichwort «Er läuft wie ein Schuster» Lügen. Wir verehrten ihn nicht nur als alten, unerschrockenen Revolutionär, sondern auch als treuen Hüter der Erinnerung an die anarchistische Bewegung. Er liebte die Freiheit und verstand es prächtig, die Bürger zu verachten.

Wir alle, auch Štastný und Gregor, waren in der Sozialdemokratie organisiert. Wir sagten uns, es sei notwendig, daß wir der damals am weitesten links stehenden Arbeiterpartei angehörten, doch mit dem Herzen waren wir bei Neumann und seinen kläglichen Resten der Anarchistenbewegung.

Manchmal erschien bei Kácha der Sturm-und-Drang-Anarchist Petránek. Dem war aber die kleine Schar im Café «Union» zu groß. Er trat für die absolute Freiheit ein und lebte auf freiem Fuß. Er war etwa zehn Jahre älter als wir, und in jenen Tagen wurde ihm ein Töchterlein geboren. Er «taufte» es auf den Namen Bakunina Satanela. Leider starb die Kleine bald.

An *dem* Namen, wie František Němec bissig bemerkte.

Die rettende Brieftasche

Am Mittwoch, dem 8. Januar 1919, pochte mein Freund Ivan Suk ganz aufgeregt an unsere Tür und sprudelte noch auf der Schwelle hervor, Štastný habe ein Attentat auf den Ministerpräsidenten Doktor Kramář verübt. Er habe ihn mit dem Revolver angeschossen. Die Nachricht hänge auf der schwarzen Tafel der «Národní politika» aus. Näheres und Genaueres wußte er nicht. Ich warf mir den Mantel über, und wir rannten Hals über Kopf zu Němec; der war nicht daheim. So eilten wir zu Kárník, doch in dem Moment lief es uns kalt über den Rücken. Beide erinnerten wir uns nämlich, wie Kárník vor einigen Tagen auf einer Sitzung unserer «Vereinigung», als man gerade über Dr. Kramář sprach, den unheilverkündenden Satz ausgerufen hatte: «Diesen Kerl sollte man abknallen!» Kárník war ein Mensch, der nicht einmal eine Fliege hätte totschlagen können, doch der Satz hing in der Luft wie eine Leuchtreklame.

Auch Kárník war nicht zu Hause. Dafür trafen wir Němec dort an. Er saß wie festgenagelt auf einem Stuhl vor einer Nähmaschine, und drei fremde Herren huschten durch die Räume. Es waren natürlich «Detektive». Auch uns hielten sie fest, bis Kárník zurückkehrte. Suk und ich ließen uns notgedrungen an der zweiten Nähmaschine nieder. Kárníks Schwestern waren Schneiderinnen; er wohnte bei ihnen, und sie ernährten ihn. Er selbst hatte die Schwindsucht und konnte nicht arbeiten.

Auf dem Heimweg hatte Kárník von Nachbarn erfahren, die Polizei warte auf ihn. Er machte gleich kehrt und verzog sich ins Café «Na Proutkově», wo wir manchmal Billard spielten. Schließlich ließ es ihm doch keine Ruh', und er kam abends nach Hause.

Wir waren ein wenig enttäuscht. Die Beamten schickten uns heim und nahmen Kárník mit auf die Wache. Er tröstete seine Schwester: «Morgen bin ich wieder da, noch ehe ihr Kaffee getrunken habt.» Und er war da. Uns holten sie am nächsten Vormittag ab. Doch wir fuhren nicht mit dem Auto, sondern mit der Straßenbahn. Diese «Degradierung» wurmte uns, aber als wir kurz vor Mittag heimgehen durften, waren wir ganz zufrieden. Auf dem Polizeikommissariat in der Bartholomäusgasse 4, im Volksmund Čtyřka (Nummer vier) genannt, war es recht unfreundlich gewesen. Bei meiner Vernehmung mußte ich Entstehung und Mission der «Vereinigung anationaler Studenten» schildern. Den Štastný hätten wir zwar gekannt, doch von seinen Plänen habe keiner von uns auch nur die blasseste Ahnung gehabt!

Zu Mittag wollte meine Mama Powidel-Knödel mit Mohn auftischen, auf die ich mich, auf dem Heimweg von der Polizei, schon unheimlich freute. Powidel-Knödel sind mein Leibgericht.

Was eigentlich geschehen war, erfuhren wir erst aus der Zeitung. Eine Nachricht der Presseagentur ČTK teilte der besorgten Öffentlichkeit im wesentlichen folgendes mit: Als Ministerpräsident Dr. Kramář gestern aus seinem Empfangssaal auf dem Hradschin trat und mit einem Bekannten, dem Bildhauer Langer, zu einem kurzen Gespräch verweilte, gab ein unbekannter Jüngling einen Revolverschuß auf ihn ab. Die Kugel verfehlte ihr Ziel und prallte von der Tür gegenüber ab. Dr. Kramář wandte sich gegen den Angreifer, da fiel ein zweiter Schuß und traf den Ministerpräsidenten rechts in die Brust. Doch die Kugel wurde durch die Brieftasche aufgehalten, die Dr. Kramář in der Rocktasche trug. Der Attentäter wurde von der Burgwache auf der Stelle festgenommen. Sein Name ist A. Štastný, er gehört der Sozialdemokratischen Partei an. Štastný wurde schon seit mehreren Tagen beobachtet, weil er auf der Burg umherstrich. Der Angreifer weigerte sich, sich zu dem Attentat zu äußern. Er verriet nur, er sei Mitglied einer Vereinigung, über deren Existenz er nichts aussagen wolle. Das Attentat sei in der Vereinigung beschlossen worden, und er selbst habe sich gemeldet, die Tat zu vollbringen. Im übrigen lehnte er es ab, sich zu weiteren Fragen zu äußern.

Der Zeitungsbericht fügte aber hinzu, Dr. Kramář sei unversehrt und habe gleich nach dem Attentat wieder den Vorsitz im Ministerrat geführt.

Und da sage einer, Geld bringe kein Glück! Doch das füge ich hinzu.

Bei der Vernehmung machte ich offensichtlich eine so treuherzige Miene, daß man mir glaubte; in einer halben Stunde war man fertig mit mir und schickte mich nach Hause, meine Mutter sollte sich keine Sorgen machen. Ebenso erging es auch meinen beiden Freunden.

Allzu gründlich recherchierte die Polizei der Ersten Republik nicht! Ich sprach zwar die Wahrheit, doch ich meine, die Herren glaubten mir allzu leichtfertig. Dem Štastný preßten sie dann mühelos ein volles Geständnis ab, das unsere Unschuld bestätigte. Nur Vladimír Gregor wurde verhaftet. Kárník hat man gründlicher verhört, vermutlich nur wegen seines wilden, anarchistischen Äußeren. Dennoch ließen die beiden Revolverschüsse unsere romantischen politischen Ideen zerplatzen wie Luftballons in einer Schießbude. Wir waren mit einem Schlag weiser und klüger geworden, wenn man so sagen darf. Jedenfalls waren wir aus den Wolken auf die Erde gefallen, und es war uns bei dem Sturz zum Glück nichts geschehen.

Mit Štastný wurde auch Vladimír Gregor angeklagt; wie sich zeigte, war er der intellektuelle Urheber des Attentats. Beide hat man zu mehrjährigen Freiheitsstrafen verurteilt. Ich entsinne mich nicht mehr, wie hoch die Strafe für jeden ausfiel. Štastný wurde auf Fürsprache von Kramář übrigens recht bald begnadigt, Gregor aber starb wenig später in einer Gefängnis-Irrenanstalt. Wie sich zeigte, hatte er an fortgeschrittener Schwindsucht gelitten.

Aus dem «Volkshaus» wurden wir nach diesem Vorfall delogiert. Doch nicht für lange. Hora, der in seiner literarischen Beilage unsere Verse abzudrucken begann, sorgte dafür, daß wir zurückkommen konnten. Der «Pawlatschen-Raum» wurde aber wieder geschlossen und bot nur noch alten wackligen Stühlen Asyl.

Nicht lange darauf traf ich meinen «Professor» vom Žižkover Gymnasium, J. Entlicher. Er war eher ein Freund und Kamerad als ein gestrenger Herr Lehrer, so schilderte ich ihm offenherzig unsere politische Eskapade. Er hörte mir zu, ich erzählte begeistert von der «Vereinigung» und dem Attentat; er nickte mit dem Kopf, doch ich sah wohl, daß ihm eine Frage auf den Lippen brannte. Kaum hatte ich geendet, fragte er mich ein wenig überraschend und ohne Zusammenhang:

«Und den *ginkgo biloba* im Garten neben dem ‹Rosa Saal› haben Sie gesehn?»

Ich mußte leider den Kopf schütteln.

Fünf Minuten vor dem Sterben

Es gibt wohl keine einzige Biographie F. M. Dostojewskis, worin ihr Autor nicht daran erinnert, daß Dostojewski zum Tode verurteilt wurde und Augenblicke durchlebte, in denen er dem Tod schon ins Auge sah. Natürlich, wer wollte es auch versäumen, an die wenigen gewiß atemberaubenden Minuten zu erinnern, da man die Verurteilten, unter ihnen Dostojewski, auf den Semenower Platz in St. Petersburg führte, wo ihnen der Zar dann in letzter Minute Pardon gewährte. Welch ein schauriges und erschütterndes Erlebnis für einen Autor, der es mit genialer schöpferischer «Lust» verstand, die menschliche Seele bis «auf die nackte Haut» zu entblößen und bis auf den Grund des menschlichen Herzens zu schauen, daß uns das Blut voller Leidenschaften durch den Leib treibt.

Dostojewski berichtet jedoch überraschend schlicht über diese seine Sternstunde, diesen Wendepunkt seines Lebens. Während er in seinen späteren Briefen aus Sibirien, wohin er nach seiner Begnadigung verbannt war, seinem Bruder – oftmals recht gereizt – eine Menge Briefe schrieb und alle Entbehrungen und Grausamkeiten, die die Häftlinge erdulden mußten, minutiös schilderte, obwohl sich diese mit dem Grauen angesichts des nahen Todes gar nicht vergleichen lassen, so schreibt er über die wenigen Minuten auf dem Richtplatz eigentlich schlicht und ruhig: Man habe ihnen einen weißen Exekutionskittel angelegt und sie «je drei und drei» an einen Pfahl gebunden. Noch im letzten Moment sei es ihm, Dostojewski, geglückt, seine Gefährten zu umarmen. Dann hielt man ihnen ein Kreuz hin, auf daß sie es küßten, und zerbrach einen Degen über ihrem Haupt, denn sie waren von Adel. In den allerletzten Sekunden wurde ihm bewußt, wie sehr er seinen Bruder liebte. Das ist alles. Und Dostojewski erzählt es ebenso knapp und gelassen, wie ich es hier niederschreibe.

Der Mai 1945 überraschte uns, mich und einige andere Kollegen, Redakteure und Redaktionsmitarbeiter wie auch Angestellte der Administration, im «Volkshaus» in der Hiberner Gasse, wo wir uns daranmachten, das «befreite» Tageblatt «Práce» (Arbeit), herauszugeben. Mit uns bastelten dort noch andere an der ersten Nachkriegsnummer des neuen, nun nicht mehr illegalen «Rudé právo» (Rotes Recht), dem Sprachrohr der Kommunistischen Partei. – Am 5. Mai begannen die Bürger in den Prager Straßen und Gassen deutsche Firmenschilder abzureißen und deutsche Landser festzunehmen und zu entwaffnen – der Prager Volksaufstand brach los. Wir blieben alle in der Redaktion, und auch die andern schlossen sich uns an: Setzer, Metteure und Hilfskräfte. Die übrigen Redakteure eilten herbei, und wir machten uns gleich ans Werk. Nach einer Weile schon dröhnte die Rotationsmaschine, und die Kolporteure trugen die ersten Exemplare in der Stadt aus. Die ersten Schüsse fielen auf den Straßen, und zufällige Passanten, die weder in Richtung Žižkov, noch zum Pulverturm hin gefahrlos über die Straße laufen konnten, suchten bei uns im «Volkshaus» Zuflucht. Auf unserem Gebäude wehte eine tschechoslowakische Trikolore neben dem roten Banner. Im Garten des Hauses blühten die Kastanienbäume, und mitten unter ihnen wuchs ein Ginkgo-Baum, lateinisch *ginkgo biloba*, eine in meiner Heimat recht seltene Art, Relikt aus den Zeiten, als das Palais, wo wir jetzt wirkten, noch dem Grafen Kinski gehört und einen aristokratischen Park in seinen Mauern beherbergt hatte.

Der Masaryk-Bahnhof war von tschechischen Freiheitskämpfern besetzt, und die Deutschen «bombardierten» ihn. Auch das «Volkshaus» wurde von einer Granate getroffen, Granatsplitter und Kugeln fegten über den Hof. Die Deutschen hatten sich nicht nur in dem nahen YMCA-Haus auf dem Poříč verschanzt, sondern auch in der uns benachbarten Anglo-Bank; so pfiffen die Kugeln auch über unsere Schreibmaschinen und um die Lockenköpfe unserer Sekretärinnen. Wir zogen uns mit der ganzen Redaktion in den Keller zurück, verkrochen uns hinter die Rotationsmaschine, in das Stereotypie-Atelier und noch tiefer hinab ins Papier-Magazin. In dem

Lagerraum schrieb ich revolutionäre Verse auf Rollen von Zeitungspapier, und das «Mai-Lied» floß mir flink aus der Feder. Wozu brauchte der Mensch einen Arbeitstisch! Die Nächte verschmolzen mit den Tagen, dramatische Tage verflogen im Nu: Samstag, Sonntag, Montag, Dienstag!

Die Garnison in der Jan-Žižka-Kaserne auf dem Josephs-Platz, die auf Befehl des Oberkommandos der Aufständischen das «Volkshaus» verteidigen sollte, war klein und schlecht bewaffnet. Ein paar Gewehre und Granaten hatte man erbeutet, als es gelang, deutsche Soldaten zu entwaffnen, die das uns benachbarte Hotel «Monopol» vis à vis vom Bahnhof besetzt hielten. Da die Deutschen dann aber den Masaryk-Bahnhof eroberten und alle niedermähten, die sie dort antrafen, änderte sich die Lage zu unseren Ungunsten. Nur einigen Leuten gelang es, sich ins «Volkshaus» zu retten, wohin sie im letzten Moment und mit leeren Händen gelangten. Nun jagten die Ereignisse sich Schlag auf Schlag. Gleich darauf besetzten die Deutschen das Eckhaus zwischen der Havlíček- und der Hiberner Gasse. In einem Feinkostladen entdeckten sie einen Vorrat an Wein und Champagner. Weil die Keller beider Häuser aber – wie uns befohlen – verbunden waren, tauchten die Deutschen plötzlich auch im «Volkshaus» auf, während die dortige Mini-Besatzung sich zwischen Keller und Hauseingang verschanzt hatte. Die Deutschen näherten sich der Panzertür. Der einzige Verteidiger im Keller feuerte aus seinem Gewehr und schoß den ersten der hereinstürmenden Soldaten nieder. Er fiel vor meine Füße, und so sah ich zum ersten Mal in meinem Leben mit eigenen Augen, wie ein Mensch stirbt. Schon zu Boden gesunken, rief der Mann seinen Kameraden zu, das Feuer zu erwidern, doch er selbst war schon zu schwach, sein Gewehr zu heben. Ja, er hatte nicht einmal mehr die Kraft, seine neben ihm am Boden liegende Flinte abzudrükken. So schnell verrann sein Leben aus einer klaffenden Wunde im Bauch.

Verwirrt wateten wir in seinem Blut, da erschien ein deutscher Offizier in der Mauerbresche und befahl uns barsch:

«Hände hoch!» Er sonderte die Frauen aus, sie blieben im Keller, und befahl uns Männern, durch den Hintereingang in die Havlíček-Gasse abzuziehen und uns von dort in die Halle des brennenden Masaryk-Bahnhofs zu begeben.

Die Feldgrauen, die uns eskortierten, versicherten uns grinsend, im Bahnhof würden wir standrechtlich erschossen. Wir mußten uns auf die Schienen setzen. Nicht weit von uns türmte sich ein Haufen toter Landsleute, die die Deutschen vor einer Weile exekutiert hatten. Wir warteten nur noch auf die Abfahrt des langen Lazarett-Zuges, der hinter uns auf den Schienen stand. Er war voll mit Schwerverwundeten; sie lagen auf Kavaletts übereinander. Nur so zum Jux erschossen die Deutschen vor unseren Augen einen Burschen, dem zu seinem Unglück ein altertümliches k. und k. Bajonett unter der Jacke hervorgelugt hatte, und einen älteren Mann, von dem einige der deutschen Soldaten behaupteten, sie hätten gesehen, wie er auf sie feuerte. Beide wurden mit einem Genickschuß aus der Pistole «erledigt». Kein schöner Anblick, wenn einem Menschen das Blut aus dem Nacken spritzt. Der ältere Mann schwieg, doch der Junge jammerte kläglich vor seinem Tod.

Ich weiß nicht wieso, vermutlich, weil die Deutschen den Lazarett-Zug nicht mehr schnell genug aus dem Bahnhof schleppen konnten und das Feuer im Stationsgebäude um sich griff, befahlen sie uns «Aufstehen!», eskortierten uns in Zweierreihen über den nahen Güterbahnhof in die Hiberner Gasse und trieben uns dann in Richtung Žižkov den Berg hinauf. Die Eisenbahndirektion am Rande von Žižkov stand in Flammen. Auch das Haus gegenüber, «Zum Bulgaren» genannt, brannte lichterloh. Die Hitze des Feuers war so groß, daß wir uns das Taschentuch schützend vors Gesicht hielten.

Wie oft, ach wie viele Male, war ich glücklich und zufrieden auf diesem Weg am Bahnhof vorbeigelaufen. Schon seit meiner frühesten Jugend. Hier eilte ich entlang, wenn ich nach Kralupy in die Ferien fuhr und auch wieder heim in die Arme meiner Mutter. Und nun stapften wir schweigend über diesen Weg, bang, nicht wissend wohin.

Bei der Hrabovka bogen wir hangabwärts nach Karolinenthal ein, zur Georg-von-Podiebrad-Kaserne. Dort stellten sie uns an die Wand. Wieder mußten wir warten. Dann verkündete man uns noch einmal, wir würden auf dem Kasernenhof füsiliert. Dort machten sich die Deutschen inzwischen bereit, aus Prag abzurücken; die Vorbereitungen dazu waren noch im Gange.

Wir marschierten an der Hrabovka vorbei, und der Frühlingswind strich uns um die Stirn, vom Duft des Flieders getränkt, der von den Obstgärten auf dem Veitsberg herüberwehte, wo ich einst voll unschuldiger Heiterkeit und ein sorgloses Lachen auf den Lippen durch die Nacht irrte – meine Finger in die eines reizenden Mädchens verflochten – so manchen Abend, hoch über den Rauchwolken der nahen Bahnstation. Ja, ich erinnerte mich ganz intensiv an den Duft der braunen Sommerveilchen, an dem ich mich bis heute nicht sattriechen kann. Aus dem Aussichtspavillon, der noch heute dasteht, bietet sich einem eine der schönsten Ansichten Prags dar, wenn auch leicht umflort vom Rauch der Lokomotiven unten im Bahnhof.

Zweimal marschierten Parlamentäre, die weiße Fahne geschultert, hin und zurück durch die Mitte der Straße, an uns vorbei, ohne uns auch nur eines Blickes zu würdigen. Wir hatten nicht die blasseste Ahnung, worum es bei diesen «Palavern» ging, die sich ziemlich lange hinzogen. So durchbangten wir weitere schwere Stunden. In letzter Minute beschlossen die Deutschen, uns gegen eine Gruppe deutscher Frauen, Kinder und Greise auszutauschen, die die Unseren auf der Flucht aufgegriffen hatten. Wie lange wir an der Kasernenwand standen, weiß ich nicht. Ich hatte keine Ahnung mehr, denn auf dem Weg vom «Volkshaus» hatte ein deutscher Soldat meine Armbanduhr «requiriert». Mir schien es eine Ewigkeit.

Mit einem barschen Befehl jagten uns die Deutschen schließlich in alle Winde davon. Nach einem längeren «Spaziergang», an den Barrikaden vorbei, kamen wir, ich und mein Kollege A. M. Píša samt zwei Gefährten, zur Troja-Brücke. Bei Bekannten verbrachten wir die letzte stürmische Nacht und beobachteten aus den Fenstern ihres dort ziemlich einsam stehenden Mietshauses, die Armee des Generalfeldmarschalls Schörner; ein Teil von ihr stand unten auf der Chaussee, die vom «Bulovka»-Spital zur Troja-Brücke hinunterführt. Die Armee hatte den Befehl, Prag zu zerstören und sich dann in amerikanische Gefangenschaft zu begeben. Das erstere gelang ihr zum Glück nicht, letzteres nur zum Teil. Doch das ist ja eine bekannte Geschichte.

In vollem Bewußtsein der Tatsache, daß man den genialen Romancier von Weltruhm mit dem Poeten eines kleinen Landes natürlich nicht vergleichen kann, beneidete ich, wenn man so sagen darf, Dostojewski ein wenig um seine einmalige Erfahrung: Wie es ist, zum Tode verurteilt zu sein, den Augenblick zu empfinden, da der Mensch unweigerlich Abschied nehmen muß vom Leben, das unerbittliche Schicksal hinzunehmen; dann wieder die Geborgenheit und Süße des Lebens von neuem zu kosten und sich zu erretten.

Die schrecklichen Minuten zu durchleiden, da die Zeit den Menschen rasend in den Abgrund, in den Untergang reißt, und dann das weite Firmament der Zeit zu betrachten, die vor dir liegt wie eine herrliche Landschaft. Welch ein Drama muß der Mensch in diesen wenigen Minuten durchleben! Was bedeutet ein solcher Moment für einen Schriftsteller, denn nur er hat die Fähigkeit, das Erlebte minutiös zu schildern.

Ohne anderes vergleichen zu wollen als allein diese menschliche Chance, möchte ich für meine Person dazu doch folgendes bemerken:

Als wir, ich und Píša, in der Karolinenthaler Kaserne an der Wand standen, zog ich ein Eckchen Käse und einen Kanten Brot aus der Tasche, die ich, deutsche Vorräte «plündernd», «organisiert» hatte, als wir das Hotel «Monopol» verließen. Brot und Käs' waren nicht mehr frisch, doch wir schlangen sie heißhungrig in uns hinein. Dann dachte ich an die Meinen daheim. Ich wußte, daß sie mehr oder weniger in Sicherheit waren. Dabei verdrängte ich, sozusagen im Unterbewußtsein, den Gedanken, daß ich sie nie mehr wiedersehen würde. Ich suchte ihn entschieden zu verscheuchen. Ich betrachtete die traurigen und häßlichen Häuser gegenüber. Alle Fenster waren – wohl vorsichtshalber – geschlossen. Nur von Zeit zu Zeit schob jemand eine Gardine beiseite, und ein menschliches Gesicht kam zum Vorschein. Dann fiel mir eine blecherne Pißbude unweit des Karolinenthaler Eisenbahnviadukts ins Auge, ein Straßen-Pissoir, das ich in grotesker Erinnerung hatte.

Vor vielen Jahren hatte dort ein anonymer, doch offensichtlich recht gewandter Zeichner mit Teerfarbe einen Frauenakt in gewagtester Position an die Wand gemalt. Als Buben kamen wir oft hierher, um uns an dem Anblick zu weiden. Das Bild «hing» recht lange dort – es faszinierte uns ungemein! In der Pubertät war es ein ganz außergewöhnliches Erlebnis. Als wir nun so vor der Kaserne standen, sah ich diese Zeichnung ganz deutlich vor mir, obwohl ich dies wenig salonfähige Erlebnis schon fast vergessen hatte.

Wieder starrte ich zu den düsteren Fenstern gegenüber empor. Aus den zierlichen Kaminen kräuselte sich Rauch, und mir fiel ein, was die glücklichen Menschen, die nicht an der Kasernenwand zu stehen brauchten und uns durch die geschlossenen Vorhänge beäugten, wohl heute zu Mittag essen mochten? Ich bitt' euch, um Gottes Willen, haltet mich nicht für tapfer und unerschrocken, doch in jenen Minuten dachte ich bei Gott nicht an den Tod, obwohl er uns, und wir rechneten schon fest damit, gleich hier auf dem Kasernenhof erwartete.

Als man uns dann in alle Winde verstreut hatte, als wir wieder die süße Luft der Freiheit atmeten und auch den Prager Rundfunk hörten, dessen Sprecher mit sich überschlagender Stimme meldete, die Deutschen hätten kapituliert, da vergaß ich – das kann ich wohl sagen – mit einem Schlag die soeben erlebten schweren Stunden.

Und nach Jahren?

Unlängst führte mich mein Weg wieder an jenen Ort, wo wir

diese furchtbaren Augenblicke erlebten, und sie kamen mir gar nicht in den Sinn. Erst als ich wieder daheim war, fiel mir ein, daß ich an jenem «historischen» Ort gewesen war und es gar nicht bemerkt hatte.

Heute denke ich an diese schrecklichen Stunden nicht anders zurück, als ein Kind, das längst wieder seinem Ball nachläuft, an die Masern vom Vorjahr.

Ja, glaubt es mir: Es ist so! Und gehabt euch wohl. Krieg soll nie mehr sein!

Nachwort

Hundert Geschichten bilden dieses Mosaikbild aus Edelsteinen, das ganz programmatisch «Alle Schönheit dieser Welt» heißt. Es sind hundert Liebesbriefe an das Leben – das heißt an Freunde, an Frauen, an Blumen, Flüsse und Bäume, an den Sternenhimmel, an die Poesie, an Prag, an den Wein, an den Menschen.

«Geschichten, die das Leben schrieb» heißt eine Floskel, die auf dieses Buch zu passen scheint. Sie ist jedoch falsch, wie alle Floskeln. Nicht nur für das Schreiben, auch für das Leben selbst liefert die Wirklichkeit nur den Rohstoff. Leben ist erst das, was man erlebt hat. Die Fähigkeit, gut zu schreiben, das ist höchstens zwanzig Prozent dessen, was einen Menschen zu einem Dichter macht; das Wichtigste ist die Begabung des Erlebens. Dann erst kommt das, was man erlebt hatte, zur Geltung.

Jaroslav Seifert hat viel erlebt. Am 23. September 1901 geboren und am 10. Januar 1986 gestorben, war er so alt wie unser Jahrhundert, das ja mit dem Jahr Nulleins und nicht Nullnull begonnen hat. Er beendete dieses Buch kurz vor seinem achtzigsten Geburtstag; er ging jahrzehntelang auf Krücken – aber er war bis zu seinem Lebensende jünger als viele, die ein Menschenalter später geboren wurden. Solange man das Leben liebt, ist man jung.

Jaroslav Seifert schrieb am Ende einer Geschichte: «Auch meine Tage sind gezählt, und meine Zeit erfüllt sich. Doch ich hege einen törichten, kaum erfüllbaren Wunsch. Ich möchte das kommende Jahrtausend erleben. Wenigstens einen Tag oder zwei, vielleicht drei Tage, und einen Blick werfen in die besseren Zeiten, die da kommen.»

Diese leidenschaftliche Lebensbejahung, dieser unbeirrbare

Optimismus, den man in diesem Fall nicht auf Unkenntnis des Lebens zurückführen kann – ein rares Phänomen in der Weltliteratur der Gegenwart – machen das Buch besonders wichtig und lesenswert.

Es ist kein Buch zum Einmallesen. Man kehrt zu einzelnen Geschichten immer wieder zurück, wie zu geliebten Gedichten.

Seifert betonte mehrmals, er sein kein Prosaiker. Mit Recht, denn diese Prosa ist Poesie. Sie verbindet die Klarheit der Erzählung mit dem poetischen Gewicht des Wortes. Mit den knappsten und – scheinbar – einfachsten Mitteln versteht es der Dichter, einem Geschehen mit seinem ganzen Duft und Geschmack Leben zu geben, die Vergangenheit und die Gegenwart zu verbinden.

Der große tschechische Literaturkritiker František Xaver Šalda schrieb über den damals auch noch an Jahren jungen Dichter: «Seifert dichtet nicht durch Worte, sondern durch Stille, nicht mit Farben, sondern mit dem Regenbogen. Es ist Poesie von solcher Kraft und Schlichtheit, daß man an die alten geistlichen Lieder denken muß, deren Erbe sich hier erneuert.»

Die Schlichtheit kommt nicht nur davon, daß der Dichter verstanden werden will – und er bekennt sich dazu, daß er es will –, sondern von der Klarheit seines Denkens, von seiner Aufrichtigkeit, von der absoluten Ablehnung jeder Pose. Seiferts Stil ist nicht altmodisch, aber auch nicht neumodisch – er ist überhaupt nicht modisch. Er war ein moderner Dichter in den zwanziger Jahren und ist es auch in den Achtzigern.

«Alle Schönheit dieser Welt» ist ein sehr tschechisches Buch – im Inhalt, im Ton, im Gefühl – und deshalb allgemeingültig, so, wie es auch ein sehr deutsches, sehr französisches oder sehr chinesisches Buch wäre. Die Vaterländer unterscheiden sich voneinander; es gibt dort andere Blumen, Bäume und Flüsse, einen anderen Sternenhimmel und andere Gedichte, andere Weine und andere geliebte Städte. Aber die Menschen sind überall Menschen und haben dieselbe Heimat. Dieses Wort hat keinen Plural. In einem guten literarischen Werk erkennt man die eigene Heimat in der Heimat des anderen, wie man in der künstlerischen Darstellung einer schwarzen oder gelben Mutter die eigene erkennt.

Seifert erzählt viel von seinen Freunden, tschechischen Schriftstellern und Künstlern, deren Namen den meisten deutschen Lesern wohl nicht geläufig sind. Es lohnt sich natürlich, sich manche Namen zu merken, denn es waren bedeutende Dichter, die Weltruhm hätten erreichen können, hätten sie in einer mehr verbreiteten Sprache geschrieben. Wer sich jedoch für die Geschichte der tschechischen Literatur nicht interessiert, muß sich durch die schwierigen Namen nicht abschrekken lassen, denn er kann Seiferts Buch als Geschichten über *die* Literatur und *die* Künstler lesen.

Das Thema Poesie-Literatur-Kunst geht durch das ganze Buch. Dies ist bei Geschichten aus dem Leben eines Dichters selbstverständlich – und doch wiederum nicht. Ich kenne kein Buch, außer den Erinnerungen von Nadescha Mandelstam, in dem der schöpferische Prozess, wo die Rolle der Poesie als organischer Bestandteil des Lebens eines Menschen und eines Volkes so einleuchtend geschildert wäre wie bei Seifert.

Dies ist kein Zufall. Völker mit schwerem Schicksal, deren Freiheit unterdrückt wird, hängen mehr als die anderen mit dem Herzen an ihrer Sprache und ihrer Dichtung. In seiner Nobelpreisträger-Rede, die er nach Stockholm schickte, sprach Jaroslav Seifert ausführlich über diese Rolle der Poesie, die nicht nur dazu vorbestimmt ist, «den Menschen aus nächster Nähe aufs Intimste anzusprechen, sondern auch die tiefste und sicherste Zuflucht zu sein, in der wir Trost in unserem Leid suchen, das wir manchmal nicht einmal zu benennen wagen.

Es gibt Länder, wo diese Rolle der Zuflucht und der Fahne die Religion und ihre Prediger erfüllen. Es gibt Länder, wo das Volk sein Bild und sein Schicksal in der Katharsis der Dramen findet oder in den Reden seiner politischen Führer. Es gibt Länder und Völker, die den Ausdruck ihrer Fragen und Antworten in den Werken geistreicher und weiser Denker lesen können, woanders wiederum erfüllen diese Aufgabe Journalisten und Medien. Bei uns hat sich der Geist des Volkes die Dichter zu seiner Verkörperung auserwählt und sie zu seinen Sprechern gemacht.»

Wir in den demokratischen Ländern sind in der glücklichen Lage, daß uns politische Gründe nicht zwingen, in der Dichtung Zuflucht zu suchen; ja, so gesehen, müssen wir uns gar nicht um sie kümmern. Wäre es aber nicht gut, sich doch ein bißchen mehr zu kümmern? Vielleicht lassen sich einige Leser von Seifert verführen. Er ist auch in seinem Lob der Poesie nicht weniger verführerisch als in der Lobpreisung der Liebe, der Natur, des Weines, des guten Essens und anderer schöner Dinge des Lebens.

Den zwingenden existentiellen Grund dafür liefert uns Seifert in seiner Nobelpreisrede: «Ist nicht das lyrische Lebensgefühl, das uns die Identifizierung mit der Natur und mit der Welt um uns beschert, eine der möglichen Quellen der inneren Verwandlung des Menschen? Kann es ihm nicht einen der Wege zeigen, der ihn aus der untragbaren Position eines selbsternannten Herrschers herausführt, der sich außerhalb der Natur, über sie und gegen sie stellt? ... Poesie und der Sinn für Poesie können den Antipol zum Kult der Macht und Gewalt verkörpern.»

Seine Verantwortung als Sprecher des Volkes und dessen Geistes nahm Jaroslav Seifert immer sehr ernst. Oder, vielmehr – und viel mehr! – er lebte sie mit absoluter Selbstverständlichkeit.

«Wenn jemand anderer die Wahrheit verschweigt, kann es ein taktisches Manöver sein. Wenn ein Schriftsteller die Wahrheit verschweigt, lügt er», sagte Seifert in seiner historischen Rede beim II. Kongreß der tschechoslowakischen Schriftsteller im Jahre 1956, in der er offen den stalinistischen Terror in der Tschechoslowakei anprangerte, dem auch viele Dichter zum Opfer gefallen sind.

Jaroslav Seifert ist eine Seltenheit im «sozialistischen Lager»: Er wurde 1967 zum Nationalkünstler ernannt, und er ist es wirklich.

Deshalb hatten es die kommunistischen Machthaber mit ihm immer schwer, sogar noch bevor sie die Macht ergriffen hatten, obwohl Seifert immer in der linken Front stand. Und da stand er bis zu seinem Tode – falls man unter «Linken» diejenigen versteht, die sich gegen die Ungerechtigkeit einer Gesellschaft und gegen die Selbstherrlichkeit der Macht auflehnen.

Anfang der zwanziger Jahre verschrieb er sich, wie die meisten seiner begabten Altersgenossen, der «proletarischen Poesie». Er war Mitglied der Kommunistischen Partei der Tschechoslowakei, redigierte mehrere ihrer Zeitschriften. Das Problem mit ihm war, daß er als einziger, oder fast einziger, unter den linken Intellektuellen wirklich ein Proletariersohn war, mit dem proletarischen Prager Stadtteil Žižkov, in dem er geboren wurde, eng verbunden. Er hatte also keine hemmenden Scham- und Schuldkomplexe, fühlte sich nicht jener puritanischen Heuchelei, jener bedingungslosen geistigen Subordination verpflichtet, die aus Söhnen und Töchtern der Reichen superideologische Superproletarier machen. (Lenins Ausdruck «wildgewordene Kleinbürger» würde hier genau passen.)

Als Klement Gottwald im Jahre 1929 mit Moskaus Segen die Führung der KPTsch übernahm, um die Partei zu bolschewisieren, also an Moskaus Leine zu binden, initiierte Seifert ein Protest-Manifest, zusammen mit anderen kommunistischen Schriftstellern, und wurde aus der Partei ausgeschlossen. Er kehrte nie in ihre Reihen zurück, weder vor noch nach der Machtübernahme im Februar 1948. (In demselben Jahr wurde Klement Gottwald Staatspräsident.)

Seit 1948 versuchten die Machthaber immer wieder, den unbotmäßigen Dichter aufs Abstellgleis zu schieben, mit wechselndem Erfolg. Ganz konnte es ihnen nie gelingen, denn Seifert war schon berühmt und beliebt. Während der Nazi-Okkupation stärkte er mit seinen stillen, bachklaren Gedichten das Nationalgefühl der Tschechen, spendete ihnen Trost und Hoffnung. Sein Prestige beim Volke und seine unzweifelhafte Integrität setzten das ganze Arsenal der zu allem bereiten Schreiberlinge außer Gefecht.

Man schikanierte Seifert, es gab ein ständiges Auf und Ab: Mal wurden seine Bücher jahrelang nicht gedruckt; mal brachte man eins der älteren Bücher in einer unzureichenden Auflage und boykottierte nur seine neuen Sammlungen; 1967, in einer Periode der relativen Liberalisierung, wurde der Dichter – später als einige Mittelmäßige, aber Gehorsame – zum Nationalkünstler ernannt.

Nach dem sowjetischen Einmarsch 1968 wählten die tschechoslowakischen Schriftsteller Jaroslav Seifert zum Vorsitzenden ihres Verbandes. Man kann dem Parteichef Gustáv Husák nicht nachsagen, er hätte nicht versucht, sich mit dem Dichter zu arrangieren. Damals versuchte die Partei jeden zu korrumpieren, der einen Namen hatte. Husák bot Seifert für ihn selbst und für die Schriftsteller allgemein verschiedene Privilegien an, wenn er den Verband auf seine Linie (das ist der offizielle Euphemismus für die Leine) bringen würde. Seifert tat etwas, was man von einem Vorsitzenden eines «sozialistischen» Verbandes nicht erwartet: Er ließ die Mitglieder geheim abstimmen. Die Schriftsteller – damals bestand der tschechoslowakische Schriftstellerverband noch vorwiegend aus Schriftstellern – lehnten es ab, sich in den Dienst der Okkupanten zu stellen. Seifert sagte dem Parteichef: «Ihr wollt, daß wir eure Politik unterstützen, weil ihr wißt, daß wir bei dem Volk moralische Autorität besitzen. Würden wir aber eure Politik unterstützen, werden wir diese Autorität verlieren und werden euch nichts nützen.»

Der Verband wurde aufgelöst, die besten Schriftsteller mit Berufsverbot belegt. In dem neuen Verband, der später organisiert wurde, gibt es kaum Schriftsteller von Bedeutung, außer einigen, die sich nach Jahren ohne Publikationsmöglichkeiten entschlossen haben, eine Reue- und Treueerklärung zu unterschreiben. Deren Bücher erscheinen jetzt in den Staatsverlagen, natürlich nicht alle und nicht unzensiert. Jaroslav Seifert gehörte diesem Verband nicht an.

Als einer der ersten unterschrieb er die Menschenrechts-Charta 77. Er protestierte mehrmals gegen Unrecht, zum Beispiel, als man junge Musiker wegen ihrer Musik verurteilen wollte.

Der Dramatiker Václav Havel, auch einer, der mit kompromißloser Selbstverständlichkeit in der Wahrheit zu leben versucht, sagte: «Jaroslav Seifert ist kein Kämpfer, kein Politiker, kein Dissident – aber er stand immer auf der richtigen Seite.» «Er ist ein Dichter, der so lebt, wie er schreibt, und was er schreibt, meint er wirklich, mit allen Risiken der Wahrheit, die er spricht und verteidigt», schrieb der Exilkritiker Jaroslav Dresler.

Seiferts Gedichte kursierten in Abschriften, erschienen in Untergrund-Editionen (mit Auflagen von einigen Dutzend Exemplaren) und in Exil-Verlagen. Nach Jahren brachten die Staatsverleger hin und wieder ein Büchlein von ihm. Dann standen vor einer Buchhandlung, die fünf Exemplare zugeteilt bekam (sie reichten nicht einmal für die Buchhändler selbst), fünfhundertköpfige Käuferschlangen.

Irgendwann 1979 oder 1980 wurden in Prag einige Geschichten aus «Alle Schönheit dieser Welt» auf Band aufgenommen, von der großartigen – und unter Berufsverbot stehenden – Schauspielerin Vlasta Chramostová gesprochen. Im Exil, in Schweden, wurde daraus eine Schallplatte. In der Einleitung zu dieser Platte sagt Jaroslav Seifert: «Wenn es eine Hoffnung gäbe, daß dieses Buch erscheint, würde ich darüber nicht sprechen, denn das Buch ist klar und verständlich, die Leser könnten sich selbst ein Urteil bilden...»

Das Buch erschien. Zwei tschechische Exilverlage, der *Index Verlag* in Köln und *Sixty-Eight Publishers* in Toronto, haben sich zusammengetan (alle Exilverlage sind arm), der Fond der Charta 77 aus Stockholm steuerte etwas Geld bei, und zum achtzigsten Geburtstag des Autors im Jahre 1981 konnte dieses große Werk erscheinen. Ein Jahr später brachte es auch ein offizieller Verlag in Prag, freilich zensiert, heraus.

Der Nachricht über den Nobelpreis für Jaroslav Seifert widmete das Zentralorgan der KPTsch «Rudé právo» eine Notiz vom Ausmaß 3,5 × 5,5 cm auf der vorletzten Seite. Hätte den

Preis ein kubanischer oder ein mongolischer Dichter bekommen, gäbe es sicher einen Bericht auf der ersten Seite und einen Aufmacher im Kulturteil – das «sozialistische Lager» ist ruhmsüchtig.

Im Jahre 1978 wurde der hervorragende – inzwischen verstorbene – Journalist Jiří Lederer zu drei Jahren Gefängnis verurteilt, unter anderem dafür, daß er Seifert-Manuskripte ins Ausland schickte. Schauspieler, die die Seifert-Platte aus Schweden zugeschickt bekamen, wurden deshalb polizeilich verhört. Im Jahre 1981, in einer Zeit, in der vielleicht schon die offizielle Prager Ausgabe von «Alle Schönheit dieser Welt» im Satz war, wurden bei der Chartistin Dr. Jiřina Šiklová – ich kannte sie seinerzeit als sehr begabte Studentin von origineller Schönheit – Seiferts Manuskripte und Papiere, die als Unterlagen für das Nobelpreiskomitee dienen sollten, von der Polizei beschlagnahmt. Der Versuch, sie mit Hilfe von zwei Franzosen ins Ausland zu schicken, ist immer noch Gegenstand eines schwebenden Strafverfahrens gegen Dr. Šiklová.

Die normale sozialistische Schizophrenie.

Das offizielle Prag schien wenig Freude über den ersten Nobelpreis für einen tschechischen Schriftsteller zu haben. Und die lieben «Kollegen», die mit ihren Federn den Staub vor den Türen der Mächtigen fegen, die ... Na ja, es waren seinerzeit in Moskau auch die Schriftsteller-Funktionäre, die am meisten gegen Pasternak hetzten, als er den Nobelpreis bekam. Der Neid der Unfähigen und deshalb zu allem Fähigen ist keine sozialistische Besonderheit – dies ist nur die große Macht, die sie im «Sozialismus» haben.

Ein drittrangiger Dichter und hochrangiger Funktionär – ich will nicht seinen Namen mit diesem Buch in die Literatur schmuggeln –, der sich am heftigsten der Publikation der Werke von Seifert im offiziellen Verlag der Schriftsteller widersetzte, meinte neulich im Prager Fernsehen: «Wir lassen uns den Seifert nicht nehmen ...» Ausnahmsweise hat er da die gleiche Absicht wie das tschechische Volk. Und wie Seiferts Leser in aller Welt.

Wahrscheinlich beobachtete Jaroslav Seifert die Purzelbäume jener, die ihm seit Jahrzehnten das Leben schwer gemacht hatten, mit einem diebischen Lächeln – er hatte schon vieles gesehen, und er hatte Sinn für Humor.

Nur ... In einer Geschichte erzählt er, wie er im Jahre 1925 dem damals noch kleinen Verleger Václav Petr seine neue Gedichtesammlung angeboten hatte. Es waren für die damalige Zeit supermoderne Gedichte – sie kündigten eine neue Etappe in Seiferts Schaffen an, den Übergang von der «proletarischen Poesie» zum «Poetismus» –, und der Dichter hatte wenig Hoffnung, daß der Verleger sie so ohne weiteres annimmt. Petr nahm sie, und das Büchlein war zwei, drei Monate später auf dem Markt. «Vor einiger Zeit», fügte der Dichter hinzu, «sollte dieses heute schon historische Buch als Faksimile wieder erscheinen. Es ist aber nicht mehr dazu gekommen. Schade!»

Er klagt auch in diesem Buch nicht über die Verfolgungen und Schikanen, die er erlebte.

Immerhin sind einige Bücher von Seifert in den letzten Jahren in Prag erschienen, ohne daß er dem Regime demütigende Abbitte hätte leisten müssen; immerhin wurde er nicht – obwohl er die Charta 77 und Protestschreiben unterzeichnete – in ein Polizeigebäude zum Verhör zitiert: aus Respekt vor seinem Ruhm, seinem Alter und seiner Gebrechlichkeit verhörten ihn die Polzisten in seiner eigenen Wohnung. Zweifelsohne hatte Seifert auch unter den Verfolgern Bewunderer, denn auch die können lesen.

Es ist müßig, darüber zu streiten, wem Jaroslav Seifert gehört. Ein großer Dichter gehört allen – solange er sich selbst gehört, wie Jaroslav Seifert. Denn es gab auch große Dichter, die sich verkauft oder sich selbst zwecks Bestechung der Mächtigen verschenkt haben.

Die Menschen, auch die reichen, könnten viel reicher und glücklicher sein, wenn sie immer wüßten, welche Schätze ihnen gehören und sie dann wirklich nutzen. In diesem Sinne ist der Literatur-Nobelpreis 1984 einer der Glücksfälle, die in der Geschichte dieses Preises nicht allzu häufig waren. Er ist kein

Geschenk an den Dichter, der ihn voll verdient, sondern an jene, die Jaroslav Seifert bisher nicht kannten. Er ebnet ihnen den Zugang zu dem Reichtum von Seiferts Poesie und Liebe, zu seiner menschlichen Weisheit und weisen Menschlichkeit.

Gabriel Laub

Namensglossar

ALEŠ Mikoláš (1852–1913). Zeichner und Maler vor allem von patriotischen Bildern mit historischer Thematik.

ALŠOVÁ Maryna (verh. Svobodová; 1882–1973). Malerin, Tochter des Malers M. Aleš, Autorin interessanter Memoiren.

ANČERL Karel (1908–1973). Komponist, 1950–1968 Dirigent der Tschechischen Philharmonie in Prag, später in der Emigration.

BARTOŠ Jan (1893–1945). Historiker des tschechischen Theaters, Dramatiker. Anhänger der Linken; glaubte an Astrologie und Okkultismus.

BARVITIUS Victor (1834–1902). Maler von Genrebildern und Bildern mit Themen aus der böhmischen Geschichte, vor allem des Mittelalters.

BASS Eduard (eigentlich Eduard Schmidt; 1888–1946). Kabarettist, Feuilletonist und Romancier («Zirkus Humberto», deutsch 1954).

BAUCH Jan (geb. 1898). Maler, Graphiker und Bildhauer. Vom Impressionismus beeinflußt.

BEZRUČ Petr (eigentlich Vladimír Vašek; 1867–1958). Berühmt wurde er mit seinem einzigen Gedichtband «Schlesische Lieder» (1909; 1916 deutsch von Rudolf Fuchs).

BIDLO František (1895–1945). Karikaturist, Autodidakt, Mitarbeiter der linken Presse.

BIEBL Konstantin (1898–1951). Dichter der Avantgarde der 20er Jahre. In der Zeit des Stalinismus beging er Selbstmord.

BLATNÝ Lev (1894–1930). Dramatiker und Dramaturg in Brünn, Vertreter des Expressionismus. Starb an Tuberkulose.

BLATNÝ Ivan (geb. 1919). Sohn von Lev Blatný. Lyriker und Übersetzer, lebt seit 1948 in England.

BOŘKOVEC Pavel (1894–1972). Komponist mehrerer Symphonien, Opern und Ballette sowie von Werken der Kammermusik.

BOUDA Cyril (1901–1984). Maler und Graphiker. Bekannt sind vor allem seine Buchillustrationen und Bilder mit Prager Motiven.

BRANALDOVÁ Helena. Tochter des Romanciers Adolf Branald (geb. 1910).

Březina Otokar (eigentlich Václav Jebavý; 1868–1929). Bedeutendster Lyriker der symbolistischen «Generation der 90er Jahre». Die wichtigsten Gedichtsammlungen sind auch in deutscher Übersetzung erschienen; «Winde von Mittag nach Mitternacht». 1920 übersetzt von Franz Werfel.

Brožík Václav (1851–1901). Maler, studierte in München und Paris. Unter dem Einfluß von G. Max malte er vornehmlich monumentale Bilder zur böhmischen Geschichte.

Burešová Marie (1907–1972). Schauspielerin, seit 1946 Mitglied des Nationaltheaters in Prag, vorher im Prager E. F. Burian-Theater tätig.

Burian Emil František (1904–1959). Vielseitig begabter Künstler, vor allem Dramatiker der Avantgarde, der sich in der Zeit des Stalinismus als Aushängeschild des Regimes benutzen ließ.

Čapek Karel (1890–1938). Prosaschriftsteller und Dramatiker. – Čapek Josef (1887–1945). Prosaschriftsteller, Dramatiker und avantgardistischer Maler. Führende Persönlichkeiten des Prager Künstlerlebens 1918–1938. Die meisten Werke wurden ins Deutsche übersetzt.

Čech Svatopluk (1846–1908). Lyriker und Prosaschriftsteller der «nationalen Schule». Zwei seiner Erzählungen dienten als Vorlagen für Opernlibretti von Leoš Janáček.

Černík Artuš (1900–1953). Avantgardistischer Literaturtheoretiker, Kritiker und Publizist. Einer der führenden Persönlichkeiten des Devětsil.

Černý Ladislav (1891–1975). Bratschen-Virtuose, Professor an der Musikhochschule in Prag.

Chaloupka Josef (1898–1930). Lyriker expressionistischer Prägung aus Brünn. Starb an Tuberkulose.

Chalupa Dalibor (1900–1984). Lyriker expressionistischer Prägung aus Brünn.

Chuchro Josef (geb. 1931). Violoncellist, Solist der Tschechischen Philharmonie.

Cibulka Josef (1886–1968). Professor der katholischen theologischen Fakultät in Prag und Leitmeritz, Koryphäe der sakralen Kunstgeschichte.

Devětsil (Pestwurz; wörtliche Übersetzung «Neunkraft»). Vereinigung der linken künstlerischen Avantgarde 1921–1930. Mitglieder waren u. a. die Kafka-Freundin Milena Jesenská und E. E. Kisch.

Dilong Rudolf (geb. 1905). Slowakischer surrealistischer Dichter,

Vertreter der slowakischen katholischen Moderne. Nach 1945 in der Emigration.

DOBIÁŠ Václav (1909–1978). Komponist, Professor der Musikhochschule in Prag. Nach 1948 Schützling des kommunistischen Regimes.

DRDA Jan (1915–1970). Prosaschriftsteller und Dramatiker, schrieb unter dem Einfluß von K. Čapek. Anhänger des stalinistischen Regimes in den 50er Jahren. Die Okkupation 1968 hat er verurteilt.

DÜRICH Josef (1847–1927). Konservativer Politiker, 1915–1919 in der Emigration. 1917 kam es zwischen ihm und Masaryk zum Bruch, danach stand er in heftiger Opposition zu ihm.

DVOŘÁK Antonín (1841–1904). Weltberühmter tschechischer Komponist.

DVOŘÁK Arnošt (1881–1933). Militärarzt, Autor vor allem patriotischer Dramen mit historischer Thematik.

DVOŘÁK Karel (1893–1950). Avantgardistischer Bildhauer, Maler und Dichter.

DYK Viktor (1877–1931). Lyriker, Prosaschriftsteller und Dramatiker des Symbolismus. Nach 1918 Anhänger der äußersten nationalen Rechten.

ERBEN Karel Jaromír (1811–1870). Lyriker und Märchensammler, Angehöriger der Romantischen Schule. Sein Hauptwerk «Kytice» (Blumenstrauß aus Volkssagen) von 1853 wurde von O. Fischer 1900 ins Deutsche übersetzt.

FABIÁNOVÁ Vlasta (geb. 1912). Theater- und Filmschauspielerin, seit 1941 Mitglied des Nationaltheaters in Prag.

FEUERSTEIN Bedřich (1892–1936). Architekt und Maler. Mehrere Bauten wurden nach seinen Plänen in Böhmen und Japan gebaut.

FISCHER Otokar (1883–1938). Professor der Germanistik in Prag, schrieb tschechisch und deutsch. Lyriker, Dramatiker und Übersetzer (Heine, Goethe, Nietzsche, Schiller u. a.).

FRIČ Josef (1900–1973). Dichter der Avantgarde, Vertreter der sogenannten Naiven Kunst.

GEBAUEROVÁ Marie (1869–1928). Lehrerin, Autorin von Prosawerken für die Jugend, Tochter von GEBAUER Jan (1838–1907), Professor an der Universität Prag (Linguist, Junggrammatiker).

GELLNER František (1881– 1914 an der Front verschollen). Anarchistischer Lyriker und Karikaturist jüdischer Herkunft, Idol der Jugend um die Jahrhundertwende.

GLAZAROVÁ Jarmila (eigentlich Podivínská; 1901–1977). Schriftstellerin der mährischen Provinz, nach 1945 Autorin regimetreuer Reportagen.

GÖTZ František (1894–1974). Theoretiker der Expressionistengruppe in Brünn, später Theaterkritiker und Professor der Universität Prag (Theaterwissenschaft).

GÖTZOVÁ Jožka (geb. Thelenová; geb. 1898). Frau von F. Götz, Dramatikerin und Übersetzerin von Theaterstücken.

GRUND Norbert (1717–1767). Spätbarocker Prager Künstler, malte vor allem Miniaturen.

GUTFREUND Otto (1889–1927). Maler und Bildhauer, Schüler von Bourdelle. Schuf viele Porträts tschechischer Künstler und Politiker.

HALAS František (1901–1949). Begann als Lyriker der Avantgarde, wandte sich dann philosophischen Themen zu. Beeinflußte mehrere Generationen tschechischer Lyriker. Nach seinem Tod wurde sein Werk zeitweise unterdrückt.

HÁLEK Vítězslav (1835–1874). Lyriker, Prosaschriftsteller, Dramatiker, Journalist. In seiner Zeit sehr populär, vor allem als Autor von Gedichten über die mittelböhmische Landschaft.

HAMPL František (1901–1977). Lyriker und Prosaschriftsteller, lebte 1924–1977 in der Stadt Beraun, westlich von Prag.

HAVLÍČEK Josef (1899–1961). Avantgardistischer Architekt. Realisierte viele Projekte in Böhmen.

HENNER Kamil (1895–1967). Neurologe, Professor der Universität Prag, Mitglied der Akademie der Wissenschaften. Bruder der Schriftstellerin Marie Pujmanová.

HERBEN Jan (1857–1936). Prosaschriftsteller Südmährens. Unterstützte als Journalist die Politik Masaryks.

HEYDUK Josef (geb. 1904). Prosaschriftsteller und Übersetzer, Mitarbeiter der katholischen Presse. Nach 1968 zeitweiliges Publikationsverbot.

HEYTHUM Antonín (1901–1954). Architekt, Bühnenbildner des avantgardistischen «Befreiten Theaters» in Prag.

HILBERT Jaroslav (1871–1936). Lyriker, Dramatiker und Theaterkritiker, Bewunderer von Ibsen.

HILŠER Theodor (1866–1930). Maler historischer Bilder.

HLAVÁČEK Karel (1874–1898). Maler und Lyriker der sogenannten Dekadenz, Erneuerer des tschechischen Verses, Vorbild mehrerer Generationen tschechischer Dichter. Starb an Tuberkulose.

HOFFMEISTER Adolf (1902–1973). International bekannter Zeichner,

Lyriker, Dramatiker und Prosaschriftsteller der Avantgarde. 1948–51 Botschafter in Paris, verurteilte 1968 die Okkupation; danach Publikationsverbot.

HOFMAN Vlastislav (1884–1964). Architekt, Maler und Graphiker, Bühnenbildner des Nationaltheaters in Prag. Befreundet mit J. Čapek.

HOLAN Vladimír (1905–1980). Lyriker und Übersetzer. Gilt als einer der bedeutendsten tschechischen Lyriker des 20. Jahrhunderts. Nach 1948 jahrzehntelang Publikationsverbot.

HONZÍK Karel (1900–1966). Architekt, vor allem als Innenarchitekt tätig.

HORA Josef (1891–1945). Prosaschriftsteller, Übersetzer und vor allem Lyriker. Lehnte die Bestrebungen der Avantgarde ab, sein Werk entwickelte sich aber parallel zu ihr.

HOŘEJŠÍ Jindřich (1886–1941). Lyriker und Übersetzer der Avantgarde, Bewunderer der französischen Literatur. Übersetzte 1932 den «Schwejk» von J. Hašek ins Französische.

HORKÝ Karel (1879–1965). Dramatiker, Prosaschriftsteller und Journalist. Kämpfte aus nationalistischer Position gegen Masaryk (Schwiegersohn von dessen Widersacher Josef Dürich).

HOSTOMSKÁ Anna (verh. Očadlíková; geb. 1907). Autorin populärwissenschaftlicher Bücher über Musik.

HRUBÍN František (1910–1971). Lyriker, Prosaschriftsteller, Dramatiker, Übersetzer. Von der Avantgarde beeinflußt, wurde er in den 40er Jahren zum Dichter des Spiritualismus. Mit Seifert gehörte er zu den führenden Persönlichkeiten des «Tauwetters» um 1956.

HÜBNEROVÁ Marie (1866–1931). Schauspielerin, seit 1896 am Nationaltheater in Prag. Berühmte Darstellerin psychologischer Rollen.

HŮLKA Jaroslav (1899–1924). Schriftsteller der Avantgarde. Starb an Tuberkulose.

JANÁČEK Leoš (1854–1928). Weltberühmter Komponist.

JANSA Václav (1859–1913). Landschaftsmaler und Maler historischer Bilder.

JELÍNEK Bohdan (1851–1874). Spätromantischer Prosaschriftsteller und Lyriker. Starb an Tuberkulose.

JELÍNEK Hanuš (1878–1944). Übersetzer. Bedeutung haben bis heute seine Übersetzungen aus dem Französischen und ins Französische (z. B. Čapek, Dyk, Mácha).

JELÍNEK Jaroslav (1882–1946). Journalist, in der sozialdemokratischen Presse tätig.

JEŘÁBEK Čestmír (1893–1981). Expressionistischer Dramatiker, später Autor realistischer historischer Romane. Lebte in Brünn.

JESENSKÝ Janko (eigentlich Jan; 1874–1945). Slowakischer Lyriker, Prosaschriftsteller und Übersetzer. Realistischer Autor, auch von der sogenannten Moderne beeinflußt.

JIRÁSEK Alois (1851–1930). Autor patriotischer Dramen und historischer Romane, nach 1948 von den Kommunisten als Vorbild für junge Autoren gepriesen.

JIROUT Alois (1899–1969). Künstlerischer Buchbinder, ausgebildet in Paris (Grand Prix Paris 1937).

JOHN Jaromír (eigentlich Bohumil Markalous; 1882–1952). Zuletzt Professor an der Universität Olmütz, avantgardistischer Prosaschriftsteller und Theoretiker der bildenden Kunst.

KÁCHA Michael (1874–1940). Anarchistischer Journalist und Verleger. Soll mit F. Kafka bekannt gewesen sein.

KADLEC Svaťa (eigentlich Svatopluk; 1898–1971). Lyriker und Übersetzer, vor allem aus dem Französischen.

KALISTA Zdeněk (1900–1982). Schriftsteller, Historiker, Professor der Universität Prag. Zuerst Mitglied der linken Avantgarde, ging später auf katholische Positionen über. 1951–60 im Gefängnis, jahrzehntelang Publikationsverbot.

KAMENÁŘ Jan (1875–1952). Linksgerichteter Gymnasiallehrer in Proßnitz(Prostějov), Übersetzer.

KARS Georg /Georges/ (eigentlich Jiří Karpeles; 1882–1945). Maler, vom Impressionismus ausgehend. Seit 1907 in Paris tätig.

KHÁS Ladislav (1905–1976). Autor von Texten für Puppentheater und Humorist.

KLÍMA Ladislav (1878–1928). Eigenwilliger Schriftsteller, Philosoph, Autodidakt, hat viele Bewunderer. Einige Werke wurden ins Deutsche übersetzt.

KODÍČEK Josef (1892–1954). Kritiker und Journalist, Regisseur. Ging Ende der 30er Jahre nach England, später nach München.

KOHOUT Eduard (1889–1976). Theater- und Filmschauspieler, seit 1917 am Nationaltheater in Prag.

KONRÁD Karel (1899-1971). Avantgardistischer Prosaschriftsteller, Autor vor allem humoristischer Werke. Kommunist, in den 60er Jahren zum liberalen Flügel der Partei gehörend.

KOPTA Josef (1894–1962). Lyriker und Prosaschriftsteller der Avantgarde, Autor psychologischer Romane und von Romanen über den 1. Weltkrieg.

KOSMAS (etwa 1045–1125). Erster tschechischer Historiograph, Priester. Seine «Chronica Bohemorum» gilt als wichtigste Quelle für die älteste Geschichte Böhmens.

KOSTRA Ján (1910–1975). Slowakischer Dichter, Mitarbeiter der kommunistischen Presse seit den 20er Jahren. Schrieb unter dem Einfluß der tschechischen Avantgarde.

KRAMÁŘ Karel (1860–1937). Rechtsgerichteter Politiker, Panslawist, erster tschechoslowakischer Ministerpräsident. Am 8. 1. 1919 wurde auf ihn ein mißglücktes Attentat verübt.

KREJCAR Jaromír (1895–1950). Architekt der Avantgarde. Seit 1927 Ehemann der einstigen Freundin F. Kafkas, Milena Jesenská.

KREMLIČKA Rudolf (1886–1932). Maler und Graphiker. Sein Weg führte vom Impressionismus zur Avantgarde.

KŘIČKA Petr (1884–1949). Lyriker und Übersetzer symbolistischer Prägung, Wegbereiter für J. Wolker und seine Generation.

KUBA Ludvík (1863–1956). Impressionistischer Maler vor allem folkloristischer Motive aus dem Leben der slawischen Völker.

KUBELÍK Rafael (geb. 1914). Komponist und Dirigent, seit 1948 in der Emigration (USA, Deutschland, Schweiz).

KUNDERA Milan (geb. 1929). Lyriker, Prosaschriftsteller, Dramatiker. Bis 1970 Dozent für Weltliteratur in Prag, seit 1975 in Frankreich. Mehrere internationale Preise.

KUPKA František (1871–1957). Maler, seit Anfang des Jahrhunderts in Paris, wo er Berühmtheit erlangte.

LAURIN Arne (eigentlich Arnošt Lustig; 1889–1945). Deutschschreibender Journalist, Chefredakteur der Zeitung «Prager Presse».

LEŠEHRAD Emanuel (1877–1955). Dichter und Kritiker. Er gründete das literarische Museum «Lešehradeum» in Prag.

LIEBSCHER Adolf (1857–1919). Maler historischer Bilder, vor allem von Themen aus dem böhmischen Mittelalter.

LIŠKA Emanuel (1852–1903). Maler historischer Bilder aus der österreichischen und böhmischen Geschichte.

LUKÁČ Boleslav (1900–1979). Protestantischer Priester. Slowakischer Lyriker, Vertreter des sogenannten Neosymbolismus.

MACH Josef (1883–1951). Lyriker, Angehöriger anarchistischer Kreise in Prag. Freund von F. Gellner und J. Hašek.

MÁCHA Karel Hynek (1810–1836). Führender Lyriker und Prosaschriftsteller der tschechischen Romantik. Seine Verserzählung «Máj» (Der Mai), 1836, gilt als Höhepunkt der tschechischen Literatur des 19. Jahrhunderts (neueste deutsche Übersetzung 1983).

MACHAR Josef Svatopluk (1864–1942). Lyriker und Prosaschriftsteller, lebte jahrzehntelang in Wien (schrieb in «Die Zeit» von H. Bahr). Vor 1914 Idol der Jugend, Anhänger von Masaryk. Nietzscheaner, militanter Atheist. Verschiedene seiner Werke wurden ins Deutsche übersetzt.

MAHEN Jiří (eigentlich Antonín Vančura; 1882–1939). Prosaschriftsteller und Dramatiker, lebte in Brünn. Freund der Avantgardisten. Nach dem Einmarsch der Hitler-Truppen beging er Selbstmord.

MAJEROVÁ Marie (eigentlich Bartošová, verh. Stivínová, verh. Tusarová; 1882–1967). Realistische Prosaschriftstellerin, nach 1945 eine der treuesten kommunistischen Parteigängerinnen. Fast alle Werke wurden in der DDR übersetzt.

MALÍŘOVÁ Helena (geb. Nosková; 1877–1940). Prosaschriftstellerin, langjährige Freundin von I. Olbracht. In realistischen Romanen behandelt sie Frauenschicksale. Erfolgreiche Übersetzerin (u. a. Th. Mann).

MANDLOVÁ Adina (geb. 1910). Theater- und Filmschauspielerin. Nach Mai 1945 wurde ihr wegen Kollaboration mit den Nazis die künstlerische Tätigkeit verboten. Seit 1947 im Westen, wo sie weiter Theater spielte.

MÁNES Josef (1820–1871). Berühmter Maler von Landschaftsbildern und Bildern mit Themen aus der böhmischen Geschichte sowie von Genrebildern.

MAŘÁNEK Jiří (1891–1959). Prosaschriftsteller und Dramatiker der Avantgarde. Seit 1938 Autor realistischer Romane aus der Geschichte Südböhmens.

MAREK Josef Richard (1883–1951). Graphiker und Kunsthistoriker. Buchillustrationen und Exlibris.

MAROLD Luděk (1865–1898). Maler. Nach Studien in München und Paris schuf er die berühmtesten historischen Bilder seiner Zeit in Böhmen.

MARTINIC Jaroslav von (1582–1649). Königlicher Statthalter in Böhmen. Opfer des Prager Fenstersturzes am 23. 5. 1618.

MARTINŮ Bohuslav (1890–1959). Weltberühmter Komponist. Er lebte seit 1923 in Paris, seit 1941 in den USA, nach 1945 in Basel.

MARVÁNEK Otakar (1884–1921). Maler, nach Studien in Italien und Paris näherte er sich dem Expressionismus.

MASARYK Tomáš Garrigue (1850–1937). Philosoph, Soziologe, Politiker, 1918–1935 erster Staatspräsident der ČSR; von Seifert sehr verehrt (er widmete ihm mehrere Gedichte).

MATĚJČEK Antonín (1889–1950). Kunsthistoriker, Professor der Universität Prag, Autor einer «Geschichte der Kunst» (1922–1936).

MAŠEK František (1790–1862). Maler, schuf viele Miniaturen. Sein Bild «Johannes der Täufer» (1837) wurde als Porträt von K. H. Mácha gedeutet (sonst ist kein Porträt von Mácha bekannt).

MATHESIUS Bohumil (1888–1952). Lyriker, Dramatiker und v. a. hervorragender Übersetzer aus mehreren Sprachen. Kommunist, nach 1945 Professor für russische Literatur an der Universität Prag.

MUZIKA František (1900–1974). Maler und Graphiker, Angehöriger der Avantgarde. Auch als Bühnenbildner tätig.

MYSLBEK Josef Václav (1848–1922). Bildhauer, studierte in Dresden bei Hähnel. Sein bekanntestes Werk ist das St.-Wenzels-Denkmal auf dem Wenzelsplatz in Prag.

NAVRÁTIL Josef (1796–1865). Maler des sogenannten zweiten Rokoko, Autor vieler Landschaftsbilder aus Böhmen.

NEBESKÝ Václav Bolemír (1818–1882). Spätromantischer Lyriker, Journalist und erfolgreicher Übersetzer.

NEČÁSEK František (1913–1968). Kommunistischer Journalist und Parteifunktionär.

NEJEDLÝ Zdeněk (1878–1962). Musikwissenschaftler, Historiker, Professor der Universität Prag. Während des Krieges in Moskau, nach 1945 Minister in Prag und zuletzt Präsident der Akademie der Wissenschaften. Orthodoxer Stalinist.

NĚMCOVÁ Božena (geb. Barbara Pankl; 1820–1862). Bedeutendste tschechische Prosaschriftstellerin des 19. Jahrhunderts. Ihr Dorfroman «Großmütterchen» wurde mehrmals ins Deutsche übersetzt. F. Kafka gehörte zu den Bewunderern ihres Werkes.

NĚMEC František (1902–1963). Humorist und Feuilletonist, begann als Lyriker. Befreundet mit Angehörigen der Avantgarde.

NERUDA Jan (1834–1891). Lyriker, Prosaschriftsteller, hervorragender Journalist (Vorbild für E. E. Kisch). Bewunderer von Heine. Die meisten Werke wurden ins Deutsche übersetzt. (Nach ihm wählte der Chilene Pablo Neruda sein Pseudonym.)

NEŠVERA Josef (1842–1914). Komponist und Chordirigent in Olmütz. Autor kirchlicher Musikwerke.

NEUMANN Stanislav Kostka (1875–1947). Lyriker und Journalist, Anhänger der sogenannten «Dekadenz», entwickelte sich über eine avantgardistische Phase zum Anhänger des «Sozialistischen Realismus». Kommunist, der mehreren Generationen auch nichtkommunistischer Autoren (Čapek u. a.) als Vorbild galt.

Neumannová Kamila (1874–1956). Frau St. K. Neumanns, verdiente Verlegerin moderner Autoren.

Nezval Vítězslav (1900–1958). Allseitig begabter avantgardistischer Literat, 1934–1938 Surrealist. Nach 1945 repräsentativer Dichter des Regimes (gleichzeitig Niedergang seiner Begabung).

Novák Bohumil (geb. 1908). Journalist, Prosaschriftsteller, vor allem Autor von Werken für die Jugend.

Novomeský Laco (eigentlich Ladislav; 1904–1976). Slowakischer Dichter und kommunistischer Politiker. Von der tschechischen Avantgarde beeinflußt.

Nový Karel (ursprünglich Novák; 1890–1980). Realistischer Prosaschriftsteller, Autor historischer Romane und von Büchern für die Jugend. Anhänger der politischen Linken.

Nový Oldřich (1899–1983). Theater- und Filmschauspieler, besonders populär als Operettensänger.

Olbracht Ivan (eigentlich Kamil Zeman; 1882–1952). Sohn von A. Stašek. Linker Journalist und Autor realistischer Romane mit kommunistischer Tendenz.

Onufriew Jewgenij Petrowitsch (1884–1967). Russischer Kommunist. 1912 war er mit Lenin in Prag (6. Konferenz der kommunistischen Partei). Von ihm stammt die Schilderung des Lenin-Aufenthalts in Prag.

Orten Jiří (eigentlich Jiří Ohrenstein; 1919–1941). Lyriker existenzialistischer Prägung. Jude, beeinflußte mehrere Generationen tschechischer Lyriker.

Owssejenko-Antonow Wladimir Alexandrowitsch (richtig: Antonow Owssejenko; 1883–1939). Leiter der sowjetischen diplomatischen Mission in Prag 1925–1928. Umgekommen bei den Säuberungen der Stalinzeit.

Pacovský Emil (1879–1948). Maler und Kunstkritiker, Herausgeber der Revue «Veraikon».

Palacký František (1798–1876). Protestantischer Historiker, u. a. Autor einer monumentalen «Geschichte von Böhmen» in deutscher Sprache (1836–1867). An seine romantisch geprägte Geschichtsauffassung knüpfte Masaryk an (teilweise auch die Kommunisten).

Palivec Josef (1886–1975). Schwager von K. und J. Čapek, Freund von P. Valéry. Lyriker und Übersetzer (auch ins Französische), von den Kommunisten mehrere Jahre eingekerkert.

Panenka Jan (geb. 1922). Klaviervirtuose, Solist der Tschechischen Philharmonie.

PEKAŘ Josef (1870–1937). Professor der Universität Prag, katholisch orientierter Historiker, Kritiker der Geschichtsauffassung von Palacký und Masaryk.

PEROUTKA Ferdinand (1895–1978). Prosaschriftsteller, Dramatiker und vor allem führender nichtkommunistischer Journalist, 1939–45 in Nazi-KZ. Nach 1948 in der Emigration.

PIEPENHAGEN August (1791–1868). Prager Landschaftsmaler preußischer Herkunft, auch im Ausland bekannt.

PINKAS Soběslav Hipolyt (1827–1901). Landschaftsmaler, stand unter dem Einfluß der Schule von Barbizon. Daneben begabter Porträtist.

PÍŠA Antonín Matěj (1902–1966). Avantgardistischer Lyriker, später vor allem Literaturhistoriker, Kenner der tschechischen Literatur des 20. Jahrhunderts.

PLACHÝ Jiří (1899–1952). Theater- und Filmschauspieler, seit 1948 Mitglied des Nationaltheaters in Prag.

PLICKA Karel (geb. 1894). Folklorist, Filmregisseur und Kunstphotograph. Aufnahmen vor allem aus Prag und der Slowakei.

POLAN Bohumil (eigentlich Čuřín; 1887–1971). Lyriker, Theater- und Literaturkritiker. Lebte in Pilsen.

PONIČANOVÁ Betka (eigentlich Alžbeta; geb. 1908). Slowakische Schauspielerin, seit 1938 Mitglied des Slowakischen Nationaltheaters in Bratislava. Frau des slowakischen Prosaschriftstellers Ján Poničan (1902–1978).

PROCHÁZKA Arnošt (1869–1925). Lyriker, Übersetzer, Kritiker, Herausgeber des Organs der sogenannten Dekadenz «Moderní revue» (1894–1925).

PUJMANOVÁ Marie (geb. Hennerová; 1893–1958). Lyrikerin und Autorin psychologischer Romane, nach 1945 Romane mit kommunistischer Tendenz.

RAŠEK Karel (1861–1918). Maler von Genrebildern und Bildern mit historischer Thematik.

RESLER Kamil (1893–1961). Literaturhistoriker und Bibliophile.

ŠALDA František Xaver (1867–1937). Lyriker, Dramatiker und vor allem Kritiker, der 1905–1937 als «Literaturpapst» das Schaffen mehrerer Generationen stark beeinflußt hat. Vergleichbar mit Karl Kraus in Wien.

ŠÍMA Josef (1891–1971). Maler, seit 1921 in Paris. Vor allem seine surrealistischen Bilder sind in vielen französischen Galerien vertreten.

SLÁDEK Josef Václav (1845–1912). Lyriker und Übersetzer; seine Shakespeare-Übersetzungen werden noch heute aufgeführt.

SLAVATA Vilém (1572–1652). Königlicher Statthalter in Böhmen, am 23. 5. 1618 Opfer des Prager Fenstersturzes.

ŠMERAL Bohumír (1880–1941). Sozialdemokratischer, später kommunistischer Politiker. Mitglied der Komintern-Führung in Moskau.

SMETÁČEK Václav (geb. 1906). Komponist, langjähriger Dirigent des Prager Orchesters FOK.

SMETANA Bedřich (1824–1884). Weltberühmter Komponist.

SOVA Antonín (1864–1928). Führender Lyriker und Prosaschriftsteller des tschechischen Symbolismus.

ŠPÁLA Václav (1885–1946). Vor allem Landschafts- und Genremaler. Bis 1923 Anhänger des Kubismus.

ŠRÁMEK Fráňa (eigentlich František; 1877–1952). Lyriker, Dramatiker und Prosaschriftsteller, Journalist. Vor allem seine symbolistischen Gedichte und lyrischen Dramen waren sehr populär.

ŠROBÁR Vavro (eigentlich Vavrinec; 1867–1950). Slowakischer Literat und Politiker, zuerst Anhänger von Masaryk, nach 1948 Vertreter der Zusammenarbeit mit Kommunisten.

ŠTAPFER Karel (1863–1930). Maler, Graphiker und Bühnenbildner (vor allem im Nationaltheater Prag). Bilder mit historischer Thematik.

STAŠEK Antal (eigentlich Antonín Zeman; 1843–1931). Vater von I. Olbracht. Autor realistischer Dorfromane aus Nordböhmen. Gegen Ende seines Lebens Anhänger des Kommunismus.

ŠTECH Václav Vilém (1885–1974). Kunsthistoriker, Autor von Arbeiten über italienische Renaissance und böhmische Kunst des Barock und des 19. und 20. Jahrhunderts.

ŠTĚPÁNEK Zdeněk (1896–1968). Schauspieler des Prager Nationaltheaters 1934–1968, Dramatiker.

ŠTORCH-MARIEN Otakar (1897–1974). Prosaschriftsteller und verdienter Verleger. Befreundet mit den Avantgarde-Künstlern.

STŘÍBRNÝ Jiří (1880–1955). Politiker und Journalist der äußersten Rechten, tschechischer «Faschist». Seit 1947 im Gefängnis.

ŠTYCHOVÁ Luiza (eigentlich Landová-Štychová; 1885–1969). Anarchistin, seit 1925 kommunistische Politikerin.

ŠTYRSKÝ Jindřich (1899–1942). Maler und Graphiker der Avantgarde. Begründete den sogenannten Artificialismus, später schloß er sich den Surrealisten an.

SUCHÝ Jiří (geb. 1931). Begründer des Prager Theaters «Semafor» (1959), populärer Schauspieler und Sänger sowie Dramatiker und Autor beliebter Chansontexte.

SUK Ivan (eigentlich Josef Suchánek; 1901–1958). Dichter der sogenannten proletarischen Poesie und Journalist.

SUK Josef (1874–1935). Geiger und Komponist, Schwiegersohn von Antonín Dvořák.

SÜSS Ladislav (geb. 1900). Maler (Autodidakt), malte zahlreiche Genre- und Landschaftsbilder.

SVOLINSKÝ Karel (geb. 1896). Maler und Graphiker, Autor vieler Buchillustrationen.

SVRČEK Jaroslav B. (1887–1978). Avantgardistischer Literaturkritiker und Theoretiker der bildenden Kunst in Brünn.

TAJOVSKÝ Gregor (eigentlich Jozef Gregor; 1874–1940). Slowakischer Autor realistischer Prägung.

TALICH Václav (1883–1961). Berühmter Dirigent, ab 1919 Chef der Tschechischen Philharmonie, später auch Leiter der Oper des Prager Nationaltheaters.

TEIGE Karel (1900–1951). Graphiker, Kritiker, Literaturtheoretiker, führender Kopf der Avantgarde, seit 1934 des tschechischen Surrealismus. 1938 verließ er die Kommunistische Partei, nach 1948 totgeschwiegen. Einige Werke liegen in deutscher Übersetzung vor.

THEER Otakar (1880–1917). Lyriker, Prosaschriftsteller, Dramatiker, Übersetzer. Vertreter des tschechischen Symbolismus.

TILLE Václav (1867–1937). Professor der Universität Prag, Literaturhistoriker, Übersetzer, Herausgeber von Märchen. Unter dem Pseudonym Václav Říha schrieb er Bücher für die Jugend.

TILSCHOVÁ Marie (1873–1957). Schriftstellerin. Stammte aus einer Patrizierfamilie; sie schrieb realistische Romane aus diesem Milieu.

TICHÝ František (1896–1961). Maler und Graphiker. In Paris stand er unter dem Einfluß von Picasso und Seurat. Schuf zahlreiche Buchillustrationen.

TOMAN Karel (eigentlich Antonín Bernášek; 1877–1946). Symbolist, später Annäherung an die Avantgarde.

TOYEN (eigentlich Marie Čermínová; 1902–1980). Malerin, Freundin von J. Štyrský. Nach 1945 lebte sie in Paris. Surrealistische Bilder.

TŘEBÍZSKÝ Václav Beneš (eigentlich Václav Beneš; 1849–1884). Katholischer Priester, Autor spätromantischer historischer Novellen und Romane, voll Bewunderung für die Hussiten.

VÁCLAVEK Bedřich (1897–1943). Kommunistischer Kritiker und Literaturtheoretiker, nach 1934 Anhänger des «Sozialistischen Realismus». Starb im KZ.

VANČURA Vladislav (1891–1942). Kommunist, führender avantgardistischer Prosaschriftsteller und Dramatiker, auch als Filmregisseur tätig. Seine ersten Werke hat Kafka im Original gelesen und gelobt.

VČELIČKA Géza (eigentlich Antonín; 1901–1966). Kommunistischer Journalist, Prosaschriftsteller und Lyriker.

VLAŠÍN Štěpán (geb. 1923). Marxistisch-leninistischer Literaturhistoriker in Brünn.

VOJAN Eduard (1853–1920). Schauspieler des Nationaltheaters in Prag, bester tschechischer Darsteller tragischer Rollen in seiner Zeit.

VOSKOVEC Jiří (ursprünglich Wachsmann; 1905–1981). Enkel des Malers S. H. Pinkas. Avantgardistischer Schauspieler, Dramatiker und Übersetzer. Nach 1948 als amerikanischer Theater- und Filmschauspieler tätig. (Siehe auch Werich.)

VRCHLICKÝ Jaroslav (eigentlich Emil Frída; 1853–1912). Lyriker, Dramatiker, Prosaschriftsteller, Übersetzer und Kritiker, tschechischer Parnassien. Seine Werke sind in 52 Bänden erschienen. Geschätzt von zeitgenössischen deutschen Literaten (viele Werke ins Deutsche übersetzt).

VYSKOČIL Albert (1890–1966). Lyriker, Übersetzer und Kritiker katholischer Prägung. Nach 1948 totgeschwiegen.

WACHSMAN Bedřich (1871–1944). Vor allem Porträtist, daneben Maler von Genrebildern. Freund zahlreicher Avantgarde-Künstler.

WAGNER Josef (1901–1957). Bildhauer, Schüler von Gutfreund. Schuf nach 1945 viele monumentale Denkmäler in Prag. Schrieb auch Gedichte.

WERICH Jan (1905–1980). Mit J. Voskovec 1925–1938 Protagonist des avantgardistischen «Befreiten Theaters» in Prag. Dramatiker und Schauspieler, 1969–1977 totgeschwiegen (verurteilte die Okkupation von 1968).

WIELGUS Jindřich (geb. 1910). Bildhauer, vor allem Büsten tschechischer Künstler, u. a. von Jaroslav Seifert.

WOLKER Jiří (1900–1924). Führender Lyriker der ersten Phase der Avantgarde, der mehrere Dichtergenerationen beeinflußt hat. Einige seiner Gedichte werden oft als Annäherung an den Spiritualismus gedeutet. Die meisten Werke wurden ins Deutsche übersetzt.

ZAHRADNÍČEK Jan (1904–1960). Führender katholischer Lyriker,

1951–1960 im Gefängnis wegen «Hochverrats», postum rehabilitiert.

ZÁVADA Vilém (1905–1982). Lyriker, verließ bald die Reihen der Avantgarde und näherte sich der Lyrik von Halas.

ŽENÍŠEK František (1849–1916). Maler monumentaler Bilder mit historischer Thematik, schuf daneben viele Porträts und Wandgemälde (vor allem im Prager Nationaltheater).

ZEYER Julius (1841–1901). Lyriker, Prosaschriftsteller und Dramatiker der Neoromantik. Oft übersetzt (auch ins Deutsche), geschätzt u. a. von R. M. Rilke.

ZGURIŠKA Zuzka (eigentlich Ludmila Dvořáková; 1910–1984). Slowakische realistische Prosaschriftstellerin. Populär sind u. a. ihre humoristischen Werke.

ZICH Otakar (1879–1934). Komponist, später Professor der Universität Prag. Ästhetiker und Musiktheoretiker.

ZIEGLEROVÁ Marie (1881–1966). Schauspielerin und Operettensängerin, im ersten Viertel des Jahrhunderts sehr populär.

ŽITAVSKÝ Petr (zwischen 1260–70, wahrscheinlich 1339). Deutscher aus Zittau, Zisterzienser im Kloster Königssaal (Zbraslav, Aula Regia – heute Stadtteil von Prag). Autor von «Chronicon Aulae Regiae» (1297).

ZRZAVÝ Jan (1890–1977). Allseitig begabter Maler und Illustrator. Malte zahlreiche Landschaftsbilder aus Italien, Frankreich und Böhmen.